WANG YAO ZANG XUE WEN JI

中 国 藏 学 出 版 社

【现代中国藏学文库】

主　编：拉巴平措

王尧藏学文集

（卷四）

敦煌吐蕃文书译释

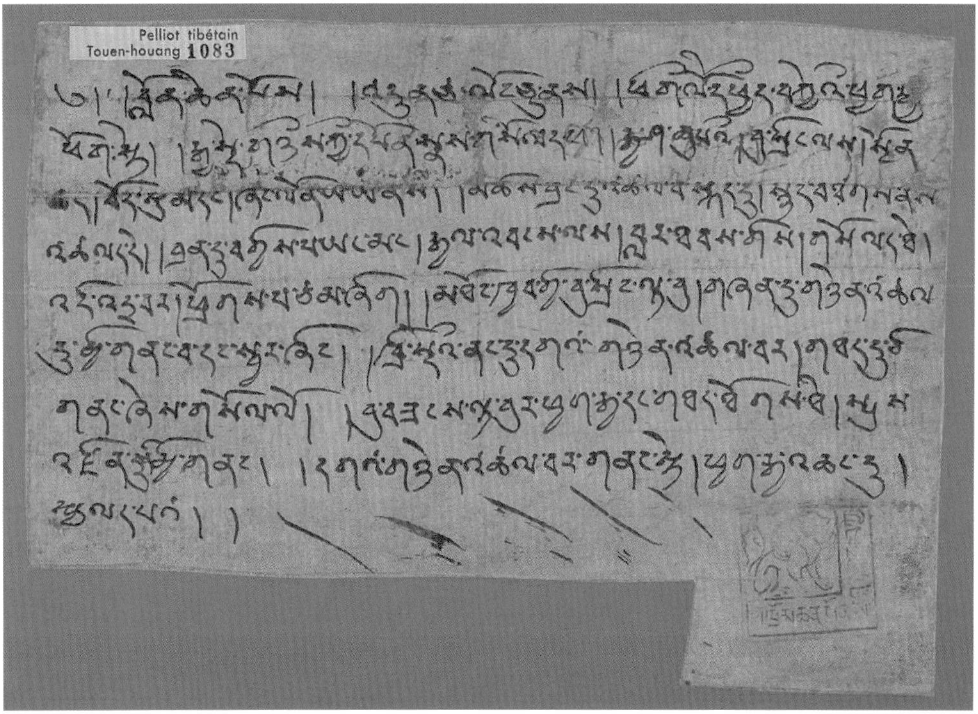

法藏敦煌藏文文书 P.T.1083

法藏敦煌藏文文书 P.T.1045 第 1-8行

法藏敦煌藏文文书 P.T.1045

法藏敦煌藏文文书 P.T.999

法藏敦煌藏文文书 P.T.1201

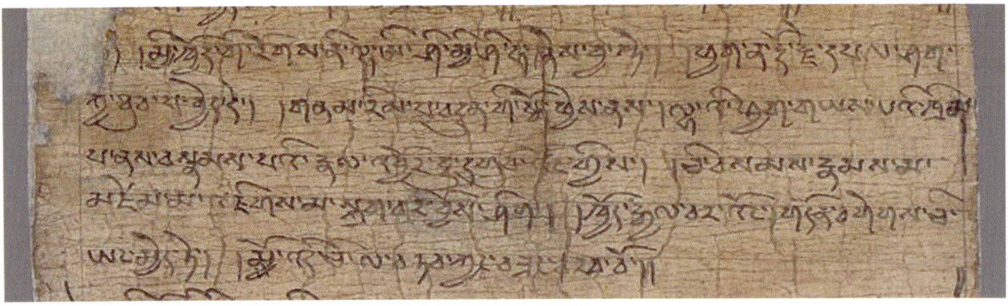

法藏敦煌藏文文书 P.T.351 第 40—44 行

《现代中国藏学文库》总序

中国是藏学的故乡。西藏是中国不可分割的重要组成部分，藏族是中华民族大家庭的重要成员。这些正是藏学研究产生、发展的最根本条件，也是藏学研究取之不尽、用之不竭的源泉。在中华大地上成长发展起来的这门人文社会科学，现在已经成为世界性的显学。为了展示中国藏学研究的成果，加强同世界同行的学术交流，促进藏学研究的繁荣发展，为西藏和其他藏区的两个文明建设服务，在中国藏学研究中心的领导下，我们编辑出版的这套《现代中国藏学文库》丛书，主要包括四个方面的内容：中国藏学家（包括港澳台学者）的学术专著；具有重要价值的藏学文献（包括现代学者辑录的历史文献）；译成汉文的藏文学术名著；获得博士学位的藏学论文（对于优秀的硕士研究生论文酌情予以收录）。所有收入的论著，均以学术价值为唯一衡量标准，文学作品、游记、通俗读物等暂不收录。作为中国藏学研究的一项基本建设工程，我们将把这项工作长期坚持下去。我们期望得到海内外藏学家的大力支持。

中国藏学出版社

2002 年 10 月

自　序

这套藏学文集，是我20世纪50年代以来主要藏学论著的结集，包括《敦煌本吐蕃历史文书》、《吐蕃金石录》、《吐蕃简牍综录》三部研究吐蕃文献的专著，以及不同时期撰写的涉及藏学几个领域的绝大部分论文。

根据体例编排和选收标准，兹将《文集》厘定为五卷：第一卷《敦煌本吐蕃历史文书・吐蕃制度文化研究》；第二卷《吐蕃金石录・藏文碑刻考释》；第三卷《吐蕃简牍综录・藏语文研究》；第四卷《敦煌吐蕃文书译释》；第五卷《藏汉文化双向交流・藏传佛教研究・附录》。此次结集，对部分篇章的总标题及节标题略有调整或更动；尽量对不同时期所用的译例作了统一，将不同篇章中互相重出的若干长条注释作了归并；于所收各个篇目之后，均标示其原始出处；凡内容有所增补或改订者，则予以特别说明。

另需指出，我的如下论著《文集》暂不收录：(1)《宗喀巴评传》等其他一些合撰性质的著作；(2)《吐蕃文化》等属于讲义、教材性质的著作；(3)关于藏族民间故事、戏剧、格言的译注和研究；(4)留待整理的其他书稿以及序跋、杂文和书信。

承蒙中国藏学研究中心及中国藏学出版社诸位执事先生的美意，使这套五卷本的《文集》得以在“现代中国藏学文库”同时推出。马丽华女士是我多年的老友，以她这份关切藏文化的心情，转而对我过去发表的一些小文予以关注，实在令我感、愧兼而有之。季垣垣女士是上世纪60年代的藏学专业毕业生，也是我毕生的朋友。多亏她的鼎力相助，应该向她敬礼。

陈践教授是我的多种论著的合作者，此次她又在《文集》中藏文录文和译文的校勘方面，向编辑同志提供了不少资料。任小波博士悉心、细心地选辑、编排和校对，包括对许多不统一的译名进行处理。没有他全心全意的帮助，恐怕很难完成此次结集。对于他们的辛劳，在此一并感谢。

自1951年我离宁来京、研究藏学迄今，时光已经跨过了整整一个甲子。作为中国社会中最平凡的一分子，我有幸在建国之初响应时代的感召，投身于民族工作，收获了难忘的人生经历。而今结成此集，或可以回馈社会、仰报师友！

王　尧

2011年3月于北京

目　　录

从敦煌文献看吐蕃文化

一、吐蕃历史文化概述

根据藏文史料《吐蕃王统世系明鉴》（rgyal rabs gsal bavi me long，索南坚赞著，成书于14世纪中叶）、《青史》（deb ther sngon po，管洛·薰奴贝著，1476—1478年间成书）、《西藏王臣史》（dpyid kyi rgyal movi glu dbyangs，五世达赖喇嘛罗桑嘉措著，1642年成书）等记载，远古时代传说古谭大约在公元前，青藏高原上人种繁衍形成聚落，兼有农牧生产。这时，吐蕃先民中出现了第一个赞普，史称“聂墀赞普”（gnyav khri btsan po），这大概是吐蕃形成过程中的部落阶段的开始。在青藏高原的许多地方相继出现了大小若干土著部落，《唐蕃会盟碑》载其中雅隆部落的鹘提悉补野“以天神而为人主，伟烈丰功，建万世不拔之基业焉”。这时的赞普实际上相当于部落长，与汉文两《唐书·吐蕃传》所记“雄强丈夫”意义大致差不多。依《吐蕃王统世系明鉴》等书，其后又有天墀七王、上下二王、中累六王、地岱八王、下赞三王和人间五王。

大约在隋唐易代之时（600年左右），雅隆部落中出现了一位伟人囊日松赞（gnam ri srong btsan），他是吐蕃社会从部落组织向王国政权过渡过程中的著名领袖人物。在他执政期间，雅隆悉补野部已经成为一个强大的，具有吸引力并有团结其他邻近部落能力的大部族。悉补野部用结盟、征讨和租税等办法，而以武力为主依次征服了周围的苏毗等大小数十个部落，雄踞一方。然而，一批贵族反对他的扩张活动，将其毒死，分裂的危险迫在眉睫，形势岌岌可惧。囊日松赞之子——松赞干布（srong btsan sgam po，？—650年），便是在此生死存亡的关键时刻，登上赞普大位，开创显赫政绩。

在松赞干布执政的27年中，戡平内乱、定都逻些（今拉萨）、扫平诸羌、安抚四境、确立制度、制定法律、创造文字、引进佛教、和亲唐朝、通好天竺，为吐蕃王朝的繁荣强盛打下了坚实的基础。雅爱唐风，虚心学习，尽量模仿唐朝的典章，把部落联盟与文官制度结合起来，设置了各级机构，任命部落头人充任各级官员。又创造了一整套完整的军事制度，把军事和地域、生产及血缘诸因素结合起来，组成了一支训练有素、战斗力强的军队。西部、北部和东北部的苏毗、羊同、附国、白兰、党项及吐谷浑诸部，陆续被吐蕃征服、兼并和消灭。到公元7世纪上半叶，吐蕃已完全统一了青藏高原各部，建立了强大的奴隶主专政的军事部落联盟。

政治上的大一统，促进了社会生产力的发展。松赞干布时，农业生产已有一定的水平，培育和引进了新品种，农作物以青稞、小麦、荞麦和豆类为主。在耕作技术上，采用“二牛抬杠”式的犁耕，掌握了浇灌排涝的技术。饲养的牲畜以牦牛、马、羊为主，亦杂有猪狗等家畜。春夏逐水草而居，秋冬有专门的牧场。冶金技术亦有发展，已掌握了淬火和磨砺技术。还统一了吐蕃地区的度量衡制，加快了农牧业产品的交换和贸易。他还派遣大臣通米桑布札（thon mi sambhoṭa）去迦湿弥罗（今克什米尔）和南天竺一带学习梵文和天竺文，结合藏语特点，创制了藏文。从此吐蕃有了自己的文字，开始有了本民族的著作和译著，极大地推动了吐蕃各项文化事业的开展。

松赞干布以后，吐蕃赞普传9代。他们大都能继承祖先的事业并发扬光大。他们向西域进军，与中亚民族、突厥各族、大唐王朝角逐于丝绸之路；多次进兵青海，最后征服了吐谷浑；然后又动员全境的主要兵力，争雄西域。经过几代赞普的努力，通过东西两线（东线经吐谷浑、白兰故地、柴达木、阿尔金山，过鄯善、且末而入西域；西线经羊同、勃律、护密，过葱岭而入西域）的包围，在咸亨元年（670年），吐蕃第一次占领了西域的安西四镇，此后的170多年间，整个西域都在吐蕃手中。吐蕃在西域设置了大行军衙（khrom），统一指挥各路兵马；置“通颊”（mthong khyab）管理新占民户，开阔了吐蕃崭新的军、政齐头并进的局面。吐蕃在西域留下了大量的遗迹，近百年来陆续发现的吐蕃简牍就是其中之一。

吐蕃与唐朝在西域展开了激烈的角逐，吐蕃实行的“联胡抗唐”政策获得了成功，突厥、大食、南诏等先后与吐蕃或结盟或联姻或通使聘问。安史之乱使吐蕃得以乘隙而东，相继攻占了瓜、沙、甘、肃、河、湟、凉、秦和河西、陇右，甚至在763年还曾一度占领了唐都长安。十几天后，吐蕃兵力陆续后撤，但在秦、陇一线，却与唐朝展开了长达几十年的对峙。此进彼退，犬牙交错，吐蕃军队和人民得以和内地汉族有大幅度的、极广泛的和长时期的接触往来。敦煌石室所藏的吐蕃占有敦煌留下的大批藏文文书，便是这一时期珍贵的文物和历史见证！

总之，吐蕃时期是藏族历史上建树辉煌、奴隶制文明空前繁荣的时期。无论是立法组军、经济文化、典章制度、宗教哲学、艺术歌舞等都达到相当的高度，使僻处西部的小邦顿成煊赫一时的强藩。我们在此利用敦煌吐蕃文书来剖析、介绍吐蕃文化，可以看出藏族人民对祖国文化乃至世界文化的贡献，是我国各族人民共同创造的丰富多彩的中华文化的组成部分。

二、敦煌吐蕃文书

敦煌文献中除大量的汉文文献外，还有若干民族文字，诸如波罗迷文、怯卢文、回纥文、西夏文和西藏文的卷帙。其中又以西藏文文献比重最大（7000卷左右），材料最多，内容最为丰富。这批藏文文献都是吐蕃时期的遗物。遗憾的是这些吐蕃文书绝大多数被法人伯希和（P. Pelliot，1878—1945）和英人斯坦因（A. Stein，1862—1943）窃运海外，分别收藏在巴黎国家图书馆和伦敦印度事务部图书馆（后改归大英博物馆图书馆）。在法国的那部分，由拉露女士（M. Lalau，1890—1967）以毕生之精力编成3本目录，分别在1939年、1950年和1961年出版。原件藏于巴黎国家图书馆。目录名称是《巴黎国家图书馆藏伯希和搜集的敦煌藏文写本目录》，其中第1册：自1—849号；第2册：自850—1282号；第3册：自1283—2216号（Inventaire des Manuscrits Tibétains de Touen-houang，Conservés à la Bibliothéque Nationale，Fonds Pelliot Tibetain，Paris，Ⅰ，1939；II，1950；III，1961）。藏在英国的另外一部分，由比利时人威利·布散（Vallée Poussin），在旅居英伦期间把它编成目录，直到1962年才得以出版。题名为《印度事务部图书馆藏敦煌藏文写本目录，附榎一雄补汉文目录》（Catalouge of the Tibetan Manuscripts from Tun-huang in the India Office Library，with an Appendix on the Chinese Manuscripts by Kazuo Enoki，1962）。

非常令人遗憾，吐蕃历史文书原是一个完整的卷子，被人为地分裂为两件。两卷合起来全长为4.34米（巴黎部分长0.70米，伦敦部分长3.64米），宽0.258米。于道泉教授20世纪30年代初就致力于藏学研究，在巴黎大学师从巴考教授（J. Bacot，1890—1967）研讨古藏文，曾与拉露女士同班，希望对于探索敦煌古藏文文书作出贡献。后来当他在伦敦印度事务部提出为中国复制有关藏文文书资料时，受到管理人员小翟尔斯（中文名叫翟林奈，L. Giles）的百般阻挠，搪塞敷衍，推托缠磨，最后没有任何结果，抱恨归来。中华人民共和国建立后，国际藏学界对我们敞开了大门，中国人这才能对藏文文书有一个通盘的了解，有计划地进行探索。

（一）历史文书

我们首先对敦煌的吐蕃历史文书（P. T. 1288、1287、1286等）翻译、注解和研究，提供了论证吐蕃社会是奴隶制的重要材料。历史文书按其内容分为3部分：

1. 吐蕃大事纪年

起自狗年（唐高宗永徽元年，庚戌，650年），终于猪年（唐玄宗天宝六年，丁亥，747年），合计98年。下面又根据伦敦所藏B. M. Or. 8212（187）号的卷子补充，起自羊年（唐玄宗天宝元年，癸未，743年；年代残阙），终于猴年（唐代宗广德二年，甲辰，764年；年代亦残阙），共补充出21年。其中又有4年重出，实际总数为115年。这100多年中吐蕃一侧记载的大事，悉备于中。藏人自行记录的这份珍贵的历史文书，是有关藏事的第一手资料，对于汉文记载可起到纠谬、补阙和印证的作用。如关于赞普墀芒伦的薨逝年代，《资治通鉴》卷202载：

> 调露元年（己卯，679年）二月，壬戌，吐蕃赞普卒，子器弩悉弄立，生八年矣。

《册府元龟》卷99外臣部和亲二载：

> 调露二年，十月，吐蕃文成公主遣大臣伦塞调旁来告丧，并请和亲，帝不许之，遣郎将宋令文往吐蕃会赞普之丧。

看来，该赞普应卒于调露元年（679年），而告丧在次年的十月。可是在《册府元龟》卷662奉使部便宜的另一段记载中却又含糊起来：

> 裴行俭为吏部侍郎，仪凤中，高宗闻吐蕃赞普卒，而嗣主未立，诏行俭为安抚使乘间经略之。行俭以赞普

新立，复委政于钦陵，未有间隙，乃止。

这里只说“仪凤中”，不提具体年代，叫人犯疑。而在《大事纪年》第27条载：

及至鼠年（仪凤元年，丙子，676年）夏，赞普驻于“札”之鹿苑。冬，赞普墀芒伦薨于“仓邦那”。赞普子墀都松（器弩悉弄）继位于“折”之“拉垅”。

这一记载说明，赞普死于679年。接着，又记载：

及至牛年（仪凤二年，丁丑，677年），赞普父王之遗体隐匿于“巴拉木”。

及至虎年（仪凤三年，戊寅，678年），赞普父王遗骸隐匿不报，厝于“巴拉木”。……冬，……为父王发丧。

及至兔年（调露元年，己卯，679年），赞普驻于辗噶尔。于“琼瓦”为父王赞普举行葬礼。

这样，我们才清楚赞普墀芒伦确实死于仪凤元年（676年）。由于赞普新故，嗣君新立，政局不稳，根据政治上的需要，匿丧不报。直至仪凤三年（678年）冬，才公开发丧。调露元年（679年）才将遗体运至故都琼瓦，进行公开的正式祭祀。唐朝官方当初并不了解这些情况，只将公开发丧的时间记为薨逝的时间。后来，宋令文到吐蕃参加会葬典礼，大致了解到实情，又不便于明载，所以就支吾其词，作“仪凤中”了事。

2. 吐蕃赞普传记

包括历任大论的位序，共10节，举凡会盟、征战、颁赏、联姻一类大事，均有记载。还记录了民间传说、神话、轶闻和古代歌谣等口头创作。完全保留了古人行文的风貌，是十分可信的传记史料和文学作品。如在《赞普传记》第4节载：

后，南木日伦赞执划界之鞭分赐勋臣，赏赐娘·曾古者为念·几松之堡寨布瓦及其奴隶一千五百户，赏赐韦·义策者为线氏撒格之土地及墨竹地方奴隶一千五百户，赏赐农·准保者为其长兄农氏奴隶一千五百户，赏赐蔡邦·纳森者为温地方孟氏堡寨、奴隶三百户。

根据这些，再结合其他材料就确定了吐蕃是奴隶制社会，而各部落之间的联盟是加强政治、军事同盟的纽带。关于盟誓，《新唐书·吐蕃传》云：

赞普与其臣岁一小盟，用羊、犬、猴为牲；三岁一大盟，夜肴诸坛，用人、马、牛、闾为牲。凡牲必折足裂肠，陈于前，使巫告神曰："渝盟者有如牲。"

《旧唐书·吐蕃传》所载大致相同,所了一则盟誓时的咒词：

尔等咸须同心戮力，共保我家，惟天神地祇共知尔志，有负此盟，使尔身体屠裂，同于此牲。

在历史文书中对盟誓又有比较完整的记录，在《赞普传记》第4节载：

伦赞赞普与伦果尔兄弟二人同娘·曾古、韦·义策、韦·梅囊、韦·布策、农·准保、蔡邦·纳森等六人盟誓，誓词云："自今而后，定将森波杰弃于背后，定将悉补野搂于胸前，决不背叛悉补野赞普，决不使其丢脸，绝对保守秘密。决不把外人当自己人，决不三心二意，决定要英勇献身，决定要拼命忘己，决定要听从赞普命令，决不受他人甘言诱骗，[若有违者，即为违誓]。如此盟誓。"……

赞普墀伦赞乃发布命令。改岩波之地名为彭域。娘氏、韦氏作歌以纪其事，歌曰："天神来至人间，伦赞伦果尔系出世天神，天神来至人间。枭鸟已为鹫鹰所杀，是蔡邦纳森所杀，真正的人主已登大位，真正的鞍鞯已备马身，令人欣羡有如坐在膝上（稳妥可靠），像孪生子产在怀中（美好吉祥）。"

此后，岩波地方之民庶以及韦·义策等人乃上赞普尊号，云："政比天高，盔（权势）比山坚，可号南木日伦赞（天山赞普）。"

更为重要的是，在《大事纪年》中，记载了140多年的逐年会盟的事实，包括会盟的时间、地点、主盟的人、解决的问题（战争、和亲、畋猎、税赋、官员任免等）。这使我们对于盟誓的背景和内容均有较透彻的了解，有助于确定吐蕃是军事部落联盟的奴隶制政体。

3. 吐蕃赞普世系表及小邦邦伯家臣表

该材料经巴黎大学藏文教授巴考、杜散和英国牛津大学教授托玛斯（F. W. Thomas）三人共同协作，锐意钻研，中间得到藏族学者——《丁香帐》（li shi gur khang）一书的重编者噶钦顿珠（ka chen don grub）先生的帮助，前后往复达 15 年之久。1940 年，在巴黎出版了名为《敦煌本吐蕃历史文书》（Documents de Touen-houang Relatifs à l'Histoire du Tibet，Paris，1940）一书。该书的出版，将西藏史的研究推进到一个新的境界，成为研究藏族古代历史、语言和社会的最有影响的著作之一。于道泉教授 1948 年回国时，将此件带回，嘱托我译出，终于使这份珍贵的文献资料为国人所知！

该卷详细地列出了吐蕃王朝建立前各个地方势力分裂割据的状况：

> 遍布各地之小邦，各据一个堡寨。任小邦之王与小邦家臣者，其历史如下：象雄达尔巴之王为李聂秀，其家臣为“琼保·若桑杰”与“东弄木玛孜”二氏。娘若切喀尔之王为藏王兑噶尔，其家臣为“苏”与“囊”二氏。努布境内林古之王为努布王斯巴，其家臣为“苗乌”与“卓”二氏。……
>
> 在此之前状况，当初分散（不统一）局面即如此说。古昔各地小邦王子及其家臣应世而出，众人之主宰，掌一大地面之首领，王者威猛，相臣贤明，谋略深沉者相互剿灭，并入治下收为编氓。最终，以鹘提悉补野之位势莫敌，最为崇高。其施天威镇慑，行王道治服矣！

（二）经济文书

敦煌藏文卷子里有丰富的经济文书，各种契约、书函等，反映了敦煌一带的经济发展状况。P. T. 997 号是一份《榆林寺庙产牒》，详细地列举了瓜州著名的榆林大寺所属的寺庙财产和民户。P. T. 1297（1）号记述了宁宗部一位名叫夏孜孜的向沙州著名大寺永寿寺借粮的详情：

> 宁宗部落之夏孜孜因无种子及口粮，濒于贫困危殆，从永寿寺三宝与十方粮中，商借麦及青稞八汉硕。还时定为当年秋八月三十日，送至永寿寺之掌堂师与沙弥梁兴河所在之顺缘库中。到时不还，或单独出走，借一还二。即或从孜孜家中牵走牲畜，抄去衣服用具，径直从团头手中夺走也无辩解，更无诉词。若孜孜不在，着其子夏冲赍照前项所述交来。中证人王悉道和周腊赍盖印，同时，孜孜自愿承担，印章加签字。（下有圆形印章四枚）

敦煌一带久经战火，生产受到严重破坏，非短时间休养生息可恢复。吐蕃占领该地后，社会虽然已基本稳定，但生产和生活却只能按照传统方式在原有轨道上进行，出现借粮度荒的现象在所难免。敦煌佛寺利用救灾之际，扩大了自己的影响，成为民间借贷中心。寺庙贷出的粮食均未见有利息的记载，足见吐蕃时期寺庙经济特点。贷粮人有“论嘘律藏卜”、“沙弥贝扬”、“论绮力赞”、“论诺卜赞”等有身份地位的吐蕃人，甚至连赫赫有名的洪䛒大师（即 P. 4660 – 25 和 P. 2913 号文书《大唐沙州译经三藏大德吴和尚邈真赞》中的主人公），官居僧统之职也曾借贷。大概是和借粮无息，人们乐于利用这些粮食有关。文契中出现的部落名称有“宁宗”、“阿骨萨”等，证明在瓜沙一带部落制度已经成为社会上公认的组织结构。契约中没有出现银钱借贷，可能和瓜沙陷于吐蕃后唐币不流通，民间只能以粮食作为交换手段有关。这与汉文文书中大量出现的“便麦”、“便粟”的契约相一致。我们还可以再列举一些经济文书：

P. T. 1111：瓜沙地区的粮食库存及开支清单；

P. T. 1203、1104、2127：民间借贷文书；

P. T. 1086：猪年购房基契；

P. T. 1094：鸡年博牛契；

P. T. 1297：虎年借马契；

P. T. 1096：鸡年制匾契；

P. T. 1297（4）：收割青稞雇工契。

对以上文书的深入研究，大致能勾勒出蕃占敦煌时期的经济关系和状况。

（三）法律文书

我们接着对吐蕃的法制文书（P. T. 1071、1073、1075 等）进行综合研究，内容基本上是就狩猎伤人和纵犬伤人赔偿命价及盗窃追赔来标明尊卑贵贱的定级差别。如 P. T. 1071 号狩猎伤人赔偿律规定：

> 大尚论及其祖、父诸人或因狩猎射箭相伤，及上述尚论人等，被尚论瑟瑟告身者以下、平民百姓以上之人，因狩猎而射中之处置律：大论、大囊论、赞普舅氏任平章政事之职者、任大论助理者等四种大尚论，其本人、其祖、其父，为箭所伤害，赔偿命价相同，这些命价相同之人，若彼此因狩猎而被射中，或者这些尚论，为瑟瑟告身以下、颇罗弥告身以上，以及和他们命价相同之人，因狩猎而射中，无论丧命与否，放箭人发誓非因挟仇而有意射杀，可由十二名公正且与双方无利害关系的担保人连同事主本人十三人，共同起誓。如誓词属实，其处置可与《血亲复仇律》相同，不必以命相抵。查明实情，系被箭射死者，赔偿［银］一万两，交受害者一方与告密知情人平分。若无告密人，一万两全归受害人一方。中箭者如未身亡，赔偿五千两，由受害人和告密人平分。若无告密人，五千两全归受害人。如射中他人，进行抵赖，不予承认，或谓“此箭非我所

射”，无论中箭人身亡与否，其处罚与《血亲复仇律》同对待。

大尚论本人和与大尚论命价相同之人，被尚论银告身以下、铜告身以上，或者其命价相同者因狩猎而射中，无论丧命与否，放箭人发誓非因挟仇有意射杀，可由担保人十二名，加上事主本人十三人，共同起誓。如誓词属实，其处置可与《血亲复仇律》相同，不必以命相抵。否则，被害人身亡，则将杀人者处死，并绝其后嗣；其全部奴户、库物、牲畜，均归被害人与告密人平分。若无告密人，奴户、库物、牲畜全归受害人。绝嗣之家，其妻室有父归其父，无父归其兄弟近亲。如中箭人未身亡，则赔偿银五千两，交受害人与告密人平分。若无告密人，则全归受害人。

可见因社会地位不同，赔偿命价就不同。从此我们清楚了最早的法律形式，由血亲复仇（thong myis）到命价赔偿（stongs），应该是一个历史的进步，这说明了社会地位的差异及阶级的逐渐出现，对于后来形成六法、十善法、十三法等法律起了基础和借鉴的作用。

反映蕃占敦煌一带法律关系的诉讼文书，在敦煌卷子中为数不少。P. T. 1077 号是一位名叫“都督”（或有都督头衔）的人，与另一位名叫“朗绮布”的人争夺一名退浑女奴的诉状。P. T. 1297（2）号为放牧羊群入田之诉状及判词；P. T. 1096 号为亡失马匹纠纷之诉状；P. T. 1084 号为博牛纠纷诉状等。一系列诉状的出现，说明敦煌社会已趋安定，人们之间的纠纷靠法律解决，不再凭借武力巧取豪夺。吐蕃在敦煌一带也尽量完善法律制度，去应付在本土从未出现的各种民事、刑事纠纷。

（四）民族关系文书

当吐蕃军队大幅度东下，与东部的吐谷浑、党项、回鹘、汉人等进行了大面积广泛的接触，在敦煌卷子里也有明显的反映。

1. 吐谷浑文书

1926—1927 年，英国学者托玛斯先后发表了两篇关于吐谷浑的论文：《新疆的阿柴》，载《皇家亚洲学会杂志》1926 年；《阿柴》，载《皇家亚洲学会杂志》1927 年。在后一篇论文中，作者辑录和译注了有关阿柴的古藏文资料（即《吐谷浑［阿柴］纪年残卷》），内不仅有《敦煌本吐蕃历史文书》大事纪年内的阿柴资料，也有新疆米兰等地出土的藏文简牍内的有关资料，这些资料具有很高的价值。1948 年韩伯诗（L. Hambis）发表了《论吐谷浑》一文，载《亚洲杂志》1948 年。作者引用 P. T. 1283 藏文卷子中的 va zha，论证藏文中的阿柴即吐谷浑，对伯希和的观点作了补证。1951 年托玛斯又出版了《关于新疆的藏文文献集》第 2 卷，对“阿柴”的藏文资料再次引证。此后，国内外藏学专家纷纷撰文对这份编号为 Vol. 69，fol. 84 的残卷进行研究，基本认为这是份按编年形式记述吐谷浑历史的文献，对于了解唐蕃关系、吐谷浑的历史均有重要意义。如它补充了 663 年吐蕃灭亡吐谷浑之后，采取何种方式统治吐谷浑诸部的史实。过去人们根据敦煌遗书中一些片段的汉藏文书，推测吐蕃占领吐谷浑之后，保存了原来吐谷浑政权的形式，设“吐谷浑王”统治各部，成为其属国。在残卷里云：

> 此冬，……莫贺吐浑可汗娶……之女……为妃，至此吐谷浑（va zha）王选妃之事完成……
>
> 蔡牙咄到来。此后，……母后与可汗及侍从、吐谷浑大尚论……
>
> 莫贺吐浑可汗于行宫娶慕登阿里拔（mug lden ha rod por）之女慕（mug）……
>
> 莫贺吐浑可汗于行宫娶属卢·东热孔孙（co ro stong re khong zung）之女为妃……

于此我们知道，吐蕃所立之吐谷浑王，是与吐蕃王室联姻，且自称“甥”的一支，作为吐蕃小邦王子而存在。残卷中吐蕃公主墀邦之名总在可汗名字之前，地位远在可汗之上。除吐蕃所立的“莫贺吐浑可汗”外，汉文史籍记载了其他一些在吐谷浑故地活动的吐谷浑王子，① 这些王子可能均为莫贺吐浑可汗所统并隶属于吐蕃。此外，残卷还揭示了710年唐金城公主由青海吐谷浑地入藏的史实，在一定程度上澄清了学者由于缺乏资料而对唐蕃、蕃浑关系的种种猜测。

2. 回鹘和北方民族文书

P. T. 1188是一份登里回鹘可汗发出之盖印告牒：

> 授予：悉董那旺论。该员内府长官，其祖先曾攻克朵喀尔城堡，先后为王施政，广事裨益功德，并真正做到：南北东西征战，不惜人马。由此利益之功德，殿下十分满意，按所立德业，令与会议事，委任以乌浒尔伊南几“于迦”之职。天复七年，阴金兔年（辛卯）春季正月十五日，发自金门正殿盖印，授予悉董那旺论。

这份告牒反映了公元9世纪中叶，吐蕃的势力已经退出敦煌及河西的历史舞台，但藏语文仍被甘州和于阗一带使用的情况。匈牙利藏学家乌瑞（G. Uray）在检阅了18个吐蕃文书后，也得出了同样的结论。② 吐蕃在占有整个河西走廊、西域垂百年，设府置官，驻军戍守，抚辑流亡，编定部落，工农商贸文化宗教等极为复杂，但藏语文却得到了广泛的使用。从浩瀚的敦煌藏文文书看，当地通晓藏语的僧侣和文士为数不少。而且，从吐蕃本地迁来的随军部落与胡、汉各族共处，具备了使用藏语文的基础。所以，尽管作为统治者的吐蕃官吏和行政机构、军事堡垒早已烟消云散，但是，文化的因素却长久地存在，非一下子所能消除。

P. T. 1283(2)号写卷藏文原题是《北方若干国君之王统叙记》，有很多关于回鹘、突厥部落的资料。如对突厥十二部的记载：

---

① 《册府元龟》卷358和《旧唐书·王难得传》记载，天宝七年（748年）唐陇右节度使哥舒翰率王难得等击吐蕃于积石军（今青海贵德西），“擒吐浑王子悉弄恭及子婿悉颊藏”。

② 参见乌瑞：《吐蕃统治结束后甘州和于阗官府中使用藏语的情况》，耿昇译，《敦煌译丛》第1期，1985年。

在其上，有突厥默啜（vbug chor）十二部落：

王者阿史那部（rgyal po zha ma mo ngan）、颉利部（ha li）、阿史德部（a sha sde）、舍利突利部（shar du livi）、奴剌部（lo lad）、卑失部（par sil）、移吉部（rngi kevi）、苏农部（so ni）、足罗多部（jol to）、阿跌部（yan ti）、悒恒部（he bdal）、葛逻歌布逻部（gar rga pur）。

诸小部落中无国君，胜兵六千人……

除此之外，该卷还介绍了在亚洲北部的许多国家和民族的社会风俗和社会习惯，如奚人、高丽人、吃狗肉部落和住在树上的林中部落等，其叙述道：

在“奚”人之东，突厥人称之为貊勾丽，汉人称之为高丽。上东地方权臣名为羌冲齐者之辖区。高勾丽境内之人，上颏垂于胸口，食人肉。将父母年迈者及其他老迈之人，裸裎杀死。

其东，名为蛮子百济部落，其人平素不着衣衫。

其南，有人如鱼，恒居于水中。

再南，为蛮人，肌肤黧黑，眼白，头发有如水马鬃毛，丛丛杂乱。而善游如鱼。

上述有趣的记载，引起了国际藏学诸多大家的注意，巴考、聪果尔（B. Csongor）、克洛松（G. Clauson）、韩伯诗（L. Hambis）、李盖提（L. Liget）和森安孝夫等学者，都对此进行了解读和分析，写了专门研究的文章。我们就该卷所涉及的北方和东北民族的情况有不同意见，作一番考释后，也写了一篇文章。

3. 辖区内与汉人关系文书

吐蕃人占领河西走廊后，用自己的部落制来改造东部地区的原来的乡社制度，东部各族部很不适应，在生产发展上也明显是个后退。敦煌 P. T. 1083 号写卷载：

亥年春，大论于陇州军帐会议上用印颁发之告牒：

> 兹举唐人二部落使禀称："此前，沙州汉户女子每为吐蕃、孙波［部落］及个别尚论以婚配为名，抄掠而去，［实则］多沦为奴婢。凡已属赞普之民均已向上峰呈报，不得随意抄掠。应如通颊之女子，不予别部婚配，而允于部落内部婚配。"云云等情。据此，［尔后］不准无耻之辈持印牌前来择配，而允其自行择偶。

敦煌 P. T. 1085 号写卷载：

> 辰年冬十一月上旬，亨迦宫用印颁发之告牒：
>
> 令下沙州节儿：
>
> 据沙州二唐人部落之民庶禀称："沙州每年定期向宫廷及大行军衙交纳年贡礼品'冬梨'一次，王廷虽已拥有果园多处，但仍要增加［年贡］。以往，蒙圣神王臣之恩典，我等蛮貊边鄙之民户也能出头，每户修筑一座果园，且从未交纳年贡礼品及岁赋。［如今］节儿长官等经常不断欺压掠夺乃至残虐无辜。为今后不再发生掠夺、侵占民庶果园事，恳求颁布一严诏令，并赐以金印告牒。"云云等情。据此，大尚论诰谕，恐热、论腊藏悉通均用印并摁指印颁发如上。

从此我们可以看出当时在吐蕃的统治下，民族关系的紧张情况，唐人不得不委曲求全，艰难地活下去，而吐蕃原有的部落制也不得不作若干修改和松动。P. T. 1088 号有关于吐蕃瓜州节度衙的记载；P. T. 1099 号提到了"瓜州将军"（kwa cu dmag pon）；P. T. 2449 号《祈福文》出现了"瓜州新节度使"：P. T. 2991 号《莫高窟素画功德赞文》有"瓜沙境大行军都节度衙"的记载；S. 542 号《沙州诸寺丁壮车牛役簿》也有"瓜州节度"。而吐蕃本土是没有这种官职的，之所以在河、陇地区设置节度使，就是为了更好地管理河、陇一带各地的军事与民政事务。错综复杂的民族关系，决定了吐蕃也必须采取一种更有效、更积极的管理模式。于是，藏人、汉人和党项人等统一在新的制度下共同生活，就在吐蕃统治的政治局面发生变化以后，河西走廊的民族关系又发生了新的令人鼓舞的组合。

4. 南诏及南方民族文书

P. T. 1288 号《大事纪年》反映了吐蕃向南诏地区的扩张：

及至兔年（中宗嗣圣二十年，太后长安三年，癸卯，703 年），冬，赞普赴南诏，攻克之。

及至龙年（中宗嗣圣二十一年，太后长安四年，甲辰，公元 704 年），冬，赞普牙帐赴蛮地，薨。

为了和唐朝争夺南诏，赞普客死异乡，是吐蕃历史上的一件大事。P. T. 1287 号《赞普传记》第 7 节则描写得更为详细：

南方之东（下）部，南诏地面，有谓白蛮子者，乃一不小之酋长部落，赞普以谋略封诏赐之，南诏王名阁罗凤者遂归降，前来致礼，赞普乃封之曰“钟”（弟），民庶皆归附庸，[吐蕃] 地域，增长一倍。以南诏王降归吐蕃为民之故，唐廷政权大为低落，且极为不安。以南诏王而论，彼承事唐廷，忽转而以唐为敌，献忠诚归顺于吐蕃赞普墀德祖赞之驾前，其所陷唐廷之土地、城堡一一均献于 [赞普]，临阵交战时，捉拿唐人有如屠宰羔羊一般。

后，阁罗凤之大臣名段忠国者，来至赞普墀德祖赞之帐前，在庞塘大殿之中，致礼示敬。时，赞普君臣引吭而高歌……

当时在今云贵高原上的错综复杂的唐、蕃和诏三角关系，确实影响和左右着公元 8—9 世纪的中国政局。敦煌文书有所反映，实属情理之中。文书还记载“使白蛮来贡赋税，收乌蛮归于治下”。①

---

① 陈楠《吐蕃与南诏及洱河诸蛮关系丛考》（载《藏史丛考》，民族出版社，1998 年），大致梳理了吐蕃与南方各民族的关系。

（五）职官制度文书

1. 官制文书

敦煌 P. T. 1089 号是关于吐蕃官制的文书。拉露女士于 1955 年在《亚细亚学报》上发表了全文译解，题作《8 世纪大蕃官员请求复职表》，国内很少见到。日人山口瑞凤在 1980 年用日译文发表《吐蕃支配时期的敦煌》（收入《讲座敦煌 2：敦煌的历史》第 4 节），对 P. T. 1089 号卷子作了详细的分析，逐一译出官称，有很大的参考价值。《西藏研究》1987 年第 3 期发表了汶江对 P. T. 1089 号的汉文全译文。我们认为该卷应该是 5 份关于职官、品级、人事安排方面官方档案文书的登录件。其划分如下：

1 行—20 行为第一部分，

21 行—33 行为第二部分，

34 行—43 行为第三部分，

44 行—72 行为第四部分，

72 行—84 行为第五部分。

根据本卷的材料，印证、澄清了《唐蕃会盟碑》参盟官员的品级记录和两《唐书·吐蕃传》中关于吐蕃职官制度的记录，可以比较清楚地辨析吐蕃的职官系统主要分为中央和地方两大体系。中央官员分贡论系统，主管议政、判事和主兵；囊论系统执行诏命、财政、统计、民事以及王室的生活供应（行政）；喻寒波系统管审议、纠察和司法。地方官员有总管型的“节儿”（或称“节度使”）、观察使，也有负责具体民政事务的营田使、水监、税监等，还有主管军政事务的镇守官、都督、军官等。①

2. 兵制文书

从吐蕃文书中，我们可以了解当时吐蕃所辖地区中，共有四茹（后为五茹）和六十一东岱（军事部落）。茹设茹本（ru dpon），为一个方面的最高指挥官，由当地最大的氏族贵族担任，

① 详细情况，请参阅拙文：《吐蕃职官考信录》，《中国藏学》1989 年第 1 期。

下设副职和文书。东岱（stong sde）意为“千户”或“千人之队”，每一茹按定制分为10个东岱。其中包括一个直属东岱，也称为禁卫军东岱和一个小东岱，是机动队伍。领导东岱的指挥官称为“东本”（stong dpon），由氏族显贵世袭。从敦煌文书的许多材料看，吐蕃在占领河、陇一带后，在东岱下，又分出了若干“将”。将设将头（见S. 4577），每一部又左右各十将（见S. 3387）。早期的氏族组织很自然地与军队结合起来，成为吐蕃很有特色的以氏族集团为基础的“全民皆兵制”。氏族成员有义务和责任维护部落联盟，雪球越滚越大，吐蕃王朝成了一个庞大的军事部落联盟。由这些军事部落组成吐蕃的军队，十分强悍，所向披靡，成为唐王朝的劲敌。他们曾问鼎中原，逐鹿九州，在丝绸之路上驰骋，争夺安西四镇，甚至于唐代宗广德元年（763年）一度入据长安。对于这样的军旅内部结构和部落的关系以及政治上的发言权，我们是在敦煌文书中得到明证的，并据此写了一篇专文。①

（六）占卜文书

敦煌藏文写卷中有相当一批关于占卜的文书，巴黎法国科学院西藏中心和巴黎国家图书馆东方手稿部合编的《敦煌藏文写本选集》第1—2卷中，属于占卜类的就有P. T. 55、127、239、351、1043、1045、1046、1047、1051、1055、1134、1194、1289，以及在英国伦敦印度事务部所藏的威利·布散（Valiée Poussin）编号为I. O. 730、731、732、733、734、735、738、739、740、741、742、743、744，均为占卜类文书。这些占卜文书引起了不少国内外学者的注意。

写卷P. T. 1047号是一份卜辞的记录，全长400行，存192个段落，每一段就是一次占卜的判词。这个卷子可能是192次占卜的记录，当然也可能是流传在巫师口中的卜辞，以后统一落笔的。卜骨是用羊胛骨，钻孔、烧灼，来观察裂纹，或者听其破裂

① 王尧、陈践：《吐蕃兵制考》，《中国史研究》1986年第1期。

之声来断吉凶。问卜的内容必须告知巫师，由巫师根据占卜的结果予以回答。

192 例中的第 8 例，是由吐蕃大相邦色苏孜问卜，卜问结果如下：

邦色苏孜令卦师觉档卜子息，后由二十位卦师分析，均谓吉。觉档曰："三代人如国王般人丁兴旺，其后子息衰竭。"或，大命本神不悦，引来魔鬼、赞哲鬼、瘟疫、厉鬼等。问国王、尚论之寿元，大凶。

这位邦色苏孜，出身于后藏的琼保一族，曾起兵响应悉补野家族，在建立吐蕃王朝中立过功。他曾"杀后藏小王马尔门，以其首级来献"，与松赞干布的父亲伦赞赞普结成联盟，赞普以后藏两万户作为赏赐回赠了他。以后，在吐蕃的奴隶主军事部落联盟政权中担任大相，又曾"告发蒙氏温布谋逆"，再立新功，权势煊赫。由他出面问卜，也就理所当然了。

接着是卜问出征的军事行动：

问引劲旅出征之胜负，……劲旅能取胜一次。

这说明，吐蕃王朝在军事行动前必先卜问，决其吉凶，然后根据结果来决定行止。

第 14 例，更有实际意义：

邦色苏孜与当聂闷忠心耿耿于赞普驾前，卜问：如向李迷聂征讨，能否获胜？得此卦卜：以后，属地将扩增一倍，途中遇大财运，大吉。问寿元、子息、怨敌，均吉。唯求事缓成。

这是吐蕃王朝一次重大的军事行动——"征讨羊同"之前的卜问结果。李迷聂是羊同国小王，吐蕃曾以王女妻之，通过婚姻关系结成联盟。后来，为了扩大自己的疆域，或者别的原因，提兵将其消灭。历史文书《大事纪年》和《赞普传记》均有载。

写卷 P. T. 1055 号文书是用铜钱占卜的卜辞记录，已残，存 94 行，内存 9 个卜例。卜具是 12 枚铜钱，取其字与幕两面的奇偶数，掷三次，成卜，以检视吉凶。这种方法跟彝族的签占法基本相同。卜问的内容大都是涉及家庭、个人的生产、生活上的问题。如外出的人平安与否？生病的人能否痊愈？婚姻是否适宜？有无妖魔鬼怪的侵害？能否遇到财源？等等。如第8例：

十个铜钱为“字”，其余为“幂”。属于“火土”、身无病，生命平安，吉；办事能成；求见、求事能成；盖房、成亲，吉；病人无须服药能愈；官司迅速能断；丢失财物难以寻获；搬迁无危险；出行者一时难回，中。

这都是一些与社会生活密切相关的问题。这种卜辞使用的面更广一些。

《旧唐书·东女传》描写了东女国的鸟卜：

其俗每至十月，令巫者赍楮诣山中，散糟麦于空，大咒呼鸟。俄而有鸟如鸡，飞入巫者之怀，因剖腹而视之，每有一谷，来岁必登；若有霜雪，必多灾异。其俗信之，名为鸟卜。

美籍德国语言学家劳费尔（B. Laufer，1874—1934）根据P. T. 1045号卷子，为吐蕃人的鸟卜写出一篇著名的论文Bird Divination，引起轰动。我们曾在他的文章之后做过一点补充。

（七）伦理文书

接着我们对吐蕃的社会伦理长卷P. T. 1283（1）号作了译解，全卷分印成33页，共达532行，可谓长篇大论。它是以对话形式来论述待人接物，应对进退，处理君臣、父子、师生和主仆乃至夫妻之间关系的绝妙文章。当然，这些“问”都是虚设的，可以说是明知故问，而“答”才是实质性的阐述。像这一类形式，古已有之，著名的屈原的《天问》就是一例。这种问答形式，能突出主题，引人入胜，又以兄弟相称，叙述一些有关社会琐事和社会关系的关目，当然给人以十分亲切的感觉。卷子可以帮助我们了解7—9世纪时吐蕃人的伦理思想和道德观念；同时，也为我们提供了一份了解当时社会风貌和阶级关系的材料。比方说，卷子的作者絮絮叨叨、不厌其烦地提醒那些为官作宦的老爷们：

若为长官，应如虚空普罩天下；应如称戥一样公平。（第 5 问）

为官公正，现时即于己有益，此为颠扑不破之理……若能不偏不倚，则谁能对之不钦佩折服?!（第 6 问）

同时，他也强调维护奴隶制度下的秩序：

主仆之间，官仆之间，老壮之间，行公正之法，谁不歆羡而称颂?!（第 28 问）

他在这里提出一个做人的标准，一个道德的规范：

做人之道为公正、孝敬、和蔼、温顺、怜悯、不怒、报恩、知耻、谨慎而勤奋。（第 16 问）

看来他把对上级、对同辈、对下级的各种关系都考虑在内了，并且还把这种伦理标准的良好后果描写得十分动人：

同心协力，不仅眷属和睦，行至何方亦相安无事。子与父同心，弟与兄同心，奴与主同心，妻与夫同心，仆与官同心，如此，则公正无误，齐心协力，大家皆得安宁。（第 26 问）

事实上，这就是奴隶主阶级在建立了统一政权后所要求的“同心协力”！此外，在文章中对于为富不仁者，颇不客气：

敬重正直穷人，应胜过富人；敬重（乞丐）应胜过盗贼。（第 7 问）

把富人直截了当跟盗贼相提并论，倾向性很明显！在夫妻和男女关系上，又有一套理论：

娶妻要选有财富与智慧者，若两者不可兼备，应挑选有财富者。选婿要选有智慧而富裕者。（第 57 问）

可见婚姻关系对统治阶级来说，是增加政治力量和财富来源的一种手段。

（八）苯教文书

P. T. 239 号第 1 节描写了一种较为古老的苯教丧葬仪轨：

灵魂回向

为了消除缠绵心中的悲痛，做了个“仪轨故事中的飘帘”，像汉人屋子的飘帘那样置于显眼的地方。[这是] 各种葬礼上的悬挂物，表示心情悲痛的悬挂物，[这是] 饰有泥土妥善安放的灵像。

[但] 依止神中之神三宝，不应将纯美汉绸浪费糟蹋，要用于作有益之布施。熏煨洁净的供神香烟，念诵对治神咒，以此功德，愿叫这个名字的死者获得彻底解脱，升入神变无量宫！叫这个名字的死者如果投于地狱，愿他不被 [心坏] 嗔怒执守地狱的夜叉捕俘！愿一切到地狱去的众生都被带到神变无量宫！愿一切地狱里的众生都得到救怙！叫这个名字的死者如果投胎到饿鬼趣，愿他不被一切饿鬼趣中的仇敌捕俘，愿一切饿鬼趣中的饥渴众生获得救怙！叫着这个名字的死者如果投胎到饿鬼趣，愿一切饿鬼趣中的仇敌……（此句与上句重复，当是衍文。据石泰安说，这一句在原件是被划掉的。但译者从复印件中，并未发现有划痕。）叫做这个名字的死者如果投胎到畜牲顽愚之趣，愿他不被一切畜牲趣中的仇敌捕俘，愿一切 [畜牲趣中的] 众生获得救怙！叫做这个名字的死者如果投胎于人趣，愿他不被一切人趣中的仇敌所捕俘！愿一切人趣中的破灭之众得到救怙！叫这个名字的死者如果投胎于 [非] 天趣，愿他不被一切 [非] 天趣中的仇敌所捕俘，愿一切 [非] 天趣中的破灭之众获得救怙！愿一切三界众生都不被一切苦难之地的仇敌所捕俘，升入彻底解脱的无量宫！愿其亲友眷属也都获得吉祥善妙之果。

即便是这种古老的苯教仪轨，也已经渗透吸收了佛教的部分经义，上述引文中的“六道”观念可为明证。再继续往下看：

温洛回向

依止三宝，发善愿，念善神咒，以此功德，愿叫做这个名字死去的人，不论投胎于何处，都不能被死鬼用各种鬼痛苦的凶器所捕俘，愿他去战胜阎王的魔鬼及一切三界中的敌人。

则是站在藏传佛教的立场去批判和取代苯教丧葬仪轨了，敦煌藏文写卷反映了苯教丧葬仪轨的佛教化过程。除此之外，P. T. 1042 号也是描写苯教丧葬仪轨的重要卷子，褚俊杰已将全文译出。①

（九）佛经文书

敦煌藏文文献里有大量的佛经文书，可以想见当时在河、陇一带翻译佛经事业之盛！我们简单介绍一下相关卷册：

P. T. 1257 号是把当时已译成藏文的佛经，藏汉对照列在一起，并附有佛教专门术语。全文 103 行，共 638 组，与 P. T. 1261 号属于同一类型和同一时代的作品。

P. T. 448 号是《般若波罗蜜多心经》的藏文注音的汉文译本。这种汉藏两种文字对音本，又发展成为汉藏满蒙四体文字对音本。

P. T. 1262 号为一佛经的对音本残卷，仅有 4 行，41 个音节，与 P. T. 448 号属于同一类型的残本。这一类注音本对于研究当时的汉、藏语音极为重要。罗常培先生在完成他的著作《唐五代西北方音》时，主要就是依靠这一类对音资料。

P. T. 3301 号共 145 行，722 组词和短语（内有 3 组是完全重复的词语）。李方桂教授考证此卷系《瑜伽师地论・菩萨地》汉藏对照语词。汉本是玄奘译，藏本是智军（ye shes sde）等共译。在他的基础上，我们也做了点补充。

P. T. 1123 号是为赞普墀祖德赞诵《无量寿经》功德发愿文；P. T. 999 号是为该赞普缮写《无量寿经》卷清册。P. T. 1001 号是一份记录尼众诵经的登录册，谁诵了什么经，数量多少，均清

---

① 褚俊杰：《吐蕃苯教丧葬仪轨研究——敦煌古藏文写卷 P. T. 1042 解读》，《中国藏学》1989 年第 3、4 期。

清楚楚地记录在案：

比丘尼化志，宁钟部落人，本名张氏玛宁，诵《分别解脱经》一百偈，《密严刹土品》七百二十偈、《梵网经》中《菩萨戒品》一百六十七偈、《稻秆经》一百二十偈，共念诵一千九百零七偈（应为一千一百零七，原文如此，照译）。另教念《八他胜罪》经。

比丘尼性空，宁钟部落人，本名阴氏宣宣，念诵《无垢经》一千七百九十偈、《梵网经》中《菩萨戒品》二百六十七偈，共念诵九百六十七偈。

比丘尼谛义，纥骨萨部落人，本名张太静，诵《分别解脱经》八百偈、《密严刹土品》七百二十六偈、《梵网经》中《菩萨戒品》二百六十七偈、《观音普门品》八十五偈，共诵一千八百七十八偈。

国内有《贤愚经》汉、藏、满、蒙古 4 种文字的译本，汉文本国内外加起来共有 13 个卷号。而藏文本有 3 个卷号：

I. O. 217（勘同汉文本系第 23 品），

I. O. 218（勘同汉文本系第 24 品），

P. T. 943（勘同汉文本系 38—49 品）。

通过把藏、汉（分别依据拉卜楞寺藏文刻本和金陵刻经处汉文本）两本综合比较，结果发现汉文共69 品，藏文只有 51 品（或 52 品），藏文本阙译 18 品，而品次排列亦有参差。[①] 翻译该经的僧人管·法成，是 9 世纪活跃在河湟一带的藏族翻译家和佛教学者。关于他的事迹国内外许多专家已做过有益的探讨，不赘。

（十）藏译汉地和印度文学作品文书

1. 《尚书》译本

松赞干布派遣豪酋子弟去长安学习，主要目的是为了学习唐

① 详细对照品次回目，请参阅拙文：《敦煌本藏文〈贤愚经〉及译者考述》，《九州学刊》第 4 卷第 4 期，1992 年。

朝的礼仪和典章制度，所以他们把汉文的典籍译为藏文也是自然之极的事情了。现在我们发现敦煌卷子 P. T. 986 号是汉文《尚书》的译文。此文全卷共 157 行，外 1 行是跋尾，这样共分 4 卷，内容如下：

分　节	行　次	内　容	标　题
第 1 节	1—28	《泰誓》中	第二
第 2 节	29—67	《泰誓》下	第三
第 3 节	68—89	《牧誓》	第四
第 4 节	90—157	《武成》	第五
第 5 节（跋尾）	158		《尚书》卷第六完

下边我们引用几行以示其风采：

及至十三年春，行次洛水北岸［王作誓］，［从西方］聚集的人众，听我告诫之辞：［善人］虑及善事难成，故平日力行善事，永无懈怠……

汉文伪《古文尚书》中的对应部分是如下记载的：

惟戊午，王次于河朔，群后以师毕会。王乃循师而起，曰：呜呼！西土有众，咸听朕言。我闻吉人为善，惟日不足；凶人为不善，亦惟日不足……

2.《战国策》译本

编号为 P. T. 1291 的藏文写卷，是《战国策》的古藏文译本，晚于马王堆帛书而早于南宋姚宏、鲍彪注本。共 96 行，包括《魏策》的 6 篇，具体篇名如下：

《田需贵于魏王》（《魏策二》）；

《华军之战》（《魏策三》）；

《秦魏为与国》（《魏策四》）；

《王假三年》（《史记 · 魏世家十四》）；

《秦王使人谓安陵君》（《魏策四》）；

《魏攻管而不下》（《魏策四》）。

该卷的第一段藏文译文如下：

> 襄王薨，子哀王继位。哀王为政，以田需为相臣，颇得王之信任。智者惠子对田需说："你已为大臣，应该谦恭啊！比方说以杨树为例，横放着它，它也会生长。但是，如果一个人去拔它，它就不长了。十个人种杨树，只用一个人去拔它，它就不长了。十个人用合力去种植像杨树那样易于生长的树，只用一个人去拔的话，它就会不长。这究竟是什么道理呢？这就是因为种植、生长比较困难，而毁坏它、拔除它却比较容易的缘故啊！如今，你被任命为大臣，得到大王的宠信。那些不喜欢你，一心想把你逐出大臣之位的人很多。所以，你要警惕啊！你要以大臣的规矩来约束自己啊！"

相应的《战国策》原文为：

> 田需贵于魏王，惠子曰："子必善左右。今夫杨，横树之则生，倒树之则生，折而树之又生。然使十人树杨，一人拔之，则无生杨矣。故以十人之众，树易生之物，然而不胜一人者，何也？树之难而去之易也。今子虽自树于王，而欲去子者众，则子必危矣。"

3.《史记》故事编译

我们再看看汉文经典的史学、文学名著《史记》中的一个最富于戏剧性的毛遂自荐的段落，是如何被译成藏文，又改编成吐蕃历史故事的。

《史记》卷76《平原君列传》中有一段令人传诵的美谈。原文如下：

> 秦之围邯郸，赵使平原君求救，合纵于楚，约与食客门下有勇力文武备具者二十人偕。平原君曰："使文能取胜，则善矣。文不能取胜，则歃血于华屋之下，必得定从而还。士不外索，取于食客门下足矣。"得十九人，余无可取者，无以满二十人。门下有毛遂者，前，

自赞于平原君曰："遂闻君将合纵于楚，约于食客门下二十人偕，不外索。今少一人，愿君即以遂备员而行。"平原君曰："先生处胜之门下几年于此矣?"毛遂曰："三年于此矣。"平原君曰："夫贤士之处世也，譬若锥之处囊中，其末立见。今先生处胜之门下三年于此矣，左右未有所称诵，胜未有所闻，是先生无所有也。先生不能，先生留。"毛遂曰："臣乃今日请处囊中耳。使遂蚤得处囊中，乃脱颖而出，非特其末见而已。"平原君竟于毛遂偕。十九人相与目笑之而未废也。毛遂比至楚，与十九人论议，十九人皆服。

藏文 P. T. 1287 号《赞普传记》第 4 节有一段：

后，于达布地方，有已编入编氓之民户谋叛。赞普（囊日松赞）与诸大论相聚而议降服达布王：谁人堪充任将军？时，有名为参哥米钦（意为参哥氏大人物）者，自告奋勇，应声而起，曰："不才堪充此任!"琼保·邦色（大臣之一）曰："尔往昔曾充任将军之职乎？若谓聪明俊哲之士有如毛锥，置于皮囊之中，尔出任悉囊纰巴（官名）一职，已经多年，吾未闻有人赞尔能胜此任者。尔实不堪当此大任也，……"米钦曰："众人未曾称美于不才，信然！往昔，吾［犹如毛锥］未处于皮囊之中以露锋芒者，亦信然也。设若往昔，吾处于皮囊之中，别说锋刃外露，连锥柄以下早已出露于外矣，遑论锋刃?！故于今日吾能有所启请也。"后，赞普竟依米钦所请，授以征讨达布、抚绥编氓之将军之职。米钦乃克达布王，收抚达布全境。

4.《孔子项托相问书》译本

在敦煌石室遗书中，有一则《孔子项托相问书》的故事，汉、藏文写本共 19 个，汉文写卷共 16 个卷号。藏文本有 3 个卷号，分别藏于伦敦及巴黎：I. O. 729，P. T. 992（巴黎出版的由麦克唐纳夫人和今枝由郎编选的《敦煌藏文写本选集》第 1 卷中未收），P. T. 1284（同上第 2 卷中仅收 2 行，以下各行未见）。

法国苏远鸣（Michael Soymie）教授于 1954 年发表过一份《孔子项托的问答对话》，刊于《亚细亚学报》第 242 期，第 311—392 页。文中对《孔子项托相问书》英、法两国收藏的汉、藏文本进行了比较研究，尤其是他首先介绍了藏文本引起了人们的普遍注意。我国学者冯蒸先生把藏文还译为汉文。[①] 由此可见，民间文学的作品通过口头创作的渠道也在藏族人民中流传，所以后来我们发现苯教徒把孔子作为神灵就不足为怪了。今摘录汉文部分原文如下：

昔者夫子东游，行至荆山之下，路逢三个小儿。二小儿作戏，一小儿不作戏。夫子怪而问之："何不戏乎？"小儿答曰："大戏相煞，小戏相伤，戏而无功，衣破里空。相随掷石，不[如]归舂。上至父母，下及兄弟，只欲不报，恐受无礼。善思此事，是以不戏，何谓怪乎？"

项托有相，随拥土作城，在内而坐。夫子语小儿曰："何不避车？"小儿答曰："昔闻圣人有言：上知天文，下知地理，中知人情。从昔至今，只闻车避城，岂闻城避车？"夫子当时无言而对，遂乃车避城下道。遣人往问："此是谁家小儿？何姓何名？"小儿答曰："姓项名托。"

夫子曰："汝虽年少，知事甚大。"小儿答曰："吾闻鱼生三日，游于江海；兔生三日，盘地三亩；马生三日，趁及其母；人生三月，知识父母。天生自然，何言大小！"

……

藏文文书相同部分的译文如下：

从前，孔子乘车东游。他在路旁遇到三个小孩。

① 冯蒸：《敦煌藏文本〈孔丘项托相问书〉考》，《青海民族学院学报》1981 年第 2 期。

［其中］两个在做游戏，一个却一点儿也不玩儿，而严肃地略带笑容。孔子问道："［你们］这三个孩子，有两个高高兴兴地玩儿，而一个却一点儿不玩儿，带着严肃的面容，这是因为什么呢？"这个孩子说："我曾听说，二人高兴地玩耍，如果两个人闹急了，很有可能发生斗殴。假使发生了争吵，除了撕破衣服外，没有别的好处。况且他们彼此打伤了，一方面父母会有坏的名声，而另一方面父兄会遇到耻辱，因此我不参加游戏。"

孔子问道："孩子啊，这样年轻，你就懂得许多事情，这是从哪儿学来的呢？"孩子说："出生三天之后，龙子便在海洋里翻腾。小马生下三天之后，就能跑得很远。小兔生下三天之后，便能跑遍视野的三倍。婴儿生下三月（天）之后，便认得父亲和母亲。事实就是这样，这又算得了什么懂得很多的事情呢？"

……

5.《罗摩衍那》译本

《罗摩衍那》故事在我国藏区流传较为广泛，藏族学者曾就梵本改写为藏文。最吸引人们注意的是，敦煌石室的古藏文文书中有若干片断的《罗摩衍那》。过去，由于这些文献秘藏在伦敦和巴黎，等闲人难以见到，只有少数专家才能接触到这些文书，撰写文稿。据目前所知，有下列几篇：

（1）托玛斯《新疆发现的藏文〈罗摩衍那〉故事》：

F. W. Thomas, A Rāmāyaṇa Story in Tibetan from Chinese Turkestan, Indian Studies in Honor of Ckarles Rockwell Langman, Cambridge Mass, 1929, pp. 193—212.

（2）拉露《藏文中的罗摩历史》：

M. Lalou, L'Histories de Rāmā en Tibétain, Jounal Asiatgue, 1936, pp. 560—562.

（3）巴尔比《敦煌藏文本〈罗摩衍那〉故事》：

J. K. Balbir, L'Histoire de Rāmāyaṇa en Tibétain Dάaprè

des Textes de Touen-houang, Édition du Texts et Traduction Annotée, Paris, 1963.

（4）德庸《藏文中的〈罗摩衍那〉故事残卷》：

J. W. de Jiong, un Fragment de l'Listoire de Rāmā en Tibétain, E'tudes Tibetaines Dédiées à la Memoire de M. Lalou, Paris, 1971, pp. 127—141.

（5）德庸《古藏文写本〈罗摩衍那〉故事》：

J. W. de Jiong, An old Tibetan Version of the Rāmāyaṇa, T'oung Pao, vol. LVIII, livr 1—5, 1972, pp. 190—202.

我们通读了全卷，发现共有5个编号是《罗摩衍那》故事，它们是I. O. 737A，I. O. 737B，I. O. 737C，I. O. 737D（原件藏于英国印度事务部图书馆）和P. T. 983（原件藏于法国巴黎图书馆），其中I. O. 737D与I. O. 737A两个编号本是一个完整卷子的断裂为二者。由于I. O. 737D末行有7个字仅存上半部，难以贯联，就被机械地分裂为两个卷子。我们将阙文补上，使它与I. O. 737合并还原为一份完整的《罗摩衍那》译文。其余3份残卷情节基本雷同。

（十一）医学文书

敦煌卷子中还有一些关于古代藏医的文书，目前所见的有4件：P. T. 1057号医疗术，P. T. 127号炙疗法，P. T. 1044号炙疗法，I. O. 56、57号。

从“吐蕃医药文书”中，我们可以发现吐蕃人的哲学思想在医学上的反映，尤其是关于人体和自然的关系。吐蕃医学的理论基础是把人体看成一个有机的整体，应该也可以忠实地反映他所处的宇宙实体。宇宙时刻在养育着人体，人体总在感受着宇宙，两者息息相关。人们孜孜以求的健康状态，说到底就是人和自然的和谐与协调！一旦失去这种协调，就要生病。如果自然界对这种失调的反应是顺利的，疾病就能治疗；否则，就难以救治了。P. T. 1057号医疗术是吐蕃医学的具体反映，涉及医疗各科。如五官科的止流鼻血、喉疼、嗓子嘶哑、牙根坏烂与松动等；皮肤科有治疗皮肤烧伤、疣、痣、癣的方子；内科有心口疼、肺病、肝萎缩、肠断裂、发高烧、哮喘等；骨伤外科有头骨破裂等；此外，还有妇产科、小儿科、男性专科等，以及各种食物中毒的治疗和预防。治疗方法有熏灸法、针刺放血法、食疗法等，提供的药物包括动植物和矿物。酥油治疗是最常见的疗法，被广泛应用。

P. T. 127 号和 P. T. 1044 号两个卷子都是关于灸疗法的，对研究吐蕃早期的重要治疗手段——火灸意义重大，它忠实地反映了吐蕃早期灸疗法的真实情况。两卷共载灸法 66 方（实际应为 72 方，其中第 46 方中包括了 7 个方子），先叙灸法部位，次述其适应病症，最后是具体疗方，即施灸的次数、手法。其中也有灸法兼施药物配合治疗的，如第 46 方就说明用藏红花、大黄、冰片和在一起外涂以配合灸法治疗流鼻血。从灸法残卷中看到，吐蕃人知道取穴时患者需采取一定的姿势和体位，如第 18 方中说：

> 身体平稳直立，左右脚跟着地，脚掌朝上翘起，从脚拇趾量一拃，触到胫骨，再往上量四指之处灸之。

说得相当具体详细，便于医者掌握。有趣的是，吐蕃医生还没有统一为穴位命名，一般取穴均以局部解剖部位为依据。如：食指穴、骨突起、发际、五官、肌肉隆起，并有陷下、凹部、筋络间、骨边缘、缝隙等说明取穴的部位，这也可以看出吐蕃的灸法逐步演进的过程。在取穴时，一般用手指计量，但也提到“寸”、“关节长”等名称，以及“草”、“青稞”、“羊粪蛋”等大小的孔穴等，反映了吐蕃人用随手取来的身边熟悉的物件作为计量单位的情况。这两个卷子还反映了吐蕃人的生理学和解剖学的知识。卷子中提到了心、肝、脾、胃、肺、肾、肠、膀胱、子宫、脑等内脏器官和肾脉、肺脉等脉学知识，也涉及病因病理学、症状学和诊断学方面的原理。在治疗法上，除灸法外，还提到熏法、放血、铁械治疗等独特疗法。

总而言之，在敦煌石窟的遗书中，藏文文书占了相当的比例，内容也非常丰富，反映了藏文化是中华文化的一个坚实的成员，同时也记录了隋唐以来吐蕃在敦煌、丝绸之路和河西走廊上活跃的基本情况。今天，我们展读敦煌的藏文文书，不由得对我们祖先所做出的文化上的伟大贡献肃然起敬。

（原载黄征主编：《南京栖霞山石窟艺术与敦煌学》，中国美术学院出版社，2002 年。）

吐蕃社会经济文书译解（一）

一、解　题

这一组文书共17件，有的是残卷，都是吐蕃统治沙州、于阗一线时期的遗物，其中有呈文诉状、告牒、户籍、赋税逋欠账册、田亩、契约等，都是涉及社会、经济问题的材料，因而把它们集中在一起研究。这17个写卷是：

P. T. 1078：悉董萨部落土地纠纷诉状；

P. T. 1079：比丘邦静根诉状；

P. T. 1080：比丘尼为养女事诉状；

P. T. 1081：关于吐谷浑莫贺延部落奴隶李央贝事诉状；

P. T. 1082：登里埃部可汗回文；

P. T. 1083：据唐人部落禀帖批复的告牒：禁止抄掠汉户沙州女子；

P. T. 1097：薪俸支出粮食清册；

P. T. 1098：于阗贡使岁赋事；

P. T. 1101：府库赋税逋欠册；

P. T. 1115：青稞种子借据；

P. T. 1118：水磨费等杂据；

P. T. 1124：一份关于牧放范围的通知；

P. T. 1132：堂康三向主人呈递的一封信；

P. T. 1142：文斌与金通呈递的书信；

P. T. 1205：玉奔赞向内相杰波赞桑呈递的禀帖；

P. T. 1217：一封文告的副本；

P. T. 1297：购马契约。

这一类藏文写卷，很受藏学家的注意。我们知道匈牙利的藏学家乌瑞教授也曾注意研究这一类卷子，在 1981 年《亚细亚学报》第 269 卷第 1—2 期中发表了一篇报导，题为《吐蕃统治结束之后甘州和于阗官府中使用藏语的情况》。文中对 18 个卷号的写本作了粗略的介绍，这 18 个卷号是：

①钢和泰卷子的背面藏文文件。

②P. T. 984 号背面第 2 篇藏文卷子，内容是河西节度使沙州曹令公呈于阗圣神君主。

③P. T. 1081 号沙州归义军尚书，改正属于吐谷浑保尔根千户一名奴隶身份。

④P. T. 1082 号回鹘登里可汗的命令。

⑤P. T. 1106 号背面，长兄、天子于阗王向幼弟令公的行文。

⑥P. T. 1120 号背面，沙州曹尚书对于阗圣神菩萨天子的呈文。

⑦P. T. 1124 号令文一纸内有汉人的姓名及职称。

⑧P. T. 1188 号河西节度使，天司徒总部。

⑨P. T. 1188 号背面第 12 篇，发自回鹘登里可汗王爷官邸。

⑩P. T. 1188 号背面第 14 篇，对回鹘因难于迦的赞文。

⑪P. T. 1188 号背面第 15 篇，发自官邸金门，天复（福?）七年。

⑫P. T. 1189 号肃州司徒致河西节度天大王的请牒。

⑬P. T. 1256 号猪年秋，于阗使者司空刘……肖干木的信。

⑭P. T. 1284 号第 2 篇，某使节与首领仆役携王爷命令于春季到达的通知。

⑮P. T. 1284 号第 3 篇，河西北方节度使曹太保致于阗王信件。

⑯P. T. 2111 号第 7、2 两篇，致甘州贤良忠实的谋臣长史于迦的信。

⑰I. O. 73N、14 号凉州节度使仆射致沙州、瓜州刺史信。

⑱P. T. 44 号第 2 页正面，第 25 页背面，第 23 页背面，第 24 页正面。虎年，残卷。

乌瑞教授在缜密地研究了上述 18 个写卷以后，得出三点结论：（1）这些卷子都是同一时代的。（2）这些卷子是在吐蕃人撤出河西以后的。（3）在吐蕃的统治力量退出河西、敦煌和于阗一线以后，藏语文在公元 10 世纪仍然被作为官方的语文而被普遍使用着。

我们跟乌瑞教授研究的材料，只有 P. T. 1081 号和 P. T. 1082 号两个写卷相同。可以看出在敦煌藏文文书中，还有大量可以探索的社会、经济史料的卷号。

P. T. 1079 号和 P. T. 1080 号两个写卷涉及寺庙中的比丘和比丘尼收养奴仆作为无偿的劳动力一事。在敦煌文书中，僧民拥有奴仆和私产是很常见的材料。本来佛教是宣传出世的宗教，僧尼都是出家之人，六亲不认，不应该积蓄私财私产，因生烦恼。但是，他们都不是脱离尘世的隐士，还得生活在社会之中，这就不能不受社会所有制的影响，也就是我们从这一类文书中见到的情况。除了这几卷以外，其他卷号中还记载有僧尼放高利贷、雇佣劳力、贩卖、贸易等活动。按宗教徒的解释，他们的行为是符合戒律的。在道宣撰的《四分律删繁补阙行事钞》和《量处轻重仪》中都有详尽的解释。

P. T. 1083 号写卷表明，吐蕃占据瓜、沙、河西至于阗一线以后，对当地居民归属身份的处理原则。P. T. 1078、1097、1098、1101、1115、1118、1124 号等，都反映了民间的经济上的问题，对于研究当时生产、生活和社会情况都有参考意义。P. T. 1132、1142、1205、1217 号等，都是书信形式的文书，呈递的对象却各各不同，看出藏文在使用上的价值。P. T. 1297 号是一份有趣的购马契约，通过这份契约可以推知当时人民的生活和社会经济的一个侧面。

我们还指望通过对社会、经济文书的研究，来进一步探索吐蕃在河西、瓜州、沙州、于阗一线实行的经济制度。此项工作，有待于今后的努力。

二、译　文

1. P. T. 1078 号　悉董萨部落土地纠纷诉状

往昔，水渠垓华沟地方，悉董萨部落中之王安成与王贵公兄弟……在……［宁］毗连而居，廓庸与贵公为田地之故，言语不和……意见不一之地，献与论罗热诺布赞，长期以来……后来于龙年夏，瓜州军帐会议之中，论结赞、论桑赞、论……等人，为答复瓜州萨悉之来件，朗论罗热父子，自沙州百姓编军中分出之后，王贵公兄弟向绮立达论赞三摩赞请求：往昔，我归属唐廷时，在水渠垓华沟地方，后于鼠年，沙州人江甲尔需田［未得］……而获开荒地后，一如过去所需，可继续耕种。但宁宗木地……，在我等休耕之宽阔平地下方耕种，以此为借口，霸占侵渔……［他把］这些菜地，献与论罗热诺布赞，朗氏为主［耕种］，在周布杨菜地上，朗作证人而经管，于其上筑房宅，植园林，近二十年，菜地如定死一样。如此无辜受害，彼等霸占强夺［我地］，我等将无辜受害之缘由及详知内情之证人，向上申报。菜地……等务请交还我们，如此请求。

窦廓庸言……王贵公兄弟之菜地，往昔在唐廷时，地界相连，后与沙州人江甲尔之开荒地各有五突①半一起记入木简，田亩册下面写明共获田地十一突。贵公兄弟所种五突半，他们实际未曾领受。领受了八突，本人并无五突半田地属实。由都督……所授田契，已核对，用丈量突之绳索量后，属我田地为三突［半］……多出七突半。王贵公之田多出三突七畦。……判决，彼等不听，言语不和，我等千户长，论千户谓：“我等沙州人开荒地未曾领受属实。”其多余之地，乞立本云：“如今论罗热父子已远离家乡，都督过去……我……务请给我如此请求。所言属实与否，敬乞明鉴。”

税吏与押衙二人言。税吏论诺热与押衙论诺三摩诺赉驾前，和田契相符，在水渠垓华沟，从王彬多田里领受一突二畦，窦廓庸……于田契上未写。知情证人，计算田地长老阴享文，与吉

---

① 突：dor 或作 dor ka。作为田亩的计量单位，在藏区至今还在使用，即二牛抬杠一天所耕的面积。《曲札字典》第 409 页，将这一词训释为“一具”，即一犋。《达斯字典》第 645 页，将这一词训为 a pair of draught cattle glang dor, a yoke of oxen，仍然是这个意思。但在敦煌文献中另有解释：敦煌汉文写卷 S. 2103 号《酉年沙州灌进渠百姓李进评等牒》其第 1 行有“……空地两段共叁突”，第 5 行“……地壹突用水，……是行人突地”等字样，看出来是空地用“突”来计量。S. 4661 号卷首有“八突”。P. 3410 号《崇恩析产牒》写卷第 1—5 行有“无穷地两突，延康地两突”。均可说明“突”是用以计量地亩的。据 S. 9156 号《沙州诸户口数地亩簿》写卷所列的明细表推算出亩与突的换算比例：一突等于唐制十亩，半突等于唐制五亩。

关键在于 dor 与突的关系。日本池田温氏在《丑年十二月僧龙藏牒——9 世纪初敦煌分家诉讼文书介绍》一文中，将“突”字认定就是藏语的 dor，并推定当时吐蕃人把 dor 计量制度推行于沙州一带。在此之前，日本山本达郎刊布斯坦因汉文《敦煌发现户制田制有关文书十五种》（《东洋文化研究所纪要》第 10 号，1956 年）其中“突”字写作“突”。池田温氏认为“突”字即是“突”字。这样一来，再参照藏文卷子，dor ka 的意义已经基本弄清，同时，还有助于了解“突”字派生出来的一系列语词。这些词在敦煌汉文卷子里是屡见不鲜的：

突田：经过丈量清楚，清查登记了的土地。

突税：经过丈量后，按地亩征收的税赋。

突田仓：专门储运突税的仓廪。

纳突：交纳突税的负担。

突田历：清查丈量土地的登记表。

突课：私家奴户所交纳的田课；因为是公田，经过丈量的突田，交私人耕种后所纳之课税。

……，梁和安才、沙子升、马京子诸人申誓，所言与上诉相符，后分清……是其祖辈永业与轮休地。后一个子年，沙州人江甲尔需地那年……授权与兄弟两人，可继续种这些菜地。但窦廓庸和周布杨父子，抢劫王贵公……种地，没有成功，献与论罗热诺布赞将近二十年……属实，向大理法司论赞三摩赞申诉后，但判为……有理，王氏之越界余田，王并未正式领受田地，与证人申言相符……等人，都督论嘘律桑诺悉结等人也要求判决。依民所言判，……在南面［之地］，给窦［廓庸］和周［布杨］父子，水渠北面所有之田，判归贵公兄弟，今后不得再有争论口角，各自申言起誓，起誓后，窦廓庸与周［布杨父子］……税吏按指印，绮立达论赞三摩赞发出用印判文，窦与王人手一纸……。

2. P. T. 1079 号　**比丘邦静根诉状**

往昔，比丘邦静根有一单身女奴名为洒邱子（又名公噶尔邱子），她有女儿盐盐、鲁鲁、华氏才井，连她本人共四人。华氏才井被主人静根给与比丘尼邦洒芒训。后又将公噶尔邱子、盐盐和鲁鲁三人供养寺院，登记入于户册之上。未年，正在各行其役时，安抚使论尚赞桑、论牙札与尚绮立笃节召集临时会议。尚来三摩赞、论野桑、尚来桑在瓜州行营军中议会。于齐比乌集会之故，头年之冬，沙州以下，肃州以上，集中僧统所属农户，根据田地好坏，制定承担赋税标准。僧统沙门巴尔奈、亲教师沙门罗扬、沙州节儿总管论野绮立、论吐桑·许布、论野札来息，财务官嘘律丹在场时，谓："鲁鲁未死，已换姓更名，才井实为鲁鲁。才井之女为秀盐与高曼。盐盐之女，即米子、华娘与金刚。"比丘吉净、惠……，比丘尼本训等人禀告："官册所言属实，鲁鲁已死，如才井……。往昔，三个唐人部落和供养寺庙顺缘未分之时，给与妹妹芒训，女孩高曼，秀盐等，米子、华娘和布朴金刚。初，盐盐一无所有，为我等兄弟之奴，年长僧众，新旧首座，管家上下均已知晓。曾与文籍记载核对，请依旧留下作为我等之奴。"如此请求。僧统大师座前、长老沙门牲因、沙门海照、沙门海恩、管家夏米尼保、张良文、尤森汉、安罗都、证人长老、老持戒人、沙门张本惠、沙门无边、沙门雄因、沙门帕更、沙门文照、沙门洪凡、比丘上人、沙门洪比、周帕缘和林帕因等，虽起誓如此言道，但邱子、盐盐、鲁鲁母女三人，在寺庙之庙产户册上写明却是鲁鲁已死。才井母女虽为邱子之后代，但在王当权时，给与妹妹芒训，所以寺庙户册上无名。米子、华娘、金刚，过去不是静根之奴，已判为沙门玄诤和惠谦兄弟之奴。与寺庙产业户册核对，但有西洒邱子、盐盐、鲁鲁之人名字出现，才井母女当初在寺庙产业户册上无名。若按长老，上下管家证词判别，沙门玄诤兄弟和比丘尼芒训有理，以后邱子与盐盐二奴照文籍所载。才井母女、米子、华娘和金刚判与玄诤兄弟与比丘尼芒训，堪布们发盖印文书，长老、上下管家均按指印。

3. P. T. 1080 号　比丘尼为养女事诉状

比丘尼与萨仙照诉状：

往昔，兔年，于蕃波部落与退浑部落附近，多人饥寒交迫，行将待毙。沙州城降雪时，一贫穷人所负襁褓之中，抱一周岁女婴，来到门前，谓："女婴之母已亡故，我亦无力抚养，此女明后日（数日内）即将毙命。你比丘尼如能收养，视若女儿亦可，佣为女奴亦可。"我出于怜悯，将她收容抚养。瞬间，已二十年矣。此女已经二十一岁。如今，由于书办、孔家全在背后阴加挑拨，彼女变心，威胁于我，声称："我舅氏乃倪白措也。"一次，通颊[1]衙门一妇女前来，女乃声称："她是我母"等等。风言风语，越来越多。彼女亦不似以往卖力干活。为此，呈请将此女判归我有，如最初收养之律令，任何人不得索要，不得加害等因，务恳颁发用印文书。

批示："按照收养律令，不得自寻主人，仍照原有条例役使。"

准件（汉文）。

4. P. T. 1081 号　**关于吐谷浑莫贺延部落奴隶李央贝事诉状**

尚摄思大将军驾前，子年秋八月初，由自河州军发出盖印之文书。

张纪新禀：辰年，我从吐谷浑莫贺延部落之绮立当罗索（人名）处以五两银子买了名唤李央贝之男性奴仆，依新旧吐谷浑部规定，在户丁入册时，莫贺延部落长官，多次扰害。马都督……张与札吐谷恰郎（人名）至达三摩等驾前申诉，道理和证词对我有利，从吐谷浑户籍中早已除名。我附近之黄当户十分霸道，不仅不承认属于我，还说："如今吐谷浑慕罗瓦户籍中，有一个名叫杨贝忠者，亦即此奴李央贝也。"如此中伤，与家族户籍不符，在用文契分辨之前，首先务须传讯见过文契和熟悉情况之证明人，再作判决，如此请求；说户册与卖身契约不符对与不对？求大理法司判决。敬乞明察。

大理法司驾下，李央贝自证：我当初属莫贺延部落，卖身契为幼年九岁时所立，名叫李央贝。慕罗瓦部头人，制造借口，

---

[1] 通颊：mthong khyab，这一语词的实际含义，一直困扰着许多学者。日本佐藤长氏在《西藏古代史》一书中把它解释为"张台"，即瞭望哨所；匈牙利乌瑞在《〈贤者喜宴〉分析研究》中认为是一个具体地名；F. W. Thomas 在《关于新疆的藏文文献集》第 2 卷中解释为烽火瞭望边哨。日本山口瑞凤在 1980 年《吐蕃支配时期的敦煌》（《讲座敦煌》第 2 卷，大东出版社刊行）中，注意到这是吐蕃人占领了唐廷属地以后，在蕃汉杂居地区设置的新机构，相当于一个千夫长，一个千户（东岱）。他译音为"通颊"，颇能说明切近当时的藏语发音。其涵义见于《贤者喜宴》ja 卷第 19 页所记："通颊设于边境，东道节度所辖有十通颊，东西各五。"这里的通颊当属西翼。此一语词在吐蕃石刻、手卷和木牍中都已出现，由于过去人们弄不清它的涵义产生许多误解。有时俗体字缩写成 mthyong。

［另又取名］。我的卖身价先后确实由张付予绮立当罗索。

慕罗瓦部千户长达管丹萨提出："这李央贝者，生年时辰与名字皆符，即原名叫杨贝忠；文契中称李央贝者，那是假名，我部落户籍中，是叫杨贝忠。文契不可凭，而户籍可信。如此请求。"

莫贺延部千户长与副千户长证词：李央贝是我莫贺延部之人。一次，补充登录名册之时，而张向上请求，去大理法司驾下告状，变得张有道理，官府名册亦未登录，现根本不属于慕罗瓦。将此人召回，如不与张，就应归莫贺延部，如此证言。

张纪新当初与李央贝成交之文书中，明白载有"吐谷浑莫贺延部落绮立当罗索之奴李央贝被用五两银子买下，任何时候，不要有是非口角"等语，上面清清楚楚盖有吐谷浑及通颊长官之印以及绮立当罗索之手印。究应如何办好，请大理法司判决。

批示：严格按照卖身契所书处理。

5. P. T. 1082 号　**登里埃部可汗回文**

登里埃部可汗之复函回文：

向野［摩川］切巴坡之属民人众致意！辛苦了！安康否？向上呈交之禀帖已如所求上呈。呈文中说有奶牛，十分高兴。

上方来令，并无关于社稷大事者。余之使者又在下凉州，再次前往，唐王……恐不相信。京师有令……希望［看后］……向上报告，野摩川……没有。廓州黄河大行军衙之使者，在上面请求去黄河大行军衙万人部落之驾前。吐蕃使者去了葭戎，又往野摩川。请你等之使者前往俄布塔与尼玛冻，别无其他指令。

吐蕃人谓，秋季七月初发兵……哨地无音讯。现仍按兵未动……充分做好准备。入秋时，从凉巩地也……无……时，要大做准备。

甘州官寨业已破损，无修缮官寨之工匠。去借后，发来工匠，十分高兴。

官寨已开始维修，尚遗留小部分。顶盖，经一再去函请求，也曾派来工匠。工匠来已一年……已下令发粮饷，尚论……由……派遣！画匠工作得不好。秋季七月中……打发来。

向金匠监工转告，我已向天保军地之军官借金匠，此人不会打金器，（可能只会在金器上描花）……又不做。天保军官又常常……过去有这样一名工匠已派往沙州，[有一名能干活儿的]工匠病倒，过往使者不断，[希望过往使者能看到]。这些情况，向军官——金匠监工再三请求后，唐王之一名金匠，为何我无权[使用]……已向太师太保请求，这名金匠由我掌管……在老工匠中选择后没有派出，没派出勿见怪，其他工匠没有。礼物纱丽六疋，水果一大口袋已带至上面。秋季秋果桃子和……葡萄我来尝。今年丰收，成熟后奉上，若不带去可云我吝啬。两名木匠干活卖力。将至水果旺季，此时，有使者来，未奉礼物，望勿见怪。若从唐王处有过往使者来，将打发予之使者[带上]。

6. P. T. 1083 号　**据唐人部落禀帖批复的告牒：禁止抄掠汉户沙州女子**

亥年春，大论于陇州会上用印发出之告牒：

二唐人部落头人通禀云：往昔，吐蕃、孙波与某些尚论长官衙署等，每以配婚为借口，前来抄掠汉地沙州女子。其实，乃佣之为奴。为此，故向上峰陈报，不准如此抢劫已属赞普之臣民，并请按例准许，可如通颊之女子，可以不配予别部，而在部落内部寻择配偶，勿再令无耻之辈持手令前来择配，并允其自择配偶。

告牒如上，用印颁发！

7. P. T. 1097 号　**薪俸支出粮食清册**

……[龙]年孟春上旬，司俸禄之岸[本]由张文安……和宋锷三人，从所管库内，将小米、青稞……支付官方酬酢及食用糌粑、油料胡麻，由某位[尚论]盖印，确定付给人员，点名填造清册如下：

七日，支出俸禄酒粮小米三十蕃斗，付与安锷、华梁森与酿酒人张汉［汉］、石毕秋诸人。

又，同一日，支出韩安锷马料，自冬季十二月二十五日起至春季正月十日共十五日［之用］。小米五蕃斗，系付与书办公廨之参参。

又同日，支给庐班地方之吴师吉麦子三蕃斗，油料一蕃斗，交付吴师吉本人。

十日，支出肃州人侯国亨所辖之百姓侯安子与史泽象等口粮小米六蕃斗，麦子六蕃斗，交付安子和泽象等人。

又同日，支付郭子良麦子十蕃斗，小米十蕃斗，交付子良本人。

又同日，水渠渠头竣工敬神支出酒料小米十蕃斗，交与酿酒人张汉汉、康辛辛、石毕秋诸人。

又同日，支付张黑子酒粮小米五蕃斗，交其本人。

十七日，支付官用酬酢酒粮小米三十蕃斗，交与安锷、华梁森和酿酒人张汉汉、石毕秋诸人。

又同日，支付官用会供顺缘，油料胡麻五蕃斗，未去皮之小米五蕃斗，系交付长史陈文君者。

又此日，支付张黑子酒粮小米五蕃斗，付其本人。

二十八日，支付长官会供粮磨面麦子四十蕃斗，油料胡麻四蕃斗，大米三大蕃斗，交与长史陈文君。

此日，支与韩安锷马料，自十日至二十四日间共十四日之用。小米五蕃斗，交与书办公廨之参参。

又此日，支出官用酬酢粮小米三十蕃斗，交与安锷、华梁森和酿酒人张汉汉、毕秋诸人。

又此日，支与肃州人侯国亨属下百姓侯安子和史泽象诸人，食用麦子四蕃斗，小米三蕃斗，交付其本人。

又此日，支给……酒粮小米……蕃斗，交与他们本人。

又此日……

（后有圆形印章 10 枚，第 9 枚上有鲁泽象字样，第 10 枚上有梁何佩字样。似为当时在该地区通行的印章。）

8. P. T. 1098 号　**于阗贡使岁赋事**

……年秋，仲秋（八月）十七日，秋季岁赋贡使轮于阗部落玉来当值……恰逢玉来不在家，从悉董萨部落雇请慕恩子［代替］，雇金定为青稞、麦子和绢……共十四……，先行交付青稞五蕃斗，小米一蕃斗，其中青稞……项下，有绢一匹，其余雇金，青稞四蕃斗半和小米三蕃斗半，待恩子事情成办后付给。

因要送岁赋，［所承应的］内府王差无暇完成，或因岁赋没有全部送完，上峰降下任何惩罚，由恩子本人亲去申述。如恩子无暇完成内府王差或未按时送达［岁赋］，或因不在家而产生纠葛，照前述契约……岁赋，找保人恩子之兄弟慕良泽、尤达二人前去申述。轮到恩子去支应内府王差，余下岁赋即交与尤达与西顺［去送］。如此商议已妥，认为可行，先付青稞七蕃斗，立即付与对方中证保人王达古、鲁泽象、梁何佩存、永安张义子、周拉登公子等，以上诸人盖印，恩子和担保中人按指印为证。

（后有圆形印章 10 枚，第 9 枚上有鲁泽象字样，第 10 枚上有梁何佩存字样。）

9. P. T. 1101 号　**府库赋税逋欠册**

五十岗头人嘘律息所辖地段之部分百姓逋欠赋税，不能及时交纳，乃从尚绮立息府中商恳高息借贷。定于狗年秋，仲秋望日（八月十五）以借一还二计息，还于府库。兹列出逋欠赋税人名登记如下：

哈流流一蕃斗，王宣宣四蕃斗，张黑狗一蕃斗，王关吉六蕃斗，张北汉三蕃斗，吴金刚二蕃斗，石北金三蕃斗，康顶尊一蕃斗。以上诸人，如前所述，按时交还。如到时不还，或借故抵赖，加倍偿还。从其家中不管牵走任何牲畜，不必向头人说理；即或从头人手中抢走［牲畜］也不能起诉。中保证人：达桑修登木和那波孔顿、俄木道道、张国成等盖印并加指印和具名。

哈流流具名

百姓张北汉具名　　　　石北金按指印

10. P. T. 1115 号　青稞种子借据

蛇年春，宁宗木部落百姓宋弟弟在康木琼新垦地一突半，本人无力耕种。一半交与王华子和土尔协对分耕种，种子由华子负责去借。共借种子二汉硕[①]，秋季还债为四汉硕。其中二汉硕由宋弟弟归还。于秋季八月底前，弟弟不短升合交与华子。二汉硕［种子］的抵押品为家畜母牛两头，交与华子手中，抵押品若失去，就不再还给青稞。万一宋弟弟外出不在或发生纠葛，承诺之数仍应交纳［二汉硕青稞］，可直接与其妻部落女石萨娘去讲论（交涉）。中保证人曹银，阴叔叔立契。本人和承诺人按指印。

（后有印章两枚，一枚上有宋弟弟字样。）

蛇年春，宋弟弟从悉董萨部落王华子家，当面借青稞二汉硕，定于今年秋季八月底前还清。

11. P. T. 1118 号　水磨费等杂据

猴年孟夏四月十四日，神殿安国寺水磨，由张龚子、周林林二人看守。先后向安国寺之张法律交付水磨费，粮数为：仲夏五月初青稞三硕又两升，交付张法律。户差青稞六汉升，交付东归之张师。众比丘在安保沟油房榨油应付费青稞四汉升，比丘们已交，水磨费结清，交付保沟。夏季六月……日，建成相公亭子，举行庆典，小米三蕃斗，交与张法律。……九日，潘师舅有青稞六硕，交作酥供（以红糖、酥油做成之供品）之顺缘。

酥供之……原料、小米二汉升，交与师舅和义娘。家中用粮，先后……。为酥供庆典备办水果葭昆果，用青稞三汉升。牧

① 硕（sheg）：相当于石，每石为十斗。敦煌文书每作硕字。

羊人蔡巴青稞……二……

仲夏五月，小米两汉升，交与张法律。此后，潘成玛又交小米五汉升，兰掣逋庸向沙弥色尔师交购置田地费用青稞五汉升。

12. P. T. 1124 号　一份关于牧放范围的通知

付与究江之都噶、甘西、浦西诸人牒状：

秋季到来，马匹需长时牧放，要依照以往惯例，狠抓放牧哨规定，全部羊羔，一头也不能留在堡寨之外。此次一去就前往放牧场，[不得稽延]。若不从命，将给都噶、甘西、浦西以惩罚。

13. P. T. 1132 号　堂康三向主人呈递的一封信

堂康三禀告：

夫人及公子座前，近来贵体安否？兹奉书候安。有何指示，务请考虑，交与来往过客带来。

夫人及公子二位如同上苍，愿尊驾身心常安，鸿思宽广，无碍无灾！愿国家社稷永存，政事坚固！愿二位寿元久长，面如日月之东升，并祝愿早日晋见。

至于小人，连起码的尽忠效劳也未能做到，还常奉书有扰清听，真应受到责备。小人未能为父子二位阁下继续效劳，谅已察觉。对此，务请慈悲开恩。小人之贱内，住于沙州，还有少量庄稼也种在沙州，仲秋需要收割。务请您开恩向论格桑讲情，此刻不要立即催逼将我派往瓜州。小人除了寄希望于二位之外，无处可求，小人穷困异常……。

14. P. T. 1142 号　文森与金通呈递的书信

文森和金通向堪布法藏和达布王子、达桑、阿娘、大哥浦久、拉热子、参噶、贝冒萨尊座前上告：

祝愿诸位大王尊驾，贵体常安，诸事如意顺适，祈祷长寿！特此修书请安。各位如有吩咐，请及时托过往旅客捎来。小人等感恩不尽，于冬季十二月七日修书奉禀，卑职此处之人畜平安，并无任何疾病。其余有关情况，可向过往旅客打听。上峰如何安置我等，尚未得到音讯，可能会在新年抵达。对此，请勿担心！万一新年不能抵达，务请将过年物品运送来此！卑职已向上峰呈交许多信件，是未曾收到？抑或另有其他原因［不给回音］？有时，收不到复函感到灰心。［此地］纸墨不常有，［捎来的］纸墨已经收到。有可靠的旅客，请将我的一双靴子和一块毡子捎来。

15. P. T. 1205 号　玉莽赞向内相杰波赞桑呈递的禀帖

玉莽赞向内相杰波赞桑通禀：

尊驾贵如天神，祝愿身心常乐。兹修书请安，有何指示，请吩咐。我等住此诸人，既无病痛，又无不适。您，有如天神，思谋宏广，请常来函指示。为酬谢神灵，向远方家乡磕头祈祷百次。我等商妥，献上的礼品有当地出产的大米四百蕃斗及水果冬梨多筐，[①] 已交与赞心儿门［转呈］，奉请诸位大爷笑纳。

此信为赞普之侄所书，彼于蛇年仲春二月十四日获瑟瑟告身，任大论，此书极佳。

16. P. T. 1217 号　一封文告的副本

龙年孟春一月上旬，诸大尚论将军衙署，收到从宗喀紫疆帐发来的告示，系由达日扎夏禀呈：

卑职先后为政事效劳，忠心耿耿，屡立战功，仅赏以虎皮鞍鞯告身。今请求颁一封文副本。大尚论和大尚论喻寒波掣逋议决：“若与册上所载各项相符，谓可以给一告示。达日扎夏于赞普政躬幼年时，臣下麦啜叛离，从北方高地以下，他大做有益王事之功德，可赏给小银告身与虎皮鞍鞯。”如此吩咐。大尚论和大尚论喻寒波掣逋议决，论赞扎多贝、论来心儿贝加盖印章。议定要点封文副本，交付达日扎夏收执。

---

① 此处原据更敦群培《白史》注文译作“九万筐”，仍有待研究、探讨。

17. P. T. 1297（3）号　**购马契约**

羊年春，尚腊桑与尚……等在将军衙署……比丘和尚张本嘉从蔡多部落甲杂腊赞处购马一匹，毛色、纹理为：儿马，白额，马身有叶状与骰点斑纹。若因此马发生任何大小纠纷，唯腊赞是问。为免发生其他官司，立此购马之约：马身如无残无缺，立即交与和尚本嘉，此马在夏季毛色如改变，纹理有增减，① 立即找到证人填换契文。如此交易，若被认可，向售马人交付成色足［银］五两，如腊赞被派支王差或不在家，照前所应诺找到中人（说合人）甲杂部落的洛宗木和彭岱苏赞。说合证人：论腊桑腊顿、论腊桑多子、吴高戎、周达来、哈华华、蒙达错、蒙尚结诸人立契约盖印，马主和应诺人按指印，旧契由和尚本嘉掌握。

牙登苏赞盖印

附记：本文所译各文书的藏文录文及注释，参见《敦煌本藏文文献》（民族出版社，1983 年）第 67—109 页。

（原载《敦煌吐蕃文献选》，四川民族出版社，1983 年，与陈践合撰。此次结集，有局部修订。）

① 夏季，马的毛色多变，纹理也有所增减，马驹尤为明显。

吐蕃社会经济文书译解（二）

一、P. T. 1111　寺庙粮食账目清单

（一）解题

P. T. 1111 号吐蕃文书，是一份有关瓜沙地区的粮食库及开支清单。这一文件在敦煌吐蕃文书中，属于罕见的具有经济价值的材料。

由于文中提到“沙州唐人三部落”，同时还指明“依马年春所造册簿”，可以推定是指吐蕃占领沙州以后第一个午年即 790 年。就是那一年，如文中提到“马年与羊年从沙州寺庙支出，增添做佛事功德设斋之财物，以及沙州方面驻锡僧侣之饭食酒浆耗费”一事，证明了在 790、791 两年中，也就是在吐蕃全面占有了瓜沙以后的短暂几年，在沙州一带举行过大规模的佛教寺庙宗教活动，这一活动与吐蕃人在新占区收编唐人部落，力求社会安定，收抚人心，创造宁谧气氛相适应。

从写卷中看出，宗教活动开支用粮可以直接由粮库全部报销，说明这种活动获得了吐蕃占领当局的支持。这从一个侧面反映了佛教寺庙在当时受到特殊的照顾，这也就是人们看到吐蕃占领时期佛教进一步得到发展、繁荣的原因。尤其令人感兴趣的

是，写卷公布了在790年沙州唐人三部落中共有唐人684户。这是人们第一次得到的正式数字。而且提到每户缴纳的寺庙供养粮为二蕃斗。在此之前，我们对于寺庙从居民那里收纳粮食的事是一无所知的。写卷末尾提到的“论刺腊藏”（blon zla bzang）、“论嘘律卜藏”（blon klu bzang），都是在瓜沙一带掌管军政大权的“论”（blon）一级官员，而登记官“甘赉赞”（kam legs btsan）似乎也是吐蕃人。吐蕃人在掌握粮食收入、开支等经济管理方面十分认真、仔细，至少从这份写卷中给人这个印象。

（二）译文

……所颁赐”云云。

军粮与寺粮二者之粮账，与猴年[①]春所造之粮食保管清册核对，沙州唐人应交军粮数，依马年[②]春所造册簿留存粟米八千三百六十八蕃斗十蕃升，用去小麦、青稞三百二十蕃斗。

马年与羊年从沙州寺庙支出，增添做佛事功德及设斋之财物，以及沙州方面驻锡僧伽之饭食和酒浆耗费，后又添补部分［器皿］，共耗费麦子、青稞一千二百六十一蕃斗一蕃升二蕃合，粟米八百零六蕃斗十蕃升，荞麦、豌豆九百三十七蕃斗十蕃升，均归入支出之中。除去支出的小麦、青稞、荞麦、豌豆外，所余部分，另计。粟米以硕[③]计时，将原有粮准确折合，粟米四千六百一十八蕃斗二蕃升用作支出，尚余应存数共计小麦、青稞三百蕃斗，粟米三百七十一蕃斗一蕃升。

沙州寺庙粮官于马年春统计，尚留存麦子、青稞二千六百九十八蕃斗十九蕃升，粟米三千五百三十七蕃斗十七蕃升。耗粮小麦、青稞四百二十三蕃斗十蕃升。

---

① 猴年：应是在沙州被吐蕃人占领以后，重新划分部落的午年（790年）以后的第一个猴年，即792年。关于沙州究竟何时入于吐蕃之手，划分部落的午年究竟是在哪一年，请参阅拙文《吐蕃占有敦煌时期的民族关系探索》。

② 马年：790年，请参阅上注。

③ 硕：汉族使用的计量单位，亦写作“石”，一硕等于十斗。而本卷中又经常使用吐蕃的计量体系 khal（敦煌文书中写作“蕃斗”），可见当时汉、蕃两套计量系统平行使用，而且有一个折算公式。

马年秋，沙州唐人三部落（东岱）[1] 有唐人六百八十四户，每户向寺庙交供养粮二蕃斗计，共计青稞一千三百六十八蕃斗。与余粮合计共有麦子、青稞四千四百九十蕃斗九蕃升，粟米三千五百三十七蕃斗七蕃升于库。

马年和羊年，从沙州大小寺庙中取作补充佛事顺缘及设斋，驻锡沙州僧伽消耗之口粮、酒浆；往昔所得补偿与唐人笈离玉在沙州时所得青稞一百蕃斗、粟米十蕃斗，两相合计，与粮食清册最初所载不符。其短缺部分，由大尚论批准算作损耗。上述粮数与全部真正耗费数，共计：小麦、青稞五千八百三十蕃斗十二蕃升三蕃合。带皮粟米八十五蕃斗五蕃升二蕃合，荞麦二十二蕃斗。一总结清，归入损耗之中，告诉保管官作为支出销账，损耗之余部分另计。用牛驮来，置入粮仓，仔细结算。粟米一千一百三十八蕃斗八蕃升二蕃合。

除去损耗粮外，尚余保管粮数计：收入小麦、青稞一百九十二蕃斗。此项粮食于猴年春后，告各粮官登记入册，清册之抄本盖印，交与论刺腊藏和论嘘律卜藏驾前校对。

此账为甘赉藏听记（记录）。

二、民间借贷文书

（一）解题

P. T. 1203、1104、2127 三个藏文写卷，均为民间借贷文书，反映了吐蕃在 787 年全面占有河、湟、瓜、沙以后，过了相当长一段时期，社会生活日趋安定，经济秩序恢复正常的情况。这时借贷，这种人民之间互通有无的自然交互关系，当然也就活跃起来。从这里，可看到社会生活中的许多特点。

---

① “沙州唐人三部落”的称呼，可能是 790 年份部落时的术语。从文书中看来，后来部落名称有九个之多（擘三、上、下、丝绵、行人、阿骨萨、悉董萨、宁宗、撩笼），大概是又逐渐收编而增长的缘故。

近几年中，国内有两篇重要文章，讨论唐代的敦煌民间借贷问题：（1）陈国灿：《唐代民间借贷——吐鲁番、敦煌等地所出唐代借贷券契初探》，载《敦煌吐鲁番文书初探》1983 年。（2）唐耕耦：《唐五代时期的高利贷——敦煌、吐鲁番出土借贷文书初探》，载《敦煌学辑刊》第 8 期，1985 年。前者对唐代民间借贷的类型、利息率、偿付制度、质押、与土地之关系、便贷与举取的区别、债务人与债权人的关系等八个方面，做了系统的分析比较和论述。后者就借贷文书的类别、内容、借贷双方的身份与借贷原因、利息率三个方面，做了分析研究。这两篇文章，把日本仁井田陞 1960 年发表的《敦煌发现的唐宋取引法关系文书》（载《中国法制史研究·土地法取引法》第 10 章）和玉井是博 1941 年发表的《支那西陲出土文契》（载其专著《支那社会经济史研究》，第 291—339 页）所做的研究，又向前推进了一大步。

三件吐蕃文书中民间借贷的文契，可以向读者提供了解敦煌一带吐蕃占领期民间经济生活的概貌，至少有下面几点值得注意：

（1）如 P. T. 1203 揭示，寺庙粮库（即汉文卷子中时常提到的属于寺庙公产的长生库）经常向人民群众贷出粮食以济燃眉之急，寺庙成为借贷中心。

（2）寺庙贷出的粮食均未见有利息的记载，足以看作吐蕃时期寺庙经济的特点。

（3）贷粮人中有“论嘘律卜藏”、“沙弥贝扬”、“论绮力赞”、“论诺卜赞”等有身份地位的吐蕃人。大概因借粮无息，人们乐于利用这些粮食。尤其是赫赫有名的洪䛒大师（即《大唐沙州译经三藏大德吴和尚邈真赞》P. 4660［25］和 P. 2913 文书中的主人公），官居僧统之职也曾借贷。关于这位和尚事迹，又在 S. 0779（2）《大蕃沙州释门教法和尚洪䛒修功德文》中可见。“䛒”就是“辩”的异体字。在 851 年唐宣宗的诏文中，其职称已是“释门河西都僧统摄沙州僧政法律三学教主”，宣宗皇帝又授与“京城内外临坛供奉大德”的称号，诏文中还特别对他赞美：“师，中华良裔，西土律仪，修行而不失戒珠，调御而深藏慧剑。而又远怀故国，愿被皇风，专遣僧徒，各申恳切，宣率思唐之侣，济成归化之心。”这是对850年张义潮举旗归唐以后，朝廷对僧人所起的作用的褒奖，洪䛒恰是其中第一人。我们在借贷文契中见到他的名字，藏文称为“堪布”，与汉文的“僧统”相当。从借契中看来，这位和尚未显达之时，生活也不很富裕，向寺庙举借贷粮，即为明证。

（4）文契中出现的部落名称有宁宗（snying tshoms）、阿骨萨（rgod sar）可与汉文卷子S. 1475《阿骨萨部落百姓与其邻便麦契》，S. 1475《阿骨萨部落百姓赵卿卿便麦契》对照来看。当时在瓜沙一带，部落制度已经成为社会上公认的组织结构，见于汉藏两种文书契约。

（5）契约中没有出现银钱借贷。可能是因为瓜沙陷于吐蕃以后，唐代原有的货币系统发生变化，钱币不通行，民间只能以粮食作为流通手段。这与敦煌汉文文书中大量出现“便麦”、“便粟”的契约相一致。

（二）译文

P. T. 1203：

与上同时，论嘘律卜藏从“长明灯”之粮仓借荞麦十蕃斗，于今年秋季七月十五日还至寺庙粮库。保人安腊德（指印）

沙弥贝扬借粟五蕃斗，应于今年秋季还清（指印）。

收租长官将所交粮数合计后，与应交粟数相衡，欠缺二蕃斗十蕃升，于秋季［补］交寺庙粮库保管。

夏季四月二十三日，从要塞之粮库中，取出麦子七十蕃斗，借与论绮力赞，定于当年秋季八月十五日还至寺庙粮库。中人茨诃·阴子诨和丁昌拉等按指印。

……两蕃斗，赵文宾和严英子各借粟一蕃斗，于今年秋季还清，借者按指印。

宁宗部落赵秋子借粟一蕃斗，于今年秋季还清，按指印。

论诺卜赞借粟五蕃斗，于今年秋季八月十五日还清，保人阿骨萨部落之孟䩄子等按指印。

堪布洪㽞借粟子二十蕃斗，定于狗年秋季八月十五日还与寺庙粮库，保人哈子昌按指印。此二十蕃斗粟，抵作堪布过去应得而未得、每次一月的上等酥油之数。

P. T. 1104：

又摊派论悉诺色四硕大米，已交粮库保管。

张明亭送交粮库去皮粟八蕃斗，其中二蕃斗送往俄尔其作为酿酒原料交与酿酒人酿酒，六蕃斗火速交与粮库保管。

与此同时，论嘘律卜藏从庙产粮库借粟十硕，于今年秋季九月十五日还与寺庙顺缘之粮库（功德库），保人：安腊都、张金达、康牛牛、蕃索子等，到时不还，加倍。可从其家中夺掣什物。保人连保（一个保一个）按指印。

康牛牛具名	王参真具名

与此同时，又摊派论悉诺色酿酒粮小米十蕃斗，交与粮库保管银诺和美子。

与此同时，论墀赞又借粟五蕃斗，由其交辛孜汉取走。若不与往昔所借二十蕃斗同时归还，［借一还二］，……可从其家中夺掣什物。按指印。

论悉诺色为迎来送往酿酒用粮，摊派粟四蕃斗，交与保管。

P. T. 2127：

……海恩向……张和尚还所借青稞时间为：虎年春季三月……。倘若到时不还，折合上等绢缣，借一还二，能容三蕃升［粮食］上好布袋之抵押品，亦不退还。如沙弥海恩到时不在，此粮找保人按上述讨问，立即由赵和诺［等］三人偿还。保人：沙弥藏海秋、张呷旬等盖印，海恩及保人签字并按指印。

赵和诺（签字）

三、书契杂件

（一）解题

本文所录下列四个卷号：

P. T. 1086 猪年购房基契。

P. T. 1094 鼠年博牛契。

P. T. 1297（5）虎年借马契。

P. T. 1096v 鸡年制匾契。

这四个写卷，都是在敦煌分部落之后产生的文契。P. T. 1086 出于丝绵部落，P. T. 1094 和 P. T. 1097 出于悉董萨部落。而 P. T. 1094，则是在军帐会上经由论可足卜登、论绮力心热、论悉诺心热等批复的文字，具有官方认可的性质。P. T. 1096 是官方指定专业工人为其服务的契约文书。从以上几个杂项的文契中，可以看出吐蕃占领瓜沙以后的社会生活的一个侧面，我们将它们收在一起译出提供参考。

（二）译文

P. T. 1086　猪年购房基契：

猪年夏，丝绵部落李天昌兄弟二人之房基与王光英毗连。光英兄弟从天昌兄弟处以青稞两汉硕和粟米两汉硕，共四汉硕［作为购置房基之地价］。按照过去商谈，已向天昌兄弟全数纳清。天昌一方在契约上盖印，证明人毕顺子、梁兴子、刘英诺、宋平诺等在契约上盖印。购房之资财，由幼弟谢国乃经手，国乃盖印。

P. T. 1094　鼠年博牛契：

鼠年冬季十一月初，论可足卜登与论绮力心热、论悉诺心热于军帐会议上，对鲍末奴诉状之批复：

悉董萨部落李玉赉主仆，从通颊斯东巴部落千夫长贪论嘘律扎之奴安鲍迪处，以三两纯银购黄牛一头，毛色与角形为：毛色红而有光泽，犄角直立，脸部有斑纹。今后，鲍迪若谓："自己无权卖此牛"或"此牛之主人为他人"，无论发生大小任何口角，均找鲍迪是问。而三两纯银卖牛之官司，无论判处出多少银钱，均由其送至买主玉赉家中。万一鲍迪不在家，或立即追赶［他］也叫不回来，依照文契所述，找悉董萨部落千夫长论剌腊卜藏之奴还债付息。双方谈妥，如此交易写契。无论何方反悔，或不同意，即将其二两押银立即交与对方。并依法处以［反悔之罪］……审判官。证明人审判官悉诺桑孜聂姆、勒桑勒桑、庐桑诺等盖印。鲍迪摁指印。(下有4枚圆形印章。)

P. T. 1297（5） 虎年借马契：

虎年冬，沙弥张能兴从悉董萨部落高杨赉处购得母马一匹，而马［卖后］扬赉又借回该马，定于兔年秋季八月内将马送还沙弥能兴家中。于此期间，母马若有死亡、丢失，照赔母马一匹，立即交与能兴。该马若未发生死亡或丢失，亦于夏季内交还。如有驹，则付与相应酬金。母马不孕，则由杨赉说明。杨赉到时不送马来，或借故生变，着由保人……。杨赉及腊当当依照文契所述行事，彼二人签字。论玉卜藏、论腊卜藏腊悉顿、赵悉诺赉、何登公及证人盖印。

P. T. 1096v 鸡年制匾契：

鸡年夏季四月十七日，府中需做十五幅银质匾，交与画匠赵相如和康净文［干办］。他二人按指印，窦汉古作保盖印。窦汉古。

四、P. T. 1297（4）收割青稞雇工契

（一）解题

由于生产的需要，在农忙期间人手不够，常常需雇用临时帮手。这种帮工，性质基本上是以劳力换取粮食。据陈国灿的研究，“吐蕃占领期间，春借麦一斛六斗，至秋要以收割十亩地小麦的劳动来抵偿”。敦煌地区晚唐雇工契中，正月至九月的长雇，每月雇价通常为麦粟五斗，另借给食宿、春夏衣、皮鞋等。[①] 那时“以劳力折酬偿付借贷”的形式很普遍，可以和下列汉文契约文书比较：（1）《卯年张和和便麦契》（《敦煌资料》第1辑，第355页）。（2）《令狐善奴便麦契》（《敦煌资料》第1辑，第382页，即P. 2963号）。（3）吐鲁番出土的《高昌乙酉、丙戌岁某寺条列月用斛斗账历》：“粟伍斛，糜壹斛贰斗，用雇外作人拾人用刈麦并食粮”，那么，十人一天割麦作为六斛（斛）二斗，每人每天割麦雇价六斗多。

（二）译文

虎年，比丘张海增……。虎年，……，雇谢比西收割十畦青稞地，定于秋季七月收割。到时不割，往后延期或比西毁约，……，立即交给僧人（比丘）与当地产量相当之十畦青稞数。假如比西因摊派王差不能前往，仍照上述交付……。担保人阴腊赍、郭悉诺山、王玉悉顿、张孜孜等……，比西父子按指印签字。

谢比西签字

① 陈国灿：《唐代民间借贷——吐鲁番、敦煌等地所出唐代借贷契卷初探》，载《敦煌吐鲁番文书初探》，武汉大学出版社，1983年。

附记：

本文所译各文书的藏文录文及注释，参见《敦煌吐蕃文书论文集》（四川民族出版社，1988年）第44—65页。

（原载《敦煌吐蕃文书论文集》，四川民族出版社，1988年，与陈践合撰。此次结集，有局部修订。）

榆林寺庙产牒译释

——P. T. 997 号吐蕃文书写卷研究

一、解　题

P. T. 997 号吐蕃文书写卷，36 行。除尾端略有残损外，基本上可以算是一件完整的卷子，全名应是“瓜州榆林寺之寺户、奴仆、牲畜、公产物品之清册”，这是瓜州著名的榆林大寺所属的寺庙财产登记一览表。787 年吐蕃全面占有瓜沙以后，改变了原来的“打了就走”、“劫掠粮畜”的做法，而采取了稳扎稳打、逐步巩固既得地盘的积极的新方针。从本件中可以看出，这时，对经济特别予以注意。在瓜州地区设有“大岸本”(mngan chen)一职，专门管理经济事务，同时兼理包括寺庙财产在内的公产。在榆林寺内又设有专管一个寺庙的“岸本”（sgo mngan)，如我们所见，派了吐蕃在敦煌一带长期驻扎的军事部落擘三部落（phyug mtsams）的赞拉囊充任。看来，对于寺庙财产是采取了严格的军事管制的。大概是为了控制在意识形态上占有举足轻重地位的僧侣，防止寺庙经济被侵占吞没而采取的保护性措施。在榆林寺庙产登记册上，载有“于鼠年春□□住持沙门乔吉旺布、寺院长老、军官与悉编（观察使）、论藏热、尚赉心赞、论绮立该节诸人，在大和尚座前供奉……”等文字。这个鼠年春，应是吐蕃占有瓜沙后不久的子年，似在796（丙子）年和808（戊子）年之间的一个子年较为合适。而且，文件提到的这位大和尚，地位如此崇高，当地的军政长官，寺庙长老、住持都要到他的座前办事，不是一般人，应该是具有十分权威的一位，而且应是汉僧大和尚，那么，我们不能不联想到著名的摩诃衍了。这位大师奉赞普之诏到逻些传播禅宗顿门一派，在吐蕃掀起了一场空前的意识形态上的大争辩。详情见P.4646号汉卷《顿悟大乘正理决序》。戴密微（P. Demiéville）撰写了名震一时的《吐蕃僧诤记》（此书由耿昇译为汉文，甘肃人民出版社，1984年），从而引起关于禅宗在吐蕃传播的故事，其人物、地点、辩论内容及结果的论争，异说纷纭，形成一场轩然大波。[①]

这位大和尚在吐蕃王廷的活动告一段落以后，可能是光荣地、也可能是垂头丧气地回到了敦煌。但他以吐蕃宫廷密使身份仍在左右着敦煌的政局，经常把当地情况上报宫廷，起了宫廷耳目的作用。[②] 据此，我们想这一文件中的大和尚极有可能就是这位“明标法印，手说真宗”的大乘和尚。如果这一假设能够成立，那么，我们看吐蕃当局如何处心积虑地争取宗教界的合作，尤其是争取宗教界的上层（像摩诃衍）实际上就是争取当时的知识分子的合作，是下了一番苦心的。S.0381号《龙兴寺毗沙门天灵验记》就有关于“大番岁次辛巳（801年）闰二月十五日，因寒食在城官僚百姓就龙兴寺设乐”的明确记载。看来，寺庙起了缓和民族矛盾、加强官民沟通的润滑剂的作用，同时，也能反证出本件的年款。S.2729号《二月□十使论悉诺罗接谟

① 张广达：《唐代禅宗的传入吐蕃及有关的敦煌文书》，《学林漫录》第3集，1981年。

② 姜伯勤：《唐敦煌“书仪”写本中所见的沙州玉关驿户起义》，《中华文史论丛》1981年第1期。

勘牌子历》，为吐蕃官员申报当地僧尼情况之档案，也可以与大乘和尚的作用相比较。

文中提到“多年来由于长官更迭频繁”，反映了吐蕃军事行动在继续，吐蕃的疆域日益扩展，许多老资格的长官又被调往前线或新占领地区，去担当更高、更重要的职务，瓜沙一带只能又用一批新提拔的人员补充上来，所以频繁更迭。为了保证统计的准确性，不致因人员更动而有所失误，提出了“每七年重新登记一次”的办法。原来寺庙大概是归瓜州地面大岸本统一管理，现在开始，在寺内专门设立岸本，专司其事。而且是“登记表一式四分”分别送到宫廷、寺庙住持、当地寺庙、当地长官，这是为了防止以后的纠纷和口舌。可以看出吐蕃人在占领敦煌以后学习行政管理，提高工作效率取得多么惊人的进步。

值得注意的是：寺庙所属寺户除了 20 家唐人以外，都是鳏夫、孀妇、老汉、老妪和单身男奴、女奴。看来，榆林寺作为寺庙，它收容的是无依无靠的闲散人口。可怜唐人 20 家，也算是失去了政治凭依的孤雁，与鳏寡孤独相提并论了！

从财物登记中看出大宗的是牲畜、油粮、用具，其中还有 550 张整纸，很令人感到兴趣。我们知道，缮写经卷是当时的风尚，寺庙中养着一批缮写手（经生、学士郎），如 S. 0214 写卷：“永安寺学士郎杜友遂书记之耳，甲申年三月二十三日，永安寺学士郎杜友遂书记之耳”和 S. 0341 号题记：“敦煌镇经生张显昌所写经成记，用纸二十张，典经师令狐崇哲，校经道人”即是二例。他们为人们写经，做功德。我们今天能见到如此众多的敦煌写卷不是应感谢那些无名的书写圣手经生、学士郎么？

至于油的贮存，除了食用之外，还要点灯做佛事，敦煌地区有一专门行当叫做“梁户”，就是在寺院的寺户中从事经营活动的。姜伯勤《敦煌寺院文书中梁户的性质》（载《中国史研究》1980 年第 3 期），颇为详尽地引述了日本那波利贞、竺沙雅章，法国谢和耐等人的关于油的生产研究的成果，足资了解这一方面情况的全貌。

二、译　文

P. T. 997　瓜州[1]榆林寺[2]之寺户、奴仆、牲畜、公产物品之清册

瓜州地面寺庙产业大岸本（总管）古日赉卜登与谢卜悉斯之书办王悉诺椤[3]与榆林寺寺内岸本（总管）擘三［部落］赞拉囊长官及其麾下之榆林寺顺缘寺户、信财、牲畜、粮食、青稞、大米、物品等登记簿本清册，为鼠年春于□□宫，住持沙门乔吉旺布、寺院长老、军官、悉编（观察使）论藏热、尚赉心赞，论绮立该节诸人于大和尚[4]座前集会供奉……登录寺庙财产之僧统[5]所公有。沙门没卢旋奴洛卓与茹本绒巴拉努斯之驾前，登录寺户信财、粮食清册之长官：内府役使辛・玛金与茹帖达乃穷、东本若・毕悉诺猎、洛悉诺勒、达聂悉曼勒、年野卜藏等人，清点财物。

瓜州地面寺庙顺缘诸寺户，往昔由住持沙门文殊师利登记入册。此后，多年间，长官更迭频繁[6]，寺属民户与财信、粮食等清册上，未再更改，兹乃下令更改，重立清册。今后，每七年重新登记一次。超越此规定，给予惩处，照此执行。

从宫廷僧统来函中得悉：往昔，寺户、信财、粮食、用品等之登记册以及布施、献与寺庙之粮食、用具（器皿）、上峰所赐全部零星之物，交与总管岸本迷迪管理。羊年冬……所收布施上交，依册清点，更改清册后，于沙门住持和军官、悉编观察使驾前点交，然后交与大岸本总管古日赉卜登与谢卜悉斯之书办王悉诺椤和榆林寺之总管擘三［部落］赞拉囊长官及其麾下诸人。寺户及信财、牲畜、粮食、青稞、大米、室内用品等写入所交之清册目录，一式四份，一份上交宫廷，一份交与寺庙住持，一份作为当地底本，一份交与长官作为副本。

属榆林寺之民户共计：唐人二十家：独居男子三十一人，老汉一人；独居女子二十六人，老妪五人；单身男奴二人，单身女奴一人。

财物牲畜：牦牛十“椗”（每“椗”拴牛十头左右），三岁母黄牛四头，牛犊四头，阉羊及公、母羊二百三十九只，两岁公、母羊羔八十八只，绵羊羔九十二只，公、母山羊二十四只，三岁山羊一只，山羊羔七只。

粮食、酥油、菜油共计：麦子、青稞和粟合计二百五十二蕃斗七蕃升二蕃合（掬），白酥油二“帕拉木”（par lam），菜籽油三“帕拉尔”（par lar）又……两（帕拉木、帕拉尔为重量或容量单位，具体值待考）。

成对的铜、铁锅，垫子……铜瓢一对，铜盆两口，平锅一口，铁盒一个，大铁锅一口，熬布施粥大铜锅一口，铸铁锅一口，铁锤两把，“铧”一把，锯子一把，锛子一把，斧头一把，碾砣一个，门帘一条，一幅半口面帘子四十九条，四十眼毡帐篷一顶（或为花垫一个），抹泥刀一把，凿钻一把，穗边毯一床，纸五百五十整张，案板六块，骡槽两个，木碗二百八十七个，细罗筛一百九十三面，炉子五十二个，小木盆两个，大木盆两个，秤一杆，马车六辆，［圆形］水磨筛子一个，驴推碾磨两台，整牛皮一张……。

三、考　释

（1）瓜州：藏文卷子内一贯记作 kwa　cu，河西重镇。唐景云元年（710 年），置河西节度使，领凉、甘、肃、伊、瓜、沙、西七州，总领防务。吐蕃军事力量膨胀以后，锐意东侵，首先向瓜州发动了进攻：《敦煌本吐蕃历史文书》大事纪年第 78 条，“及至兔年（开元十五年，丁卯，727 年），赞普以政务巡临吐谷浑。途次，韦·杜波支被控。攻陷唐之瓜州晋昌。”按：瓜州今为甘肃省安西县。《新唐书·地理志》“陇右道瓜州晋昌郡：武德五年，析沙州之常乐置……县二，晋昌、常乐。”与藏文所记合。同书赞普传记第 7 节：“墀德祖赞赞普之时，此王温顺，内政和，全体人众均能安居乐业。王与大论达札恭禄及诸小邦王子大臣商议后，赞普亲自出征，夺取唐境疆土，攻陷唐之瓜州等城堡。彼时，唐朝国威远震，北境突厥等亦归聚于唐，［西］直至大食国以下均为唐廷辖土。唐地财富丰饶，于西部（上）各地聚集之财宝贮之于瓜州者，均在吐蕃攻陷之后截获。是故，赞普得以获大量财物，庶民黔首普遍均能穿着唐人上好绢帛矣。”

此事有证，汉文史籍中如：《资治通鉴》卷 213：开元十五年（727 年）九月“吐蕃寇陷瓜州。”《旧唐书・王君㚟传》：“其年（727 年）冬，吐蕃寇陷瓜州，执刺史田仁献及君㚟父寿，杀掠人口，并取军资及仓粮。”与藏文所记正合。吐蕃赞普亲临督阵，第一次攻下瓜州，发了一笔横财，士气大振，眉飞色舞，甚至为了庆祝这次胜利，永久纪念，还专门修建一座寺庙，取名为瓜州寺，后来讹传为噶迴寺（《吐蕃僧诤记》汉译本，第 249 页）。后来唐人又收复了它，776 年再次落入吐蕃手中。唐代诗人张籍（768—830 年）的《凉州词》有句：“边城暮雨雁飞低，芦笋初生渐欲齐。无数铃声遥过碛，应驮白练到安西。”也可证明瓜州为商旅重地。

（2）榆林寺：似指榆林窟。一著名佛教胜迹，又名万佛峡，位于安西县西南 75 公里的榆林河（踏实河）两岸。据调查，东崖现存 30 窟，西崖存 11 窟，风格与莫高窟相近，历来都把它作为敦煌石窟艺术的三个组成部分之一。这三个部分是：敦煌莫高窟、西千佛洞与榆林窟。

由于吐蕃王室崇尚佛教，想以佛教来统驭民众。在其占领了瓜沙以后，当地佛教也有所发展，沙州就新出现报恩、安国等 19 所寺庙，瓜州的榆林寺的出现亦在此时。参见向达《唐代长安与西域文明》中的《西征小记》和《莫高、榆林二窟杂考》。后文称“三十二年（1943 年）五月初，复往游榆林窟，摩挲残迹，几逾旬日，神游艺苑，心与古会，边塞行役之苦，尘世扰攘之劳，不复关情，平生之乐无逾于此也”。亦可参见阎守城：《安西榆林窟》、《丝路访古》。

（3）王悉诺椤：吐蕃人占领了瓜沙以后，一方面是以战争的余威，实行军管；另一方面，随军而来的吐蕃人民，却与当地汉、吐谷浑、党项等其他民族人民浑然一体，共同生产，共同生活。唐诗中有“蕃人旧日不耕犁，相学如今种禾黍”之诗句，可见一斑。在长期交往中，生活习俗相互浸润，于是吐蕃、吐谷浑人中采用汉姓亦成为当时风尚。如：S. 3485 号汉卷《金刚般若波罗蜜经》题记：“大岁蕃次己巳年（789 年）七月王吐浑为合家平善、国不扰乱敬写。”这位吐谷浑人跟吐蕃人王悉诺椤一样都姓了王。

我们还可以看看普通的汉族居民的心情是如何善良，如何渴望着和平、友好。S. 1963 号汉卷《金光明经卷第一》题记为“清信女佛弟子卢二娘，奉为七代仙（先）亡见存眷属，为身陷在异番，敬写《金光明经》一卷，惟愿两国通和，兵甲休息，应没落之流欲达乡井，□卢二娘同沾此福。”这些普通而善良的吐蕃人王悉诺椤，吐谷浑人王吐浑和汉人卢二娘真正是时代的脊梁，唱出了各族人民心中的最强音！

（4）（5）和尚与僧统：和尚是对僧人的尊称，出自梵语 Upādhyāya，旧译为“邬波驮耶”、亲教师。僧统与藏文 ring lugs 相对应，宗教事务官名，起于北魏，盛于隋唐，各级政府，均设此职，后世藏文中则称为堪布（mkhan po），亦译为“亲教师”。

S. 1686 题为：《大番岁次辛丑（821 年）沙州释门都僧统□教授和尚画功德佛像记》，所云确是一位有都统头衔，在吐蕃任职□教授的大和尚。毫无问题，当然也是汉僧。汉僧与吐蕃新政权合作而且为之服务的不止这一位，这里还可以举出 P. 2913 号卷子中“大唐敦煌译经三藏吴和尚邈真赞”的吴洪辩为例，在《沙州文录》里称为吴僧统。上山大峻把这位汉僧吴和尚指认为吐蕃译经大师“大蕃国大德管法成”同是一人，是无法接受的。

（6）长官更迭频繁：S. 2449 号汉卷，一种道教文献，《元始应变历化经》的背面是一祈祷文。戴密微把它定名为：《敦煌汉僧为瓜州节度使和其他吐蕃人的祈祷》，按敦煌文书习惯可以称为“为大蕃瓜州节度使论悉灼乞里悉去罗所撰祈祷文”。这一位新任命的吐蕃节度使，是瓜州地区最高长官，他一到任就参加了当地的社交活动，与宗教界打得火热，寺庙里的汉僧们心甘情愿地为他撰写了这一份祈祷文。敦煌豪族阴嘉政之弟阴嘉珍曾任“大蕃瓜州节度行军并沙州三部落仓曹及支计等使”。P. 3770 号汉卷中，也有“瓜州大节度使论纥颊热渴支”的字样，则又是一位蕃官，所谓“长官更迭频繁”是客观事实。

附记：

本文所译 P. T. 997 号文书的藏文录文及注释，参见《敦煌吐蕃文书论文集》（四川民族出版社，1988 年）第 29—41 页。

（原载《敦煌吐蕃文书论文集》，四川民族出版社，1988 年，与陈践合撰。此次结集，有局部修订。）

从一张借契看宗教的社会作用

——P. T. 1297（1）号敦煌吐蕃文书译解

本文根据 P. T. 1297（1）号敦煌吐蕃文书《宁宗部落夏孜孜永寿寺便麦契》及其他汉文写卷，研究了吐蕃占领瓜、沙、河、陇，河西走廊以后，佛教寺庙在社会生活中所起的作用，并阐述了佛教寺院利用人民生活中的困难和悲惨境遇，以借贷的方式来缓解群众燃眉之急，从而扩大了宗教在社会上的影响。了解这一事实，就可以理解瓜沙一带在吐蕃占领时，能拥有 18 个僧寺和 6 所尼寺的社会背景。

一、译　文

P. T. 1297（1）号《宁宗部落夏孜孜永寿寺便麦契》：

宁宗部落[1]之夏孜孜因无种子及口粮，濒于贫困危殆，从永

① 宁宗部落：即 P. T. 1000、1001、1203、1297（1）诸号所见 snying tshoms。吐蕃军队中这一部分东进占领并驻守敦煌，将当地居民编入军队管辖范围，形成部落，是吐蕃当时奉行的政策。宁宗部落即是其一。此外，见于汉藏文写卷的还有上、下部落、僧尼部落、丝绵部落、行人部落、阿骨萨部落、悉董萨部落、撩笼部落、中元部落等名称。

寿寺[1]三宝与十方[2]粮中，商借麦及青稞八汉硕[3]。还时定为当年秋八月三十日，送至永寿寺之掌堂师[4]与沙弥梁兴河所在之顺缘（寺户）库中。到时不还，或单独出走，借一还二。即或从孜孜家中牵走牲畜，抄去衣服用具，径直从团头手中夺走也无辩解，更无讼词。若孜孜不在，着其子夏冲赉照前项所述交来。中证人王悉道和周腊赉盖印，同时，孜孜自愿承担，印章加签字。

（下有圆形印章四枚。）

二、解　题

上面这一份 P. T. 1297（1）号敦煌吐蕃文书，全 12 行，原卷无题，根据内容，我们给它定名为《宁宗部落夏孜孜永寿寺便麦契》。

卷中名叫夏孜孜的借粮人，自称是宁宗部落的百姓。那么，这个写卷中所称“便麦”一事，势必是发生在敦煌已被吐蕃占领（787 年）以后，而且进行了分部落建制（790 年）之后。[5]

---

① 永寿寺：敦煌十八大寺之一，P. 4686 号汉文写卷是悉董萨部落百姓孙清向永寿寺僧便佛物的借契，P. 3730 号背（4）号也是向永寿寺借粟的契卷，与本文所引均可对照。

② 三宝与十方：正是汉文卷子 P. 4686、S. 1291、P. 3422 诸号中译作“佛物”的具体内容。三宝：一切佛陀即佛宝，佛陀所说教法即法宝，随其教法而修业者即僧宝。即是梵文的 Buddha、Dharma 和 Samgha，佛、法、僧三宝。佛为觉知之义，法为法轨之义，僧乃和合之义，藏一切功德。《仁王经》云“佛法众海三宝藏，无量功德于中藏”即此义。十方：佛经称东、西、南、北、东南、西南、东北、西北、上、下为十方。梵语谓寺院为招提，即含此义，藏语十方，指十方常住，十方现为僧物。总之属佛寺的公共财物。

③ 汉硕：汉语“硕”（石）的音译，又加上注释性的定语，在吐蕃文献中为常见的构词法。

④ 掌堂师：寺庙中负责管理教育、纪律事宜的职事人员。

⑤ 关于分部落的时间，据 P. 3774 号《僧龙藏呈明与大哥析产牒》中云：“从分部落午年到昨亥年，计卅年。”亥年指 819 年己亥（为昨年），其第二年为 820 年，向上推 30 年，为 790 年（庚午）。参见拙文《吐蕃占有敦煌时期的民族关系探索》以及池田温《中国古代账籍研究》中的考证。

卷中出借粮食的永寿寺是沙州著名大寺，建于吐蕃占领以后，[1]也可作为写卷年代的旁证。从卷中反映出，借粮人或因青黄不接，或因春耕无种，或二者兼而有之，总之“缺少种子及口粮，濒于贫困危殆”，出于情非得已，才四处举借，以渡难关，这正是中国封建社会中占大多数的贫苦农民凄惶悲惨生活的写照。敦煌虽然远在边关，那里的农民也不例外。况且，当时其地久经烽火，生产受到严重破坏，绝非短时间休养生息，可得恢复的。故在吐蕃占领之后，当地居民虽已遵行功令编入部落，行政上总算有了着落，但生产和生活又只能按照传统方式在原有轨道上进行，这就势必出现借粮度荒的现象，也就有了这一类借契的产生。从洞窟、文书等大量遗迹、资料中可以得知，这时的敦煌佛教寺庙在当地社会生活中有着举足轻重的地位。佛教也像其他任何宗教一样，很懂得如何充分利用各种灾害之机，在陷于苦难深重的芸芸众生面前打出扶危济困、救度众生的旗帜。这样做，既在表面上符合于宗教的教义原则，又在实际上解决人民群众的某种急需，还可以广博人心，扩大自己的影响，增强神学的权威。所以，我们在敦煌汉、藏文写卷中见到了一大批内容雷同但却带着血和泪的借种子和口粮的契约，而且多数是向寺庙举借的。其中有：灵图寺、灵修寺、普光寺和永寿寺。借粮人分属于悉董萨、阿骨萨、中元和宁宗等不同部落的百姓。现试将 P. T. 1297（1）号藏文借契与下面几个汉文便麦粟契作一比较：

（一）P. 4686 号，悉董萨部落百姓孙清便粟契：

1. 二月廿三日，悉董萨部落百姓孙清，为无粮用，今于永寿寺僧便佛物
2. 汉斗叁硕，其粟请限至秋八月末送纳。如违信，仍掣夺家资用抵
3. 粟直。如身东西不在，及依限不办填还，一仰保人等依

---

① 参见山口瑞凤：《吐蕃支配时代的敦煌》，载《讲座敦煌 2：敦煌的历史》，1980 年。

时限还。

4. 恐人无信，故立此契为凭。

便粟人孙清

保人孙昌奴

见人

见人僧宝积

（二）S. 1291 号，曹清奴便麦契：

1. □□三月一日，中元部［落百姓］曹清奴，为无种子，今于□□

2. 寺僧□□□手下佛物处便麦肆硕□、豆壹□，

3. 自限至秋七月还纳。如违限不还，其典铛壹口，没□

4. □请倍，仍任掣夺家资杂物用充物直。如清

5. 奴东西不在，一仰保人段兴子知当代还。恐人无

6. 信，故立此契，用为后凭。

便种子豆麦人曹清奴年

保人段兴子年

见人

见人

（三）P. 3422 号，卯年武光儿典车便麦契：

1. 卯年正月十九日，曷骨萨部落百姓武光儿

2. 为少年粮种子，于灵图寺便佛帐麦［壹］

3. 拾伍硕，其车壹乘为典，限至秋八［月］

4. 十五日已前送纳足。如违限不纳，其车

5. 请不著领六，任寺收将，其麦壹［斗］

6. ［倍］为贰斗。如身东西，一仰保人男

7. 五娘等代还。恐人无信，故立此契

8. □指为记。

便麦人武光儿

保人男五娘，年十三

保人男张三，年八岁

见人李骚骚

（四）P. 3730 号背（4），吐蕃未年四月纥骨萨部落百姓吴琼岳便粟契（附龙华子便谷凭）：

1. 未年四月三日，纥骨萨部落百姓吴琼岳，为无粮用，今于永寿寺僧［手下仫］
2. □物粟汉斗捌硕，其粟请限至秋八月末送纳。如违限倍，一任掣夺家资杂物
3. 等，用充粟直。中间身不在，一仰保人等代纳，恐人无信，故立此契为凭。
4. 便粟人吴琼岳（指印）、保人男［恩］子、保人僧灵俊□、
5. 保人男悉弘……。五月十一日，吴琼岳便豆两硕捌斗。

| 琼岳　洛易 |

6. 保人男钟爱，……。
7. 未年四月四日，纥骨萨百姓龙华子便捌斗贰胜。| 华子　洛易 |

检查一下我们辑录的《吐蕃史料辑存》（待刊稿）一书稿本，除上述四件之外，还有下列卷号，内容相同。这里就单单列出目录，不再一一具引：

S. 1475，

P. 2686（3 件），

P. 2502，

S. 6829，

S. 4192，

S. 1475（17 件便麦粟契），

P. 3491（2），

P. 3444。

以上汉文便麦（粟、豆）契，他们与上引的藏文便麦契一

样，读者可以从中发现一个令人惊奇的现象，即当时寺庙中以佛物出借给百姓是无息的，而且，借债人当中居然也有属于本寺庙的僧人。但契约中归还的期限，都定在当年八月末（也有一个卷子定在七月）。如果到期不还，寺庙可以“牵走家中牲畜，抄去衣服用具”。这句话在汉文卷中称为：“仍任掣夺家资杂物，用充物直。”口气十分严峻。也许是掌管寺庙财产的僧统，要把寺庙公有的这一部分流动资金（粮食）保持在足够的水平上，以求长时期流通而发挥作用，故作此规定，这是可以理解的。但人们不由得要问，寺庙的财物又从何而来？这个答案也可从敦煌卷子中去找寻，其实不外乎人民的施舍和地租、劳役折实的收括。①

从以上文契，还可以看出吐蕃占领瓜沙一带以后，民族关系有显著变化：

（1）藏文、汉文两种文字都作为正式的、官方的文字被普遍使用，“契约”在当时社会上系公认的一种有效证书，藏文、汉文具有同等价值。

（2）当时社会上有两套度量衡系统，即唐朝的和吐蕃的，这两种度量衡之间，交互使用。可能还有民间相互换算公式。我们在文契中见到标明为“汉硕”、“汉斗”和“汉胜（升）”的记载，与标明为“蕃斗”、“蕃升”的记载遥遥相对。看来，当时中国各民族之间就有极大的宽容性和适应力，故能相互融合，相互吸收，是为中国民族关系史上的主流，最后形成统一的中华

① 关于这一问题，国内外学者多有论述，参见谢和耐：《5至10世纪中国社会佛教经济概况》，1961年；竺沙雅章：《论敦煌的寺户》，《史林》第44卷第5期，1961年；姜伯勤：《论敦煌寺院的“常住百姓”》，《敦煌研究》试刊第1期，1981年。仁井田陞：《唐末五代的敦煌寺院佃户关系文书——关于限制佃户人格自由的规定》，《敦煌学译文集》，1985年。仁井田陞在文中提出，寺庙中的“寺仓”，在救荒时有义务出面举行义赈，与官仓中举办“义仓”相同。但文中又说“达种借贷的利息也许事先扣除了，文契中并没有写着”。在我们见到的汉、藏文便麦、便粟契中，没有任何关于利息的记载。此外，他还明确指出，借贷双方即是寺主与寺户的从属关系。

民族文化而屹立于世界文化之林。

（3）佛教寺庙，在兵荒马乱的瓜沙一带，当民族关系发生大幅度调整时期，确实对安定社会秩序起了一定的积极作用。就其通过借贷口粮种子帮助劳动者度荒过日来说，可为例证。当然，佛教寺庙从而进一步加强了与人民群众的关系，树立了其在群众中的威信，无形之中就扩大了影响。从这一具体实例中，我们可以推知，为什么每每在社会动乱时期，宗教的力量得到壮大①。还应该说明，就在敦煌一地，在当时，除了佛教之外，还有道教、袄教、摩尼教与景教都在众多民族、五彩缤纷的历史舞台上登场表现。

三、余　论

这一份敦煌吐蕃文书，使我们看出了以下几个问题：

（1）吐蕃占有了敦煌以后，以部落制来范围当地汉族和其他民族居民。属于这些部落的“百姓”，生产与生活用粮照旧是自己去筹办，看不出“部落”在生产管理和生活安排上起什么作用。吐蕃人只求在行政上采取分部而居的统一旗号形式，其他事务一概不闻不问，各按老传统办事，也就是“吐蕃的旗号，唐人的制度”。

（2）寺庙在荒年马月里提供赈贷，让寺户（或非寺户百姓，即部落百姓）渡过难关，自有其社会的和历史的背景。吐蕃人对佛教寺庙表示的崇敬和尊重（几位大论、宰相如尚绮力心儿、

① 据敦煌 P. 3100 和 S. 4504 号中出现过的寺庙，有僧寺十八：龙兴、大云、莲台、灵图、金光明、永安、乾元、开元、报恩、兴善、永健、永寿、三界、净土、显德、朝明、宕泉窟、（西）窟。尼寺六：灵修、普光、大乘、安国、圣光、潘原堡，共24所。参见《讲座敦煌3：敦煌的社会》所收北原薰：《晚唐五代敦煌寺院经济》，1980年。另见那波利贞：《论唐代的社邑》（下），《史林》第23卷第4号，1938年，第117—120页；《梁户考》（三），《支那佛教史学》第2卷第4号，第65页。

尚腊藏嘘律钵等人所作的功德颂可为明证），这与客观需要有关。看来吐蕃人的宗教政策，是根据瓜沙实际情况制定的。

（3）私人借契中出现的“中人”（或作保人、见人）有义务负责这份契约的执行，如果违约，由中人负责偿还。这种“保证制度”，在唐朝和吐蕃双方社会中都予以承认，而且，由国家法律来加以肯定。在研究吐蕃与唐朝的律例时，有关民间私法形成的过程及主导精神，是值得探求的！

附表：沙州唐人部落名称表

部落名称	藏文对音	卷子出处	备　注
擘三部落	phyugs mtshams	S. 2228， S. 3287(2)	见于《贤者喜宴》六十一东岱
上部落	stod kyi sde	P. 3444	见于《关于新疆的藏文文献集》
下部落	smad kyi sde	S. 3287(2)	见于《关于新疆的藏文文献集》
丝绵部落	dar pavi sde	S. 3287(2)， S. 5812， S. 5824， P. 3491(2)， P. T. 1086	
行人部落	nyan rna kyi sde	S. 1475， S. 1864， S. 5824， P. 2449	
阿骨萨部落	rgod sar kyi sde	S. 1475， P. 2686(3)， P. T. 1113， P. T. 1203	又作纥骨斯部落、纥(曷)骨萨部落
悉董萨部落	stong sar kyi sde	S. 6829， P. 2505， 咸 59， P. T. 1094， P. T. 1294， P. T. 1598	又作思董萨部落

续表

部落名称	藏文对音	卷子出处	备　注
宁宗部落	snying tshoms kyi sde	P. T. 1000, P. T. 1001, P. T. 1203, P. T. 1297(1)	
撩笼部落	yar lung sde(?)	P. 2763(1)	见于池田温《中国古代籍账研究》
僧尼部落		S. 2729(1)	
中元部落		S. 1291	

附记：

（一）最近接到武内绍人先生的大著 Old Tibetan Contracts from Central Asia（《中央亚细亚发现的古藏文契约文书》，东京大藏出版社，1995 年），收入了包括敦煌文书在内的大量藏文文献。书中第 196 页，第 18 项文书即是 P. T. 1297 号写卷。武内绍人只把它认作普通的借贷文契，并没有联系到社会背景去考虑，更未接触到佛教寺院利用无息借贷来缓和社会矛盾，化解因灾荒饥饿造成的新的社会危机的作用。而且武内绍人大概也未能见到中国学者有关的论述。包括对他在书中引用到的大部分文书已做过的汉文诠译，不无感到遗憾。有鉴于此，待以后再陆续撰文提出商榷。（1998 年附记）

（二）本文所译 P. T. 1297(1)号文书的藏文录文，参见《敦煌吐蕃文书论文集》(四川民族出版社，1988 年)第 42—43 页。

（原载《世界宗教研究》1986 年第 4 期，与陈践合撰。此次结集，有局部修订。）

有关吐蕃法制的三件敦煌文书译释

近几年来，敦煌古藏文文献的研究工作有了新的发展，法国科学院藏学研究中心与巴黎图书馆藏文部共同合作，把庋藏在巴黎的古藏文卷子精选了一大部分，摄影制版，并由麦克唐纳夫人（斯巴利安女士）和今枝由郎先生加以注记，公开出版，题为《敦煌藏文写本选集》已有两册问世。这一盛举，受到国际藏学界普遍的欢迎和称赞。这两册文献中所含法律文书颇使我们感兴趣，现将下列3个卷号，即（1）P. T. 1071号狩猎伤人赔偿律（原文468行），（2）P. T. 1073号纵犬伤人赔偿律残卷（原文28行），（3）P. T. 1075号盗窃追赔律残卷（原文41行），向读者介绍。

这3份敦煌古藏文写卷，是十分重要的吐蕃时期的法律文献。其内容基本上是就狩猎伤人和纵犬伤人赔偿命价及盗窃追赔来标明尊卑贵贱的等级差别。这3件文书，我们已由古藏文转写为现代正楷藏文，刊于民族出版社1983年出版的《敦煌本藏文文献》第11—64页。这里将上述3个卷子再译成汉文，加以注释和说明，提供给研究唐代民族史、民族关系史和中西交通史的同志参考。

一、译　文

1. P. T. 1071 号　狩猎伤人赔偿律

大尚论及其祖、父诸人或因狩猎射箭相伤，及上述尚论人等，被尚论瑟瑟告身者以下①、平民百姓以上之人，因狩猎而射中之处置律：

大论、大囊论、赞普舅氏任平章政事之职者、任大论助理者等四种大尚论，其本人、其祖、其父，为箭所伤害，赔偿命价相同。

这些命价相同之人，若彼此因狩猎等被射中，或者这些尚论，为瑟瑟告身以下，颇罗弥告身以上，以及和他们命价相同之人因狩猎等射中，无论丧命与否，放箭人发誓非因挟仇而有意射

---

① 就吐蕃的官品等级而言，卷子所例举的情况也可与《贤者喜宴》的条文对比阅读。《贤者喜宴》所载“九大尚论”指的是：“贡论”分为大、中、小3级，“囊论”分为大、中、小3级，“喻寒波论”即“平章政事之论”分大、中、小3级。以上共为9级，即《新唐书·吐蕃传》所云：“总号曰尚论掣逋突瞿”（藏文对音为 zhang blon chen po dgu）。而“告身”作为官级的章饰与《敦煌本吐蕃历史文书》所记相同。

《贤者喜宴》把告身的类别与等级的差别做了详尽的叙述，今引之于后，以供参考。“所谓告身，最上者为金、玉两种，次为银和颇罗弥，再次为铜与铁，均镌有文字铭款，总为六种，各分为大小，共六种十二级。”这里的玉又译为瑟瑟。颇罗弥又译为金银相间。《新唐书·吐蕃传》也记为：“其官之章饰，最上为瑟瑟，金次之，金涂银又次之，银［又］次之，最下至铜止，差大小，缀臂前以辨贵贱。”《册府元龟》卷961外臣部土风三记为：“自号吐蕃为宝髻（pur rgyal）。爵位则以宝珠，大瑟瑟、小瑟瑟、大银、小银、大硇石、小硇石、大铜、小铜等为告身，以别高下。”又云：“大略其官章饰有五等：一谓瑟瑟，二谓金，三谓金饰银上，四谓银，五谓熟铜。各以方圆三寸，褐上装之，安膊前以别贵贱。”所记大致相同。但《贤者喜宴》进一步把官品与告身做了分类排列：贡论上：大玉告身；贡论中、囊论上：小玉告身；贡论下、囊论中、喻寒波上：大金告身；囊论下、喻寒波中、噶论上：小金告身；喻寒波下、噶论下：颇罗弥（金间银）告身；寺院经咒师、高级吏员：大银告身；王廷御前侍卫、苯教师、司马官、风水官、边鄙牧守：小银告身；父民六部落：大铜告身；千夫长、茹本：小铜告身；勇士：铁告身。一般平民，授以刻有波纹的白色木质告身。所有这些记载中表明的等级差别，与法制文献残卷中所述是一致的。

杀，可由十二名公正且与双方无利害关系的担保人（以下简称“担保人”）连同事主本人十三人，共同发誓。如誓词属实，其处置可与《对仇敌之律》[①]（即“血亲复仇律”）相同，不必以命相抵。查明实情，系被箭射死，赔偿［银］一万两，交受害者［一方］和告密的知情人（以下简称“告密人”）平分。若无告密人，一万两全归受害人。中箭人如未身亡，赔偿五千两，由受害人和告密人平分。若无告密人，五千两全归受害人。如射中他人，进行抵赖，不予承认，或谓“此箭非我所射”，无论中箭人身亡与否，其处罚与《对仇敌之律》同。如不抵赖，虽已起诉，亦可按《对复仇人起诉之处置律》对待。

大尚论本人和与大尚论命价相同之人，被尚论银告身以下、铜告身以上或与其同命价者因狩猎而射中，无论丧命与否，放箭人发誓非因挟仇有意射杀，可由担保人十二名，加上事主本人十三人，共同起誓，如誓词属实，其处罚与《对仇敌之律》相同，不必以命相抵。否则，被害人身亡，则将杀人者处死，并绝其嗣；其全部奴户、库物、牲畜，归受害人与告密人平分。若无告密人，奴户、库物、牲畜，则全归受害人。绝嗣之家，其妻室有父归其父家，无父归其兄弟近亲。如中箭人未身亡，则赔偿银五千两，交受害人与告密人平分。若无告密人，则赔偿全归受害人。已射伤他人，尚进行抵赖，不予承认，谓“此箭非我所射”，无论中箭人身亡与否，均按《对仇敌之律》处死。若不抵赖，虽起诉，也可按《对复仇人起诉之处置律》对待。

---

① 藏文原文 thong myi 一词，实指血亲复仇、仇杀。在几种古典的藏文词典里解释为“杀害、杀死”，而且 thong myi 变化成 thong mi。这一词语见于《敦煌本吐蕃历史文书》大事纪年第 4 条：“及至牛年（高宗永徽四年，公元 653 年），……于多思麻，甘·墀桑介达为仇敌所杀，报血仇也。是为一年。”这一条记载证明了虽然重要的官员被杀，由于是血亲复仇的性质，只能是不了了之。这是不成文的所谓“血亲复仇律”。在英文中有 Vendetta 一词（拉丁文形式是 Vindictta），《韦氏大词典》第 3 版第 2539 页解释为：血仇（亲属为死者报仇，杀死凶手或其家属，因而演成血仇）。在意大利语中也作为“世仇，深仇”来解释，可作旁证。

大尚论本人和与大尚论命价相同之人，被大藏[①]以下、平民百姓以上之人因狩猎等射中，中箭人无论身亡与否，放箭人起誓非因挟仇有意射杀，可由十二名担保人连同事主十三人共同起誓。如誓词属实，其处罚与《对仇敌之律》同。查明实情，将伤人者及其子孙一并杀之，以绝其嗣；全部奴户、库物、牲畜，归受害人和告密人平分。若无告密人，全部归受害人。绝嗣之家，其妻室有父归其父，无父归其兄弟近亲。伤人后，若进行抵赖，谓“非我所射之箭”，无论中箭人身亡与否，均按《对仇敌之律》处死。若不抵赖，虽起诉亦可按《对复仇人起诉之处置律》对待。

瑟瑟告身之尚论本人及与瑟瑟告身命价相同之人，被大尚论以下、平民百姓以上，因狩猎而射中，视其身亡与否之处置律：

瑟瑟告身尚论本人与瑟瑟告身者之祖、父，大尚论四种人之子侄及叔伯昆仲无告身者诸人，及继母、儿媳、妾媵、未婚之妹等，如被狩猎箭矢射中，赔偿相同。

这些命价相同之人，彼此因狩猎等被射中，或者这些人为大尚论本人和与大尚论命价相同者，或同颇罗弥告身者及其命价相同之人因狩猎等射中，无论中箭者身亡与否，［放箭人］发誓非因挟仇有意射杀，可由十二名担保人连同事主本人十三人共同起誓。如誓词属实，其处置与《对仇敌之律》同，不必以命相抵。查明实情，系中箭身亡，赔偿命价六千两，由受害人与告密人平分。若无告密人，六千两全归受害人。少付一两则处死。中箭人未身亡，赔偿三千两，交受害人和告密人平分。若无告密人，三千两全归被害人。伤人后，若进行抵赖，谓“非我所射之箭”，无论中箭人身亡与否，均按《对仇敌之律》处死。若不抵赖，虽起诉，亦可按《对复仇人起诉之处置律》对待。

瑟瑟告身大尚论及与瑟瑟告身同命价者，被银字告身及其同命价者以下、红铜告身及其同命价者以上之人因狩猎等射中，中

---

① 大藏（gtsang chen）：似为管理粮食与农事的基层工作人员。

箭人无论身亡与否，［放箭人］发誓非因挟仇有意射杀，可由十二名担保人连同事主本人十三人共同起誓。如誓词属实，其处罚与《对仇敌之律》同。查明实情，被害人系中箭身亡，必须将放箭者处死；奴户之半、库物之半、牲畜之半交受害人与告密人平分。如无告密人，奴户之半、库物之半、牲畜之半全交被害人。奴户、库物、牲畜之另一半，若有子交其子，无子则交予其父。如无父子，则妻室与库物、牲畜之半数给其兄弟近亲。放箭杀人者被处死之后，另一半奴户[①]，愿为何人之奴，何人之民，可听其自愿。中箭后未死，赔偿三千两，归被害者和告密人平分。如无告密人，三千两全归受害人。箭矢伤人后，谓“非我所射之箭”，进行抵赖，不予承认，无论中箭人身亡与否，均按《对仇敌之律》处死。若不抵赖，虽起诉，亦可按《对复仇人起诉之处置律》对待。

瑟瑟告身尚论及与瑟瑟告身同命价者被大藏以下、平民百姓以上之人，因狩猎等射中，中箭人无论身亡与否，放箭人发誓非因挟仇有意射杀，可由十二名担保人，加上事主本人十三人共同发誓。誓词属实，其处置与《对仇敌之律》同。查明实情，被害人为中箭身亡，则将射箭人处死，并绝其后嗣；其所有奴户、库物、牲畜、妻室，均由受害人与告密人平分。中箭人未死，只将射箭人处死。其牲畜、库物之半，被处死者有子则给其子，无子则给其父。无父，则将其女人与另一半牲畜、库物给其兄弟近亲中之一人。其奴户，在放箭杀人者被处死后，愿归何人为奴，愿作何人之民户，听其自愿。伤人后，若谓“非我所射之箭”，进行抵赖、不予承认，无论中箭人身亡与否，均按《对仇敌之律》处死。如不抵赖，虽已起诉，亦可按《对复仇人起诉之处置律》对待。

金字告身尚论本人及与金字告身同命价者，被尚论以下、平

---

① 奴户：此处的奴户与奴隶有所不同，当主人犯法被处死后，其主人又无直系亲属继承产业时，奴户有权选择新的主人。

民百姓以上之人因狩猎等射中，视其死亡与否处置之律：

金字告身尚论本人和有金字告身之祖、父及瑟瑟告身尚论之子侄及叔伯昆仲无告身者诸人，及继母、儿媳、妾媵、未婚之妹等，被他人因狩猎等射中，其赔偿相同。

这些命价相同之人，彼此因狩猎等被射中，以及这些命价相同之人，被大尚论和与之命价相同者以下、铜告身者和与之命价相同者以上之人，因狩猎等射中，中箭者无论身亡与否，放箭人发誓非因挟仇而有意伤害，可由十二名担保人连同事主本人十三人共同起誓。若誓词属实，其处置与《对仇敌之律》同。查明实情，系中箭身亡，偿命价五千两，由受害人与告密人平分。若无告密人，则五千两全归被害人。中箭人未身亡，赔偿二千五百两，归受害人与告密人平分。如无告密人，二千五百两全归受害人。伤人后，谓“非我所射之箭”，进行抵赖，不予承认者，无论被害人身亡与否，均按《对仇敌之律》处死。如不抵赖，虽起诉，亦可按《对复仇人起诉处置律》对待。

金字告身尚论本人及与有金告身者命价相同之人，被大藏以下、平民百姓以上之人因狩猎等射中，无论身亡与否，放箭人发誓非因挟仇有意伤害，可由十二名担保人连同事主本人十三人，共同起誓。若誓词属实，其处置与《对仇敌之律》同。查明实情，被害人系中箭身亡，伤人者定予处死；其子媳单身赶走，其奴户、库物、牲畜全归受害人与告密人平分。如无告密人，奴户、库物、牲畜全归受害人。被害人中箭未死，仍将伤人者处死。其牲畜、库物全归受害人与告密人平分。如无告密人，牲畜、库物全归受害人。

颇罗弥告身尚论本人及与有颇罗弥告身者命价相同之人，被大尚论以下、平民百姓以上之人因狩猎等射中，视其身亡与否处置之律例：

颇罗弥告身尚论本人与有颇罗弥告身之祖、父，及尚论有金告身者之子侄及叔伯昆仲无告身者诸人，及继母、儿媳、妾媵、未婚之妹等，若被他人因狩猎等射中，赔偿相同。

这些命价相同之人，彼此因狩猎中箭，以及这些命价相同之人，被大尚论和与之同命价者以下、铜告身和与之同命价者以上之人因狩猎射中，［无论身亡与否］，放箭人发誓非因挟仇而有意射箭伤害，可由十二名担保人，连同本人十三人共同起誓。如誓词属实，其处置与《对仇敌之律》同。查明实情，被害人系中箭身亡，赔四千两，归受害者与告密人平分。如无告密人，四千两全归受害人。中箭后未死，赔二千两，归受害人与告密人平分。如无告密人，全归受害人。射中人后，若谓“非我所射之箭”，进行抵赖，不予承认，无论中箭人身亡与否，均按《对仇敌之律》将放箭者处死。若不抵赖，虽已起诉亦可按《对复仇人起诉之处置律》对待。

颇罗弥告身尚论本人及与颇罗弥告身命价相同之人，被大藏以下、平民以上之人因狩猎等射中，无论身亡与否，放箭人发誓非因挟仇而有意伤害，可由十二名担保人加上事主本人十三人共同起誓。如誓词属实，其处置与《对仇敌之律》同。查明实情，如受害人系中箭身亡，可将射箭人本人处死；子女、妻室予以放逐，其奴户、库物、牲畜全归受害人与告密人平分。如无告密人，其奴户、库物、牲畜全归受害人。受害者中箭而未身亡，仅将伤人者处死，其库物、牲畜全归受害者与告密人平分。如无告密人，牲畜、库物全归受害者。奴户留在原处，归其子女、妻室掌管。无子，交与其父。如无父，其奴户虽兄弟近亲亦不能交。其女儿、妻室可投靠最亲近之兄弟，而其奴户可按自愿择主。伤人后，若谓“非我所射之箭”，进行抵赖，不予承认，则无论中箭人死亡与否，均按《对仇敌之律》将伤人者处死。若不抵赖，虽依法起诉，亦可按《对复仇人起诉之处置律》对待。

银告身尚论本人及与银告身命价相同之人，被大尚论以下、平民百姓以上之人因狩猎等射中，视其死亡与否处置之律例：

银告身尚论本人与有银告身者之祖、父及颇罗弥告身尚论子侄及叔伯昆仲无告身者诸人及继母、儿媳、妾媵、未婚之妹等，被别人因狩猎等射中，赔偿相同。

这些赔偿命价相同之人彼此因狩猎等射中，以及这些命价相同之人，被与大尚论及其命价相同者以下、与红铜告身及其命价相同之人以上因狩猎等射中，无论身亡与否，放箭人发誓非因挟仇有意伤害，可由十二名担保人连同自己十三人共同起誓，如誓词属实，其处置与《对仇敌之律》同。查明实情，如受害人系中箭身亡，赔命价三千两，归受害人与告密人平分。如无告密人，三千两全归受害人。受害人中箭而未身亡，赔一千五百两，归受害人与告密人平分。若无告密人，一千五百两全归受害人。（赔偿之款）若缺一两，虽是好人也须依法处死。伤人后进行抵赖，不予承认，谓“非我所射之箭”，则无论中箭人死亡与否，均按《对仇敌之律》将放箭人处死。若承认，虽起诉，亦可按《对复仇人起诉之处置律》对待。

银告身尚论本人及与银告身者命价相同之人，被大藏以下、平民百姓以上之人因狩猎等射中，无论身亡与否，放箭人发誓非因挟仇有意伤害，可由十二名担保人，连同本人十三人共同起誓。如誓词属实，其处置与《对仇敌之律》一致。查明实情，若受害人系中箭身亡，则将放箭人处死。处死后，其奴户之半、库物之半、牲畜之半，全归受害人与告密人平分。若无告密人，则奴户之半、牲畜之半、库物之半全归受害人。另一半奴户、牲畜留给其子女、妻室。如无子，则归其父。无父，其奴户之半，不能予其兄弟近亲。妇人与牲畜之半，则予其亲近兄弟。而其奴户之半，愿为何人之民，何人之奴，各随其愿。受害人中箭后未身亡，伤人者之一半奴户、库物、牲畜由受害人与告密人平分。若无告密人，其一半［奴户］、库物、牲畜全归受害人；奴户、库物、牲畜之另一半留给放箭人，就地对分完事。射箭伤人后若进行抵赖，不予承认，谓“非我所射之箭”，无论中箭人身亡与否，均依《对仇敌之律》将伤人者处死。若不抵赖，虽起诉，亦可按《对复仇人起诉之处置律》对待。

黄铜告身尚论本人和与黄铜告身者命价相同之人，被大尚论以下、平民百姓以上因狩猎等射中，视其身亡与否处置之律例：

黄铜告身尚论本人和黄铜告身者之祖、父及银告身者之子侄叔伯昆仲无告身诸人，及继母、儿媳、妾媵、未婚之妹诸人被狩猎射中，赔偿相同。

这些命价相同之人相互因狩猎等被射中，与这些命价相同之人，被大尚论及其命价相同者以下、红铜告身及其命价相同者以上之人，因狩猎等射中，无论死亡与否，放箭人发誓非因挟仇有意伤害，可由十二名担保人连同本人十三人，共同起誓。若誓词属实，按《对仇敌之律》处理。查明实情，受害人系中箭身亡，赔二千两，由受害人与告密人平分。若无告密人，二千两全归受害人。受害人中箭后未身亡，则赔一千两，由受害人和告密人平分。若无告密人，一千两全归受害人。［赔偿之款］如少一两，即系好人也应依法处死。射中人后，若进行抵赖，不予承认，谓“非我所射之箭”，则无论中箭人身亡与否，依《对仇敌之律》将放箭人处死。若不抵赖，虽起诉，均按《对复仇人起诉之处置律》对待。

黄铜告身尚论本人和与黄铜告身者命价相同之人，被大藏以下、平民百姓以上之人因狩猎射中，无论身亡与否，放箭人发誓非因挟仇而有意伤人，可由十二名担保人连同本人十三人，共同起誓。如誓词属实，按《对仇敌之律》处置。查明实情，受害人系中箭身亡，定将放箭人处死；其奴户之半、牲畜之半、全部库物，由受害人与告密人平分。若无告密人，奴户之半、牲畜之半、全部库物，归受害人。另一半奴户、牲畜给子女、妻室就地留下。无子，则给其父。无父，这一半奴户虽有近亲弟兄也不能给。女人和一半牲畜，则予亲近之弟兄。奴户之半，愿为何人之民户，何人之奴，可听其自择。若中箭人未亡，则放箭人奴户之半、牲畜之半归受害人与告密人平分。若无告密人，奴户之半与库物、牲畜之半均归受害人所有。另一半奴户、库物、牲畜仍属原主，就地留下了事。射中人后，谓“非我所射之箭”，进行抵赖，不予承认，无论受害人中箭身亡与否，均依《对仇敌之律》将伤人者处死。若不抵赖，虽起诉，亦可按《对复仇人起诉之处置律》对待。

红铜告身尚论本人与红铜告身者命价相同之人，被大尚论以下、平民百姓以上者因狩猎等射中，视其身亡与否处置之律例：

红铜告身尚论本人和红铜告身者之祖、父，黄铜告身者尚论子侄及叔伯昆仲无告身者诸人，及继母、儿媳、妾媵、未婚之妹等人，被人因狩猎等射中，赔偿命价相同。

这些命价相同之人，彼此因狩猎等被箭射中；或这些命价相同之人，被大尚论及其命价相同之人以下、红铜告身及其命价相同者以上之人，因狩猎射中，无论身亡与否，放箭人发誓非因挟仇有意伤人，由十二名担保人，连同自己十三人共同起誓。若誓词属实，其处置与《对仇敌之律》同。查明实情，受害人系中箭身亡，赔偿一千两，归受害人与告密人平分。若无告密人，一千两全归受害人。受害人中箭而未身亡，赔偿五百两，归受害人、告密人平分。若无告密人，五百两全归受害人。若缺一两，伤人者虽是好人，也应该依法处死。射中人后，若进行抵赖，不予承认，谓“非我所射之箭”，无论受害人中箭后身亡与否，均依《对仇敌之律》将伤人者处死。若不抵赖，虽起诉，亦可按《对复仇人起诉之处置律》对待。

红铜告身者本人和与红铜告身命价相同之人，被大藏以下、平民百姓以上之人因狩猎等射中，放箭人发誓非因挟仇有意射箭伤害，由十二名担保人连同本人十三人共同起誓。如誓词属实，其处置与《对仇敌之律》同。查明实情，受害人中箭身亡，则将伤人者依法处死：其奴户、牲畜和库物等之半数，归受害人和告密人平分。若无告密人，奴户、牲畜、库物等之半数，全归受害人。另一半奴户、牲畜，给伤人者之子、妻，就地对分。若无子，给其父。若无父，奴户亦不能给其兄弟近亲。女人和一半牲畜，则给其亲近兄弟。另一半奴户，愿为谁之民，谁之奴，可听其自择。受害人中箭未亡，一半奴户、库物、牲畜归受害人和告密人平分。若无告密人，其一半奴户、库物、牲畜全归受害人。另一半奴户、库物、牲畜仍归射箭人，就地留下。射中人后，若进行抵赖，不予承认，谓“非我所射之箭”，受害人中箭后无论身亡与否，均按《对仇敌之律》将放箭人处死。若不抵赖，虽起诉，亦可按《对复仇人起诉之处置律》对待。

大藏和与之命价相同之一切武士①，被大尚论以下之人因狩猎射中，视其身亡与否处置之律例：

大藏本人和红铜告身者子孙以外、父系家族以内无告身诸人和继母、儿媳、妾媵、未婚之妹及王室家臣之一切武士、尚论和百姓之耕奴、岸本②之助手等男女，被狩猎者射中，赔偿命价相同。

这些命价相同之人，被大尚论或与之命价相同者以下、红铜告身及与之命价相同者以上之人狩猎射中，无论身亡与否，放箭人起誓非因挟仇有意伤害，可由十二名担保人连同本人十三人共同起誓。若誓词属实，其处置与《对仇敌之律》同。查明实情，中箭人身亡，则赔三百两，由受害人和告密人平分。若无告密人，三百两全归受害人。受害人中箭未亡，赔一百五十两，归受害人与告密人平分。若无告密人，一百五十两全归受害人。命价［银］若缺一两，哪怕伤人者是尚论也要处死。射中人后，若进行抵赖，谓“非我所射之箭”，无论受害人中箭后身亡与否，均依《对仇敌之律》将放箭人处死。若不抵赖，虽起诉，亦可按《对复仇人起诉之处置律》对待。

大藏本人，红铜告身者子孙以外、父系家族以内无告身诸人和继母、儿媳、妾媵、未婚之妹，王室家臣之一切武士，尚论和百姓之耕奴③和岸本之助手等男女，被与其命价相同之人狩猎射中，无论死亡与否，放箭人发誓并非因挟仇有意伤害，可由十二

① 武士：吐蕃奴隶中的武士，专门从事军事战争的职业军人，藏语称之为“桂”（rgod），参见《贤者喜宴》ja卷第19页。

② 岸本（岸，mnga）：负责财务和税收的官员，或译为“度支官”。这一职官的名称又见于823年在拉萨树立的《唐蕃会盟碑》右侧蕃官题名：岸奔榼苏户属劫罗末论矩立藏名摩。

③ 耕奴：专门从事农业大田生产的奴隶，在奴隶中处于最下层的地位。

名担保人连同本人十三人共同起誓。如誓词属实，其处置与《对仇敌之律》同。查明实情，受害人中箭身亡，赔偿命价一百五十两，给受害［一方］和告密人平分。若无告密人，一百五十两全归受害人。受害人中箭身亡，赔偿医药、食物银三十两，归受害人和告密人平分。无告密人，三十两全归受害人。无论是给死者之命价银还是给伤者之医药、食品银，不管是谁，缺一两处以死刑。射中人后，若进行抵赖，谓“非我所射之箭”，无论受害人中箭死亡与否，均按《对仇敌之律》将放箭人处死。若不抵赖，虽起诉，也可按《对复仇人起诉之处置律》对待。

大藏和王室家臣之一切武士及与之命价相同之人，被一切庸①和蛮貊②之人、囚徒③等因狩猎射中，无论死亡与否，放箭人起誓非因挟仇有意伤害，可由十二名担保人，连同本人十三人共同起誓。如誓词属实，其处罚与《对仇敌之律》同，查明实情，受害人中箭身亡，赔偿命价银一百五十两，由受害人和告密人平分。无告密人，一百五十两全归受害人。受害人中箭未亡，赔医药、食品［银］三十两，由受害人和告密人平分。若无告密人，三十两全归受害人。无论是给死者之命价银还是给伤者的医药、食品银，若缺一两，伤人者无论是谁，定处以死刑。伤人后，若进行抵赖，谓“非我所射之箭”，无论受害人中箭身亡与否，依《对仇敌之律》将伤人者处死。若不抵赖，虽起诉，亦可按《对复仇人起诉之处置律》对待。

王室家臣一切庸，被大尚论以下因狩猎射中，视受害人中箭后身亡与否处置之律例：

---

① 庸：吐蕃军事奴隶中专门从事生产劳动的阶层，藏语称之为“庸”（g·yung），与武士相对而言。在战争中从事随军的后勤活动，平日则专门从事农、牧业生产或家务劳役，参见《贤者喜宴》ja 卷第 19 页。

② 蛮貊：吐蕃统治者对其边境地区其他民族的蔑称，意译为“南蛮子”。此说又见于《唐蕃会盟碑》东侧藏文盟辞第 19 行：“东方之地曰唐，地极大海，日之所出，此王与蛮貊诸国迥异，教善德深，典籍丰闳，足以与吐蕃相颉颃。”

③ 囚徒：可能指被俘虏的其他民族成员补入吐蕃军旅者。虽已取得吐蕃部落成员的身份，但仍有某种程度的差别。

王室家臣一切庸及尚论、百姓之耕奴、蛮貊、囚徒等人，被尚论黄铜告身者以下和与之命价相同之人因狩猎射中，无论受害人身亡与否，放箭人发誓非因挟仇有意杀害，由十二名担保人，连同本人十三人共同起誓。如誓词属实，其处置与《对仇敌之律》同。查明实情，如受害人中箭身亡，赔偿命价［银］二百两，由受害人一方与告密人平分。无告密人，二百两全归受害人一方。若受害人中箭未亡，赔一百两，由受害人一方和告密人平分。无告密人，一百两全归受害人。命价银抑或养伤银若缺一两，伤人者即使是尚论也应处死。射中人后，若进行抵赖，谓“非我所射之箭”，无论受害人身亡与否，均依《对仇敌之律》将伤人者处死。若不抵赖，虽起诉，亦可按《对复仇人起诉之处置律》对待。

王室家臣之一切庸及尚论、百姓所属耕奴、蛮貊及囚徒以上之人，被大藏以下、一切武士及与之命价相同之人因狩猎等射中，无论身亡与否，放箭人发誓非因挟仇有意伤害，可由十二名担保人，连同本人十三人共同起誓。如誓词属实，其处置与《对仇敌之律》同。查明实情，受害人中箭身亡，赔银一百两，由受害人一方和告密人平分。若无告密人，一百两全归受害人。受害人中箭并未身亡，赔医药、食品［银］二十两，由受害人、告密人平分。无告密人，二十两全归受害人。无论是命价银或养伤之医药、食品银，应交款数若短缺一两，伤人者无论是谁，应予处死。射中人后，若进行抵赖，谓“非我所射之箭”，无论受害人中箭死亡与否，均按《对仇敌之律》将放箭人处死。若不抵赖，虽起诉，亦可按《对复仇人起诉之处置律》对待。

王室家臣一切庸及尚论、百姓之耕奴、庸和蛮貊、囚徒以下之人，因狩猎中箭，赔偿相同。

这些命价相同之人中，彼此因狩猎而中箭，无论死亡与否，放箭人若起誓非因挟仇有意伤害，可由十二名担保人，连同本人十三人共同起誓。如誓词属实，其处置与《对仇敌之律》同。查明实情，受害人中箭身亡，赔偿命价［银］五十两，由受害人与告密人平分。若无告密人，五十两全归受害人［一方］。受害人中箭未死，赔十两，由受害人与告密人平分。若无告密人，十两全归受害人。无论是命价银，还是养伤之医药食品［银］，短缺一两，［伤人者］均须处以死刑。射中人后，若进行抵赖，谓“非我所射之箭”，无论受害人中箭身亡与否，依《对仇敌之律》将伤人者处死。若不抵赖，虽起诉，亦可按《对复仇人起诉之处置律》对待。

因狩猎射箭，一人中流矢身亡，射箭人务需赔偿适当之命价。议定后，按应该赔偿之数付给。身中流矢而未亡，付给一只肉羊作为医药食品之用。

射箭误中亲人，是否算杀亲人之律例：

大尚论以下、最低平民百姓以上，因狩猎射死弟兄中一人，是否算杀亲人，应参照《对仇敌之律》中兄弟中一人杀了另一人是否算杀亲人之律来判断。

大尚论和与之命价相同者以下、有颇罗弥告身和与之命价相同者以上，陷于牦牛[①]身下，视其相互救援与否处置之法：

大论等四种尚论之祖父、父、祖母、母及子孙以外，父系家族以内没有告身之人，以及继母、儿媳、妾媵、未婚之妹等，陷于牦牛身下，赔偿命价相同。

这些命价相同之人，一人陷于牦牛身下，一人若在近旁不予救援，因而被牦牛伤害致死，对见死不救者惩罚如下：罚银五百两，交与死者一方。若因未救而致伤，其惩罚为：罚银二百五十两，交与自牦牛身下幸免者。若从牦牛身下救人，被救者则酬以女儿，无女则酬以妹，无女无妹则赠［银］二百两。

大尚论及与大尚论赔偿相同之人以下、有颇罗弥告身者及与之命价相同者以上之人，陷于牦牛身下，银告身者以下、铜告身者以上之人救与不救处置之法：

---

① 牦牛：指公牦牛而言，当时此种动物驯化未久，野性很大，时有伤人的可能。这里的条文就反映出这一事实。

大尚论四种人和与之命价相同者以下、颇罗弥告身者和与之命价相同者以上之人，陷于牦牛身下，银告身者和与之命价相同之人以下、铜告身者和与之命价相同之人以上见死不救，因而被牦牛伤害致死，对不救者之惩罚为：罚银五百两给死者一方。罚银五百两以后，由于懦弱行为而挂以狐皮。陷于牦牛身下之人未死，对不救者之惩处为：给懦夫挂狐皮完事。若从牦牛身下救人，被救者当以女儿或妹妹酬之，或赠银一百五十两亦可，二取其一。

尚论银告身者和与之命价相同之人以下、红铜告身者和与之命价相同之人以上，陷于牦牛身下，他们相互之间救与不救处置之法：

尚论银告身者和与之命价相同之人以下、红铜告身者和与之命价相同之人以上，陷于牦牛身下，彼此救与不救处置之法：（此段与上段重复）银告身者以下、红铜告身者以上之尚论本人，和这些尚论之祖父、父、祖母、母、子侄及叔伯昆仲无告身者诸人，以及继母、媳、妾媵、未婚之妹等陷于牦牛身下，赔偿命价相同。

这些命价相同者中一人，陷于牦牛身下，在其身旁之人见而不救，以致被牦牛伤害致死，对见死不救之人罚银三百两，交给死者一方。或因之受伤，对见牛伤人不从牦牛身下救人者罚银一百五十两，交与牦牛身下脱身者。若从牦牛身下救人，被救者要将已女作为礼物相酬。无女，则以妹酬。无妹无女或酬而不受，则须赠［银］一百两。

大尚论以下、红铜告身者以上，其本人及与其命价相同之人，陷于牦牛身下，大藏以下之人救与不救奖惩之法：

红铜告身者以上，其本人及与其命价相同之人陷于牦牛身下，因大藏以下，平民百姓以上之人［未］救而被牦牛伤害致死，对见死不救者之惩罚为：给其挂狐皮，将懦夫处死了事。懦夫之妻室与库物、牲畜、奴户就地留下。无子，则将其女、妻、库物、牲畜、奴户交与其父。无父，则女、妻、库物、牲畜、奴户交与亲近兄弟（此句多余）。奴户，虽为兄弟近亲，亦不交与。杀懦夫后，［奴户］愿为谁之民，谁之奴，各听己愿。

尚论陷于牦牛身下致死，惩治懦夫，挂以狐皮，将其库物、牲畜判归死者一方。不让懦夫居家中，逐出。逐出后，若懦夫之子已成家，其奴户则给其子。子未成家立业，则给其父。无父，被逐者虽有兄弟近亲，也不能将奴户给予。逐出后，其奴户愿为谁之民，谁之奴，各听己愿。如从牦牛身下将人救出，奖［银］五十两。

大藏以下、平民以上之人，陷于牦牛身下，一切有告身之尚论救与不救奖惩之法：

大藏以下、平民以上之民，陷于牦牛身下，而尚论红铜告身者以下，其本人及与之命价相同者以下之人，正在近旁，见而不救牦牛身下之人，因而被伤害致死，罚［银］一百两，给予死者［一方］。如该人未死，亦因不救，罚［银］五十两，给予自牦牛身下幸免者。如从牦牛下将人救出，［被救者］以其女酬之。无女，则给其妹。无妹或酬而不受者，赠［银］二十两。

大藏以下、平民以上之一良民陷于牦牛身下，如因歹徒不救而被牦牛伤害致死者，对不救者之惩罚为：给懦夫挂以狐皮，［懦夫］给死者［一方］以库物、牲畜，将其同未成年之子一齐赶出家门。懦夫被逐后，如子已成家，其奴户给其子。子未成家给其父。无父，被逐人之奴户愿为谁之民，谁之奴，听其自便。［陷于牦牛下］未死，对见死不救者之惩罚为：给懦夫挂狐皮，［懦夫］给脱身者马一匹。对从牦牛下救人者，被救人当以女或妹酬之，或给［银］十五两亦可，二取其一。地位相同两人在一起时，一人陷于牦牛身下，另一人未救，以致被牦牛伤害致死，对未救者惩罚为：给懦夫挂以狐皮，［懦夫］给死者一匹马。若伤而未死，对不救者之惩罚为：给懦夫挂狐皮了事。若从牦牛身下被人救出，以其女或妹酬谢救人者。无妹或酬而不受，赠马一匹。

低贱之人陷于牦牛身下，良民不救，以致死于牦牛身下，对其不救者之惩罚为：挂狐皮，给死者马一匹。若伤而未死，对不救者惩罚为：赠马一匹，给自牦牛身下幸免者。若从牦牛身下将人救出，被救人以其女酬谢救人者。无女，则给其妹。若无女无妹或酬而不受，则赠［银］十两。

一人陷于牦牛身下，一人前来救援，二者皆死或未死处置之法：陷于牦牛身下，被牦牛伤害致死，救人者亦被牦牛伤害致死，两人俱亡时，先陷于牦牛身下之人作为酬报，在给救人者送葬时，要照顾体面，给以优厚物品。救人者被牦牛杀死，陷于牦牛身下者，被救者未死，在给救人者送葬时，被救人要酬以与自己身价相当的银两。若救人者被牦牛伤而未死，则以一定数量之银两酬报。

一人陷于牦牛身下，一人为引开牦牛未成而被伤害致死奖惩之法：无论是尚论陷于牦牛身下或平民陷于牦牛身下，一方将牦牛引开，或用毡片逗引走，或用绳牵走，或驱打逐走，无论试图用何法引开，逼近牦牛而未能救成，以致陷于牦牛身下者死去。死则死矣，救而未成，不应惩罚。

一人陷于牦牛身下，被众人救出奖惩之法：无论从牦牛身下救人者多少，均按照法律规定，将应得之银两悉数分完了事。

尚论以下、平民以上，陷于母牦牛身下，救与不救奖惩之法：

有人陷于母牦牛身下，因无人救援致死，不管死者为尚论，或者平民，其处置与被牦牛伤害致死之法等同。陷于母牦牛身下，未死，尚论及红铜告身以上中一人，见而未救，其惩罚为：罚马一匹，给母牦牛身下脱身者。如从母牦牛身下将人救出者，赏给救人者马一匹。陷于母牦牛身下，未死，大藏以下、平民以上之人，见而不救者，对不救者之惩罚为：罚马一匹，给自母牦牛身下脱身者。若救援，则酬赏救人者马一匹。未死者为红铜告身以下、大藏以下（上）之人，对近旁不救者之惩罚为：挂狐皮给以重罚，给从母牦牛身下救人者赏以奶牛一头。一人陷于母牦牛身下，未死，大藏以上、尚论红铜告身以上之人见而不救，对不救者的惩罚：罚马一匹，给母牦牛身下脱身者。从母牦牛身下救人，酬赏救人者马一匹。

一人陷于公牦牛、母牦牛身下，在近旁之人若不相救，则为懦夫，应挂以狐皮之法如下：尚论以下、平民以上，陷于母牦牛身下，友人或佣奴正在近旁，若不救援陷于公、母牦牛身下之人，或不相帮，对最靠近之人，按对懦夫挂狐皮之法，挂狐皮以示惩罚。其余诸人不挂狐皮，但须处以规定之罚金。

尚论红铜告身者以上之儿孙及其旁系亲属无告身者，被箭射中及陷于公牦牛与母牦牛之身下，以告身分别处置法是：

大尚论以下、红铜告身以上之子孙以内、父系家族以外无告身诸人，被箭射中或陷于公、母牦牛身下等，按其告身等级，即根据该条款处置之。至于告身之区分，子随其父。兄弟近亲不在其内。

猎获野兽应分得之标准：

猎获野兽，分配猎物，一头牦牛以射中六箭计算：头名射中者，得右侧下部肉并朝左一拃之肉，弧形割下，右侧皮子、肋骨、尾、心、胸脯、舌、一半牛血、牛筋也归头箭射中者。第二名射中者，得左侧下部肉、皮子及一半牛血，内脏、膀胱和四肢之筋等亦归第二箭射中者。第三名射中者，得右侧上部肉。第四名射中者，得左侧上部肉。第五名射中者，得后肢。第六名射中者，得前肢。

一头母牦牛以射中三箭计算：头名射中者，得右侧下部并向左移动一拃之肉，弧形割下，右侧皮子、尾、心、胸脯、舌、一半牛血、直肠的顶端、牛筋等。第二名射中者，得左侧下部肉、皮子及一半牛血、内脏、膀胱、脊椎下梢部位肉、四肢之筋等。第三名射中者，得颈部之牛皮和四肢。

麋鹿和野驴以下，羚羊以上，以两箭计。头箭射中者，得皮子、心、胸脯、舌、一半血、筋等也归头箭射中者。第二箭射中者，得颈部皮子、脊椎下梢部位肉、内脏、膀胱、肝、一半血及四肢之筋等。

野兽被箭射中，如何判断为谁猎获之法：

打猎时，不能以手中握箭为依据，而以射中第几箭为准。有谓“未见、不知”等，则不能算数。

打猎时偷箭和从地上拾箭处置之法：

野兽被箭射中后，拔箭偷窃者，偷一箭罚两箭。从地上拾箭不算偷。如认识箭主交还原主。

围猎放跑野兽处置之法：

放跑野兽，对放跑者之惩罚为：放跑一头公牦牛，笞四十板。放跑一头母牦牛，笞二十板。放跑一头野驴，笞四十板（可能是十板或十四板之误）。放跑一头岩羊、盘羊、藏羚羊，笞八板。放跑一头黄羊，笞六板。对猎人之小百夫长和十人首领的惩罚是：立即笞以适当之板数。猎人如偷走全部猎肉，在城堡中禁闭一年。谁抓住偷盗人，谁告发，奖励一匹坐骑。趁村人打猎时偷肉，偷一罚三，有知情人告密尚狡辩者，罚交三十倍。

土工抢村户人家饭食处置之法：

土工[1]杀“桑夏”后，可将肉寄放在村户人家。土工……“巴夏肖肖”不呆在家里，来到村中，村民要给住处（?）。如饭食已吃就算了。若饭食未吃，可乞讨饭食。如抢饭食，挖去双眼，作为村民的“驮畜”。

奖赏报外仇之法：

外报未报。报外仇和抓住外敌者，赏坐骑一匹。

2. P. T. 1073 号　纵犬伤人赔偿律

……未死受伤和……

男子放狗咬人致伤，惩罚从严，罚骏马一匹，并根据伤情赔偿相应之医药费用。女子放狗咬人致伤，罚母马一匹，根据伤情赔偿医药费用给受害者。

尚论颇罗弥告身者以上本人或与其命价相同者中一人，被银告身者以下、铜告身者以上之人或与其命价相同者，放狗咬啮致

① 土工：指一种专门从事埋葬尸体、经办杂务的低贱职业者，待考。

死，或因放狗惊骇骑于牦牛等上面之人，坠地致死，对放狗者之惩罚为：无论何种方式伤人致死，将放狗者处死，其妻女赶走，全部货物、牲畜赔偿死者一方。奴户留给其另立门户之子。如无另立门户之子，则交给死者之父。无父，虽有兄弟近亲也不能给。[奴户] 愿为何人之民，何人之奴，各随己愿。

未另立门户之男子，放狗咬人致死，将其父子共有之财产、牲畜，分家后属于该人之部分，作为死者一方之份产。此份财产、牲畜，全部赔与死者一方。有夫之妇放狗咬人致死，将其当初从娘家带来的陪嫁物，全部赔与死者一方。未婚之女放狗咬人致死，将其全部佣奴、牲畜赔与死者一方。

放狗咬啮尚论，受伤未死；放狗惊骇骑于牦牛等上之人使致受惊堕地，受伤未死，将放狗者单身赶走，财物、牲畜之四分之一，赔与受伤者。放狗人若为妇女，将其逐出，其财物、牲畜之半数赔受伤人。

尚论颇罗弥告身以上者其本人，及与其命价相同者之人，被大藏以下、平民以上之人放狗咬死，或放狗惊骇骑牦牛等上之人，堕地身亡，对放狗者之惩罚：不论何种方式致死，为尚论办善后事，须惩治放狗者之罪孽，将其成年以上之男子杀绝，成年以上之女子逐出，财产、牲畜，全部赔与死者尚论一方。

未另立门户之男子放狗咬人致死，将父子未分家共有之财产、牲畜……

3. P. T. 1075 号　盗窃追赔律

……赔偿……

若盗窃价值四两 [黄金] 以下，三两“黄金”以上之珠宝，首犯诛，次犯短程流放，其余一般偷盗者罚令追赔。

若一人偷盗价值二两七雪①二南姆②黄金以下、二两以上之

① 雪相当于“钱”。

② 南姆相当于“分”。

珠宝者诛。二人合伙行窃，则判令追赔。若偷盗价值一两七雪二南姆［黄金］以下、一南姆以上之珠宝者，将其盗来之物全部判令追赔。（印章）

窃贼潜入赞蒙[①]、夫人、小姐及女主人与尚论以下，百姓以上诸人住房、土房、牛毛帐篷、库房、地窖之中行窃未遂，被擒后惩治之法：盗贼潜入赞蒙、夫人、小姐、女主人及尚论以下，百姓以上之住房、土屋、牛毛帐篷、库房、地窖及旅客住处诸地行窃未遂被抓，若钻入价值二两［黄金］以上之地被抓，将为首者发配远方，其余人按偷盗二两［黄金］财物之罪惩治。若钻入价值二两［黄金］以下之住地行窃未遂被擒，按偷盗半两（黄金）财物惩治。对抓住盗贼者，赏以被流放窃贼之牲畜及赔偿物，务须依法行赏。（印章）

对盗窃赞蒙、夫人、小姐、女主人之亲属（指 7 代之内），尚论以下、百姓以上之青稞者惩治之法：盗窃赞蒙、夫人、小姐、女主人之亲属及尚论以下，百姓以上之青稞被抓，将盗窃粮食之蕃斗[②]数、蕃升数，折成［黄金］两数、雪数，依盗窃财物之法等同论处。

盗窃军帐衙署以外其他帐舍，惩治之法：并非盗窃军营，仅盗窃商旅住地、帐篷或狗窝［内之物］，或山顶小库房，均不算作钻入住家。盗窃以上诸惩处以小两计，折成马匹，按盗窃马匹头数计之。若应处死则处死，若应驱逐则按规定远近驱逐之，若应赔偿则依法赔偿。（印章）

尚论以下、百姓以上之人盗窃佛像惩治之法：尚论以下、百姓以上之人，盗窃佛像一尊被擒，按佛像价值折成［黄金］两数、雪数计之。与钻入住家行窃惩治之法等同。（印章）

对盗窃赞蒙、夫人、小姐、女主人之财物及尚论以下、百姓以上财物者惩治之法：赞蒙、夫人、小姐、女主人之财物，及尚

---

① 赞蒙：即王后。王曰赞普，《通典》训为“雄强丈夫”，其配偶即为 btsan mo（赞蒙）。

② 蕃斗（khal）：藏制容量单位，可容粮食 28.5 市斤。

论以下、百姓以上之财物被盗，对行窃者惩治之法为戴上长一“小杈”、厚一拃之颈枷，刑官于其上盖印加封，责以大板，罚劳役修城堡一月……劳役未满死去，由其长兄（长子）戴上颈枷［代服劳役一月］……

二、说　明

在原始社会里，人们以氏族为单位集体群居，氏族内部过着平等而民主的简单生活。氏族成员之间血肉相连，休戚相关。对外，氏族与氏族之间来往不多，但是由于狩猎、采集或者娱乐、节庆等等原因，也常常会遇在一起，因而发生冲突，产生流血的、杀人的事件。当时，社会既处于低级的发展阶段，没有一个统一的政权来处理氏族之间的纠纷，也没有一部为各个氏族共同遵守的法律。对于“杀人”与“被杀”这一类纠纷，人们只是用一种不成文的（当时没有文字）礼俗标准来处理，经常是采用“血亲复仇”的办法，这是完全合乎当时的道德规范的。

什么是“血亲复仇”？就是当甲氏族的成员被乙氏族成员杀害时，甲氏族中的所有成员都有责任为本氏族的死者复仇。“复仇”就成为本氏族中每一个成员应尽的义务，也是一种责任和光荣。由于进行“血亲复仇”而去杀害另一氏族的人，杀人者不但无罪，不受任何惩处，而且会被社会视为英雄，受到奖赏，赢得尊敬。“杀人偿命”在当时是谈不上的，这种观念也没有产生。成员被人杀害，尽管对本氏族来说，是不幸和悲伤的事；但，他们常用这一事件去激励本氏族的人们再一次图谋复仇。一般情况是采用停尸不葬，或为死者举行血祭、火祭等仪式，以煽起复仇的火焰，要求氏族成员履行复仇的义务。就这样，在氏族社会里，复仇、再复仇，反复循环不已，流血不断，酿成多少代人的厮杀乃至战争。这在我国许多民族中通俗地叫做“打冤家”。也可以说它是原始氏族社会中最不安定的因素，造成许多流血和牺牲，严重地影响社会生产和人们的生活。

进入奴隶社会以后，一般说来，是在若干氏族联盟的基础上建立了统一的政权（带有地方性的），地缘关系逐渐代替了血缘关系。氏族内部和外部的关系起了很大变化，阶级和阶层不断出现，氏族不再是统一的了。氏族社会带来的许多习俗和不成文法，必须在新的环境和条件中加以调整才能适应。比如，奴隶主氏族联盟的政权，对各个氏族应该是共同的利益所在，只能是希望加强和巩固，对于不利于这个政权的因素，就要想办法消除或者减弱。"血亲复仇"对社会造成很大破坏，当然就会被提到奴隶主政权中去考虑加以调整。于是，奴隶主的法律就随之产生。杀人与被杀，本来是不可调和的矛盾。现在，在奴隶主政权力量所及的安排下，采用了缓和的办法——赔偿命价律，自然而然地产生了。既然是把氏族社会的不成文的礼俗用奴隶主社会的道德观念去加以改造，那当然会带上奴隶主阶级的烙印：等级差别。就是说，血亲复仇制被赔偿命价律所替代。在赔偿命价律中，充分反映出鲜明的等级差别。这正如列宁所说的"在奴隶社会和封建社会中，阶级的差别也是用居民的等级划分而固定下来的！同时，还为每个阶级确定了在国家中的特殊法律地位"[①]。

我们再来看吐蕃社会产生这一组法律文献的背景。悉补野氏族经过长期的经营，在松赞干布（？—650 年）的祖父、父亲和他本人三代努力之下，与一系列的氏族进行了军事联盟，摧毁、吞并了许多氏族，形成了一个强大的地方性政权。这在 P. T. 1286—1288 号卷子中有极为确凿的证明[②]。而各个氏族之间，乃至氏族内部的血亲之间的仇杀仍然会出现。如《敦煌本吐蕃历史文书》大事纪年第 4 条就记录着："及至牛年（高宗永徽四年，公元 653 年），……于多思麻，甘墀桑介达为仇敌所杀，报血仇也，是为一年。"看来，当时对于"血亲复仇"性质

---

① 《列宁全集》第 6 卷，第 93 页注。

② 参见《敦煌本吐蕃历史文书》赞普传记第 1—4 节。

的仇杀，哪怕杀了大人物，也是采取了不闻不问的态度，不了了之。然而，奴隶主的氏族联盟的政权，显然不希望这种事件经常发生，于是赔偿命价的办法就提到日程上来，stong（命价）这一个新的术语应运而生。所以，我们看到的敦煌本 P. T. 1071 号长卷，就反映了奴隶主统治者的需要。而且，其中反映的等级观念，也还是吐蕃社会中早已形成的森严的等级，与历史记载（藏文、汉文记载都有）完全一致。

像吐蕃奴隶制社会中产生的赔偿命价的法律，在欧洲奴隶社会中也可以找到同样的例子，如公元 5—6 世纪的法兰克人，公元 11 世纪的基辅罗斯等。[①] 在我国其他民族的发展历史中，也有相近的例证。如满族入关前，由努尔哈赤祭天、宣誓，向明朝进兵，提出了“十大恨”，其中就有血仇。蒙古族的领袖铁木真（成吉思汗）的祖父俺巴孩被塔塔尔执送女真遭害，其父也速该又被塔塔尔人毒死。俺巴孩留下遗言：“要子孙们，即使十个指甲磨尽了，十个指头坏完了，也要给我报仇。”[②] 铁木真先后发起对塔塔尔部落和对金人的战争，也信誓旦旦申言是为了报父、祖之仇。1211 年，成吉思汗在对金战争开始之前，祈求长生天护佑他，祷告说：“脱汝许我复仇，请以臂助，并命下之人类，及善恶诸神联合辅我。”[③] 但是，当蒙古人一旦掌握了政权，取得了天下，就不再提倡血亲复仇了。《元史·刑法志》就说：“诸杀人者死，仍于家属征烧埋银五十两给苦主。”把杀人罪行提到扰乱国家统治秩序的高度来考虑，所以要由国家机关来绳之以法。前后态度是如此的不同。可以看出，当权的统治者为了稳定统治，总是采取缓和的措施来化解“血亲仇杀”的纠纷。吐蕃奴隶主所以要拟定这一赔偿命价法律条文，也完全是为了适应奴隶主氏族联盟政权稳定的需要。

---

① 可以参考瑟诺博斯的《法国史》（商务版中译本，1964 年），以及《萨利克法典》等。

② 《蒙古秘史》第 53 节。

③ 《多桑蒙古史》，中华书局，1962 年，第 53 节。

《唐律》流行于敦煌，已为敦煌文书的《唐律》残卷所证实。《唐律》对当时吐蕃社会不能不发生影响。杨廷福同志在《唐律对于亚洲古代各国封建法典的影响》一文的最后一段中，阐明了《唐律》对西域各民族的影响。不言而喻，其中包括了吐蕃，因为唐蕃之间亲好不绝。当时吐蕃社会的经济虽然已由狩猎和畜牧进入农牧业并重时期，但是畜牧和狩猎的生产方式仍然占相当比重，人们生活中仍然离不开狩猎。因而当奴隶制的军事部落联盟政权建立以后，自然地要求在法律上体现统治阶级的意愿，吐蕃奴隶主于是建立了律令来维护阶级的尊严。这就是我们见到的这一类法制文献的来源。

关于吐蕃社会的情况，唐人一向比较注意。在两《唐书·吐蕃传》和《册府元龟》中有许多很有价值的记载，对研究吐蕃历史很有用处，至今为人们称道。但是，毋庸讳言，唐人的记载中也有错误失实的地方。一方面可能是由于语言文字的隔阂，另一方面可能是出于误传。吐蕃在松赞干布在位的公元7世纪中叶，就有通用的比较完整形态的文字，而且写下了法制文献。《敦煌本吐蕃历史文书》大事纪年第6条："及至兔年（高宗永徽六年，655年），赞普居于美尔盖。大论东赞于'高尔地'，写定法律条文。是为一年。"同书普赞传记第8节也说："墀松德赞赞普之时，……为善者，弁以赏赐；作恶者，科以刑罚。"都说明吐蕃当时已有了法律，而且已书写成文。很可能，上述诸律令，就是其中的一部分。这在《贤者喜宴》里有比较详尽的记载。不过，该书是16世纪成书，时间较晚，未能引起人们的注意。法国藏学家石泰安教授和匈牙利藏学家乌瑞教授先后撰文介绍《贤者喜宴》中的关于吐蕃法律的资料，认为巴俄祖拉陈瓦在编著此书时接触到若干早期的原始资料，值得重视。我们也感到《贤者喜宴》一书与一般"教法史"之类的著作不同，就法律有关的条文来看，绝非凭空臆造，必有所本。如在《贤者喜宴》ja 卷中引用所谓"吐蕃六法"：

（1）khri rtse vbum bzhes 之法，可意译为《王廷、衙署职

官安置之法》（包括徽记、褒贬、旌表、职官等）。

（2）vbum gser thang sha ba can之法，据作者自注，此乃厘订度量衡包括升、两、合、勺、钱、分、厘、毫等位差。

（3）rgyal khams dpe blang之法，包括15种奖善惩恶之区别。

（4）mdo lon zhu bcad之法，即《据两造申诉判决之法》，指民间诉讼中须听取原告、被告双方陈述情由而加以判断。

（5）dbang chen bcad之法，即《总法》，分级审理，由最高一级进行终审判决之法。

（6）khab so nong pavi之法，即《内府管理之法》。

这六大法实际包括了律、令、格、式在内，是结合吐蕃的具体情况而产生的律文。可能后人有所补充，调整。但无论如何，其主体部分还可以看出吐蕃时代的特点。它与我们现在研究的这些卷子相比，则要丰富得多，严整得多。

关于这一类卷子的价值，我们感到拉法格如下一段话颇有启发。他在《财产及其起源》第42—43页中说："假使弄清楚了某一民族由野蛮状态到文明状态的历史，它就可用来作为地球上一切民族的历史的原型。"法律的产生，正标志着吐蕃社会由个人独裁走向阶级独裁的过渡，君主的话本身等于法律的现象逐步被成文的阶级意志所取代。这是一种进步，在当时是文明的表现。因而，我们认为这三个卷子对于吐蕃社会的进步历程，有着认识上的作用和价值。

附记：本文所译各文书的藏文录文及注释，参见《敦煌本藏文文献》（民族出版社，1983年）第12—64页。

（原载《中国史研究》1987年第4期，与陈践合撰。此次结集，有局部修订。）

《都督为女奴事诉状》译释

——P. T. 1077 号吐蕃文书写卷研究

一、解 题

P. T. 1077 号系 138 行之长卷，本无标题，我们把它取名为《都督为女奴事诉状》。究其内容是一起官司诉讼的记录。从记录上看，两造都是吐蕃人（或有可能一方系吐蕃治下的少数民族），为争一女奴而起纠纷，闹到对簿公堂，寻求官判。一位名叫“都督”（或有都督头衔）的人，与另一位名叫“朗·绮布”（rlang khri bu）的人，争一名退浑女奴。“都督”说，朗·绮布将退浑女奴抵债给了他，而后，又用一名丝绵部落女子换走。那丝绵部落女子，又被原部落人带走。这位“都督”两头落空，就上诉寻求官判。朗·绮布也提出自己的申诉，他说：欠债是实，用退浑女子抵债是假，退浑女奴是他的妻房，被“都督”逼债强行夺走；并提出若干证据，说所立抵债文契是强行立契，非出自愿。“都督”又据理力驳，如此往复，两造的申诉、辩白均一一记录在案，文中还看不出来这场官司的输赢。而我们却由此看到，敦煌社会已趋安定，人民之间的纠纷靠法律解决，不再凭借武力巧取豪夺。同时，也从中看出当时瓜沙一带的社会风气：

（1）退浑、唐人（部落子女）确有不少在战争中沦为奴隶，作为主人财产的一部分，任主人变卖、抵债，境况十分悲惨。

（2）已经结婚的女子（可能有一定的手续，取得公共认可），成为妻室，即可脱离奴隶地位，也就不能再任意变卖或抵债了，情况稍有改善。

（3）吐蕃人与其属下的唐人、退浑人之间，可以自由婚配。同时，与原部落还存在一定的领属关系。这正是吐蕃人在敦煌一带努力寻求社会安定的具体表现，民族之间的交融已成不可阻挡的历史潮流。诉状中的这位“都督”与朗·绮布，前者还有“告身”之荣，不是一般的普通百姓，具有某种特权身份。按：“都督”（to tog）一词来自汉语，到了藏语中词意有所转变。似乎此人曾有过这一职衔。后来就以都督职衔称呼他，尽管已无现职。好像后来世俗的习惯一样，某人曾当过一任尚书，于是就以“尚书公”称之，其府邸称为“尚书第”，其家属均沾其光，称为尚书公家某某。这一位都督，也许属于这一类。从文契中看出,朗·绮布也另有一唐妇，算他的正式妻室。吐蕃人娶唐人女子为妻已成为社会认可的事实。

文中提到吐蕃人“盟誓立契”的习惯，并与沙州唐人的习惯作了对比，这是熟悉当时情况所记录下来的材料。文中一再强调“吐蕃律令”、“吐蕃法令”，看出吐蕃在新占的瓜沙一带颁行了律条。

这一文件所标的兔年，应在790年分部落以后，因其中出现丝绵部落的称呼。我们把它定在799年（己卯）或811年（辛卯）之间。其中提到在瓜沙掌政的“论措热”（blon mtsho bzher）的名字，大致可以推断在这一时期的上下限。

二、译　文

都督对于诉讼案下情回禀：

兔年冬，吾从朗·绮布处领受一名无家可归之退浑女人［以抵债］，被悉诺巴高与可贺包谷等将她抓走后，复以丝绵户刘森英之女作为替身，给吾；丝绵部落之诸长官谓：［此女］乃丝绵部落之属民，又将她带走。［绮布］为赔偿身价，另给吾一名奴仆，在所立文契上，写有："绮布将名义上为女奴，实质上为妻室之退浑女人可贺萨管布作抵押交吾。"但吾三次去领人，均未交给。我乃依照契约前去催还，绮布谓："若要以他物抵债，我既无青稞、糌粑，又无财物，你可把我的妻室带走！"我只接受他以女奴还债（到期不还，增长一倍），并将此女奴作自己仆役使用。绮布谓，其妻被我抢走。此人，可贺萨管布女人，并非绮布婚配之妻，而是其役使之奴，因欠吾青稞抵债，依据文契给吾。即使此女为彼之"妻室"，因欠我青稞，而偿还抵债，吾并未去抢夺。中证人、保人都有，可请彼等说清。

绮布称他先后盖印立下之文契，系吾逼其书写。究竟是否"强立文契"，可请当初立契三方之证人述说。

不论此女系其妻室抑或是其女奴，彼已将此女抵债于吾，并有文契，已成吾之奴仆，恳请［长官］照文契所书归还于吾。

依法断处，不能依照"强迫立契"抑或"自愿立契"而断。如此实情……禀告长官，立有文契，反诬陷吾"强迫立契"，甚至向王臣驾前诬告吾未曾立契，此乃彼狡诈之吠言，应澄清事实。吾未抢夺［人妻］而诬我掠抢，且诬吾"强迫立契"，请公正依法判决。

绮布诉词称："他向哪位长官禀述了？身为官人而行掠夺。"赞普之属民，无论何人，偿还债务及自愿交易诸事，需禀告长官并向官人献物行贿否？请直言不讳。

绮布诉称：他曾将不少求情礼（古代以借贷款之十分之一作为求情借贷礼，实际上是预扣利息），绵脂绢一匹、一壶酒送吾，才借去十［蕃斗］青稞。又称他先后送来几次求情礼……实为吾常去催债，彼交纳不出，逾期不还，累计成倍之求情礼。所称：不肯收纳还债而作为求情礼云云，纯属谎言，［彼］应说实话。

都督悉诺结多次上诉禀告：

绮布之诉词称吾与巴高串通后，把一名退浑女人从其手中抢走，纯属谎言。

当初，绮布将一名退浑女人给吾［抵债］，可贺、巴高抓走后另给了一名替身，名为刘萨当子，此人不属绮布所有，后为丝绵部落人带走。我去催债时，未还实物青稞。他三次前来，要求将其"妻室"作为［借债］抵押品，未交青稞。后，以其"妻室"抵债，此人（管布）归我所有之文契在此。借口以论措热一人未按指印即称为"强迫立契，并非自愿"，如此相胁对否？请听我申诉：我未强迫立契，未做与诏令不符之事。若照彼之所请而做决断，向论玛扎等与地方长官谓吾强迫立契，请召我前去对质，可否？我有其将退浑女奴抵押与我之族名与文契。而巴高将人抓走后，绮布谓：此女奴之替身有刘萨当子；退浑女奴作抵押之文契和族名，由于未珍重收藏，破碎遗失。

我之诉词中有：这管布虽为其"妻室"，用她抵债之话语彼亦说过；有时，又谓"是女奴，给你抵债"之类的话彼亦说过。至于他曾谓"在三次连续催债中，情愿将妻室献上"之语，纯属谎言。［他］前后所诉不一，请将"自愿"、"强迫立契"、"抢夺"诸语具体分清。

至于彼谓："管布系妻室不能用来抵债乎？"此有文契和债据为证。对其诉词要具体分清。若说她管布不是女奴，则当初，并非绮布婚配之妻。其真正之妻系唐妇。此管布（女奴）过去依照"供养粮食之法律"，曾作抵押，在杨奴奴手下长期住坐，后因欠债又将她抵与吾，是女奴也要区分。若非自愿交来抵债，

“此管布归吾所有”一语即不会写在契上。

名为索托者乃是绮布之妻室，彼成婚一次。他谓“由于逼债，不得不献妻室”之语，此事，可向上下管事之人查询。绮布由于贫困，家无物，加之其原配之妻为唐妇，因此，自愿将女奴管布交来，此事请切实分清。

绮布曾上诉：“法律中并未规定成亲方得为妻，女奴不能为妾。”若说，此管布当初即为强行买来，成为绮布之妻，则女奴之主，前后换了几人，不可能均为其主人之妻。另，其原配索托并非如此而来；绮布难以赡养两房妻室。

在书写三份相同之文契时［绮布未发誓］。本来，吐蕃人有盟誓之习，沙州唐人无盟誓之习，恕我直言无讳：沙州唐人当初就与其他地方不同，效忠于赞普，现已归于吐蕃，属于同一律令之内，亦有结盟发誓之习。上方若关照，能否说朗·绮布一方没有发誓。

彼谓“强迫立契”，吾说“双方自愿”。可将持异议之绮布，立即召至王臣驾前，文契所书属实，而其谓“边镇独户人家，不会写契”，纯为谎言。绮布除担任唐人“百户”外，尚能担任如寺院供养粮之岸本大管家，却佯称不能写三指宽之一纸文契！

谨申诉：未曾强迫立契，能否公正以法处断？若谓“盖印之文契比法律有效”，为何绮布与我俩盖印之文契无效？此事究竟为何？

若云“无权卖妻室，可以等价交换奴仆”。上禀王臣，证人曾谓“双方无人吃亏、占便宜才相交换”。依据律令，不是换奴，而是立盖印文契。双方自愿交易后，［对方］因还不起债，将女奴抵了债务，我因可怜他贫困，未曾起诉。吾忖度：［按时不还］，债务加倍，若再上诉，彼将难以活命。今，彼却将“过期不还，以管布抵债于我”之文契销毁，诚属“病好忘奴，比狗不如”。

彼对论措热上诉谓：“请中人不符民俗、律令。”吾等如此成交，若非自愿，岂能达成当初交易？龙年盖印立契，马年违背律令。龙年至马年，将近三年时，绮布谓“非属实情”！难道是彼年轻，思想不成熟之故？若谓：“由于文契［如今］没有一式三份，违背律令。”盖印文契与其他［文契］不同，窃马律令中也有此言。此说乃由于边鄙蛮夷之辈，从未上诉，不懂律令口出胡言所致。

彼经常上诉谓：为借债，［他］绮布带一匹绵脂绢和大量求情礼，一壶酒，来借十蕃斗青稞。而吾不收礼，强将管布抢走。此事至今仍在争执之中。

［实情为］吾去催债时，绮布手中，只有这一财产——女奴。绮布本人清楚与否，不详（疑阙文）。他对证人谓，某次彼将一匹绵脂绢诸物送至我家，不给女奴管布。实为我去索取而不是送来，此事亦要分清。有时又说，送来绵脂绢诸物，我不肯收，要立文契。有无强立文契，请上峰官人判断。

其谓：由于还不起债务，按照“到期不还，增长一倍”（即借一还二）计算，抢走其妻。此说纯属谎言。因他还不起逾期债务青稞三十六蕃斗和小米三蕃斗，共计三十九蕃斗粮食，不得不将女奴管布交来抵充逾期债粮。

他向论措热禀告谓：“强迫立契。”上交法官之状纸上亦有。他向论措热上告，在递交之状纸上也有。他若有理，早已交状纸，［将管布］召回。时至今日（三年）不讲一句，现又翻出陈年老账，妥否？

都督三次诉文为：

悉诺巴高抓走之女奴，我曾一度役使属实。朗·绮布之诉词谓：［文契上］无女奴之族名。只有绮布诉词，要求文契上有女奴族名；又托词谓他无文契。此女奴属悉诺巴高之人。绮布谓已行为正派，由于未珍藏文契、族名，文契破碎［丢失］，故此常去上诉。既然族名如此紧要，吾手头之文契有女奴族名。

绮布曾禀：“论措热未签署大名。”并非吾羞愧而未请其署名，盖因立契之时，首先至论措热驾前，适值论措热为吐蕃大事，忙碌异常。吾乃着力寻求中证人，在三份文契上署名者正是其人。吾未能请论措热在三份文契上署名，故文契上无论措热之指印。绮布诉词中谓“无论措热之印”属实，但文契上别人盖印同样有效。

绮布谓：立文契时，论玛扎也在场。此话纯属谎言。玛扎曾来，此亦属实，但论玛扎之代理人为论玛热。召我前往措热与玛热之驾前对质可否？

绮布谓：“无远近亲戚，［往昔］不敢上诉。”官司无论大小，首重是否有理。“有远近亲戚，官司即可胜诉”，律令中无此规定。

绮布之妻室为唐妇，过去散去。女奴管布归我时，其家境贫寒；后，生活好转，重寻她返回家。

手持与正本相符文契，而又遗失，实属不该，有如犬崽。若谓，是凡与绮布交合之女人均为其妻，若将她们一一召回，则其人有婆娘无数矣。

绮布扬言，曾娶管布为妻，试问：何人为证？如何迎娶？可详细说来。

上峰官人对吾都督，一贯信任，下令赐我褒奖之恩德告身。另，我都督家族从无未完成差事之过错。

其讼词谓：“契上证人，系我强词威胁召来，又未曾慎重盟誓。”试问，何为强词？盟誓重要否？请详细说清。

绮布谓：为抵消刘萨当子仲悉董强迫交易之代价，曾给吾一匹绵脂绢。此话纯属谎言。此当子为沙州之唐民，身为吐蕃人之绮布，不卖不行，给我一匹绵脂绢求情，吾硬不受，有谁见来？请详细说清。

其诉词谓：“我未借到债，未找证明人。”此话亦须弄清。

绮布讼词谓：武士“小百官”、民户副算使、夕布昔之文书及千户未盖印，仅汝个人指印，文契无效，其指印亦无效。

女奴管布归我所有之文契，若当作“强迫立契”来争辩，判我无理，我将另设法上诉。同时，“法律中规定，武士‘小百官’与宫廷粮库长官所管之红、白律册（重、轻刑法）均等”，此说敝人未闻。

又谓：吾之文契，节儿上下未盖印章，无效。若谓凡律中无者即为无效，请将文契与法律对照。

绮布之诉状老奸巨猾，加之吾亦不懂吐蕃律令，若连细节均要答辩，恐一年亦难完结。

总之，吾所出借之债有青稞如许蕃斗，为绮布所欠，女奴管布归我所有之理阐述之前，彼将契约销毁，托词管布为吾所有之文契是“强迫立契”。绮布诡诈，花钱雇来远近亲戚诸人争辩，众口一致。本人一介蛮貊鄙夫，不通吐蕃律令，肯定会有出语无状及理法欠妥之词，请依盖印之律令慎重审判处理。

起诉书上有好几枚印章，可证吾未曾“强迫立契”。毫无疑问，应依照律令一视同仁。吾有足够理由，恳请在中部与边鄙诸地均依照律令处断、行事。

附记：

本文所译 P. T. 1077 号文书的藏文录文及注释，参见《敦煌吐蕃文书论文集》（四川民族出版社，1988 年）第 73—94 页。

（原载《敦煌吐蕃文书论文集》，四川民族出版社，1988 年，与陈践合撰。此次结集，有局部修订。）

P. T. 1297(2)、1096r、1084 号
诉状译文

一、P. T. 1297 （2） 为牧放羊群入田之诉状及判词

诉文：猪年夏季六月初五日，张嘘律奴斯兄弟将羊群放入张锡才之菜地，并于通衢大道对妇女凌辱施暴，先后在小人家门前大施淫威、残虐无辜，恳求上峰官人予以严究。

……“若所诉属实，登子父子兄弟所作所为非常错误。夺人土地，又将牲畜随意放入庄稼地中，有如挖心要命之罪孽。依法着被告原告（肇事者与揭发者）立即一同前来。”

交与断事长官，……，如此传与地面官人，召张登子来到断事长官论玉热丹公驾前。被告称：“吾之牲畜，并未随意放入彼家菜地。彼此间，有过口角，［未］曾殴打过。”

判决：“关于有无随意放牲畜入地之事，各自有多少证人立即召来对质。”

少许，按照部落使万户（乞利本）长官传令……。隔日登子找来四名证人，证人姓名为邱锡才……。官人问：“有何严重伤痕?”登子手指脸、颈豌豆大小之伤痕，上衣被撕裂处有铜钱

大小。

地方长官苟求子［召他］来时，赌咒发誓诉说被痛打经过。［事后］，吾找地方长官来到张登子之庄稼地［讲］理。当登子与头人并坐于小土台上，登子斥张锡才“滚开!”张锡才之侄沙弥向兴，上前抓住登子衣领拽拖，登子兄沙弥白尔格见状赶来，将向兴打倒。此时，张锡才与登子二人也扭打一团。地方长官谓：“勿如此对打!”解劝不听。并道：“［彼之］兄长能来帮打，吾之子侄为何不能为伯叔帮打?”继续对打。

登子让官人验看头发被抓，头皮伤破。向兴让官人验看耳朵、左右颈部，约六处伤痕。登子右肘上，被白尔格踢打误伤。沙弥向兴之左右手，被白尔格踢伤。……

原告沙弥向兴盖印。

二、P. T. 1096r 亡失马匹纠纷之诉状

龙年秋季九月初，使者象木孔绮骑安赞息村之马一匹，去巴尔高驿站。事后，马匹应交还马主。但笼区长官、驿丞等将马抢走，放在驿站，托词丢失，不还马匹。

带来笼区牧马人李阿索梁审问后，称：“于笼区驿站，确实放有此马，交李坚奴后，称此马于白天丢失。”

复召阿索梁和坚奴询问，谓：“马虽放置驿站，但绝对是丢失。”

“汝等起一洁白之誓（真实之誓言），谓‘我等绝未盗马’。敢起誓就照价赔偿，不敢起誓，依法制裁。阿索梁等人务于冬季十月八日来还誓（来起誓）。”但直至十四日阿索梁与被告人坚奴仍未去。

又召驿丞于岗玉拉结问讯谓：“使者象木孔绮骑沙州人马一匹，来到巴尔高驿站，骑者与牧马人阿索梁俩将牝马放置后，当时驿使不多，仅此一人。但沙州人之马未曾找见。我问过使者和

牧马人：‘马在何处?’并令牧马人将马匹牵至平川放牧。次日，名为周亨爷者重返驿站问：‘我马放牧何处?’阿索梁谓：‘和沙州人马匹一起放牧于笼官打谷场附近。’事后听说，周亨爷骑一匹牵一匹逃逸。索梁亲闻，我未瞧见。”

马主亨子讼诉中谓：“轮到我马送使者之第三日，笼区无其他马匹，驿丞不该未见我马，疑为被盗，马在何处?”如此禀述。

与此同时，命去笼区上方寻找，去马初来之团邱寻找，又去沮昌以上、路龙以下寻找。后，判决：亨子等之马丢失，疑为驿丞等所盗。

驿丞谓：此马至驿站后，我命牧马人阿索梁放马食草。某日，两匹马至笼官打谷场附近，听说周［亨爷］骑一匹牵一匹逃逸，阿索梁听见。”

让阿索梁找保人来，未按时归至。坚奴也未去。

“不准借口马匹丢失拖延，驿丞也找保人来。召阿索梁与坚奴，于冬季十月十五日对质决断。”驿丞玉拉结之保人为：安花花、丁赍乃、张达热，于岗日乌结、聂瓦贪通、谢欣欣等，担保书上有诸人指印，审判官尚论盖印。

三、P. T. 1084　博牛纠纷诉状

鸡年春，张夏夏从曹尔阿部落之南克拉穷处，购棕红色黄牛一头，左右耳上有一弯曲斑纹，牛角上刻有“×”号。后夏夏去取牛时，克拉穷逃逸，……因羞愧而……。后，牛在李登奴之畜群中。

夏夏从尚论理刑官论腊藏、论悉诺藏子腾等处获得传令：鸡年秋七月十六日晨，召登奴之放牧人何道道，来至地方长官达洛芒噶萨与证人邦博聂公、丁勤敬、张拉金、张凡来、井日子、张勤周等人驾前。问：“此牛为谁所有?”答称：“今春三月初，我

主人李登奴从曹尔阿人名为南克拉穷处牵来……一头棕红色黄牛和一……，登奴将一匹独眼马（一眼瞎）与克拉穷交换，契约仍在我主人手中，即我手持此份。”

夏夏诉词：“此黄牛系我从南克拉穷处买来，契约与证明均有，此牛确属于我，曹尔阿人无权出售而售，应从曹尔阿部落人手中取回还我，请召证人并请大理法司审理。”

召集地方长官及大理法司审理夏夏从克拉穷处购牛后发生之事变，令曹尔阿人前来。因察情况不妙，打发放牧人何道道前往。主人登奴属曹尔阿部落，不敢前往。

令次日傍晚前来对质，何道道之证人姓名为：张拉金、何久久、何奴西等人。对质时间为本年秋季七月十七日，于法院由审判官审理。

[审理后判决]：此牛有标记，应归原告。

何道道按手印，地方长官、法院审判官们、保人盖印章，保人未签字，姓名均写于文契上。……头人写后盖印，夏夏也盖印。

附记：

本文所译各文书的藏文录文及注释，参见《敦煌吐蕃文书论文集》（四川民族出版社，1988 年）第 359—372 页。

（原载《敦煌吐蕃文书论文集》，四川民族出版社，1988 年，合作者陈践。）

P. T. 1283（2）号《北方若干国君之王统叙记》译解

一、绪 说

敦煌遗书中的藏文写卷，为数相当可观。1961 年，法国拉露女士（M. Lalou，1890—1967），出齐了她编的 3 卷本《巴黎国家图书馆藏伯希和搜集的敦煌藏文写本目录》（前两卷分别出版于 1939 年和 1950 年）；次年，比利时人威利·布散（Vallée Poussin，1869—1938）编的《印度事务部图书馆藏敦煌藏文写本目录》正式刊行。据此我们得知，被斯坦因、伯希和先后劫往英国和法国的敦煌古藏文写卷共约 5000 卷。

这里要介绍的，是巴黎法国国家图书馆收藏的一份藏文写卷，编号 P. T. 1283（2），它是伯希和在 1908 年从敦煌劫往巴黎的。藏文原题是《北方若干国君之王统叙记》。原文现存 109 行。从字体、正字法、语法结构和行文风格等方面看，它跟其他敦煌古藏文文书（如编号 P. T. 1287 的历史文书）是同一时期的作品，约在公元 8—9 世纪之间。关于这份文书，有以下一些研究文章：

1. 巴考（J. Bacot，1878—1965）：《8 世纪回鹘五人使团北部亚洲腹地侦查报告》（载法国《亚细亚学报》，1956 年）。他认为，这是一个处于历史故事和传奇故事之间的写本，并且推断是从突厥文本翻译成藏文的真实游记。

2. 克洛松（G. Clauson）：《关于伯希和收藏品第 1283 号藏文写本》（载法国《亚细亚学报》，1957 年）。他不同意巴考的见解，他认为这份文书是先有了汉文译本，然后再从汉文转译成藏文的，并非直接从突厥文译成藏文。同时，他认为藏文内容的真实性是无可怀疑的。

3. 聪果尔（B. Csongor）：《敦煌藏文写本中一些汉文原文》（载《匈牙利东方学报》，1960 年）。他的工作是把这份卷子中涉及的突厥民族的汉文史料查引出来，进行对勘、比较，使这方面的讨论深入了一步。

4. 韩伯诗（L. Hambis）：《Kasdim 和 Ges dum》（载法国《亚细亚学报》，1958 年）。他认为，这份藏文卷子里第 63 行所提到的拔悉蜜境内的 ges dum 部族，就是《通典》卷 200“鬼国”条所记唐永徽中遣使朝贡的“可史檐”，也就是伯希和所推断的 Kasdim（或据《圣武亲征录》，叫做“客失的迷”）。

5. 李盖提（L. Liget）：《论关于北方国王的报告》（载《拉露女士纪念文集》，巴黎，1971 年）。他认为这份卷子并非作者根据亲眼所见而写成的报告，而是流传的有关北方居民的资料汇集。他又认为，无论如何这是一篇非常重要的历史资料，因为它说明了当时吐蕃人同邻近地区的关系和他们的观点。

6. 森安孝夫：《藏文文献中出现的北方民族：突厥与霍尔》（载《亚非语言文化研究》第 14 期，1977 年）。他在山口瑞凤、祖南洋（索南坚错）和桑木旦·噶尔美等人的帮助下，逐字逐句研读了藏文原文，并利用汉文史料加以查证。他的研究很受人们的重视。

我们在研读了藏文原文之后，综合上述诸家成果，深感这是一份珍贵的历史文献，从中可以看出 8—9 世纪之间吐蕃人的文化和史学水平，可补汉文史料之不足，借以弄清当时北方民族的面貌。因此，不揣浅陋，试译于此，供研究北方民族史的同志参考。

二、译　文

往昔，回鹘王颁诏：北方究竟有多少国君？命五名回鹘人前往侦察，此即其回报文书，系取自玉府也。

某地，汉语称为室韦（ji vur），突厥语称之为莫贺婆力（ba ker pa lig）。以此为主体，在其上，有突厥默啜（vbug chor）十二部落：王者阿史那部（rgyal po zha ma mo ngan），颉利部（贺鲁，ha li），阿史德部（a sha sde），舍利突利部（shar du livi），奴剌部（驳马，lo lad），卑失部（par sil），移吉部（rngi kevi），苏农部（so ni），足罗多部（jol to），阿跌部（yan ti），悒恒部（哃哒、颉跌，he bdal），葛逻歌布逻部（gar rga pur）。

诸小部落中无国君，胜兵六千人。其东境，有一部落。蕃人称之为“黑”（he），汉人称之为“黑子”（he tse），突厥人称之为“奚”（dad pyi）。部落酋长名为种瓮牙（cong bong ya）。“奚”部之人，将其祖先颅骨镶以金银，用作酒器云。

在“奚”人之东，突厥人称之为貊句丽（mug lig），汉人称之为高丽（kevu li）。上东（shang tong）地方权臣名为羌冲齐（chang chung chi）者之辖区。高丽境内之人，上颏垂于胸口，食人肉。将父母年迈者及其他老迈之人，裸裎杀死。

其东，名为蛮子百济（mon ba beg tse）部落，其人平素不着衣衫。

其南，有人如鱼，恒居于水中。

再南，为蛮人（mon ba），肌肤黧黑，眼白，头发有如水马鬃毛，丛丛杂乱。而善游如鱼。

“奚”人之北境为“鞑子”（da sre）部落，帐篷支架悉用鱼骨。覆盖于篷上遮罩物，高贵者用鱼皮，贫者用白桦树皮。

自“默啜”而西，蕃人称之为突厥九姓，九部落联盟之首长，名之为“回鹘都督”（vu yi kar do dog），汉人册封为“可汗”。其族姓为“药罗葛”（yag le ker），门上均竖有九面幡标。

“乌护”（ho yo vor）部落，胜兵六千人。其北境为契丹（ge tan）部落。契丹王者称“可汗”，其食物衣着与吐谷浑（va zha）同。其家畜大率有黄牛、绵羊、马。其语言与吐谷浑大体相通。与乌护人时战时和。

其东，为“奚”人部落。

在最北境，为“哈喇毗伽尔”（ga ra byi ge）部落，山岩峻峭，地势险要，其家畜唯猪豕而已。

于“多滥葛（?）”（do le man）部落处，产上等稷子、油菜籽等。有五部落，均以桦树皮覆盖帐篷。

其北，于无涯大海之滨，其聚落人户，身材魁伟与吐谷浑人同。并饲养各种家畜。着毛皮。入冬，大地冻裂，居民无法往来。然地势广阔而饶沃丰美也。

其北之下方，有“契骨”（khe rged）部落。以白桦树皮为帐篷，臣服于回鹘，并缴纳灰鼠之皮，以为岁贡。

由此向北，有“燕然”（ye dre）七部落，并无国君任事。常与回鹘征战，以桦树皮作帐篷，并以白桦树捋出之乳酪液脂酿造酒浆。其地势至为险要而坚固。

其西，有“鞠”（gud）部落，居于山巅，以草棚为家，驱麋鹿供其役使。其衣着冬夏如一，着兽皮，皮上涂以黑炭。所食则为兽肉、人参果（gro ma）、蘑菇、野鼠所攒积之谷粒以及松鼠、啄木鸟在大枯树内所积聚之物。并向回鹘纳兽皮以为岁贡。

其北之上方，有名为斛薛（ku chu vur）部落者。地势峻险而坚固。不听回鹘令遣，且常与之征战。

其山后，有“阿跌”（hir tis）两小部落，与回鹘时战时和。

北方，有“阿跌”另一部落，眼如水晶，头发火红。饲养各种家畜，马匹高大。其北，为大砂碛大山所隔，阿史那可汗曾引兵进击，路阻未果。

山之对面，北地之人，身材高大，长三庹（庹：成人两臂平伸之长）。箭粗如臂，其国君与别部同。争斗、诉讼、杀戮等事鲜有发生。人死，不行葬礼，不修丘墓，幼儿明白事理之前，即令叩拜神灵，有牛、羊等各种家畜。俟斤派使者前来，谓：“如此幼儿，恐为犬所噬。”遂系彼于耳畔而问之曰：“吾部落之牧牛羊人名为‘哈喇杭力’（ga ra gang lig）者，曾见之否？今已遣往何处？”（？）此巨人部落以上，未闻有人居住也。

其北，有“拔悉蜜”（ba sme）五部落，与“回鹘”、“葛逻禄”（gar log）三方联盟，击溃默啜可汗。“拔悉蜜”部落长乃即可汗大位，后，“回鹘”又与“葛逻禄”合谋杀“拔悉蜜”可汗。“拔悉蜜”部落从此分裂，一部分出，充他部之织户。拔悉蜜之境有“客失的音”部落及“拔悉蜜·拔曳固”（ba yar bgo）部落，由“叶尔尼俟斤”（yer myis hir kin）为君长。

“合督葛”（hi tog gas）部落，酋长“颉吉尔高尔俟斤”（hi kil rkor hir kin）。该部地势险要，“葛逻禄”人未能将其征服。

其北，有“仆骨（？）”（go kog）部落，与世无争无战。其西隅，有十部落，有地势险要者，有地势平坦者，亦有地力肥沃、牧场广袤者。其北有火焰砂碛大山。山之对面，即为“天王”（gnam gyi rgyal po）两大部落。当默啜可汗与阿史那可汗国势强盛之际，曾引兵到此，中因道阻，迄未成功。有二人，迷失道路，茫茫踽踽，正行进间，见有骆驼蹄痕，遂尾随而行。在一大队骆驼之近处，见一妇人，乃以突厥语与之接谈。妇人乃将此二人带走，藏匿于隐蔽之处。骆驼之后有一獒犬，狩猎归来，此犬嗅出生人气味，妇人乃急令此二人向犬礼拜叩头。此犬遂将十匹骆驼全部必需衣物及度越砂碛大山时用水等逐一驮来。乃发遣此二人返归突厥。

此犬乃当初自天下降，一赤色，一黑色。下降于山岭时，遇一母狼，与之合，乃共营生，所生子息均未成活。于是此两犬，乃自附近突厥人家盗来一年轻女子，与之合。所生男儿均与犬类；所生女子，皆为人形。于是，有一群女子赤色獒犬部落名之为“格斯尔古舒”（ge zil gu shu），黑色獒犬部落名之为“哈喇古舒”（ga ra gu shu）。此等犬类与妇人均以突厥语交谈。部落之牲畜财产、食物统一由妇人掌管、使用。

由此地前行，未闻有人居住。

其西，有“葛逻禄”三部，胜兵八千人。与突骑施（du rgyus）、大食（ta zhig）征战。

其东有“曷剌”（驳马，og rag）三部落。为迎请回鹘大郡之亲教师“泥熟”（ne shag）而与回鹘征战。

其北方之下部，有突厥“古禄赫连啜”（gu log gol chor）之一部，名为“义毗乐谷尔”（il byil kor）部落，有军队千人。其北上方，有一“毗伽那”部落（be cha nag），军队五千人。时与回鹘交战。

其西隅，在突厥之一侧，有一“允禄”（yun lag）部落。人户众多，地土肥美，突厥花马（驳马）即产自该地也。

其北面，砂碛大山之对面，有“兀惕哈达力”部落（ud ha dag leg）之人，足如牛蹄，身长茸毛，食人肉。此处对面，有突厥野人在焉。一野人足断，不能行走，其友伴乃于断足人面前，杀马一匹，堆垛柴火若干，留一打火石于其手中，弃之而去。不久，山上一猛虎发怒后，扑至跟前。猛虎之后有一大猫，毛硬如铁筷，喉头及左右腋下有白色斑点，如拇指大小。断足人向大猫腋下白斑处射一箭，乃毙之，即抽缩如猪，毛硬如铁筷，坚利无比，由鼻端直至尾部，悉如利剑，突厥语称之为“国乌药”（kog nyo yog）也。后又见猛虎搏弄此猪，直至黄昏……。

……人身材与他人同……衣小……着于胸前，于……内处，有小岗，如鱼脊……并多蛟……山……（下残）

三、注　释

1. hor（又作 ho　yo　hor）：唐代曾有“回纥”、“回鹘”等不同译名，是现代维吾尔族的直接祖先。（吐蕃时称回纥为 hor，与元明以后藏人称蒙古人为 hor 不同。）根据文献记载，公元 8 世纪中期游牧在蒙古高原突厥汗国的北方，所谓铁勒九部之一，曾与拔悉蜜、葛逻禄联合反抗突厥，在 744 年（天宝三年），取代了突厥，而建立回纥汗国，由于回纥汗国是以回鹘部落为首的 9 个主要铁勒部落组成，所以我国史料统称之为“九姓铁勒”或“九姓回纥”。实际上，“九姓”是指九个部落的联盟，回纥有时又成为九部（九姓）的总称。

回纥汗国第一代可汗为药罗葛氏出身的骨吐禄毗伽阙可汗，唐朝封为怀仁可汗。第二代为磨延啜可汗，又称葛勒可汗（747—759 在位），唐封英武威远毗伽阙可汗。第三代为牟那可汗，又号登里（Tengri，天）可汗（759—780 在位），唐封英义建功可汗。第四代武义成功可汗（779—789 在位），名顿英贺，初为牟羽可汗相。779 年杀汗自立，封为长寿天亲可汗，并尚咸安公主。以后，至第八代为保义可汗（808—821 在位），又称回鹘爱登里罗汩密施合毗伽可汗，其后还有崇德可汗（？—824 在位），即回鹘“君登里逻羽录没密施句主录毗伽可汗”，尚太和公主。

回纥人西迁后，分为（1）高昌回鹘（又称西州回鹘），其辖境，西到库车，东抵甘肃，北越天山，南至于阗，13 世纪归顺于蒙古，属察合台汗国境。（2）河西回鹘：分布在甘肃河西走廊，以甘州为中心，又称甘州回鹘，11 世纪 30 年代后属西夏辖，后形成今之裕固族。（3）葱岭西回鹘，10 世纪建立黑汗王朝，辖土包括今之中亚及南疆部分地区，12 世纪归附于西辽。

2. phyag　sbyal：即 phyag　sbal，见《唐蕃会盟碑》西侧藏文第 77 列，汉文对译为“玉府”，玉府者库藏之雅称。

3. dru gu：突厥。我国史书上用来指称 6—8 世纪在蒙古高原以北，北方广大地区游牧的，操突厥语的部落结合体。① 当时以阿史那部族为主体。在其部落长土门（万人长，tu min）的率领下，552 年击败柔然大军迫杀其可汗，正式建立了突厥汗国。583 年后又分为东突厥（据有蒙古高原本部，或称北突厥）汗国和西突厥汗国（据有中亚各地）。② 因为广义来讲 dru gu 泛指突厥辖下的各个部落，包括突厥、铁勒、回纥、拔悉蜜、葛逻禄等，以及非突厥语系的被征服的北方部落，狭义则专指突厥统治者阿史那部落而言。吐蕃人心目中，突厥（dru gu）和回纥（hor）是有区别的。显然是指狭义的 dru gu。

吐蕃人与突厥的交往早有记载，《敦煌本吐蕃历史文书》大事纪年 675—736 年之间，大论噶尔东赞及其子钦陵曾多次用兵于突厥。700 年，并有突厥统叶护可汗遣使来吐蕃牙帐致礼的记载。

---

① 突厥语民族：如维吾尔、哈萨克、柯尔克孜、撒拉、裕固、乌兹别克、塔塔尔、土耳其、阿塞拜疆、土库曼、库特、楚瓦什、土瓦，也有人把突厥语族、蒙古、通古斯、满洲语族、朝鲜语合在一起，称阿尔泰（Altaie）语系，而阿尔泰语系又和乌拉尔（Vralic）语系（乌戈尔——芬语、萨莫狭语等）组成一个更大的语系，即乌拉尔—阿尔泰语系。

现代突厥语分类：①南部语组：土耳其、阿塞拜疆、土库曼。②西部语组：塔塔尔、巴什基尔、哈萨克、柯尔克孜。③东部（葛逻禄组）语组：维吾尔、乌兹别克。④北部语组：土瓦、哈斯尤。⑤雅库特。⑥楚瓦什语。（参见《古代突厥文献选读》第 1 分册。）

② 东突厥的可汗传承：

第一突厥汗国

伊利可汗——553 年

木杆可汗——572 年

始毕可汗——619 年

颉利可汗——634 年

第二突厥汗国

颉跌利施可汗——691 年

默啜可汗——716 年，尚金山公主

西突厥的可汗传承：

室点密可汗——576 年

统叶护可汗——627 年

4. vbuy chor：据史载：682 年（永淳元年），阿史那氏族旁支的酋长骨吐禄，在谋臣敦欲谷（阿史德元珍）带动下起事。686 年（垂拱二年）至 687 年，他征服了铁勒诸部，并据有其地，复兴了突厥汗国，史称颉跌利施可汗，其汗国称第二突厥汗国。在这以前的突厥汗国称第一突厥汗国。颉跌利施可汗（682—691 年）病死后，其弟默啜继立。默啜，突厥可汗名，691—716 年在位，是第二突厥汗国里一位非常重要的领袖，受到唐朝武则天皇后的册封。711 年，唐朝嫁以宗室女金山公主。他先后讨平叶尼塞河上游的黠戛斯、突骑施，又远征中亚粟特地区，平定了阿尔泰西部的葛逻禄和九姓铁勒的叛乱，又平了拔悉蜜。716 年（开元四年）在平定拔曳固的战事中被杀。《敦煌本吐蕃历史文书》有“猴年，默啜使者来吐蕃牙帐致敬”的记载。在藏文中，每以 v + b 对译 m –，如《唐蕃会盟碑》：vbal：末 m –，vbyan：俛 m –，诸如此类。

5. vbug chor sde bchu gnyis：默啜十二部落，以默啜代表突厥第二汗国，等于说突厥十二部落。按照马合木喀什噶里所编《突厥语大辞典》影印手抄本第 40—41 页：“突厥人原分十二部，每部复分若干支……”① 按《新唐书·突厥传》记载，突厥“分其国为十部，部以一人统之，人授一箭，号十设（军），亦曰十箭”。一箭也就是一个部落。又记有咄陆，弩失毕十姓，咄陆五啜，弩失毕五俟斤。啜、俟斤，都是突厥语“大臣”不同等位的名称，总的看来反映出突厥人是部落联盟的结合体。

6. rgyal po zha ma mon gan：阿史那，古突厥姓氏。突厥有十姓，阿史那是其中之一。自土门起，可汗都出自这种姓，所以这一种姓在突厥人中始终占统治地位，称为“真正可汗之族”。突厥汗国被认为是阿史那氏族的“家产”或“共同财产”，所谓突厥汗国是以阿史那（包括与其通婚的阿史德氏族）为核心，由铁勒、黠戛斯、突骑施、葛逻禄等突厥语系部落和奚、契

① 《中央民族学院学报》1978 年第 2 期，第 37—38 页。

丹等被征服的非突厥语系部落组成的联合体。

7. dad pyi：古民族。原称库莫奚，居住在饶乐河流域，经营游牧生活。唐时，其首领李大酺被封为饶乐郡王，尚玄宗固安公主。当时与契丹并称两蕃，曾为突厥汗国征服。唐末，一部分奚人在首领玄诸率领下西徙妫州，别称西奚，是参加突厥汗国军事联盟的成员，后逐渐为契丹同化。

8. mug lig：貊句丽。古民族名，又称貊，或涉貊，曾建高句丽国，为今朝鲜族的直接祖先。

9. ge tang：即 ge tan（契丹），古民族名，又作为国名。源出于东胡，游牧于今辽河上游，曾与突厥建立部落联盟。唐时以其地置松漠都督府并任契丹首领为都督。唐末迭剌部首领阿保机统一契丹及邻近各部落，建立了辽朝，与五代、宋并立，成立北方相当强大的地方政权，后来有些民族就以契丹称呼中国，直到宋宣和七年（1125 年）为金人所灭。

10. va zha：吐谷浑，鲜卑族的一支，初游牧于今辽宁锦县西北。4 世纪初，在首领吐谷浑的率领下，西迁至甘、青之间，称为阿柴虏，va zha 就是由此得名。与当地羌人融合，以吐谷浑为国号，从事畜牧，用汉文，起城廓。隋初，夸吕可汗建都伏俟城（在青海湖之西岸 15 里处）。唐代，诺曷钵可汗来朝，受唐封，并尚弘化公主。7 世纪后期，在吐蕃势力压迫下，迁至陕甘宁边境及新疆天山南麓，称退浑，续与吐蕃时和亲、时征战，大部为吐蕃吸收同化。今青海、甘肃一部分土族，可能是吐谷浑人的后裔。《新唐书·西域传》："吐谷浑自晋永嘉时有国，至龙朔三年（663 年）吐蕃取其地，凡三百五十年，及此，封嗣绝矣！""吐谷浑大臣素和贵奔吐蕃，言其情，吐蕃出兵捣虚，破其众黄河上……吐蕃遂有其地。"

11. ba sme：拔悉蜜，突厥部落之一，原为突厥汗国结盟部落。《新唐书·突厥传》："天宝初，其大部回纥、葛逻禄、拔悉蜜并起攻统叶护可汗，杀之，尊拔悉蜜之长子为颉跌利施可汗。"后，其子乌苏米施可汗立。"天宝三年（744 年），拔悉蜜等杀乌苏米施传首京师，献太庙，……于是突厥大乱，国人推拔悉蜜酋为可汗。”而回纥、葛逻禄又杀拔悉蜜可汗，奉回纥骨力裴罗定其国，是为骨咄禄毗伽阙可汗。回纥、葛逻禄、拔悉蜜当时都是突厥结盟部落。

12. nye shag：泥孰，突厥官号之一，又作泥熟。

附记：

本文所译 P. T. 1283 号文书的藏文录文及注释，参见《敦煌本藏文文献》（民族出版社，1983 年）第 279—288 页。

（原载《敦煌学辑刊》1982 年第 2 期，与陈践合撰。此次结集，有局部修订。）

P. T. 1188号《登里回鹘可汗告牒》译释

一、译　文

登里回鹘可汗发出之盖印告牒：

授予：悉董那旺论。该员内府长官，其祖先曾攻克朵喀尔城堡，先后为王施政，广事裨益功德，并真正做到：南北东西征战，不惜人马。由此利益之功德，殿下十分满意，按所立德业，令与会议事，委任以乌浒尔伊南几“于迦”之职。

天复七年，[①] 阴金兔年（辛卯）春季正月十五日，发自金门正殿盖印，授予悉董那旺论。

---

① 这在河西一带是常见的事，如“龙德”为后梁的年号，只有三年（921—923年），但在P. 5014号写卷中却标为□德六年（□可能即是龙字），见艾丽白《敦煌汉文写本中的鸟形押》，汉译文载《敦煌译丛》第1期，1985年，耿昇译。又王重民先生在巴黎抄录P. 2992号《沙州上甘州回鹘可汗状》时，文末署年为“天福拾年（945年，亦即后晋开运二年）乙巳岁年五月五日”，也是属于同一类型的例子（笔者据抄文原件）。

二、考　释

这一个短卷包含了丰富的内容，发人深思，引人探索。

劈面而来的是年代问题：卷末标明 tian phug 七年，这一年号根据汉文对音，有两个可能：其一为“天复”，天复是唐昭宗的年号，起自 901 年，至 904 年即止，并没有一个“天复七年”。假使河西敦煌一带在唐昭宗薨后，继续奉行其年号，再到七年，应是丁卯。与本文所标辛卯（阴金兔）的天干不合。另一种可能则为“天福”，天福为后晋高祖的年号，起自 936 年（丙申），天福七年则为 942 年（壬寅），干支不合，或为 943 年（癸卯），天干亦不合。但年代写得如此肯定明确，我们无法否认。恐怕还是按照法国敦煌学家巴赞（Bazin）的意见，即河西一带使用的历法与内地稍有不同，所以在纪元和干支之间出现了差异。可能是这样的：纪元用中原年号，干支用自己的历法，形成二元的纪年法。日本著名的历法史专家薮内清教授也说过同样的话。① 下面把敦煌文献中所有天复、天福年号的写卷目录列出，以资比较：

署有天复年号的写卷如下：

S. 1604　天复二年沙州节度使致都僧统等帖；

S. 6254　天复七年文书；

S. 2174　天复九年闰八月十二日神沙乡百姓董如盈兄弟三人分割家业契；

S. 2575　天复五年灵图寺徒众请大行充寺主牒；

① 参见薮内清：《研讨推定斯坦因收集的敦煌遗书中的历书年代的方法》（载《东方学报》第 35 册，1964 年。汉文译文为朴宽哲译，载《西北史地》1985 年第 2 期）。其中云：“敦煌历书上的日期，未必与当时以标准的中原历推算出来的朔闰表一致。敦煌由于受吐蕃的统治，而且又产生过独立的小政权，因此，没有使用中原的标准历，从而，中原历和敦煌历常发生日期差异。”

S. 5747　天复五年归义军节度使南阳张某祭风伯文。

署有天福年号的写卷如下：

S. 247　天福九年具注历日；

S. 4537　天福九年僧正善光上太傅牒；

S. 1774　天福七年法律智定等一件交历；

S. 4763　天福七年敕归义军节度使牒；

S. 1625　天福三年斛㪷油面粟等破除账；

S. 2687　天福十三年浔阳郡夫人瞿氏布施疏；

S. 5718　天福十年比丘庆遂疏；

S. 560　天福十年具注历日；

S. 4398　天福十四年五月曹元忠献硇砂状；

S. 518　天福十四年曹私建檐题名；

S. 4812　天福六年卞欠麦账；

P. 2692　天福五年归义军节度使曹礼佛疏；

S. 5495　天福四年油账；

P. 2836　天福四年节度使押衙贾奉玖疏；

S. 1720　天福四年残历。

天福还是天复，需要进一步研究、比较，才能得出准确的结论。

写卷的年代初步确定之后，接着而来的是其中提到的“登里回鹘可汗”为何人的问题。

登里（deng ri）在回鹘语中是“天”的意思，登里回鹘可汗即是回鹘天可汗。在卷子中明标天福七年，即 942 年之时，称为天可汗的回鹘统治者究竟是谁？有两种可能，一是于阗回鹘，《新五代史》卷 74《四夷附录》明白载着：“晋天福三年（938 年），于阗国王李圣天遣使者马继荣来贡红盐、郁金、牦牛尾、玉㲲等，晋遣供奉官张匡邺假鸿胪卿，彰武军节度判官高居诲为判官，册圣天为大宝于阗国王。”堂而皇之，制曰：“于阗国王李圣天，境控西陲，心驰北阙。顷属前朝多事，久阻来庭。今当宝历开基，乃勤还职，请备属籍。宜降册封，将引来远之恩，俾乐无为之化，宜册封为大宝于阗国王，仍令所司，择日备礼册命，以供奉官张匡邺充使。”（《册府元龟》卷965外臣部）于是，“是岁冬十二月，匡邺等自灵州行二岁至于阗，至七年（942年）冬乃还”（《新五代史》卷74《四夷附录》）。[①] 说明后晋朝廷在天福三年接待了于阗回鹘的贡使，同时，册封为大宝于阗国王，还派遣了以“金紫光禄大夫，检校司空兼御史大夫，上柱国”（官衔见P. 2213号题记）张匡邺为首的专使前往于阗报聘并亲授册命。这位张大使，长途跋涉，历尽边徼，完成了使命到天福七年冬天才胜利归来。那么，于阗回鹘的李圣天自称天可汗确有可能。

另一可能则是甘州回鹘：据《旧五代史·外国列传》载甘州回鹘顺化可汗于：“天福四年（939年）三月，又遣都督拽里敦来朝，兼贡方物。其月，命卫尉卿邢德昭持节就册为奉化可汗。”也是大张旗鼓，制曰：“回鹘可汗仁裕[②]雄居朔野，虔奉中朝，一方之烽燧蔑闻，万里之梯航继至。自当开创，益效倾输，备观尊奖之心，爰降册封之命，宜封为奉化可汗，择日备礼册命，遣卫尉卿邢德昭持节使之。”（《册府元龟》卷965外臣部）。这位可汗受封之后在天福“五年（940年）正月，遣都督石海金等来贡良马百驷，并白玉团、白玉鞍辔等，谢其册封”（《旧五代史·外国列传》）。看来，甘州回鹘可汗也有可能。

综上所述引，这两家回鹘（于阗、甘州），都与中朝保持联系，受册命封，而且，时间也都接近。那么，我们再看看其他方

---

① 《新五代史·四夷附录》于阗中载：“圣天衣冠如中国，其殿皆东向，曰金册殿，有楼曰七凤楼。……俗喜鬼神而好佛。圣天处居处，尝以紫衣僧五十人列侍，其年号同庆二十九年。……自灵州渡黄河至于阗，往往见吐蕃族帐，而于阗常与吐蕃相攻劫。”

② 《旧五代史·外国列传》载：“至唐庄宗时，王仁美遣使者来，贡玉、马，自称‘权知可汗’，庄宗遣司农卿郑馈持节册仁美为英义可汗。是岁，仁美卒，其弟狄银立，……同光四年（926年），狄银卒，阿咄欲立。天成二年（927年），权知国事王仁裕遣李阿山等来朝，明宗遣使者册仁裕为顺化可汗。晋高祖时又册为奉化可汗。”

面，两地回鹘与敦煌之间的关系：

1. 莫高窟第 61 窟东壁，甬道南侧北向第一身女供养人画像，其题名结衔为："故母北方大回鹘国圣天可汗的子，敕授秦国夫人，天公主陇西李氏（缺文）。"此窟据敦煌研究所专家考定，是曹义金第三子、归义军节度使曹元忠及其夫人浔阳瞿氏所开的功德窟（伯希和编号为 117，张大千、谢稚柳编号为 75）。其"故母"即为甘州回鹘公主李氏，也就是说，曹义金有一位甘州回鹘天公主的妻子，也许就是元忠生母（姜亮夫认为是元德之母），关系非常亲密。

2. 同窟同壁第二身女供养人画像的题名结衔为："姊、甘州圣天可汗天公主一心供养"，而这位公主是曹元忠之姐，嫁给了甘州回鹘可汗（仁裕），亲上加亲。

3. 曹元忠有一妻是来自于阗回鹘的王室，属于阗回鹘可汗的第三公主。在同窟中有一躯供养人题名为："大朝大于阗国天册皇帝第三女天公主李氏为新授太傅曹延禄姬供养。"亦有不同解释，有人认为是元忠之妻，也有认为是延禄之妻。①

以上洞窟题衔解释，根据谢稚柳《敦煌艺术叙录》，并参考了贺世哲、孙修身所作的文章，研究细致，绵针密线，考核綦详，请读者直接阅读以下诸文：（1）高自厚：《从两件敦煌文书看河西回鹘》，《西北史地》1985 年第 2 期。（2）孙修身：《敦煌遗书 P. 2992 号卷〈沙州上甘州回鹘可汗状〉有关问题考》，《西北史地》1985 年第 4 期。（3）贺世哲、孙修身：《瓜沙曹氏年表补正之补正》，《甘肃师范大学学报》1980 年第 1 期。（4）森安孝夫：《回鹘与敦煌》，高然汉译文载《西北史地》1984 年第 1 期。（5）姜亮夫：《瓜沙曹氏年表补正》，《杭州大学学报》1979 年第 1—2 期。（6）姜亮夫：《瓜沙曹氏世谱》，《浙江学刊》1983 年第 3 期。

---

① 参见孙修身：《敦煌佛教艺术和古代于阗》，《新疆社会科学》1986 年第 1 期。

在这里，我们只说明一点，不管是甘州回鹘，还是于阗回鹘，此时与瓜沙归义军政权关系密切，共同奉朝廷正朔，与中原保持亲密的联系，吐蕃文书所署的年号也证明了这一点。

读者会提出在天福七年（942 年）吐蕃的势力早已退出敦煌及河西的历史舞台，何以在回鹘王室所发的告牒中仍在使用藏文？这一点，匈牙利藏学家乌瑞（G. Uray）曾根据他接触过的敦煌吐蕃文书，写过一篇重要的论文：《吐蕃统治结束后甘州和于阗官府中使用藏语的情况》（原载《亚细亚学报》，第 269 卷 1—2 期，1981 年；耿昇汉译文载《敦煌译丛》第 1 期，1985 年，第 212—220 页）。他检阅了 18 个吐蕃文书后得出结论："由于历史原因，藏文作为当时这一地区的外交和贸易关系中的工具。"这 18 个写卷中就包括本文所转录、译解的 P. T. 1188 号在内（乌瑞文中列为第 11 件）。

我们回顾敦煌和河西乃至西域的历史，可以知道吐蕃人占有整个河西走廊、西域垂百余年之久，设府置官，驻军戍守，抚辑流亡，编定部落，农业、手工业、牧业、商业、宗教、文化、民事、社会极为繁复。当时，藏文得到广泛的使用，敦煌遗书中吐蕃文献之多亦可证明。当地通晓藏语的僧侣、文士当不在少数，而且，吐蕃本地迁来的随军部落亦与汉、胡各族杂处，具备了使用藏语文的基础。所以，尽管作为统治者的吐蕃官吏和行政机构、军事堡垒早已烟消云散，但是，文化的因素却长久地存在，不是一下子能消除的。君不见，直到西夏人占领河西后，仁宗乾祐七年（1176 年）的张掖所树的黑水桥上，还用藏汉两种文字对照刻下一道圣旨：《告黑水河诸神敕》。[①] 这正是中华民族长期以来各民族文化流布、融合的历史过程中泛现的浪花，值得珍视。

从告牒中看，受牒人，也可能是归顺了回鹘的吐蕃将领，"悉董那旺论"原为吐蕃的千户，千夫长。"于迦"可确认为回

① 参见拙文：《西夏黑水桥碑考补》，《中央民族学院学报》1978 年第 1 期。

鹘官名，吐蕃人在回鹘统治下立了功，被授予回鹘的官职。其详细经历，尚待进一步考索。

附记：

本文所译 P. T. 1188 号文书的藏文录文及注释，参见《敦煌吐蕃文书论文集》（四川民族出版社，1988 年）第 376—377 页。

（原载《西藏民族学院学报》1987 年第 2 期。与陈践合撰。）

《于阗教法史》译解

——敦煌古藏文写卷 P. T. 960 号研究

一、解　题

P. T. 960 号写卷名为 li yul chos kyi lo rgyus，即《于阗教法史》，是敦煌古藏文文献中最著名的写卷之一。这一写卷与藏文大藏经《丹珠尔》部的《于阗国授记》（li yul lung bstan）互相印证，对于了解于阗的历史和佛教史颇有价值。托玛斯于1935 年曾将这两种译成英文汇在一起，编入《关于新疆的藏文文献集》第 1 卷出版。后，埃默瑞克感到有重新注释的必要，于 1967 年作为敦煌东方丛书第 19 种，在牛津大学重新出版，名之为《关于于阗的藏文文献集》（Tibetan Texts Concerning Khotan）。在这以前，日本人寺本婉雅曾译成日文，于 1921 年在日本出版，名之为《于阗国悬记和于阗教史》。1979 年，埃默瑞克在其新著《于阗文学指南》一书中说：“据统计，从我们得到的两份汉文文献和两份藏文文献来看，最早的文献是汉族佛教旅行家玄奘的《西域记》，属于公元 7 世纪。藏文文献称之为《牛角预言》者，可能是在同一时期。其后，有《玄奘传》，是其弟子慧立和彦悰所著，而藏文的《于阗授记》也是这一时期的。因之，这些早期的文献能很好地反映出于阗地区在7世纪所流行的传统，这些都在1000年以上。”根据以上的考订，我们倾向于把目前研究的这个写卷，定在公元8—9世纪之间。

由于《敦煌藏文写本选集》的出版，使我们能利用原卷进行研究工作，十分令人高兴。我们根据原卷影印件，发现尽管托玛斯和埃默瑞克二位先生的工作有很大成绩，但并不是没有什么工作可做了，相反，还有许多地方有进一步推进的必要。例如：藏文第20行和第99行中有极细文字写的补遗，他们二位都未曾注意因而疏漏了，我们这次把它补了进来；在利用汉文文献方面，我们也有一些有利条件，比方：于阗王室流寓长安的尉迟氏，其中尉迟跋质那和尉迟乙僧，人称大小尉迟，以及释智严（尉迟乐）、尉迟青、尉迟章等人的记载。过去，都是他们未曾提到过的。我们这一次利用《历代名画记》、《宋高僧传》作了补充，从而，这一份文献对于古代于阗史的认识作用，可以看得更清楚了。在这里，我们再补充下列几个方面的材料：

1. 于阗：今作和田，是新疆维吾尔自治区南部重镇，古代称为于阗，阗又作窴，《史记》卷123《大宛列传》：“其北则康居，西则大月氏，西南则大夏，东北则乌孙，东则扜罙（弥）、于窴，于窴之西则水皆西流，注西海。”“骞因分遣副使，使大宛、康居、大月氏、大夏、安息、身毒、于窴、扜罙及诸旁国。”《汉书·西域传》：“河有两源，一出葱岭，一出于阗。”《史记》中也有“而汉使穷河源，河源出于阗，其山多玉石，采来。天子案古图书，名河所出山曰昆仑”的记载。这是汉文文献中最早的关于于阗的记载。以后的《魏书》、《梁书》、《周书》、《隋书》皆有记录。

《旧唐书·西戎传》和《新唐书·西域传》分别记载了于阗，列有专条，并且对于地名的称呼专门列出。如《新唐书·西域传》：“于阗，或曰瞿萨旦那，亦曰涣那，曰屈丹，北狄曰于遁，诸胡曰豁旦。”这就说明当地人称为 Khotan（和田）的由来。更为重要的材料，是玄奘大师（602—664 年）的《大唐西域记》。因为他西行求法时，途经于阗，目睹身经，留有记载，当然信实可宝。今引《大唐西域记》卷 12 瞿萨旦那国条，原注：“唐言地乳，即其俗之雅言也。俗语谓之涣那国，匈奴谓之于遁，诸胡谓之豁旦，印度谓之屈丹，旧曰于阗，讹。”

唐以后的材料新旧《五代史》、《宋史》、《明史》，以及《佛国记》、《伽蓝记》、《高僧传》、《续高僧传》、《宋高僧传》皆作于阗。新疆出土的于阗文写本，均作 Khotan，《西游录》作五端，《元秘史》作兀丹，《元史》作斡端，《西北地附录》又作忽炭，都是据当地语言的对音译出者。唯独藏文称之为 li yul，可译为李域，有人认为是因为于阗国王在唐朝被赐李姓，如于阗国王李圣天，以王姓冠于地域，遂称“李域”。此说的缺点是失之较晚（李圣天称王约在公元 10 世纪即 912—966 年。据蒲立本考证，载《泰东》第 4 卷《论钢和泰卷子的时间》一文）。也有人认为南疆一带古代产铜，藏语 li 即为青铜合金之义，因而名该地为“产铜之地”，可供参考。但是必须指出，于阗信仰佛教时与吐蕃的关系至为密切，《资治通鉴》卷 201 高宗麟德二年（665 年）三月条下记载：“疏勒、弓月引吐蕃侵于阗，敕西州都督崔知辩、左武卫将军曹继叔将兵救之。”接着在高宗咸亨元年（670 年）夏四月条下又记：“吐蕃陷西域十八州，又与于阗袭龟兹拨换城，陷之，罢龟兹、于阗、焉耆、疏勒四镇。”实际上当时“西北十余国皆臣吐蕃”，于阗是较早地附于吐蕃的一部，关系非比一般，于阗的佛教和尚大师来吐蕃传教，工匠到吐蕃营造建筑也是史不绝书。甚至有人认为，“藏文字母是采自古于阗文字母”，引起人们极大的兴趣。

2. 地乳：藏文 sa nu，与汉文记载正合，都是 Khotan 一词的意译。有关传记故事也是同一来源，根据民间故老乡谭摭拾入书，《大唐西域记》卷 12 瞿萨旦那条下：“其王迁都作邑，建国安人，功绩已成，齿耋云暮，未有胤嗣，恐绝宗绪，乃往毗沙门天神所，祈祷请嗣，神像额上剖出婴孩，捧以回驾，国人称庆，既不饮乳，恐其不寿，寻诣神祠，重请育养。神前之地忽然隆起，其状如乳，神童饮吮，遂至成立。智勇光前，风教遐被，遂营神祠，宗先祖也。自兹已降，奕世相承，传国君临，不失其绪。故今神庙多诸珍宝，拜祠享祭，无替于时。地乳所育，因为国号。”

3. 于阗王室：姓尉迟氏，又作伏阇氏，其实是 Viśa 的不同译音，来源一也。在两《唐书》中就是尉迟、伏阇互见。如：《旧唐书·西戎传》、《新唐书·西域传》所载：于阗国，其王姓尉迟氏，名屈密。又有伏阇信，其子叶护玷，其王伏阇雄，其子璥，又有尉迟伏师、伏阇达、尉迟珪，传至尉迟胜，入唐为宿卫，此人高宗以宗室女妻之，授右威卫将军、毗沙府都督。归国，与安西节度使高仙芝击破萨毗、播仙，累进光禄卿。两《唐书》有传。其弟曜，其子锐，有让国之美谈。今据两书列表如下：

《旧唐书·西戎传》	《新唐书·西域传》
尉迟屈密	伏阇信
伏阇信	伏阇雄
叶护玷	伏阇璥
伏阇雄	尉迟伏师战
伏阇璥	伏阇达
尉迟伏师	尉迟珪
尉迟胜	尉迟胜
尉迟曜	尉迟曜
	尉迟锐

本卷子中的尉迟森缚瓦，就是尉迟胜，也有人认为是李圣天，也许是同名的二人，可以参看对照阅读。在晚唐，直至五代、北宋之间，于阗王统未断，且与沙州曹氏政权通婚姻，相互聘问不绝。敦煌石窟中，就留有于阗王李圣天的题记。据蒲立本氏、哈密顿氏考证结果综合，还可列出以下几代王统：

851—912 年　　尉迟瓦兰　　Viśa Vāham

912—966 年	同庆	李圣天	Viśa Sambhava
967—977 年	天尊	尉迟苏拉	Viśa Sura
978—982 年	中兴	尉迟达摩	Viśa Darma
986—999 年	天兴?		
	天寿?		

尉迟氏一族流寓长安者最著名的当推尉迟敬德，封鄂国公，一门显贵，煊赫无比。其侄窥基大师，玄奘大师及门弟子。又有尉迟刚，封吴国公，兄尉迟迥、尉迟安（隋昌乐公主驸马）。据日本羽溪了谛考证，魏平东将军尉迟说即于阗史上的 Viśa kirti。

张彦远《历代名画记》提到尉迟跋质那、乙僧父子最有意思："尉迟乙僧，于阗国人，父跋质那。乙僧，国初授宿卫官，袭封郡公。善书外国及佛像，时人以跋质那为大尉迟，乙僧为小尉迟。"父子二人同封郡公，乙僧又授宿卫，明显地表示他们都是于阗王室来京充当质子的。韦述《两京新记》及《宋高僧传》有智严其人，亦"尉迟氏于阗国质子，名乐，授左领军卫大将军上柱国，封金满郡公，神龙二年（706 年）五月奏乞以所居宅为寺，敕允，题榜曰奉恩。"上述诸人入质均在尉迟胜之前，在胜之后，代宗时有尉迟青，德宗朝官至将军，善觱篥。文宗太和年间，有尉迟章善吹笙，名冠一时，皆是于阗王裔也。

二、译　文

圣教出现一千七百三十年，自地乳王到李氏王赞列之间，传五十六代。

……后，救度世人之弥勒菩萨与圣者文殊菩萨二圣，知于阗乃三世佛福田之一，为了作于阗人众之善知识，他俩降世至于阗，先到杂尔玛局里之园，弥勒菩萨[化现之身]当了国王，名叫尉迟森缚瓦，圣文殊化身为毗庐遮那比丘。住在杂尔玛局里园里，首先教牧人识字、言谈，于是出现了圣教。后，国王尉迟森缚瓦为圣者文殊菩萨、比丘毗庐遮那，首先修建于阗杂尔玛寺庙。

国王地乳之甥，名叫叶乌拉王，乃建起于阗地方具有大伽蓝之大城市。于是，尉迟森缚瓦国王到于阗硐楼城之东南方向巡视，见城外有一金银色麋鹿。国王乃与随从等尾追，至牛头山下大塔处，见那麋鹿却又变成夜叉王遍胜，夜叉王遍胜向于阗王说道："啊！大王，您在这里建一大塔很合适啊。"国王说："为谁修塔?""为佛的使者阿罗汉布达都达和僧伽斯达、僧伽菩扬、扬伽斯达纳这四位，他们是作为您的善知识者而来的，为他们建塔呀!"刚说完，四位阿罗汉真的立即到来，［向王］讲经，王顿生敬信。于是，就在此地树起建塔的橛子，修起了瞿摩帝寺庙大宝塔。当王建瞿摩寺时，一直带着一个小儿子。后来，不慎遗失了，到处寻找，在如今的牛头山和文殊菩萨住地之间的一个小山沟里找着了。于是，就在找到王子之处的山沟里修建了一座寺庙，里边安置佛以前七世佛的舍利。取名为"一年中为纪念佛出生，入灭，讲经献供的寺庙"，即阿赖耶斯登寺。后来，小王子也就在此寺中出家，很快证得阿罗汉果。在于阗，第一个证得阿罗汉果的，除他之外，以前没有别人。于是名为"指出正确路者"，即亲教师摩罗古岱谢，亲教师的名字最早由此生产。后来，摩罗古岱谢严守戒律，很有毅力，被选为阿阇黎堪布。

当于阗地方还是海子时，世尊命令北方天王毗卢舍摩那和比丘舍利子二人说："目前的这个海子地方，是三世佛另外一个世界，以后将成为人众居住的处所，现在生长莲花之处，以后将成为一座座寺庙，会出现许多菩萨，你去把海子淘净，使它以后成为人众居住的地方吧!"北方天王和舍利子二者，到盛崑山用锡杖的下端和矛的尖端把海底刺穿，海水流干了，于是，成了人能居住的地方。此时，正是佛涅槃一百年的时光。

当初，当地的国王名叫地乳，乃古印度天竺国阿育王之子。阿育王为寻地游方，率众多天竺军丁及扈从前行，抵达于阗有海子之处，想：此地昔曾有人居住……，见有印度军人、婆罗门及占卜相士多人会集一起，王命他们让占卜相士看相，相士见小王子地乳相貌非常端好，说："此王子将来比大王您的权势还要强大哩！"国王听了产生了妒嫉，由于恼恨之心驱使，乃将其子扔在当初出生地。那国王扔儿子之处，就是现在于阗的北门之内，长神殿附近，观世音菩萨住地之后面，护法神依怙殿也。

国王抛弃王子时，北方天王（毗沙门天）和吉祥仙女使土中流出了奶汁喂养王子，才没死掉，因而取名为"地乳"。北方天王把王子（地乳）带来，献给汉地国王作子，因为汉地国王一千子还缺一子。正当汉地国王很宠爱这一王子时，在一个盛大节日里，汉地国王的王子们在一起玩耍，地乳和其他王子嬉戏时吵打起来，其他王子对他说："地乳，你不是真正我们汉地国王的王子，是他顺手捡来的，你和我们王族有很大差别。"地乳王子很为烦恼，立即去到王前向汉地国王禀述："大王！今天，我与王子们在一起玩耍，其他王子对我说，王子，你不是汉地国王之子，是顺手捡来的。我明明是真正王族之子，他们说我不一样，我就成了假王子，这样，我跟随您大王有何用处？请让我自找地方到别处去吧！"如此恳求。汉王立即回答说："你确实是我之子，其他王子所言并非真事，我不能让你出走。"地乳又再三恳求，一再吁请，因此，汉地国王越发喜爱北方天王赠他的这一儿子。由于他不肯留下，心中烦闷。故按照地乳所求，打发许多汉兵和随从等游方往于阗去。适当此时，其生父阿育王（阿输迦）的大臣，名叫阿玛扎耶舍的，因犯罪被逐，有许多印度兵士和随从也往于阗方向去，在榭（晶莹）水上游的杭吾桥地方，［两队人马］正好相遇，开始，双方并不相识，各带兵马，准备动武，北方天王和吉祥仙女及大地仙女等在中间出现，将当初经过详细叙述给他们听，让被阿育王放逐之臣和被遗弃之王子相识，彼此和好。地乳和阿玛扎耶舍大臣相会，二人共同治理其地，于阗城遂由此而建立。

为使于阗圣教不灭，有护法神八尊发心保佑之，此即护法神北方天王、近地长官、阿巴若致达、噶哈那萨若、苏喀若那玛拉、甲吉、斯达那巴帝、龙王格日哈天等，发誓追随其后之眷属，计有三万五千五百零七尊护法神保护。四大龙王保佑圣教及其地方，名谓“四护”。五百尊菩萨常住彼处，二百五十位以比丘及比丘尼之身常在，二百五十位以优婆塞、优婆夷之身常在。海子里最初长出莲花之处，广建伽蓝寺宇。在牛头山、瞿摩寺、贡邦、杂玛、卓尔帝、达玛帝、桑帝、桂仲等地，寺庙有灵异者计三百三十三座。八位天生的菩萨，现在还在于阗，他们的名字是：金刚手密教之主，现居于牛头山的阶梯山顶雄甲。观世音居于菊年。虚空藏居于桂仲。文殊和牟尼巴瓦二者居于牛头山。地藏王居于卓帝尔。普贤居于多雷僧伽保陇。药师王居于马诺觉。弥勒菩萨居于麦诺聂。

大乘、小乘二道所执见各异：比丘及比丘尼二部众中之大乘派承认唯识师和中观师之禅定。小乘人承认四谛。若衡量比丘及比丘尼两部众中与优婆塞、优婆夷众信仰大乘与信仰小乘各有多少，大乘人如马身之毛［一样多］，小乘人仅如马耳之毛而已，人数多少之量如此。

于阗毁灭，变为海子，行十不善时，地方的护法神与神祇、龙王将盛崑两山沟封闭，榭水上游、下游之水乃汇集在于阗的大伽蓝之处，即现在大集市之上面，在瞿摩帝大寺有婆罗跋舍神之寺庙门前，彼处又流积成海，到那时，舍利被龙带上供在各自住地。佛以前七代佛少量之舍利，现在还在牛头山妙吉祥住地及瞿摩帝寺二者之间一个不大的山之间之山沟里，即国王在遗失儿子重又找到之处修建的一座寺庙内。如今仍为一年三供之寺宇，谓之圣教寺，彼处有部分舍利，当于阗重又成为海子时，圣教寺所在之山沟重又合在一起，彼此之舍利，谁也不知。一日，当慈悲之佛为保护世间，重又到来时，于阗之海子又会干涸重新成为人能居住之地，有舍利之寺那山沟，重又打开，成为向佛及其眷属献供之地。

世尊曾告诫云：《于阗授记》不能让凡俗之人知道。凡听过授记者，其获福德将清减一劫之罪，凡诵读授记者，其福德将清减其无数劫之罪。对比丘等念经之人宣讲授记，会使他们心慌意乱，均为不宜，以授记乃至高无尚、最清净之经文也。

最后，于阗圣教毁灭时，上部四座城市之比丘们全都来到于阗会集。此时，于阗人为魔所诱，不信圣教，不敬比丘，且凌辱之，抢劫他们财物，将三宝财物与比丘之食粮，寺庙之土地、奴仆、牲畜等全部抢走。比丘在于阗无法再安住下去，在此情况下，全体比丘只好出走，汇集在杂尔玛寺庙，商议说："于阗之地已无法再安住，往何处出走是好?"此时，因吐蕃赞普笃信圣教，敬重比丘，大施供养，于是，一致同意前往吐蕃。当时，比丘眼前所需供斋业已匮乏，口粮断绝，从杂尔玛寺下库藏小匣里，得到十四块金子做的供神食品。三个月中，全体比丘的生活就用它来维持。后来，冬季来到，全体比丘从杂尔玛出走，到卓帝尔。在卓帝尔，有一自然形成的地藏王菩萨寺庙，其上，有一座不大的小山，此时，自然裂开，从其中得到一升珍珠，乃用它维持了三个月生活。到了春季孟春之月出走，到迈斯噶尔，迈斯噶尔之北方天王与吉祥仙女，化为人身，维持他们的春季三个月生活。后来，剩下的财物全部用完。初夏四月到了吐蕃。及至此时，有许多僧人还俗，有许多在路上饿死。正在这时，吐蕃赞普和汉地君王又结成甥舅，［金城］公主降嫁吐蕃赞普。公主在吐蕃修建了一座很大的寺庙，给寺庙献上土地与奴隶、牲畜。全体比丘来到这里，生活均由公主供养，吐蕃之地大乘教法更加宏扬光大。

十二年之间，比丘和俗人大都信教，生活幸福，正在那时，由于群魔侵扰，带来黑痘等各种疾病。［金城］公主由于沾染黑痘之症，痘毒攻心而死（与《汉藏史籍》所记相合）。于是，俗人们对佛教顿起疑心，云："黑痘等各种疾病流行是由于比丘僧团来到吐蕃的报应。"谓："不能让一个比丘留在吐蕃。"要把他们赶回各自住地。于是，全体比丘只好来到印度犍陀罗。印度那边附近的比丘们，也同时到达犍陀罗。此时，印度骄赏弥国的门达僧伽之子，名唤卓背萨达王者诞生。汉地、吐蕃、回鹘三大国王带领十多万大军往骄赏弥进发，与彼此之卓背萨达王争战，鏖战十二年，三大国王不支，全军溃败。骄赏弥王卓背萨达一人自语云：“我今生杀戮如此众多军人，铸成了无边大罪，怎样做才能除净罪孽?”非常后悔，心想：我要把悔恨当众说出，消弭罪孽，今后不再重犯。于是，派出使者向四方邀请比丘。比丘众除了已还俗者与在路上饿死者以外，余下十万聚集之比丘中，只有一位阿罗汉和一位通晓三藏者。比丘们答应前来。去邀请的使者回来向国王禀告：“比丘等要来这里。”国王非常高兴，大生信仰。这时，气候变暖，王答道：“明日同时宴请各地来此比丘，向他们敬礼膜拜。比丘僧众之袈裟和供养也要筹备好，一齐布施。”

就在当天晚上，正好是月之十五日夜晚，比丘们要行“长净戒”，由于争攘由谁来当主持——此人须通晓三藏，直比里师利夏之弟子名叫僧伽者，将阿罗汉苏若杀害。阿罗汉的护法神夜叉扎达木迦，便把直比里师利夏杀掉。这时，比丘们立即分成两个集团，拿起武器交锋。彻夜混战，在天未亮之前比丘众全部相互残杀而死，一人未剩。第二天，能知道三宝名字，且能说出者，竟无一人。

天亮后，国王起身要向比丘僧众敬礼膜拜，正去邀请，听说头天晚上比丘僧众互相残杀，一个未剩，国王难过得大哭起来。多次痛苦长叹，伤心得在地上打滚，悲哀已极。就在那天晚上，圣教毁灭，大地震动，世上珍馐“六味”丧失尽净，天降血雨。那晚，三十三重天上释迦牟尼之母纽玛拉则（摩耶夫人）与五百随从披发降临，从天空发出痛哭悲声。全世界都由于圣教毁灭而悲恸。她把死去比丘们的头发和指甲集在一起，带回三十三重天，建一大塔供养。

从圣教毁灭后，灾荒时发，疾病丛生，世道变异比往昔更坏。于是佛世尊命令，北方天王与于阗护法神众，要保佑于阗的佛教长在。神龙众都应允了。此时，北方天王和神龙们向佛祈祷：“世尊，未来的众生信仰浅露，对三宝不生敬重，于阗国王也会变得有所偏袒（指对佛教徒和不信仰佛教者），那时，神、龙、护法神众力量将变弱，如何是好？”如此请求已，佛释迦牟尼下令：“今后，为了保佑地方和圣教长存，我把弥勒佛和塑像及佛的化身等建树起来。宝塔和骄尔毕神殿及于阗大集市上扎瓦夏那神殿，有佛像金刚卓玛。霞桑支玛寺庙有化身佛像佐巴尼。杂尔玛觉寺庙有塑像道尔康。在东干下部地方，在遗留下来的旧寺庙里，有佛像幸价和岱帝瓦尼。在道拉之高尔喜比神殿里有一尊塑像。在杜尔耶，有从印度变幻而来的一尊塑像。在歌相的城门内，有从印度来的六尊铸成的化身佛。你们都要保佑［于阗］。”

在康相的休阿木中心，在萨耶古寺有安置过去佛大迦叶舍利的自然形成之宝塔。在阿西现，任何佛都很灵验，是由于这个宝塔的加持力所致。这些地方如有敌人，或战乱或疾病，或灾年等等情状，可从彼处之经藏《圣妙莲华经》、《不空羂索经》里，念一百零八字咒语，乃佛之真言，诵念后，福德增生；对神、龙、护法神众能提醒其遵守誓言，圣教即能常在，地方上一切不善就会熄灭，地方变得常宁安泰。

印度国王迈布宋达尔的管家名叫西日登者，对佛教特别信仰，仁慈有财，牲畜都献与三宝，作为供养。对贫穷者发放布施。因此，财产牲畜和奴仆全部都献完变成穷人。国王得知后救济他，又给了许多奴仆、财产、牲畜。这些，他又献给了三宝。正在那时，有五百粟特胡商，往国王这边来，没能到达，迷失道路，行将死亡，向夜叉祈祷请求保佑。祈祷后，找到了道路，没有死掉，因此，他们说：“到达那里，我们要用一个活人供祭夜叉。”由于这个原故，他们重新找到了道路。到了国王迈布宋达尔的国度后，谓要去会见供祭夜叉之人。当他们讲这话时，管家西日登听见了，心想：我在无数辈以前，如同马车轮子那样，在轮回里生生死死地流转，对无休止的生生死死不知难过，生生死死没有停止过，我这样的躯体有什么舍不得抛弃的。若为别的众生舍命，拯救恐惧者，这样，许多粟特胡商的愿望也能满足了。于是，把自己的身体卖给了粟特胡人，拿了卖身的钱财向三宝供养、献供，向穷人放布施。完事后，问粟特胡人道："你有什么吩咐？我愿意去完成。"粟特胡人让西日登把身体洗净，用铁链捆绑后，拴在铁橛子上，像烤生肉一样放在火上烧。由于西日登虔诚的力量，神龙们保佑，天也下起雨来，大火没能损害他。粟特胡人就把他释放了。西日登又想：如果满足四大部洲所有"四生"吃喝愿望的话，福德就更大，我今后无疑会得到至高无上的成果，我死后，要投生为别处大湖中的龙王，祈祷世上四方都下雨。由于这样祈祷，他变成那湖中的龙王，名叫阿塔巴特。又在康相地方，大建［寺宇］，宏扬佛教。由于祈祷的威力，他投生为康相计龙之子，在于阗的卓帝尔寺出家，获得圣者阿罗汉之力量后，有名为圣者比丘蒂玛葆噶久阿罗汉者……其兄长萨来之……名唤圣者阿罗汉萨比利。父子俩常住卓帝尔寺，后去康相。为了作善知识者，从于阗路经迈斯噶尔。来到迈斯噶尔，见一长者之门边种有很好的蒲柳。到了康相后，二位阿罗汉彼此同意，谁把寺庙建成谁就先敲云板（长木，木钟，木铎，平时召集念经时敲打）。圣者萨比利先从一个大湖里，从龙神住地讨来［修建］俄芒寺地基，湖水向下流去，就是现在的周色罗湖。圣者萨比利用草很快盖起了一座茅篷，立即敲打云板。于阗语中称茅篷为俄芒。圣者阿罗汉诺格洲把奥尔绒寺的地基察看定下来后，重又到迈斯噶尔，对长者道：我在康相要建一寺庙，要把这些树都取走。长者心想：在康相修寺的木头要从这儿取，这是对我的试探还是要说些什么？就答道："你要的话全部取走。"圣者阿罗汉作回向后，有七个仆从，一夜之间，把树全部连根拔走，每五、六根自己捆在一起，人们见到木头往康相方向自然走去。于是，寺庙建成了，即奥尔绒寺。寺建成后，他又变成龙王，名叫无热龙王，梵语叫若吉扎噶那，到鹫峰山去听佛讲经，听完经后，佛预言：到此劫一半时，你将成为世间佛，你要有能力如三世佛那样为众生行善，拯救三界一切众生。佛灌顶后预言。

于阗地方中心的海心，即于阗地方大寺的里边，在大集市的上方，瞿摩寺扎瓦夏化身佛下面的顶端。海子中现在还有扎瓦夏化身佛的跏趺印。

在于阗，二部比丘众的人数，比丘及比丘尼有四千七百余人。在吉勒羊以下，高泅和杜尔耶以上，有比丘及比丘尼五百三十余人。在康相，比丘二部众有二百五十余人。吉勒羊以下，高泅与于阗以下和康相以上，总的比丘与比丘尼二部众，自己有土地、牲畜、奴仆的比丘和有施主的比丘，共五千四百八十余人。现在这些比丘里，化身为菩萨替众生行善者极多。

自经藏《日藏经》、《月藏经》、《不空罥索经》诸经论主要内容中，由堪布毛尔古岱谢重新翻译。于阗宗教史略校完。

附记：

本文所译 P. T. 960 号文书的藏文录文及注释，参见《敦煌本藏文文献》（民族出版社，1983 年）第 256—278 页。

（原载《西北史地》1982 年第 3 期，与陈践合撰。此次结集，有局部修订。）

归义军曹氏与于阗之关系补证

——P. T. 1284 号吐蕃文书译释

一、释　文

P. T. 1284 是一件西域统治者之间日常问候的信函，极短，文仅数行。信头上的发信人“河西节度曹太保”，受信人“狮子李大王”。两位崇高的职衔颇发人遐想，引人探索。匈牙利藏学家乌瑞（G. Uray）在他著名的论文《吐蕃统治结束后甘州和于阗官府中使用藏语的情况》（原载《亚细亚学报》第 269 卷第 1—2 期，1981 年；耿昇汉译文载《敦煌译丛》第 1 期，1985 年）中，写了几句简短的注记，提到“P. T. 1284 第三篇文书，开始处是一封习作信，它是由‘河西北方节度使曹太保’寄给于阗王爷的”。此外，至今还没有人作过进一步的探讨。下面谈谈我们的认识。

（一）首先简略地谈一下藏文 ho se byang ngos 译作“河西”，或如乌瑞的文章一样译作“河西北方”的问题。P. T. 1263

号藏文写卷，是藏汉对照的词语残本，其第一行即有这一词语，ho se 就是汉语“河西”二字的音译，再加上 byang ngos（北面）而组成。当时，在该地习惯称为“河西一路”，是指瓜、沙、伊、西、甘、凉乃至整个河西走廊而言。在 P. T. 1263 号卷的语词中，还有汉天子、吐蕃天子、退浑王、回鹘王、胡等等称谓，从中也可窥出“河西”作为一个政治实体，具有特定的地位，周旋于逐鹿群雄之中。

河西本为汉代所置的地理名称，通称为河西四郡（酒泉、武威、张掖、敦煌），或再加上金城，称为河西五郡。因为地在黄河上流以西，故称河西。到了唐代，景云元年（710 年）置河西节度使，开元、天宝之间河西节度使为“天下十节度”之一。治所设于凉州，其辖境相当于今甘肃省河西走廊。有唐一代，河西是几个民族，如吐蕃、回鹘、突厥、吐谷浑以及粟特胡人长时间争夺之地。《新唐书·代宗纪》：“河西节度使杨志烈及仆固怀恩战于灵州，败绩”，时在广德二年（764 年）。《资治通鉴》卷 224 唐代宗广德元年（763 年）就记录“夏，五月，河西节度使杨休明徙镇沙州”。可见，那时风云变幻，形势危岌。及至唐末、五代时，回鹘人在河西建立的小王国，称为甘州回鹘，又称为河西回鹘。因其统治地区为甘、沙、凉、贺兰山、秦、合罗川（额济纳）一带而得名。848 年张义潮举旗归唐，举表来献，也领有“河西节度使”的封授。P. 2942 号文书，池田温即定名为《唐年次未详（765 年?）之河西节度使判集》，也是沿用了这一专名。P. 2482 号《阴善雄墓志》之结衔为“唐故河西归义军节度内亲从都头守常乐县令银青光禄大夫检校国子祭酒兼御史大夫上柱国阴府君”。

P. 3633 号的《沙州百姓上回鹘天可汗书》（共 51 行）中的第 3—6 行中云：“沙州本是大唐州郡，去天宝年中，安禄山作乱（第 3 行），河西一道因兹陷没，一百余年，名管蕃中，至大中三年（849 年），本（第 4 行）使太保起敦煌中□□却吐蕃，再有收复，尔来七十（第 5 行）余年，朝贡不断……（第 6

行)。”可见，“河西”、“河西一路”、“河西北面”都是当时当地习称。这里出现“河西（一路）节度（使）”的称呼，是符合实际情况的。

（二）“节度（使）太保曹”一句包括两方面的问题：（1）曹氏领有归义军节度使的历史。（2）这位有太保荣誉称号的曹节度使是谁？

848年张义潮在沙州举旗起义，赶走了吐蕃节度使，收复瓜、沙两州，又挥戈东指，攻克肃、甘，西取伊、西，“誓心归国”（见S.6161号《张淮深碑》），派出十路使节向唐廷报捷，其中一路于大中五年（851年）绕道天德军抵达长安。唐廷即以张义潮为河西节度使兼沙、瓜、伊、西、肃、甘、兰、鄯、河、岷、廓等十一州观察使，旋改为归义军节度。咸通二年（861年）张义潮克凉州，至此已奄有全部河西。“西尽伊吾，东接灵武，得地四千余里，户口百万之众，六郡山河，宛然而归”（见《张淮深碑》）。于是，张义潮就成为英雄人物，在P.3451号《张淮深变文》中歌颂义潮：“河西沦落百余年，路阻萧关雁信稀；赖得将军开旧路，一振雄名天下知。”咸通十三年（872年）张义潮去世，沙州政局不稳，侄张淮深为归义军留后。大顺元年（890年），义潮婿索勋发动政变，张淮深及夫人陈氏及六子，一门八口不知所终，索勋另立义潮子张淮□；892年，索勋又自立为归义军节度使。义潮十四女（李明振之妻）深衔此冤，计诛索氏，立张淮□之子张承奉，时在乾宁二年（895年）前。其间篡夺频仍，直至光化三年（900年），唐廷诏授张承奉为节度使；905—908年之间，承奉自立为“西汉金山国”，称王自娱，号为白衣天子。这种分裂性的割据，动摇了自身存在的基础。904—911年之间三战回鹘，搞得“生者分离异土，号哭之声不绝，怨恨之气冲天”（《望江南》，任二北辑《敦煌曲子集》），于是向回鹘屈辱求和，承认“回鹘可汗是父，天子是子”。据S.1563号《西汉敦煌国圣文神武王敕》中记录张承奉最后的活动，末署“甲戌年五月十四日”，可知这个蕞尔之地的金山国，维持到后梁乾化四年（914 年），被其长史曹义金取代，开始了瓜沙曹氏政权。

曹义金本为沙州长史，张承奉失败后，被州人推为留后。曹议金鉴于张承奉之失，取消了国号，奉表归朝。《新五代史》卷 74 四夷附录三《吐蕃国传》云：“至唐庄宗时，回鹘来归，沙州留后曹义金亦遣使附回鹘以来，庄宗拜义金为归义军节度使，瓜、沙等州观察处置等使。晋天福五年（940 年），义金卒，子元德立。”《宋史·外国传》沙州条云：“义潮入朝，以从子惟（淮）深领州事。至朱梁时，张氏之后绝，州人推长史曹义金为帅。义金卒，子元忠（与《新五代史》稍异）嗣。”曹义金接管政权时，辖地只有瓜沙两州及紫亭、悬泉、雍归、新城、石城、常乐六镇，人口不过数万，势力十分单薄。时，中原正值改朝换代，无暇西顾。曹氏政权却一直延续了 100 余年，中间苦心经营，支撑着摇摇欲坠的危局，不惜对东西两回鹘卑辞下礼，奉表称之为父王，自称为子；并以通婚联姻办法联络于阗，与之修好通聘，以求奥援。后唐同光二年（924 年）正式授以“归义军节度使，沙州刺史检校司空”的荣衔，奉中原正朔以安当地人心。从以下封敕和题名结衔中可以看到，曹氏政权举中原封敕来号如百姓的用心：

宋开宝六年（973 年），封曹义金子元忠为“推诚奉国保基功臣，归义军节度使，特进检校太师兼中书令，西平王”。翌年，元忠卒，诏赠“敦煌郡王”。在敦煌洞窟中，第 100 窟有曹义金题名，结衔为“授河西陇右□□庭楼兰金满等州节度使检校中书令……”义金之子元德的结衔是：“敕河西归义军节度押蕃落使检校司空谯郡开国公。”第 61 窟南壁列东向第三身女供养人题名结衔：“敕授浔阳郡夫人翟氏供养。”这个翟氏是曹元忠之妻，见 S. 2687 号“弟子河西归义军节度瓜沙等州管内营旧观察处置押蕃落等使特进检校太傅谯郡开国侯食邑一千户曹元忠浔阳郡夫人翟氏”，末署大汉天福十二年（947 年）丁未岁，十一月壬子朔十九日。在后汉乾祐三年（950 年）曹元忠施刻的

《金刚经》卷中，以及 S. 4398 号卷子中，元忠的结衔又增加了兼御史大夫的荣誉。从后周广顺二年（952 年）起，元忠的题名结衔中，开始出现“太保”的荣称。953 年开凿的 469 号窟中，元忠的题名结衔当然也就有了“太保”二字。因此，可以推定，此书信也可能出自曹元忠之手，因此才署为“河西（一道）节度（使）太保曹”。

（三）“父王天神狮子李大王”是谁？

沙州曹氏以于阗为奥援，以求立足于东西两回鹘之间，用心良苦，已见上文。在曹氏所开洞窟中，最大的供养人像即是第 98 窟东壁于阗国天子李圣天的像，高达 2.9 米。头戴冕旒，身穿龙袍，佩长剑，登高头履，雍容华贵，气度非凡。供养人题榜：“大朝大宝于阗国大圣大明天子即是窟主”。另一幅于阗国王像见于第 220 窟，在甬道北壁新剥出的五代壁画中，此王正在为文殊菩萨牵狮。看来与本文的“狮子李大王”用意相合（于阗王赐姓李，晋天福中其王李圣天自称唐之宗属，后晋高祖命供奉官张匡邺持节册圣天为“大宝于阗国王”）。洞窟中出现的于阗国王像和有关题记，证明了曹氏与于阗的关系。于阗国王李圣天之第三女为曹氏之配。曹义金四妻：长妻张氏，子元端早亡；次妻为回鹘夫人李氏，生子元德；次为索氏，生子元深；次为宋氏，生子元忠。义金将回鹘夫人所生之女嫁予甘州回鹘可汗。另一女嫁于阗，即第 61 窟中的“姊大朝大于阗国大政大明天册金封至考皇帝天皇后”，也就是第 98 窟中的于阗皇后。

第 61 窟东壁北侧第七身题名：“大朝大于阗国天册皇帝第三女天公主李氏为新受太傅曹延禄姬供养”。曹延禄有一位于阗公主作为夫人，是不容置疑的。沙州曹氏与于阗的关系如此密切，前面我们已提到曹义金接位之初，沿用张承奉金山国之例称甘州回鹘为父王，又结姻好。对于于阗国，以这样姻亲关系，是否也同样的称呼呢？

（四）综上所述，可得出简短的结论：P. T. 1284 号写卷，是“河西节度使太保曹元忠致于阗国王李圣天”的一封存问信札。

二、译　文

P. T. 1284：

河西［一路］节度［使］太保曹致狮子李大王帖

父王天神狮子李大王驾前：

河西［一路］节度［使］太保曹致帖天子驾下，隆冬将至，寒风凛冽，圣躬于宝座理政，极为辛劳。贵体安泰无恙否？特修书……问安。

附记：

（一）本文之成，得力于下列诸家之作，得鱼岂能忘筌，谨表谢忱。（1）王重民：《金山国坠事零拾》，《北平图书馆馆刊》第 9 卷第 6 期，1935 年。（2）唐长孺：《白衣天子试释》，《燕京学报》第 35 期，1948 年。（3）藤枝晃：《沙州归义军节度使始末》，《东方学报》1941—1942 年。（4）贺世哲、孙修身：《瓜沙曹氏与敦煌莫高窟》，《敦煌研究文集》，甘肃人民出版社，1982 年；《瓜沙曹氏年表补正之补正》，《甘肃师范大学学报》1980 年第 1 期。

（二）本文所译 P. T. 1284 号文书的藏文录文，参见《敦煌吐蕃文书论文集》（四川民族出版社，1988 年）第 66—67 页。

（原载《西北史地》1987 年第 2 期，与陈践合撰。）

P. T. 1256 号《于阗遣使名单》译解

一、解　题

这一文书的重要性在于出现了于阗使者刘司空的名字。

乌瑞（G. URAY）在《吐蕃统治结束后甘州和于阗官府中使用藏语的情况》一文（原刊于《亚细亚学报》269 卷 1—2 期，1981 年；汉文译文载《敦煌译丛》，212—220，耿昇译）中对 18 个卷号的吐蕃文书进行介绍。其中，第 13 卷号即是本卷。他在文中认为：

1. 本文九个使节中四人有都督的职衔，可能是受唐人影响。

2. 其中还有“于迦”职衔的二人。

3. 刘司空，当为于阗的使者。

近年来，森安孝夫研究认为刘司空即是于阗贡使刘再升。他有司空的头衔，与本文合。我们查阅后，知道他在后晋时普到朝廷入贡。《新五代史·晋本纪》天福七年十二月：

> 丙子，于阗使都督刘再升来，沙州曹元深、瓜州曹元忠皆遣使附再升以来。

《新五代史·四夷附录》第三，于阗条：

> 自灵州渡黄河至于阗，往往见吐蕃族帐，而于阗常

与吐蕃相攻劫，匡邺等至于阗，圣天颇责诮之，以邀誓约。匡邺等还，圣天又遣都督刘再升献玉千斤及玉印、降魔杵等。汉乾祐元年，又遣使者王知铎来。

那么，这一卷子则被定在920年前后的亥年，915乙亥或927丁亥（?）。

至于九个使者的名字，看来都是于阗语的译音。

乌瑞的文章着重说明，藏语在公元8—10世纪之间是河西、西域一带通用的官方用语，即使在9世纪中叶，吐蕃的势力撤离西域以后，甘州和于阗两个小王国中仍在使用藏语。

二、译　文

猪年秋季七月十六日，于阗使者刘司空与肖甘等启程，答应这些使者们毫无危险平安（到达），遣往于阗名单如下：

菩提莫萨“于迦”、尤禄迦莫贺“都督”、夏卜达拉古拉则“都督”、司马赍白岱玛“都督”、觉罗干金“都督”、杜必尔栗“高尔米斯”、奥达“玛木卜拉斯”、夏卜达拉“聂金”、莫召聂“于迦”。

附记：本文所译P. T. 1256号文书的藏文录文，参见《敦煌吐蕃文书论文集》（四川民族出版社，1988年）第95页。

（原载《敦煌吐蕃文书论文集》，四川民族出版社，1988年。合作者陈践。）

吐蕃占有敦煌时期的民族关系探索

——敦煌藏文写卷 P. T. 1083、1085 号研究

一、解　题

伯希和劫走的敦煌藏文写卷共有2000多卷（现藏于巴黎国家图书馆东方手稿部），依照拉露女士（M. Lalou，1890—1967）所编的目录即有2182个卷号之多。其中标为1083、1085两号者（我们简称为P. T. 1083、1085号，P指伯希和劫走者，T代表藏文写卷），已收录在1980年在巴黎出版的、由麦克唐纳夫人和今枝由郎编辑并加注记的《敦煌藏文写本选集》第2卷之中。这两个写卷，是非常引人注目而富有意义的社会经济文书。

公元8世纪80年代到9世纪中叶，吐蕃人占有敦煌。公元8世纪50年代，在“安史之乱”中，唐廷撤走了河西陇右一线全部防军，用来抵御安史叛军；吐蕃军旅得以长驱直入，轻而易举地占有河、湟、甘、凉，直抵秦陇近畿。其后，吐蕃人长期淹留在关陇一带，成为唐朝大患。而敦煌（沙州）一地成了孤岛，

在当地军民坚守之下，苦撑了11年之久，最后，终于为吐蕃人攻占。从此，唐蕃关系史揭开了新的一页，吐蕃人深入内地，与唐人有经济、文化各方面的广泛接触，实际上大大促进了民族之间的交往。

吐蕃人占有河、湟、瓜、沙以后，整个河西走廊连成一片。于是，面临着一个新问题：如何妥善处理广大的新占领地区的民族关系。当时，吐蕃人、孙波人（即原文中所说的 bod 和 sum）属于嫡系部队（他们的随军家属包括在内，这是《贤者喜宴》[1]的作者一再指出的 rgod 和 g·yung）；吐谷浑人和党项人（即藏文史书中所指的 va zha 和 mi nyag）是已收编入伍、但仍有相对独立指挥系统的杂牌军；还有被征服的瓜、沙一带的汉人（rgya）。从实际情况看，汉人在当地人数多，占地广，生产技术好，是当地的主要经济支柱。这一批原来属于唐朝的汉户，一旦失去了原有的凭依，而落入吐蕃军事占领者的手中，在兵荒马乱的时刻，情况是很不妙的。开始时，吐蕃军旅挟军事行动的余威，横加劫掠，子女玉帛，悉归帐下，这些汉户没有任何政治上的保障，造成当时社会上的混乱和动荡不安。在吐蕃人已经完全有把握占领这片土地之后，他们便希望社会稳定；吐蕃统治者按照自己固有的制度和习惯来改造新占领区，在敦煌被占领后第一个午年，即790年，把新区的汉户编成“沙州汉户部落”。收编汉户为部落，似乎是封建制向奴隶制的倒退，但我们不能仅仅从形式上看问题。

在这里，唐蕃双方的军事、政治、经济上的错综复杂情况，我国境内民族交融的历史过程，要求我们细心地分析当时的历史资料。在 P. 2449 号汉文卷子里，就有“流沙僧俗，敢荷殊恩，百姓得入行人部落，标其籍信，皆因为申赞普，所以纶旨垂边……”的

① 藏文重要史籍，巴俄祖拉陈瓦著，1564年成书。国内习用民族出版社1986年铅印本。

赞语。① 看来，也许当时的若干汉户是欢迎这种编为部落的措施的。从一般社会心理讲，有了固定的“主子”，总比做众人的奴仆或者任人抄掠强得多。但是，抄掠惯了的吐蕃、孙波军人，初期，对新的编组不买账，他们继续以胜利者的姿态对待汉户，照旧为所欲为，制造新的紊乱。这就是这两份文书产生的历史背景。如果把这两份卷子定在编部落后不久的时间，即 P. T. 1083 卷中亥年，可能是 795 年或 807 年；而 P. T. 1085 卷中辰年，可能是 788 年或 800 年，大致是可以相信的。而且，通过这两件文书，可以帮助人们去进一步了解沙州汉户的部落实际分布和名称，以及如何编组、如何管理这些部落。

吐蕃统治者知道：在新占领地区争取汉人，特别是争取唐廷原来的官员合作共事，是稳定局势的重要条件。P. 3481 号汉文卷子背录二斋文，其一为“大蕃部落使河西节度太原阎公”佛会用。这位阎公不是别人，正是缢杀沙州刺史周鼎，以身自代而坚守沙州 10 年，之后，与吐蕃人约定“毋徙他境”而投降的阎朝。他投降后，在吐蕃得到的职务是“大蕃部落使河西节度”，这个藏汉合璧的称谓，恰恰反映了他处在唐蕃之间的双重身份。另，P. 3726 号卷子题为“故前释门都法律京兆杜和尚写真赞”，是由“释门大蕃瓜沙境大行军衙知两国密遣判官智照撰”。② 这位“密遣判官智照”，显然是以僧侣身份在吐蕃新秩序中任职的汉人官员。由于这一些僧俗官员的配合，瓜沙一带的部落制逐渐被人们接受而固定下来，而且有了发展。这是我们必须研究的新情况，也是我们重视这两个卷子的原因所在。

两个卷子尾部各有一颗红色的钤记，分别为不同的图案，都有插着翅膀的鸟或兽，而且署文不同。使我们对吐蕃实行的驿传制度，有了进一步的了解。

---

① P. 2449 号卷子背面录释子文。《敦煌遗书总目索引》录其正面，题作《元始应变历化经》一卷。

② 《敦煌遗书总目索引》，第 293 页。

二、译　文

1. P. T. 1083 号（藏文横书 9 行，是当时敦煌流行书法，苍古遒劲，下有“大将军敕令之印”字样，有扦翅飞兽图案）译文：

亥年春，大论于陇州军帐会议上用印颁发之告牒：

兹据唐人二部落使禀称：“此前，沙州汉户女子每为吐蕃、孙波［部落］及个别尚论以婚配为名，抄掠而去，［实则］多沦为奴婢。凡已属赞普之子民均已向上峰呈报，不得随意抄掠。应如通颊之子女，不予别部婚配，而允于部落内部婚配。”云云等情。据此，［尔后］不准无耻之辈持印牌前来择配，而允其自行择偶。

告牒如上，用印发出。

2. P. T. 1085 号（藏文横书 9 行，是敦煌文献中习用的正楷，笔意飞动流畅，书法美观。尾右下方一朱印，文为“亨迦宫敕令之印”，图案为扦翅飞鸟）译文：

辰年冬十一月上旬，亨迦宫用印颁发之告牒：

令下沙州节儿：

据沙州二唐人部落之民庶禀称：“沙州每年定期向宫廷及大行军衙交纳年贡礼品‘冬梨’一次，王廷虽已拥有果园多处，但仍要增加［年贡］。以往，蒙圣神王臣之恩典，我等蛮貊边鄙之民户也能出头，每户修筑一座果园，且从未交纳年贡礼品及岁赋。［如今］节儿长官等经常不断欺压掠夺乃至残虐无辜。为今后不再发生掠夺、侵占民庶果园事，恳求颁布一严厉诏令，并赐以钤印告牒。”云云等情。

据此，大尚论诰谕，论恐热、论腊藏悉通均用印并摁指印颁发如上。

三、考　释

为了更好地理解这两份卷子，对几个涉及专门必须解释的语词，略加考述。

（1）沙州二唐人部落：这是吐蕃人占领沙州敦煌以后，经过短期的摸索开始推行部落制初期的称呼，是他们用本土原有的制度来管理广大新占领地区的办法。将汉户编成“唐人部落”，开始可能只有两个，后来又陆续增加，时间在790年（庚午）。根据P. 3774号《僧龙藏呈明与大哥析产牒》（池田温名之为《吐蕃丑年十二月沙州僧龙藏牒》），这个卷子中有云：“……从分部落午年到昨亥年，计卅年，计突课九百驮，尽在家中使用。”从这句话中可知，分部落是在午年，而此件所说的昨年的亥年，为819年（己亥），由此年的第二年即820年上推30年，恰为790年（庚午）。上距敦煌易手的787年三年而已。

分部落以后，部落所属每户均立有户口手实，记录非常明细。如S. 3287号卷子纸背的《子年擘三部落户口手实》（下文中将全文引用此卷）就是其中之一，把一户人口登录清楚。这一子年，应是790年的午年分部落以后不久，定为796年（丙子），可能较为合适。除此以外，还见到若干反映出分部落的卷子，同时，列出不少新的部落名称，如：

S. 1475（6）《寅年正月令狐宠卖牛契》中有“卖与同部落武光晖”，说明部落内部有贸易活动。

S. 5812《令狐大娘为田宅纠葛状》（又名之为《丑年令狐大娘诉状》）其中有：“丝绵部落无赖桢相罗织人张鸾鸾见舍半分……。”

S. 1475（12）《阿骨萨部落百姓赵卿卿便麦契》（契文中作“张卿卿”）。

S. 1475（16）《阿骨萨部落百姓马其隣便麦契》。

P. 2449 和 S. 1864 有："岁次甲戌年九月卅日沙州行人部落百姓……。"

北图咸字 59 号《寅年僧慈灯雇工契》内有"悉东萨部落"的记载。

《阴处士碑》处士之弟官职名为"大蕃瓜州节度行军并沙州三部落仓曹支计等使。"

此外，还有"上部落"、"下部落"①、"宁宗部落"②、"撩笼部落"③ 等。这些部落名称，当时都由吐蕃文译成汉语，记录在卷。

据 S. 3287（2）（背）《子年擘三部落户口手实》和 P. 2162（背）《左三将纳丑年突田历》来看，在部落之下，又分为若干个"将"，将设将头④。敦煌卷子中既然有右二将、左三将，可能还有右一将、右三将，直至右十将以及左一将、左二将，直至左十将⑤。这种编组是在敦煌推行部落制以后出现的。到目前为止，还弄不清"将"的吐蕃文对音。

部落，是吐蕃当时军事部落联盟政体的基本组织名称，与古代以氏族为基础形成的聚落单位有所区别。它既是区域性的又有血缘性因素的组织。而在敦煌的一些汉文卷子中，以 stong sde（东岱、千户）来对译部落，以千夫长（东本）对译部落使。如在 S. 2736（2）《蕃汉对译语汇》卷子中：

第 38 组：stong dpon 东本 / bo lag shi 部落使

第 39 组：stong cung 小东本 / phu tsen 副丞

第 40 组：khri dpon 乞利本 / i ban zin dzyan 万人将

这样看来，东岱与部落的一致，正合吐蕃的五茹六十一东岱的体制。另一些卷子中又把 khri sde（万户）对译为部落，可能

---

① 见于《关于新疆的藏文文献集》。

② 见于 P. T. 1000、1001、1203。

③ 见于池田温：《中国古代帐籍研究》及《敦煌资料》第 1 集第 274 页。

④ 见于 S. 4577 号《杨将头分配遗物凭据》。

⑤ "左十将"见于 S. 3287（2）。

是部落有大有小，小的部落为千户，大的部落为万户，也未可知。而S. 3287号卷子中所谓的“擘三部落”，正是吐蕃五茹六十一东岱制中的伍茹（中央部队）phyugs mtsams部落的对音。可以推知，当时吐蕃军队的行动与部落的行动是密切关联的，开赴瓜、沙、甘、凉的吐蕃军人是全部落行动，军队打到那里，整个部落也随之而来；以这些吐蕃部落为核心，再把若干汉户收编在部落之中，便于管理约束。后来，形势有了变化，社会日趋安定，才逐渐重新编组为以行业（丝绵）或居住地（上、下）等等为主的纯汉户部落。后来就是按照部落编制来分配田亩、征收赋税了。

（2）部落内部婚配：P. T. 1083号卷中汉户百姓申诉，要求婚配原则“不与别部婚配，而允于部落内部婚配”。我们不妨看看两个材料，借以了解当时的婚姻状况。以S. 3287（2）《子年擘三部落户口手实》中，取索宪忠和梁定国二户为例：

1. 左二将　状上

户索宪忠　妻$_{\text{阴}}$男$_{\text{远远}}$男$_{\text{顺顺}}$女$_{\text{犯娘}}$出度女$_{\text{金娘}}$$_{\text{出嫁与同部落吴通下邓道}}$婢$_{\text{目目}}$

午年擘三部落已后新生□男性奴$_{\text{出度}}$女檐娘$_{\text{嫁与丝绵①部落张□□}}$

下　张清清　女意娘$_{\text{出度}}$　男再和②$_{\text{出度}}$远远妻$_{\text{娶同部落吴通下鄯石奴妹麹□□③}}$

女扁娘　男迁迁妻$_{\text{娶本将程弟奴女}}$

右通前件新旧□，并皆依实。如后有人纠告，括检不同，求受偷人条，教请处分牒件如前谨状。

子年五月　日百姓索宪忠④

这一编号的另一户手实：子年百姓氾履倩等户籍手实牒

2. 左二将　状上

梁庭兰$_{\text{死}}$　妻王$_{\text{死}}$　男定国　男憨憨$_{\text{死}}$　小妇$_{\text{死}}$　父$_{\text{死}}$　母$_{\text{死}}$

---

① 《敦煌资料》本录作“赵□部落”。

② 《敦煌资料》本录作“男再佛”。

③ 《敦煌资料》本录作“娶同部落吴道下鄯品奴妹女魏”。

④ 池田温：《中国古代帐籍研究》，第519—522页。

□□□□死（午年擘三）部落已后新生□　定国　妻王死　男金刚妻娶同部落曹荣下索进昌女　男沙子男沙门　女妃娘死[1]女女女　奴定奴　奴□奴　婢荣娘宜娘　婢星星

右通前件，新旧□，并皆依实，如后有人纠告，括检不同，求受偷人条教请处分，件如前谨状。

子年六月　日百姓梁定国

这两件户口手实，都很有趣地记录了擘三部落中汉户百姓的婚姻关系：一、同部落娶（嫁），二、本将娶（嫁），三、别部落娶（嫁）：如擘三部落嫁（娶）丝绵部落。由此可见，这种婚配是客观的存在，因而，在申诉中要求在本部落择配，实质上是反对吐蕃、孙波和某些尚论以婚配为借口强迫庸为奴婢的不平等待遇。在同一文件中，明白记载了“婢落娘已上并论悉殉息将去，奴紧子论悉殉息将去”，可见在午年分部落之前，论悉殉息一类吐蕃官员可以随便到汉户家中“将去”女子。

（3）吐蕃、孙波（bod　sum）：bod，吐蕃，是指吐蕃本部嫡系部队。《资治通鉴》胡注：“发羌……蕃、发音近，故其子孙曰吐蕃。刘昫曰：吐蕃，秃发氏之后，语讹曰吐蕃。”我们只补充一点：在一些藏文古文献中 bod 与 vbrog（牧）并举、对称，前者含义显然是“农业人口”。悉补野家族起自雅砻河谷，以农业部落统驭全藏，逐渐以这名称为整个“部落联盟”的称谓。

sum，指 sum　pa，孙波，又作苏毗，本是西藏高原上一个部落，自成一小邦，地处吐蕃之北鄙，在今拉萨以北地区。吐蕃兴起时，首先被吞并，事见《敦煌本吐蕃历史文书》赞普传记第 4 节。《新唐书·苏毗传》：“为吐蕃所并，号孙波。”由于孙波早已被吞并，编入吐蕃军旅较早，而且语文一致，当然成了“老兄弟”，享有某种特权。但他们之间也有矛盾，孙波人曾经由于受不了吐蕃人的欺压，率部投唐，事见《新唐书·吐蕃传》。《资治通鉴》卷 217 系于 755 年，“天宝十四载（乙未），春正

---

① 《敦煌资料》本作“出度”。

月，苏毗王子悉诺逻去吐蕃来降。（胡注：苏毗，吐蕃强部也）四月癸巳，以苏毗王子悉诺逻为怀义王，赐姓名李忠信。”在《贤者喜宴》ja 卷记述吐蕃的军事五茹（翼）编制及驻地时，还把孙波一茹单单列出。

（4）通颊（mthong khyab）：吐蕃在新占领区，即沙州及于阗一线唐人地区新设的机构名称。据《贤者喜宴》ja 卷第 19 页所记，通颊设于东境，为东道节度使所辖，东西各五。这是专门管理汉户的、相当于千户的机构。

佐藤长在《西藏古代史》中把它解释为“张台”，这是字面上的解释。乌瑞认为是一个具体地名。托玛斯认作烽火瞭望边哨。山口瑞凤在 1980 年的《吐蕃支配时期的敦煌》一文中，注意到这是唐人属地被吐蕃占领后，在蕃汉杂居地区设置的新机构，颇有见地。

这一语词,又出现于新疆罗布泊地区出土的吐蕃简牍之中。P. 4083 号卷子中有“通颊百姓唐清奴”买牛契,可作例证。

（5）亨迦宫（lhan kar）：又作登迦宫（ldan kar），吐蕃王廷宫殿之一。墀松德赞赞普在位时（755—797 年），曾有三大宫殿齐名，它们是秦浦（mchims phu）、庞塘（vphang thang）和登迦。既是赞普与群臣集会论事之所，又是宫廷佛徒讲经说法之地。此处亨迦宫似为吐蕃王廷处理公务的办事机构所在，加盖亨迦宫之印钤，表示它的特殊作用。

（6）节儿：藏语 rtse rje，意为一寨之主。吐蕃时期各诸侯在采邑之内筑寨以居，名为 rtse，意为山寨，每多设在山顶，围以城堡，形成一个军事、政治中心，统驭其属民。当时最著名的有秦瓦达则、雅则等堡寨。以后，历代相沿，均用 rtse 这一称呼，筑城垒寨，乃有十三堡寨之说。S. 1438（2）《书仪》中有“节儿自杀”之语，指守城的蕃官。S. 5816《杨谦让契文》有“节儿断”的提法，均表明节儿是“守城之主”，相当于一州之节度使，似乎参酌唐代汉语节度使之称，音义兼顾，译为节儿。

（7）将军（khrom）：这一词是吐蕃时期文献中屡次出现的

名称。过去，我们在初译《敦煌本吐蕃历史文书》时作地名处理，用以对译高昌。现在看来，考虑欠周。特别是由于见到 khrom chen po 的钤印，作为一个地名就讲不通了。又见到了乌瑞教授专门论文《释 khrom》①，他在文中分析了若干敦煌汉藏文卷子以后，认为“khrom 是吐蕃在公元 7—9 世纪之间在敦煌一带设立的政府机构名称”。山口瑞凤在这之后，把这一语词考订为“军帐会议”。② 我们在他们的文章启发下，反复揣摩这一语词的含义，尤其是在《格萨尔王传》中，每每称格萨王为 khrom ge sa，似乎也与此词的含义有莫大关系。因而尝试着译为“将军”；khrom chen po 译为大将军，khrom gyi vdun sa，译为“军镇会议”，或按汉文 S. 3726 号卷子译为“大行军衙”。

（8）最后谈谈这两份卷子上盖的朱红钤印。

P. T. 1083 号钤印的图案是具有双翅的飞兽，可能是飞狗或飞马。印边的文字 khrom chen po nas bka rtagsu bkye，可译作“大将军敕令之印”。P. T. 1085 号钤印的图案是双翅展开的飞鸟，印边的文字为 pho brang lhan ka mas bka rtagsu bkye，可译作“亨迦宫敕令之印”。这两枚红色钤印的作用之一，是表明发文机关的权威性；其次还可能是作为驿传的标志。飞马（或飞狗）图案之印是发自军镇，而飞鸟图案之印则发自王廷内府；看来，这也算标明发文机关级别的差异。

张广达《吐蕃飞鸟使与吐蕃驿传制度》③ 一文中，引两《唐书·吐蕃传》中的“飞鸟使”，“飞鸟，犹传驿也”；并引陈庆英、端智嘉介绍的敦煌县文化馆藏编号为 0336 10—336/10 074/74 号藏文文书。而以 mchivi byivu pha 一词为汉文文献中所云的“飞鸟使”的所本，此说甚为有力。

按 mchi 一词释为：来、去、投向、归向。我们翻阅了《达

---

① 载《第二届国际藏学会议论文集》牛津，1979 年，第 310—318 页。

② 见《吐蕃支配敦煌时代》，《讲座敦煌 2：敦煌的历史》，1980 年，第 197—232 页。

③ 载北京大学中国中古史研究中心编：《敦煌吐鲁番文献研究论集》。

氏字典》第433页，《叶斯开字典》第164—165页，《曲札字典》第276—277页，桑木旦新编《藏文字典》第239页，《藏汉词汇》（兰州版）第282页。诸家辞书，大致相同，可以解释为“来往、驿传”的意思。byivu 即雀、小鸟。mchivi byivu pha，则可译为“如鸟往来行者”。现在看来，除鸟的图案以外，还有兽的图案。因之，《因话录》卷7角部谭可则条故事中所谓“使者上马如飞，号为马使，报得可则审宪皇崩问之状”，“马使”似乎也有可能，不一定非是“鸟使”不可。除此之外，还有狮、驼、狗等图形的吐蕃铃印。

（9）至于P. T. 1085号卷子中出现的“论恐热”，与《资治通鉴》卷246会昌二年（842年）所记洛门川讨击使的论恐热，恐非一人。那个论恐热姓末，名农力，于咸通七年（866年）被拓跋怀光擒斩。时间差距很远。另外，卷中的“论腊藏悉通”事迹不详，有待于进一步了解。

附记：

本文所译P. T. 1083、1085号文书的藏文录文及注释，参见《敦煌吐蕃文书论文集》（四川民族出版社，1988年）第68—72页。

（原载《历史研究》1984年第5期，与陈践合撰。此次结集，有局部修订。）

吐蕃时期的占卜研究

——敦煌藏文写卷 P. T. 1047、1055 号译释

敦煌藏文写卷中有相当一批关于占卜的文书。本文主要是将巴黎法国科学院西藏学中心和巴黎图书馆东方手稿部合编的《敦煌藏文写本选集》中收录的 P. T. 1047、1055 号占卜文书译成汉文，予以介绍。并对吐蕃时期的占卜作了初步分析研究。文章认为，前兆是事物发展过程中的前期现象，认识事物的前兆属于科学知识，先民们正是通过生活实践的总结获得前兆的；而占卜则是由前兆联想到前兆迷信的进一步系统化，是苯教巫师类宗教职业者的“杰作”，并成为他们争取信徒的重要手段。对藏文写卷占卜文书的研究，可以从一个侧面了解吐蕃时代的人们，是如何从事生产活动和生活的。

一、导　言

吐蕃先民和其他民族的祖先一样，在长期的生产、生活和社

会实践中，积累了认识事物的知识。至于如何取得这种知识的种种途径，他们对此做了花样百出的试探。不消说。这当中充满了成功的喜悦和失败的悲哀，也夹杂着一次次难以捉摸的迷惘和犹豫。其中，很有趣味也很重要的一种，即是认识事物在发展过程中的前期现象。今天，人们平常称之为“前兆”（snga ltas）。

前兆，有吉兆（bzang），汉语称休征，是有利的或无害的现象；凶兆（ngan），汉语称咎征，是不祥的特殊现象。吉兆，凶兆，都是人们把事物发展过程中的多次发生的迹象加以综合、排比、联系、推理，而建立起来的一种判断系统。并且，把它普遍化、系统化用来预测将来可能产生的事物，或者，预料某种事物可能产生的后果。由于受当时人们认识水平和心理状态的影响，对这种前兆产生迷信，又逐步发展，到了吐蕃时期（9 世纪末为其下限）就成为苯教巫师手中十分有力的工具，被他们弄得十分神秘而且具有权威性。应该承认，在吐蕃先民生活经验中积累的对某些前兆的认识，确实反映了事物内在的规律，如：“月晕而风”、“础润而雨”以及其他种种物候，那是先民生活实践中总结出来的科学知识。这些前兆，一旦成为人人皆知的常识，它就不再作为巫师们的预测后果的前兆，也就失去了神秘性和灵活性。换句话说，它不可能再成为苯教巫师用以装神弄鬼的东西，不属于前兆迷信，而是属于知识的范围了。

由此可见，就是一些神秘莫测的、模棱两可的前兆联想才变成前兆迷信，再进一步加以系统化，就成为占卜和巫觋。一方面，这当然是一种迷信；但是，另一方面它又是很复杂的思想活动，是在普通人的愿望中流露出来人话和鬼话相羼的“谵语”，它的专业性很强，而且，不是每一个人都能解释的。这一过程（前兆联想→前兆迷信→占卜）大概也是苯教巫师们的杰作。后来，吐蕃逐渐流行开来的佛教的法师们，也把前兆迷信作为接触群众、争取信徒的重要手段，几乎每一个教派领袖，每一个圣人都标榜在解释前兆迷信方面有特异功能。甚至在一些村庄里、牧场上，也有某些神汉和巫婆以“前兆迷信专家”身份在活动，用以补充宗教职业者的不足。这就是我们看到敦煌藏文卷子中占卜文书的社会背景。严格地说，在吐蕃时期或更早一些时期，前兆迷信在人民中发生作用，当初是出于人们受自然力和社会动荡的压力，对自己的将来遭遇，和某一行动后果，难以把握，迷惘不安，要求神灵的启示来指导行动，以求得免灾趋福，转危为安。

吐蕃历史上最有名的例子是止贡赞普（vbri gum btsan po，大约公元3—4世纪）的梦占故事，在《吐蕃王统世系明鉴》和《苯教史·嘉言宝藏》[①] 两书中曾加以描绘、渲染。说的是止贡赞普与其下属部落酋长罗阿木达则之间的一次决斗，由于错误地（完全相反地）解释了梦兆，采取了错误的措施，最后导致失败，造成国破身亡的悲剧。这是王室的行动取决于占卜的解释之一例。“雷殛红山，引起火灾，水涌庞塘，泛害人畜”，被解释为佛教带来灾难的恶兆。这是吐蕃历史上有名的苯教徒利用前兆迷信来打击佛教的记录。

汉族史学家们非常注意兄弟民族中对于占卜、休咎的记录。史籍中早有关于各兄弟民族中流行的前兆迷信——占卜的记载，如《史记·龟策列传》：“蛮夷氐羌虽无君臣之序，亦有决疑之卜。或以金石，或以草木，国不同俗。然皆可以战伐攻击，推兵求胜，各信其神，以知来事。”这大致是符合实际情况的。《旧唐书·东女国传》中有一段对吐蕃先民占卜活动的精细观察和描写：“其俗每至十月，令巫者赍楮诣山中，散糟麦于空，大咒呼鸟。俄而有鸟如鸡，飞入巫者之怀，因剖腹而视之，每有一谷，来岁必登，若有霜雪，必多灾异。其俗信之，名为鸟卜。”这个东女国是吐蕃人的一支，风俗语言全同。由于人们认为与人类同时生活在大地上的动物都有灵性，能预知人的未来，尽管它们不会说话，但可以在其他方面表示出来，因而有鸟卜、虎骨卜、牛骨卜、牛蹄卜和羊骨卜等等卜法。鸟卜，主要是将特定的

---

① 《吐蕃王统世系明鉴》（1388年），萨迦·索南坚赞著，汉译名作《西藏王统记》，王沂暖译。《苯教史·嘉言宝藏》（1922年），扎西坚赞著，噶尔美·桑木旦英译，王尧、陈观胜汉译。

鸟（或鸡）剖开其胃，观食物以占年景。这在吐蕃时期是经常使用的方法之一。

吐蕃人以动物作为提取前兆的对象，尤以鸡（鸟）为著，上引东女国的记载可以证明。美籍德国语言学家劳费尔（B. Laufer，1874—1934）为此写过一篇极为出名的论文《鸟卜》，就是讨论吐蕃的以鸟作为物候前兆的。参见 Bird Divination，Tong pao，1914 年。

清人黄沛翘对藏族占卜术也有细致的描写："西藏占卜之术不一，或有喇嘛以纸画八卦、书番字而占者，亦有以青稞排卦抽五色毛线而占者，或数念珠而占者，或画地而占者，或烧羊骨或验水碗。其占卜之术不一，颇有奇验，亦视所学之精浅，妇人亦有通其术者。又有箧，遇事辄翻检其经以告占者，吉凶俱详注经上，其辞义与中国神签相类。"（《西藏图考》卷 6 藏事续考）① 这一记载虽然较晚，但可以看出占卜术在西藏的发展概貌。

总的说来，我们是把占卜文书作为吐蕃初民思想文化发展的遗迹来看待，希望通过占卜文书去了解吐蕃社会中人们从事各种生产、生活活动的一个侧面。从占卜的记录里，可以发现先民求卜的内容很多：如战争、疾病、出行、田猎、建造房屋、婚姻、对敌……大的可以到国家社稷，小的可以是个人衣著，几乎是无所不卜，一切仰仗于神灵，每次占卜时所用的卜具不同，卜辞也就各异。

二、解　题

敦煌藏文写卷中有相当一批关于占卜的文书，巴黎法国科学院西藏学中心和巴黎图书馆东方手稿部合编的《敦煌藏文写本

① 《西藏图考》，光绪甲午（1894 年）刻本，全 8 卷。黄沛翘，字寿菩，清末学者，曾从事川边藏政有年。是书之成，为黄氏历年工作中资料之积累。

选集》第 1—2 卷中属于占卜类的就有 P. T. 55、127、351、1043、1046、1047、1051、1055 等卷号。这些占卜性质的卷子引起不少同行的注意。现在，我们把 P. T. 1047、1055 号两份卷子译成汉文，再做一点粗浅的分析和研究，提供同道参考。

P. T. 1047 号写卷，400 行，残，现存 192 个段落，可以看作 192 次占卜的记录。所用的卜具是羊胛骨，烧灼以验其纹或听其声，来判断吉凶。这种羊骨卜时间较早，所问的事，大多是军国大事（也有涉及个人生命和生活小事），而这种问卜的人，大概都是大相之类的高官，问卜是通过职业的苯教巫师进行的。

如第 8 例（参见译文）是一组典型的卜例，占卜者非同小可，乃是一位吐蕃著名大相邦色苏孜。此人出身于琼保家族，为后藏地方首领，起兵响应从山南雅陇河谷兴起的悉补野家族的征战行动，与松赞干布之父伦赞赞普联盟；曾以后藏二万户来献，赞普即以此二万户赐与之；他也曾告发蒙氏温布谋逆之阴谋，获得赞普信任；又参与除灭森波杰（苏毗部落）之计划。此人为一爵显勋高之重臣，其事迹见《敦煌本吐蕃历史文书》赞普传记第 4 节。

另据《敦煌本吐蕃历史文书》赞普传记第 2 节大相位序表，可知邦色苏孜虽曾任大相，后因叛逆，谋弑松赞干布未逞，自杀。其相位乃由噶尔·东赞接任。因此，可以推断出这一卜辞的记录，确是邦色苏孜以大相身份占出而记载下来的，大致时间可以确定为公元 6 世纪末至 7 世纪初。它可以看做是起决定性作用的、十分重要的官方卜辞。这种卜问的结果，直接支配着人们的行动。

第 14 例大致相同，亦为邦色苏孜主持的问卜结果。文长不赘引，请参考译文。

这种问卜也有牵涉家庭、个人生产、生活上的问题，如婚姻、疾病等；再如牦牛伤人、瘟疫蔓延等等都是人们十分害怕的凶事，都希望从羊骨卜中能示现预兆，以便趋吉避凶，逃过灾难。从这种问卜可以看出当时人们的思想和认识水平。

根据木雅贡布先生生前的解释：藏族习俗上，特别是苯教徒，常常用羊胛骨、牛胛骨或麋子胛骨作为具表占卜。方法与汉族的占卜术基本相近：（1）先将胛骨上残留的肉、脂剔除干净，使骨质纯净。（2）把一小团艾绒放在胛骨上中间最薄的地方，用火镰点着。（3）当艾绒烧红胛骨时，上面会出现裂纹，由于炙灼胛骨，纹理爆裂时产生振动，将烧过的艾绒震下，看起来像是艾绒自己跳离胛骨。（4）根据纹理出现的情况——即“兆之纵横”来判断吉凶。一般认为：上部纹理，右侧纹理为吉；左侧为中；下部为凶。直至现在，甘孜州九龙县信仰苯教的人还常用胛骨进行占卜。毗邻的彝族也用此法。另外，P. T. 1047 号文书每段前的兆象，根据东噶·洛桑赤列教授判断，可能为象雄语，本文未作翻译。

P. T. 1055 号写卷，是用铜钱占卜的判词，已残，存 94 行，可分为 9 例，名之为“金钱神课判词”。此卜具不同于羊骨卜，是用铜钱的“字”与“幂”来定正、反，与烧灼羊骨以验纹理的方法有所差异，但是以字和幂来定奇偶则又是许多民族相同的方法。其内容似比羊骨卜例繁复，大多为个人所求决疑之事。这一判词文字，可能是巫师手中掌握的一种底本，用它来检视问卜的结果，以便回答的。用奇偶数占卜的事例很多，可以与邻近的民族比照。①

正如列宁所说：“科学思维的萌芽同宗教、神话之类的幻想的一种联系。”黑格尔也说过：“数目的排列是容易的，但是深

① 试比较一下彝族的筮占法，见徐益棠等《打冤家——倮㑩氏族之间的战争》（《边政公论》，1940 年，第 1 卷第 7—8 期）：偶偶偶——不分胜负（中平）。奇奇奇——非胜即败，胜则大胜，败则大败（中平）。偶奇奇——战斗不大顺利（下）。奇偶偶——战斗必败，损失大（下下）。偶奇偶——战斗无大不利（中平）。偶偶奇——战斗有胜的希望（上）。奇奇偶——战斗与否，无甚影响（平）。奇偶奇——战必胜，掳获必多（上）。这 8 种结果是彝族的筮卜术。其卜法，见汪宁生《八卦起源》（《考古》1976 年第 4 期）：“数卜法，彝人称为雷夫孜，巫师取草（或竹）握于左手，右手随便分去一部分检视余数，为奇为偶，三次，即可得卜；卜必三次，其排列组合当然可以得八。”可以看出吐蕃的铜钱占卜术，与彝族的数卜法多么相近！

刻地说出其意义则是很难的，而且勉强去说出意义又始终是任意武断的。”（《哲学史讲演录》第1卷，第244页。）也许我们这些粗浅的说明流于武断，只好向读者致歉。

三、译文

（一）P. T. 1047号　吐蕃羊骨卜辞：

1. 本命神欢喜。国王三代社稷不衰。国王父子伉俪宴庆欢乐。本命神大部预示均获验证。

2. 国王夫妇、大臣、仆从以上诸人，衣着华美欢乐饮宴。国王三代社稷不变。

3. 百事皆吉。

4. 本命神与女神欢畅怡乐。国王、王后怡乐雍熙坐于垫上。

5. 国王社稷不变。

6. 天神、“黎萨迦”、王子、女神坐于垫上。国王社稷兴旺，永不变易。

7. 大吉。不宜打酥油。

8. 邦色苏孜令卦师觉档卜子息，后由二十位卦师分析，均谓吉。觉档曰：“三代人如国王般人丁兴旺，其后子息衰竭。”或，大本命神不悦，引来魔鬼、赞哲鬼、瘟疫、厉鬼等。问国王、尚论之寿元，人凶。问引劲旅出征之胜负，出现“萨拉茹保”卦象，即战神，劲旅能取胜一次；出现两个“萨拉恰迈”，则敌方使己方受轻伤。

9. 国王一年之内不薨。问病人之安危，本命神应诺，一年之内不死。

10. 国王百岁不薨。

11. 国王永固。由平民百姓成为尚论。问食物，不至立即断炊，常获赏赐。问外出者，不立即回，但无危险。问子息、寿元，大吉。问怨敌，敌不来犯。本命神不弃，福运亨通。

12. 国王之边鄙庶民作何事，均有福神、人神、“朗雍”等于天宫保佑。问寿元、子息，昊天开启，乡土倍增，社稷不衰，己身平安，吉。问怨敌，……，略有［财运］，暂时不遇。

13. 赞普、相臣、百户、“穷垄”之卦。国王于城堡欢宴。

14. 邦色苏孜与当聂闷忠心耿耿于赞普驾前，卜问：如向李迷夏征讨，能否获胜？得此卦卜：以后，属地将扩增一倍，途中获大财运，大吉。”① 问寿元、子息、怨敌，均吉。唯求事缓成。

15. 国王住于小宫殿和野外帐篷。诅咒本命神而死去。

16. 国王生于野外有二帐篷之地，［或］生于二小地方。本命神围于父系亲属或二兄弟左右。食物不断。不会离乡背井。

17. 一庶民于阗王驾前致礼。大雕与寒鸦同进一食。

18. 城镇广大，主人、主妇丢失钱财，又在此处获得。……主仆相会后，……取之向天酬谢。……主仆一齐酬天。

19. 主仆欢宴饮酒。

20. 卜问何事，尽皆如意。

21. 国王行于途次，被本命神抛弃，福德衰竭。

22. 谓兄抵家，弟身亡。

23. 国王为社稷出征，大功告成，凯旋而归。② 本命神不弃。其后有吉皆吉，逢凶化吉。

24. 国王颜面端严，一年之内不薨。

25. 其余均佳。问国王病痛，颜面过于后昂，凶。

26. 国王驾前，一戴海螺手镯之年轻吉祥女致礼。一小户人家吉祥女，向本命神祈求“卒孜”，得其许诺。获神赐福运，神不抛弃。

27. 本命神喜悦。二姐妹或大小俩将家业扩展一倍。问一切均佳，吉。外出者远行，虽一时不回，但无生命危险而归。问病人病情，将离家而去，凶。问财运，福运不大。问怨敌，敌不来

---

① 参见《敦煌本吐蕃历史文书》赞普传记第 8 节，吐蕃赞普起兵灭李迷夏之事。

② 参见《敦煌本吐蕃历史文书》大事纪年第 49 条，即 698 年条。

犯。

28. 国王手执登天索，本命神不弃。[1]

29. 国王疼痛不已，被箭射中。

30. 国王被奸计所害而薨，一切皆凶。

31. 问子息、寿元、财运、怨敌，皆吉。其余均凶。厉鬼与魔鬼如钉橛不走，行苯教仪轨仍不离去。

32. 用一木碗酥油祭大本命神。国王在看嬉戏，轻轻入睡。一少女致礼。有小喜讯。

33. 将遭鬼害、流言等中伤。一邪魔不喜神，其后一少女死去。

34. 一切均凶。问财运，有鬼、人神潜入其中。遭诅殃和恶咒。

35. 国王遭厉鬼加害。

36. 国王遭厄难薨逝。

37. 卦象皆凶。国王将弃家，离境背乡。被本命神抛弃。

38. 国王驾前，儿童戏水。王妃背弃国王。国王患病。人神威胁本命神。

39. 妇人参与国王政事。国王社稷不保。国王脸色如寒鸦。妇人当权，社稷败亡。[2]

40. 国王社稷败亡。问一切皆凶。

41. 国王驾临。问病人安危，遭厄难。遭魔鬼大害。

42. 国王将遭魔鬼等之大害。

43. 国王有危险。一切均凶。

44. 除［魔］亦无效，魔如橛钉住［不走］。

45. 国王驾前年轻孕妇临产，本命神使孕妇平安生子。人神加害本命神。

46. 国王心神不悦。

---

① 参见《敦煌本吐蕃历史文书》赞普世系表。

② 参见《吐蕃王统世系明鉴》朗达玛政变前的种种舆论准备。

47. 水冲跋布川。国王社稷灭亡。百享皆凶。

48. 一女人平安分娩，日后幸福，家业兴旺。

49. 去年，坐在地上；今年，坐于垫上。去年，用木碗喝；今年，用银碗喝。庶民中一人地位高升。病人痊愈。

50. 索命鬼到一男人跟前。问外出者归否，隔日回来。消除魔害。神室、家屋清洁。

51. 一凡人欢乐，身着新衣，头缠新巾，在院中晒太阳。

52. 男子远道归来，满屋人欢聚。问财运、求事，能成。病人能愈。问何事均吉。

53. 一人绕湖行。问病人，痼疾严重。问财运，不会丢失。问寿元，不会死亡。问外出者归否，缓归。

54. 一人家业领地不衰，不失财运。庶民中一人福力衰竭。问怨敌，浓雾迷漫，不觅路；下大雪，不能达。能发大财。谋事缓成。

55. 一年之内不死。问寿元，大吉。问财运，不失。谋事缓成。问何事均迟延而成，吉。

56. 一人活百岁不死。不失财运。谋事缓成。

57. 主仆二人与一平凡人三人同行。一人将一匹坐骑拴于屋旁。问来否，有二恶人合伙而来。问鬼魔，有［杀死亲人之］男鬼、地仙桃朗①、败家鬼、鬼工、损耗鬼。

58. 魔鬼厉害。口角争纷。污秽中邪。

59. 问何事皆凶。一次捕获六七个犯人，吉。

60. 一人威严而声音洪亮。一人衰竭。一人登高山环顾四周。问归否，归。问走否，走。无大魔害。

61. 一人要远行。病危者，气数已尽。病人病势重，脸色坏，剧痛，受惊。

62. 一个人之福禄，一匹马之辔嚼。问外出否，不会外出。

---

① 地仙桃朗：一种类似狐仙之类的地仙。参见肖崇素在四川阿坝州藏区米亚罗的记录："穷人和桃朗神"，载《藏族民间故事选》（上海文艺出版社，1980 年）。藏语中也有作"台卜朗"、"梯乌朗"者，《藏汉大辞典》第 178 页译作"独脚鬼"。

有一人遭魔害。病人如橛子钉住，［病情不愈］。手中之财，不会丢失。

63. 人患剧痛。中利箭。魔钻入人腹间，长期留住，不肯离去。

64. 砥砆宝石盘破碎，冰宝石盘残缺。一切皆凶。

65. 一人居小屋和山野，均无危险。长寿，吉。问念苯经有益否，无益，病入膏肓。问要出门否，不出门。问归否，不归。谋事能成。

66. 问何事均迟延。不往他乡去，不搬迁。砌围墙、马厩、羊圈，长住一地。

67. 一男人满脸病容，与恶女相逢。穷人问卜：一女人镇住鬼魔。其后，不吉，三兄妹争吵。

68. 二女鬼加害一男人。二忘情女背叛男人。一平庸人绝嗣。

69. 三兄弟争吵。

70. 由一人繁衍为多人，大吉。一男人有病，一男人遭恶言毒语，有大灾难。

71. 一瘦人被水冲走。恶言毒语将人致死。问何事皆大凶。

72. 一方小布之财，一合眼之睡眠。占卜人仅获一团糌粑之财或片刻之睡眠。一人遭人神、邪魔恐吓，遭轻微诅咒之殃。

73. 一人中毒。或人、神、鬼三者与汉地之神大加威胁。

74. 金盘中装满融化的酥油。进大财，获福力。

75. 织院内充满阳光，金盘里装满酥油。对进财秘而不宣，不会丢失。福力降临，财运亨通。问何事皆大吉。

76. 或曰“积财成堆”。

77. 或曰“积财筑城”。问寿元、子息，大吉。求事难成。魔害极凶。问怨敌，攻打能中要害，敌不来犯。去打，财物耗尽，敌不来害，吉。

78. 会进大财，大财不失。财分两路而来。问寿元、子息、家宅、田地、水流，皆吉。

79. 大吉。

80. 从舒适睡处照进阳光，听见杜鹃鸣叫。于织院之中，边晒太阳，边听佳音。问寿元、子息，大吉。其余之事均缓成。

81. 穷人遇外财。骏马食嫩草，太阳冉冉升起。问寿元与魔害，财物上附有鬼魔。众多穷人向同一财物奔去。凡常之鸟同食一物。

82. 织院内阳光普照，一位戴白海螺手镯之少妇铺着垫子，在烧火烹调美食。获得牲畜之福运，神不衰败，财不散失。问魔害，有一女鬼，藏在财运之中，致使财物耗尽。

83. 不吉，福禄消失。二女人拿走带来之财物。财物之上附有鬼魔。女人从泉水井中取水。昴宿被罗睺吞食。

84. 问能否进财，能兴旺，能得财。问去否，去。问来否，来。中有三块木头，三个狡诈之人拿走同一财物。有口舌之争。

85. 将财物带到某地去。偷盗人食窃来之牲畜后走掉。狼觅得食物饱餐后走掉。

86. 财不丢失，如橛子钉住。中有二小木块，三个狡诈之人朝同一财物窥探。……泉边长树。一位吉祥天女在［泉边］系五彩羊毛，［向龙妖致礼］。

87. 财如橛子钉住。后，凶。

88. 交回财物。泉水、居室干净。财物与神永存，无魔害。敌不加害。

89. 财物干净。清除污秽。去福地。出远门者归来。

90. 一小孩在织院之内，于阳光下喝融化的酥油。泉水边，一小孩玩耍。财物之中，杂有流言蜚语。

91. 小孩将泉水搅浑。意外财内主人神与鬼大肆加害。潜入衣裤等羚羊皮衣内之人神与鬼加害。狩猎之时，人神与野狗加害。

92. 有大小二财物呈现眼前。织院阳光普照，一年轻女子遇一财物，喜悦非常。一放毒人调好毒物，摆在阳光下害人。财物之中，人神变作女鬼［加害］。

93. 饮毒。入神变作女鬼，潜入财物，大肆加害。一青年女子，病情严重，将要咽气。

94. 婴儿染病。财物之中，潜入流言蜚语。罗睺侵入昴宿。泉水藏有祸殃。

95. 财物因闲话丢失。问何事皆凶。

96. 财物转入他人之手。财物之中潜入厉鬼。

97. 魔大加害。问何事皆凶。

98. 远路来人和财。问出行否，与出行同。问病人，福气已衰。若念苯经，对解除魔害无益。

99. 病人福气已尽。财物不能取回。水聚于“穆地”之“顶零”。

100. 去某地不再回。念苯经，吉。外出相宜。求事吉。其余不适。

101. 财物之中潜入女鬼。

102. 魔怪深居。寡妇、女厉鬼遍地皆是。问何事皆凶。

103. 妖龙、黄牛、鹿之卦。问神兆，则为牲畜神。问人兆，则为贫穷人、野蛮人、门隅人。

104. 水晶湖里有水嬉。牲畜兴旺。财运亨通。人丁不衰。问何事皆吉。

105. 水晶湖不涸永在。问何事皆吉。内则人丁兴旺、长寿。

106. 太阳升于牲口槽边。大鹿在阳光下食草之后卧下。灶神大悦。一头黄牛或一头犏牛饱食青草之后，在阳光下角戏。

107. 问何事皆吉。

108. 一头黄牛发展成为一群。牲口槽神愤怒，要去搏斗。

109. 灶神、牲口槽神、妖龙、地神未遭污秽中邪。清除魑魅加害，走上喜悦之路。

110. 一头黄牛年内不遭害。鹿不被杀。妖龙不来恐吓。灶神不抛弃。

111. 一头黄牛在棚下常住。一人活百岁不死。问寿元、怨敌、子息，皆大吉。求财、谋事极缓。

112. 鹿受惊吓。加哇神上身显出湖面。灶神或妖龙略有加害。

113. 妖龙、加哇神、灶神来大加害。鹿受惊吓。[其余]略缓。敌不来攻。

114. 院中有头黄牛。鹿不被杀。与妖龙相斗，未伤及人。[其余]延迟。

115. 上述妖龙、灶神，不来加害。其余极缓。

116. 一戴白海螺手镯之年轻媳妇，牵着一头黄牛。牲畜发展，但很迟缓。财运不大。

117. 既不好也不坏，中。

118. 没有比此更佳，人畜两旺。家宅、土地扩展。

119. 大吉。

120. 不杀而放生。问何事皆吉。

121. 患何病，皆会亡。问何事皆凶。

122. 一头黄牛拴于连桩绳上。福运亨通。问何事皆吉。

123. 一头鹿中利箭。一头黄牛受灶神加害，剧痛而逃。灶神、加哇神、妖龙前来加害。

124. 一头鹿或黄牛或犏牛饱食青草。妖龙或灶神遭污秽不净。

125. 鹿群患瘟疫。牦牛或犏牛患牛瘟。妖龙或灶神遭极大之污秽不净。

126. 丈夫怀中躺着妻子，脸朝外张望。

127. 妻子离开本夫，与情夫共居行淫。

128. 龙扩持者衰竭。灶神加害。污秽中邪。

129. 灶神加害，一小孩死亡。一龙护持者衰败，一小孩死亡。一公鹿与一小鹿死去。

130. 对灶神约姆或妖龙均略弹指[加害]。“尼呷姆”加害灶神或妖龙。黄牛或犏牛于高地觅得草坝，略作停留。长河之湖边有一温泉。

131. 一诅咒者，诅咒绝嗣。灶内污秽中邪，灶神与人神联合大肆加害。一头鹿被网或陷井捕获。一头黄牛断足。妖魔和赞哲鬼、尊哲鬼、败家鬼、色藏鬼、公牦牛，[齐来加害]。

132. 着山羊皮者杀死着甲胄者。起初，魑魅报复，将人杀死，妖魔与人神联合。赞哲鬼、邪魔之卦。

133. 人被公牦牛撞死，置于犄角；其妹来报仇，与牦牛相拼。

134. 若有魔害，则为人神、厉鬼或污秽中邪，加害妖魔和赞哲鬼。杀人后不行祭。

135. 被一名非敌军杀害，杀后于旷野行祭。

136. 以大鹏翎为箭羽，用虎筋为弓弦杀敌，杀死后行祭。问魔害，妖魔、精灵为害猖獗。问怨敌，放箭射敌为佳。

137. 妖魔加害，人神又来，逃逸，年内迟缓。一野牦牛向一人闯去，中被峡谷相阻。

138. 一妖魔或赞哲鬼前去加害，[人]向他处躲避，未能害成。一牦牛正要冲撞，为峡谷所阻，人向他处逃脱。敌人前来复仇，人向他处躲避，敌[未]害后走掉。

139. 妖魔来害，念苯经禳灾，以灵器相悦。野牦牛冲来杀人，双角被叉住，未能撞到。问何事皆吉。安定即归。不会被撞。遇敌之后，有友相助。

140. 妖魔、赞哲鬼前来加害，后又转去加害邻居之子。一头牦牛撞来，中被墙垣相阻，略微迟缓冲来。

141. 妖魔、赞哲鬼等来加害，又转而去害他人。出现一敌，向他旁躲去。一小宅相阻，敌暂缓来。

142. 一牦牛正要撞人，被一年轻女子抓住犄角，未能撞到。一妖魔正要吃人，一年轻女子向神施礼，妖魔逃逸。

143. 妇女和苯教女神向精灵和妖魔念苯经，受益。二年轻女子抓住牦牛左右犄角，不让撞人，吉。

144. 问敌，多数敌均来。问魔害，多数妖魔、赞哲鬼前来相害。以此为大凶。

145. 敌为兄弟二人。

146. 敌为兄弟三人。魑魅中之赞哲鬼、妖魔及口角，［均来加害］。问怨敌，多数敌均来。此二卦相似，皆为凶。一牦牛死去，尸体被水冲走。

147. 妖魔、赞哲鬼为污秽激怒加害。一凶猛牦牛吃食青草。

148. 赞哲鬼、妖魔为污秽激怒加害。将多数牦牛驯服。

149. 一牦牛或一敌走掉。全部妖魔朝一事物加害。

150. 全部敌人或全部牦牛朝一处走后，厄难又临。妖魔朝他处加害，占卜不祥。

151. 问怨敌，无明显征兆，敌不会来。问邪魔，妖魔、赞哲鬼、厉鬼结伴。问何事皆凶。

152. 妖魔、赞哲鬼来加害，被威猛苯教师制服。一头牦牛撞来，人仆与之相斗，［牦牛］不敢撞，［人仆］斗得好。

153. 二威猛苯教师胜妖魔、赞哲鬼。二穷人驯服牦牛。

154. 妖魔、赞哲鬼、男鬼、地仙桃朗结伴。

155. 如上大肆加害。问怨敌，与敌和地仙桃朗相遇，与牦牛直接相遇。

156. 见后，重又取之初祭（?）。

157. 大灾难与厉鬼、灶神之卦。问寿元，［卦象显示］六与七（点数?），则敌意消失。

158. 见后，重又取之初祭（?）。

159. 献至近前。杀后行祭。

160. 起初，居有老翁、老妪二人。老翁在帐篷内打卦时去世，卦具散落一地。老妪哭泣之时，九仙女姐妹前来嬉游，谓“这样做就这样报应”。一位仙女告之大仙女。大仙女曰：“……［此乃］老翁死、老妪哭之卦。”谓“不能杀人!”老翁又复苏，二人均变年轻。奶酪之泉，醇酒之泉，从天［而降］，未产犊之母牦牛［奶水］断一拃复长一拃，断一庹复长一庹。端一木碗融化的酥油祭天。其后，老妪谓：“我不该哭泣！没有比此更为美好!”

161. 阴面次地，长出好树；干涸之地，出现新泉。一人虽懊丧，但一年之中未遇祸殃。

162. 常青树上有一只杜鹃鸟。人长寿，老而不死。福运亨通，吉。

163. 虽遭诅咒，但未应验。正处黑暗之中，天即明亮。愁闷不悦之时，忧伤消逝。

164. ［人］从地牢里脱身，岩羊从网里脱身。清除妖魔报复、烦闷诸事。

165. 大雕觅得大块食物。野人或盗贼或抓人者遇大财。喜气人漫步之时遇大财。

166. 病人复苏。苦恼之人得欢乐。出远门者返回。

167. 雪山顶上，大鹏盘旋翱翔。苦恼人要出远门，凝望长路，见一段走一段。

168. 大鹏在天宫下盘旋，能窥见，能察觉，［大地］一切，无所不见。病危人之魂升往大宫。出远门。远方来消息。走他乡。

169. 妖魔来害，在原地哭泣。福气渐衰。难过、哭着上路。

170. 小偷被逐往流放之地。活鸡成为狼食被带往某地。

171. 二盗贼为窃某物和解。狡诈之人为行骗和解。几个奴仆不悦、悔恨。

172. 众多盗贼行窃后，秘密发展。众多穷人悲哀失悔。厉鬼、损耗鬼、地仙桃朗、登保鬼四者，一齐大加伤害。

173. 厉鬼伤害病人。不悦，悔恨。

174. 起初不悦，苦恼之时又以恶言相压。多数厉鬼作祟，人死亡。厉鬼害小孩，无救。

175. 阋墙女（杀死亲人之妇人）哭泣。女鬼、“唐杰”① 之卦。

176. 丈夫身亡，阋墙女人哭泣。衰败人院内，“唐杰”、瘟疫、厉鬼充斥。

---

① “唐杰”：一地方鬼名。

177. 病入膏肓。大雕折翅。狼［额］中箭。与妖魔相斗，遭流言蜚语损害。

178. 病人、折翅鸟、狼皆死。

179. 一少妇居于不安乐之地。魔害为一妇女祖魂［加害］。

180. 某地牛皮船中，众多妇女不悦、懊丧。祖魂十分不悦，加害一妇女。

181. 一只雕或一只狼，觅得少许内脏、少许血。

182. 一女人杀死与同族所生之子。池水干涸，鱼和蝌蚪死去。

183. 帕杰唐博院内，六只鸟明天、后天将遭灾丧身，从而飞走。病人不悦、烦恼，……。虽然不悦，痛苦消除。……，病人痊愈，……。

184. 获得两个院子。

185. 独居女人与回归之夫欢乐相聚。

186. 一贫妇从吉祥天女手中获财，欢喜，吉。

187. 一贫妇将家庭内外搞得干干净净。一女魔前往某地。

188. 骑术娴熟．念苯经有效。一贫妇将住宅内外搞得干干净净。无魔捣乱、无污秽。

189. 一贫妇走运，成为女主人。……，也不遭罪。

190. 吾……，百年内不遭罪。

191. 一女鬼加害。……，一女人去他乡，……，被盗窃。

192. 女人……，加害二女。……，大肆加害。……损耗鬼……。

（二）P. T. 1055 号　吐蕃金钱神课判词：

1. ……事不成。问怨敌，敌不能伤己。搬迁不吉。问出行者，无险，但一时难归。中。

2. 四枚铜钱为字（正面朝上），其余皆幂（正面朝下）者，为“水卦”。身无病魔。问家宅、寿元，吉。心有畏惧，但无危险。百事有成。问婚姻，多生子息。造房吉祥。病者痊愈。问邪魔，与女鬼大斗。百事能成。问怨敌，无敌。失物能觅。问搬迁，吉。病人能愈。问外出者，火速能归。此课所询皆大吉。

3. 五枚铜钱为字，其余皆幂者，为“金卦”。问家宅、寿元，财物殆尽，必遭凶煞。百事不成。问寿元，生命危殆，病人如不火速搬迁，死。求事、诉讼不成。问婚姻，夫妻双亡。问怨敌，与敌遇。问官司，一时不能断案。问子息，绝嗣。问出行者，遇险，一时不归。失物难觅。此课问事皆大凶。

4. 六枚铜钱为字，其余皆幂者，为“土卦”。问家宅、寿元，吉。求事、诉讼皆成。问婚姻，能合心意，生贵子。问发家、升官，能致巨富。办事能成。病人能愈。失物能觅。问搬迁，吉。问出行者，迅速能归。此课百事皆大吉。

5. 七枚铜钱为字，其余皆幂者，为“青铜合金卦”。问寿元、家宅，凶。问上峰训斥否，训斥。问病人，若不为其行祭，死。问是否要出远门，要出，且将遇险。问怨敌，将遇。求事不成。问邪魔，愈益增多，且有凶斗。问财运，无财。问出行者，一时难回。此课所卜皆大凶。

6. 八枚铜钱为字，其余皆幂者，为“土水卦”。问寿元，大吉。问家宅、子息，虽有惊恐，但无危险，吉。问怨敌，敌不能害。求见、求事不成。办事不成。婚姻能成。问病人，迅速能愈。问失物，一时难觅，将有人来还。搬迁无险。问盖房，无鬼魔相扰。问出行者，无险，但一时难回。问财运，以后会有。问邪魔，有人神与邪魔［来扰］。问将外出否，不出。中。

7. 九枚铜钱为字，其余皆幂者，为“贡孜（孔子）卦”。问家宅、子息，如月日之数，逐日上增，大吉。病人能愈。问出行者归否，无险，很快能归。问财运，将得大财。求事、讼诉均能获胜、喜悦。问子息，吉。问病人，立即能愈。问寿元，吉。问出行者，途中平安，有上师保佑。此课所询何事皆大吉。

8. 十枚铜钱为字，其余为幂者，为“火土卦”。身体无病。问寿元，吉。办事能成。求见、求事能成。问盖房、成亲，吉。问病人，无须服药能愈。问官司，迅速能断。失物难觅。搬迁无险。问出行者，一时难回。中。

9. 十一枚铜钱字，其余皆幂者，为“牛黄卦”。问上峰将降罪否，降罪。问家宅、寿元，终被妖魔所缠，一切仪轨无救。问邪魔，有帝释天、地仙桃朗相扰。病人无救。诉讼将输。问出行者归否，不归。问财运，……。①

附记：

本文所译 P. T. 1047、1055 号文书的藏文录文及注释，参见《敦煌吐蕃文书论文集》（四川民族出版社，1988 年）第 130—196 页。

（原载《世界宗教研究》1985 年第 3 期，与陈践合撰。此次结集，有局部修订。）

① 按照一般惯例，应足用 12 枚铜钱问卜取其字、幂以决奇、偶。但据东噶·洛桑赤列活佛云：这一类金钱课，有时竟用 21 枚铜钱卜卦，如 21 枚铜钱正面全部朝上，即全为字者，为大吉。

吐蕃的鸟卜研究

——P. T. 1045 号卷子译解

一、解　题

P. 1045 号藏文写卷是“以乌鸦叫声来判断吉凶”的文书，全文分为两个部分：第一部分是分行诗歌体的序言，共 12 行，29 节。第二部分是把时间、方位纵横交错用以检查吉凶的占卜表格，也可以说是一种简化易于检定的手册。

这一短短的卷子，受到意想不到的荣誉。它被伯希和劫运巴黎以后，不久即入藏于巴黎图书馆东方手稿部，引起了藏学家的特殊注意。1914 年，巴考（1877—1965）风华正茂，首先发表了这一写卷的解读与译文，受到了学术界的重视。劳费尔（1874—1934）欢呼这篇译解的文章发表，他说：“巴考这一著作，表明了他的藏语知识十分丰富，而且，令人高兴的是法国阿贝尔·雷穆萨、伯诺和福克司开创的，由菲尔和列维发扬光大的藏学传统后继有人!”应该指出，巴考解读这一写卷时，得到藏族学者丹巴杜登喇嘛的帮助。这样，一方面在藏文解读上避免了一些歧路，获得比较稳定而完整的解释；另一方面，由于丹巴杜登喇嘛是一位佛教学者，他对于这一类写卷实在是比较生疏；而且，从思想上他们是看不起这一类作品的，甚至怀疑它们的真正价值。这样，巴考就免不了被这位喇嘛引向另一个难以走到光辉顶点的岔道上去。比方说，他在释文中把序言和表格二者截然分开，说成是两个不相干的部分，就是最明显的纰漏。

有鉴于此，作为当时最出色的博物学家、中亚学家和藏学家的美籍德国人劳费尔，在 1914 年《通报》上发表了一篇长文，名为《论藏族鸟卜》，副标题是“伯希和藏文手卷第 3530 号的诠释及 9 世纪藏语语音学研究”。这个 3530 号是伯希和临时登录号，入藏图书馆后由拉露编号为 1045 号。劳费尔是多产的渊博的学者，对于多种亚洲语言有深邃的了解，他过早的去世中断了颇有希望的著述之路；因之，我们非常遗憾地仅仅读到他在藏学方面的两篇大作，一为《藏语的借词》（《通报》1916 年），另一篇即为本篇。

劳费尔文章的主要功绩在于：（1）说明了这一写卷两个部分的关系，即第一部分为序言，第二部分为乌鸦占卜实例总表。（2）纠正了巴考所谓“闪电”一说，确认是以乌鸦叫的声音、时间和方位来确定判别吉凶。（3）拿这一写卷跟纳塘版丹珠尔中一个《乌鸦叫声辨析》的小部经做了比较，从而得出正确的结论：这一写卷中的思想与印度关系不大，而颇多受到汉人的方位和时间观念的熏陶。最后，也是最重要的，他以这一写卷中的语言材料为例，列举同一时期的藏文碑刻以及汉文史书中的语料相互参证，真正地做了“9 世纪藏语语音学的研究”。

自从 1978 年法国科学院藏学研究中心和巴黎国家图书馆合作出版《敦煌藏文写本选集》以来，人们都可以比较容易地阅读影印件了。我们于是把收于第 2 卷中的这一写卷过录、研读并加以诠释，从劳费尔的译文和论述中，得到很多启发和帮助。在劳费尔的文章发表 71 年之后，我们再次发表译文和解释，如果有点不同的话，那应归功于时代的进步和藏学本身的发展。我们这一代人托时代的福分，有机会向藏族学者请教，有机会阅读新近问世的藏文古典史籍；另外，我们这一代人对于宗教和文化的关系，宗教迷信产生的历史背景等等问题，都可以更为客观地、更为空灵地说明和了解。

二、译　文

一、序言

1. 乌鸦系人之怙主。
2. 传递仙人神旨。
3. 藏北系牦牛之乡。
4. 于该地之中央。
5. 它传递神旨翱翔飞忙。
6. 八面，上方，共九方。
7. 喔咚婉鸣三声。
8. 速将“多玛”供上。
9. 乌鸦若全部吃光。
10. 即为神鸟将供品用享。
11. 乌鸦所鸣非均是前兆。
12. 吉凶尚讲其征兆。
13. 仙人系先知。
14. 因有通灵鸟。
15. 女神口中言。
16. 吉凶皆灵验。
17. 乌鸦系神鸟。
18. 飞禽展双翅。
19. 飞到神域高处。
20. 目明耳又聪。
21. 它精于神灵秘法。

22. 无一不能通达。
23. 对他务必虔诚。
24. 八面、上方共九方。
25. 咙咙［之声］表吉祥。
26. 嗒嗒［之声］表无恙。
27. 咂咂［之声］表事急。
28. 啅啅［之声］表财旺。
29. 依乌依乌［之声］危难降。

二、鸦鸣占卜表①

施多玛仪轨	东方凶，施牛奶	东南方凶，施白芥籽	南方凶，施净水
方位 时间	东	东南	南
鸡鸣	大德光临	须远行	有邀请
平旦（破晓）	死一人	遭谗言	觅坐骑
日出	遇急事	降王诏	尚论传令
食时	吉祥如意	敌诈	凶神伤害男人
隅中	遇雨	狩猎	因女人斗殴
正南（日中）	牲畜遭损	对他人保密	有风雨
日昳	王侯衰颓	闻丧报	遇恐惧
晡时	恐惧	病愈	出远门
日入	鬼魔来	觅失财	遇大财
黄昏	妹婿来	东方来人	野兽伤人

① 时间分段，根据伯希和劫经汉文写卷《十二时》10种译成，参看《敦煌掇琐》三五。除去夜半、人定二时辰为夜间，停止活动，不计，共十时与藏文相符。

续表 1

施多玛仪轨	西南方凶，施白芥籽	西方凶，鲜施肉	西北方凶，施花朵
时间＼方位	西南	西	西北
鸡鸣	来一贼	去而事不成	吃官司
平旦（破晓）	狩猎	来尚论	来使者
日出	战神、福禄齐临	来猛兽	来一妙好圣者
食时	起风	有雨雪	有可怕之事
隅中	能成亲	遭王随从之害	遭灾荒
正南（日中）	来贼与暴风雪	因女人获福	尊者亲人来
日昳	降大雪	借物归还	发大财
甫时	东方来人	有人领女人来	觅得食物
晡入	时刻警惕	过河需谨慎	寻宿处
黄昏	南方来人	任尚论之职	西方来人

续表2

施多玛仪轨	北方凶，施黑白安息香（松香）	东北方凶，施大米	天空凶，施粟米
方位 / 时间	北	东北	天空
鸡鸣	事能成	杀牦牛	敌诈
平旦（破晓）	可以去山顶	来文牍	事急
日出	来一贼	来野人	男方捎口信来
食时	斗殴	病人去世	来陌生婆罗门
隅中	来坏人	须警惕	来一顶足礼者
正南（日中）	来众人之喜讯	来白皙女人	闻不悦之言
日昳	发生自己未察之事	庆幸仇敌丧命	觅得食物
晡时	来一妙好圣者	使众人喜悦	有众人欢庆之酒宴
日入	兄弟与子同来	闻喜讯	交好运
黄昏	得帮手	遭绝嗣	来催债

三、释　义

这个写卷如上译文，可以看出所反映的内容，实质上是吐蕃人对前兆现象的一种认识。古代人类生活在荒漠的原始社会里，条件非常简陋，经常受到自然灾祸的威胁，生命经常处于危险之中，人们当然希望趋吉避凶。于是，从生活实践中，把对自然灾害和偶然的事件经验积累起来，摸索出一种认识事物的方法，注意认识事物发展的前期现象：即前兆对未来的影响。既然人们的认识还处于一种低下的阶段，他们对于周围的事物，往往迷惘地感到都具有能知晓过去、判断未来的灵性。尤其是跟自己生活在一起的动物，似乎比人更灵敏一些（因为它们能逃脱自然灾害的机会似乎多一些），因而产生了牛骨、牛蹄、羊骨等等占卜方法。这在我国许多民族中都有过，汉族的甲骨文即是尽人皆知的占卜工具，成为认识中国古代社会文化最有力的资料，即是明证。

吐蕃人认识前兆的方法也在不断发展，后来，形成了一种原始的宗教——苯教。苯教徒充分利用他们的占卜知识，形成一个专门职业，是解释前兆现象的专家。我们知道苯教中就有“伽尔苯”一派，据土观·却吉尼玛《宗派源流晶镜史》苯教之章所载：“止贡赞普之时，有凶煞为祟，蕃地苯教法师无法制治，乃从克什米尔、勃律、羊同等地邀请三大苯教法师前来，祓遣凶煞恶魔。其一人施行巫觋之术，修炼火神，骑于鼓上，飞行虚空，开取秘藏，鸟羽截铁，示现诸端法力；一人则以《周易》神示，取牲畜鲜血布置祭祀而求贞卜，以决祸福休咎；另一人则善为死者驱除凶煞，镇魇幽厉，精通各种通灵神媒之术。”在苯教经典中有《黑禳祓书》及360种禳祓之法。而“伽尔苯”，乃是苯教九乘之一，位居最上层，可见其重要性。

吐蕃人对于飞鸟的灵异性，有特殊的敏感，常常根据飞鸟飞向、鸣声和食物来占吉凶。这一点，唐代历史学家已经注意。在《旧唐书·东女国传》中曾有一段精彩的记载（女国指吐蕃东部地区的部族）：“其俗每至十月，令巫者赍楮诣山中，散糟麦于空，大咒呼鸟。俄而有鸟如鸡，飞入巫者之怀，因剖腹而视之，每有一谷，来岁必登；若有霜雪，必多灾异。其俗信之，名为鸟卜。”上面这一段中的鸟卜，是见于汉文史籍的第一次记录。这种鸟，大概就是鸦类。其实，汉族中也早有对鸡、鸟一类先兆观察的经验：《尚书·牧誓》：“牝鸡无晨，牝鸡之晨，惟家之索。”这是古人对于牝鸡变态报晓，看做是家境衰败的预兆。《史记》：“越巫立越祀，以鸡卜。”所谓鸡卜，也就是鸟卜，就是解剖鸡

（鸟）验其骨和胃中食物来占吉凶。

吐蕃人用乌鸦为占卜的对象是有其渊源的，这可以从《格萨尔王传》中得到启发。乌鸦作为天神的使者，见于该部史诗的《天境卜筮》、《赛马称王》、《霍岭大战》诸卷。同时，宗教舞蹈中经常有乌鸦形象的面具，表演中流露出人们对乌鸦寄予的希望，以及乌鸦与人们之间的亲密关系。[①]

总之，占卜作为先兆迷信，已经成为历史陈迹，但是，它反映出吐蕃人的思想状况，早期吐蕃社会中人们的愿望和欲求，反映社会的动荡和不安，反映普通人民群众的生活，还是值得我们研究的。

附记：

本文所译 P. T. 1045 号文书的藏文录文及注释，参见《敦煌吐蕃文书论文集》（四川民族出版社，1988 年）第 197—199 页。

（原载中央民族学院藏族研究所编：《藏学研究文集》第 3 集，民族出版社，1985 年，与陈践合撰。此次结集，有局部修订。）

① 属于鸦类的几种鸟，在藏语中有不同的称呼，可以各译为寒鸦、红嘴乌鸦和小乌鸦。这里，为了行文的方便，一律称为乌鸦。

三探吐蕃卜辞

——Vol. 55，fol. 6 号藏文占卜文书译释

一、前　记

我们曾发表了两篇文章，探讨敦煌藏文写卷的卜辞，那三个写卷的占卜方式属于羊骨卜、金钱卜和鸟卜三种占卜术的范围。那三个藏文写卷均藏于法国巴黎国家图书馆的东方手稿部，属于伯希和藏卷。我们还见到另一份三十四组半的长篇卜辞，内容洋洋洒洒，弥足珍贵，它属于一种特别的卜法，可能是以四面的骰子（不像通常的六面骰子），作为卜具来提取卦相。我们根据原卷每一卜辞前面所呈现的符号：○，○○，○○○，○○○○，推断这种卜具应该是一个四面骰子，中间贯以中轴，捻之，中轴转动，其落点即呈现所需的点数，三次成卦。如：第1卦○○○○—○○—○（4—2—1）；第5卦○○○○—○○—○○○○（4—2—4）皆是。其中第4卦、第32卦漏列卦式。

卜辞中所反映的事实，对研究吐蕃社会中人民的思想状况、

社会组织概貌，很有帮助。例如卜辞中最为经常（几乎出现在每一卦中）的事：是否会遇见敌人？说明社会上氏族仇杀与复仇之风仍然存在，人们心理上时存怖悸。关于这一问题，P. T. 1071 号吐蕃法律文书《狩猎伤人赔偿律》中有关“仇杀”案件处理的律条，足可证明当时社会上仇杀之风依然存在。婚姻成否？可以看作婚姻求偶的事，已经成为人们普遍关心的内容，而且，婚姻与家庭也已脱离了早期的形态，成为新的社会基础。例如 P. T. 1283 号《礼仪问答》写卷，涉及婚姻、家庭的伦理道德观念颇多。经商能否获利？商业，似乎可以看作吐蕃社会生产的镜子，反映出生产与交换的进一步发展。诉讼（打官司）能否获胜？当然可以看作吐蕃奴隶社会已日趋稳定，法律系统正在发挥作用，民间诉讼案件已由约定俗成的乡规民约转到由官府裁决，政府的行政、司法效力看来已日见增大。这与 P. T. 1071、1073、1075 等几个吐蕃法律文书所见情况，可以互为表里。不能忽视宗教的作用——即原始崇拜：山神、家神、祖先神一类的神灵系统在人们思想上赫赫有灵，是令人畏惧而不能不崇敬的对象，仍需要谨慎小心地伺奉，唯恐一不慎将带来灾祸。这一方面的剖析，已在我们前两文中讲过，此处不赘。还有，从有关“出行”的卜辞，可以看出吐蕃社会中“驿传”、“差遣”等项的人口流动情况。

我们还感到这一组三十四份半卜辞，明显地具有文体上的特点：它是用短偈和长行相结合的文件，用短偈提示卜辞的奥义，长行作为明细的解释。换句话说，它使用吐蕃民间常常使用的“说说唱唱”的体例。难怪英国的托玛斯（F. W. Thomas）将其列为“东北藏古代民间文学”的一种。我们国内也有从民间文学角度，去认识它的文词之美妙，语言之生动和在文学方面价值的。[①] 我们是把它作为古代思想、哲学体例的资料看待，但也看出在吐蕃时期，“文、史、哲”的界限不是那么一刀切，而是“三位一体，浑然同在”。

二、解　题

这里译解的敦煌藏文占卜文书，首先是英国牛津大学教授托玛斯录出的。1957 年，他在柏林出版了一本十分重要、引人注目的专著：《东北藏古代民间文学》（Ancient Folk-literature from North-eastern Tibet）。书中所录的敦煌卷子，是收藏在印度事务部图书馆的斯坦因劫去的藏文写本 Ch. 82, IV; Ch. 75, IV, fr. 1; Ch. 73, XV, 4; Ch. 85, IX, 4; Ch. fr. 1 和 Vol. 55, fol. 6 诸号。[②]。

托玛斯先生把他的书分为 6 个部分，即：

I　A　美好时代的结束，马和牦牛的悲剧。

　　B　父亲根登聂巴的葬礼与金保牙寨新婚的故事。

II　金保牙寨新婚的故事。

III　美好时代的没落。

IV　没落的年代，“几”王朝及其宗教。

V　苏毗母亲的教谕。

---

① 《藏族文学史》第 4 章第 1 节（四川民族出版社，1985 年）：“在敦煌古藏文文献中，有一份卜辞手卷。手卷的前面和结尾部分都已残缺不全，仅有三十四段比较完整。每段完整的卜辞都包括两个部分：第一部分是诗歌体的卜辞正文；第二部分是散文体的关于这首卜辞正文；第三部分是散文体的关于这首卜辞应验什么的解说。……根据这种情况，我们可以将二者分别对待：卜辞部分作为文学作品的诗歌来研究，也就是我们这里要讲的；解说部分作为社会历史、意识形态、语言文字等方面的资料处理。”

② 根据 1983 年夏季笔者在伦敦印度事务部图书馆查阅原卷并核对，按威利·布散（Vallée Poussin）所编《印度事务部图书馆藏敦煌藏文写本目录》的编号应为：730、731、732、733、734、738 诸号。托玛斯书中所列第 6 部分，即为本文所录者。

VI　巫师——“摩”，即占卜。

1971 年，法国藏学泰斗石泰安（R. A. Stein）教授在《拉露纪念文集》中发表了一篇长文，题名为《论敦煌藏文写本中苯教殡葬仪礼的故事》。专门讨论吐蕃时期的丧葬礼仪，而以巴黎所藏伯希和劫去的藏文写本 P. T. 239、1194、1134、1042 和 1289 诸号，来与托玛斯上揭书中的各个部分相比较。他认为，这些卷号之间，有的相同，有的相近，有的相互关联。石氏的论文是继托氏之后，又一篇专门讨论这一组卷子的重要著作，引起藏学界极大兴趣。我们希望这一份译解文字，能提供有兴趣于吐蕃社会、历史、思想礼仪和占卜术研究的学者以可靠的材料。

三、译　文

……（上残）

……此为摩诃大卦：神灵全部……聚集。神、魔相缠，驱魔……亦属无益。问出行人归否？不归！诉讼，……败。问怨敌，相遇。此卜，凶……。

背盟对众人不利，爱护亦不能相聚。……此为白卦：夏立而冬卧，食少如露珠。……，于所有直立人众均有害，其敬神……，不致滑跤。若求强主护佑，敌不能入，相魔不能害。问家宅与寿元，吉。问怨敌与办事，……。失物能觅获，有求必应。迁徙……亦……

1. 4—2—1

啊！南方中部地方，
猕猴自在戏耍，
不慎进食毒物，
身心均感不宁，
早晚定将死亡。

此乃辛……之卦：为口舌之前兆。从男方去厉鬼、恶鬼、邪魔。……不成。［诸鬼］潜入家产与社稷大业，再无比此为害［更大］……。泄露。属民离去，损害社稷。问家宅与寿元，有魔来［害］。问怨敌，与之相遇。办事，不成。问人出行，不［归］。……［有求］，不应。经商，不宜。问何事皆凶。

2. 4—2—4

啊！里边叉口……
叉口深处下方，
水獭柔而不刚。
在龙谷之……上，
女神……
……
悦耳语声回响，
心欢而不声张。

出现最胜卦：……称心如意，大吉。问家宅与寿元，吉。问怨敌与办事，无敌，事成。诉讼，胜。问出行人，立即归。问何事皆大吉。

3. 4—3—3

啊！母子两只鹧鸪，
有福获得份食，
啾啾婉鸣年丰。
……
来年遭受旱情，
雨水点滴如星，
牧人将它供献，
雨……
再未普降甘霖。

出现生子卦：汝之心事……，如敌加害，不能如意。问家宅与寿元，不如意。［娶亲］，不成。诉讼，不胜。问出行人，不归。办事，不成。问子息，无。问何事皆凶。

4. （缺卦点）

啊！黄鸭畅游碧湖，
湖女获得“年”恩，
锦葵花儿怒放，
草坪玉簪盛开，
玉簪镶湖……
汇集于……身。

出现白土卦：……问家宅与寿元，吉。问怨敌，无。诉讼，能胜。失物……能觅。问何事皆吉。

……

（缺诗）

漂泊异乡卦：问家宅与寿元，有大害。善行仪礼，取媚鬼魂……。办事，不成。问病情，有大邪魔，行仪礼、媚鬼。行商，不宜。问出行人，不归。问怨敌，将遇。诉讼，不胜。问何事皆凶。

5. 4—3—4

在那碧绿湖旁，
在那翠绿柳上，
玉鸟婉转歌唱，
传来佳音嘹亮，
闻后喜气洋洋。

问家宅与寿元，虽往昔富而后贫，由于诸战神与祖神护佑，往昔地位低，如今会高升。求魔、祭神，会走好运。办事，能成。经商，盈利。诉讼，能胜。问出行人，归。问何事皆大吉。

6. 3—1—2

啊！骏马名字真好，
叫着唐噶、尼噶。
不乞野牛之肉，
只要牛尾作饰，
来到野牛跟前，
驰骋不扬马蹄。

佳鞍鞍身虽短，
鞴上不起鞍疮。
扬起白色藤鞭，
耸动步伐奔前。

此为居与星之卦：问家宅与寿元，吉。出猎，马不会……办事，能成。问怨敌，无敌。诉讼，能胜。问出行人，归。问何事皆吉。

7. 3—4—4

尊者发了愿心，
要去年域朝谒。
众多罗刹聚会，
路口全被阻截，
福运一齐衰减，
体羸快要断气。

此为大女鬼之卦：问家宅与寿元，有罗睺与地祇加害，做大赎命替身，善行仪轨。问怨敌，相遇。善行仪轨与祈福。结亲，不宜。问出行人，不归。问病人，遭厄难，若不善行仪轨则凶。诉讼，不胜。问何事皆凶。

8. 4—2—2

啊！草坝使人神往，
母鹿自在游荡，
选匹麒麟骏马，
驱遣作为坐骑，
在路平稳奔驰，
骑手福运真大，
此乃本命神恩。

此为天皇卦：汝将遇一善心之人。问家宅与寿元，吉。问财运，将获大财。诉讼，能胜。问出行人，将归。问何事皆吉。

9. 4—2—1

啊！子息好如黄金，

金如水流盈溢，
流水滔滔不绝。
众敌全部溃散，
地位逐日上升，
此乃喜乐之兆。

此为游山玩水之卦：问家宅与寿元，吉祥神、神女在佳地游逛，护佑，善供养之。诉讼，能胜。行商，盈利。问出行人，归。问病人，愈。问财运，进大财。问怨敌，无。问子息，有。问何事皆佳。

10. 4—1—4

啊！北山重峦叠嶂，
正在挖掘宝藏，
挖到长条黄金，
大喜将它拾起，
怯怯藏到怀里。

此卦问家宅与寿元，如同获大财富，或遇大笔外财。否则，将遇一好心人。诉讼，能胜。问出行人，归。成亲，相宜。行商，获利。问何事皆佳。

11. 2—3—3

啊！缠成万圈线团，
不见到处寻找，
心头委实难受。
一位肢体残人，
要在水上盖房，
梁椽高低不齐。
在那草坝上方，
马与野驴游荡，
套索抛向何方？
羊儿在圈中央，
绵羊，山羊相混，

肥瘦该选哪头？
神、鬼相互混杂，
不知如何分法。
敌、友相互混杂，
打谁没有办法。

若问家宅与寿元，如神、鬼相混难分清；敌、友相杂太可怕。无能之苯教徒驱不了邪魔，胆小鬼打不退来敌。跛子走不了路，瞎子认不得路。问何事皆凶。

12. 2—3—3—2

啊！在那草坪上方，
公鹿成群栖居，
七只猎犬相围，
紧围脱身无望。
孤独一只野兽，
七个猎人相围，
脱身哪有指望。

此为美女“协来”之卦：汝得此卦，问家宅与寿元，魑魅深居家宅，百事无成。若不驱之，办事不成。行商，无利。问怨敌，相遇。娶亲，不成。问出行人，不归。失物，不觅。诉讼，不胜。问何事皆凶。

13. 2—3—2

啊！昴宿星座之边，
北斗七星相聚，
北斗杓形真美，
当它升起之时，
昴宿星座消失。

此卦问家宅与寿元，最初虽受烦恼，由于家神或祖神善心，如昴宿洁净，居主宰且许诺相助，故应好好清净供奉，方能消除一切魔障。救命、办事，能成。问怨敌，无敌。问出行人，速归。行商，获利。问子息，有。问何事皆佳。

14. 2—2—4

啊！好友水中淹毙，
身亡未曾哭泣。
高兴不会流泪，
麋鹿喜极落泪。
没有刷子刷洗，
拿来梳子梳理。
岂知恩将仇报，
老牛岩上滑跤，
蹄上布满血迹。

此为“乔达拉”之卦：问家宅，大主人极暴，恋床，神鬼动。所盼皆空。日后进外财。问怨敌，相遇。问子息，魑魅缠身，中污秽。问出行人，不归。诉讼，上峰发怒，未胜。失物，难以觅获。问何事皆凶。

15. 2—2—1

啊！雪山三棱角上，
野牛傲然挺立，
永是雪山之王。
青蛙昂首远望，
永是青苔之饰。
松鸟鹧鸪母子，
“色立”婉鸣悦耳。
一只小兽羚羊，
犹如化身一样，
毛泽闪闪发亮。
此乃吾之财宝，
永远关进圈里，
不让上山遨游。

此为福泽少女之卦：问家宅与寿元，因有母族善神来护佑，有庇护人与降神人，祈祷，即有如母子相遇之佳音。成亲得子。

问财运，进大财。诉讼，能胜。行商，盈利。问出行人，归。问何事皆吉。

16. 2—1—4

啊！曼地曼部上方，
“玛”树摇曳生长，
孔雀成群翱翔，
成为蓝天佳饰。
青草布满大地，
地祇美妙装饰。

此卦问家宅与寿元，如善神护佑众生，汝如倚于枝叶繁茂之大树，浓荫利于凉爽那样。上高山视野宽广，若投靠强主，[敌]无法加害。供养善神，永富不衰。办事，能成。失物，能觅。问出行人，无危险而归。成亲，吉。问何事皆吉。

17. 2—1—2

啊！犏犊十岁出头，
疲困寻找食物，
想在“吉茹”耕种，
深谷冲出洪水。
想从牧场取乳，
马鞍后鞧松弛，
马背磨出鞍疮。
“象”之“苏昂”地方，
马槽虽说结实，
马鞍后鞧松弛。

此为飞廉女神之卦：问家宅与寿元，大魑魅入于深宅。用何法均无效。问病人，人神、地仙桃朗结伴相缠，行大仪轨，许大愿。问怨敌，有大敌。诉讼，反引起口角。问出行人，不归。行商，不宜。问何事皆凶。

18. 2—1—2

啊！仲夏来到之时，

小谷、小溪里边，
落下适时水滴。
“吉”山柳树梢上，
栖居大鹏之雏，
雪猪献与新友。
下部水渠洼地，
六谷长势茂密，
对面山坡之上，
绵羊遍布山冈。

此为少女相合之卦：问家宅与寿元，当初艰苦辛劳，由于善神护佑，大苦恼消失。如天神降下雨水，立即解除旱情。虽无子息且贫困，但母族大神会赐与子息。求服王事，能获佳音。行商，盈利。问出行人，能归。问病人，不服药能愈。求事，能成。问吉利，吉。问何事皆吉。

19. 3—4—4

啊！上峰发来书翰，
山南藏北二地，
绵羊藏北富盈，
六谷山南丰足，
选何没了主意。
虎与狮子二兽，
老虎斑纹华丽，
狮子威力第一，
选何没有主意。

此为做主之卦：问家宅，与汝不一心，一人朝东拉，一人向西扯，因而一事无成。行商，无利。娶亲，不成。失物，不得。问出行人，不归。问怨敌，大小二敌相斗，不来。问财运，不吉。问何事皆凶。

20. 3—4—3

啊！天神兄众跟前，

猕猴前去较量。
寻找殊胜财宝，
殊胜财宝未觅，
只见烈日高照。
阳坡山凹不少，
前往采集药草，
未曾采到药草，
归时心绪愠恼。

此卦问家宅与寿元，家中有人与己较量，汝如不愿较量，以沉默为尚。为求生去寻食，不意遇毒物。问怨敌，遇一凶暴之敌。办事不成。诉讼，不胜。问财运，不吉。问失物，不觅。问出行人，不归。问何事皆不利。

21. 3—3—1

啊！藏北上部地方，
有着七只羚羊，
盗贼休有妄想，
那是女神财富。

此为美女“邦协来”之卦：问家宅与寿元，人之财运不衰，畜之福泽不败。幸福、长寿、神佑。办事，成。病人，愈。求王事，许准。问子息，有。娶亲，如意。行商，盈利。问出行人，即归。此卦问何事皆大吉。

22. 3—1—4

啊！小鸟不善翱翔，
不能抵达天边。
小人不善辞令，
不会报答恩情。
手中武器质劣，
无法与敌拼搏。
马驹不善驰骋，
不能疾遽追赶。

小鹿腿脚无力，
无法越过山岭。

此卦问家宅与寿元，汝孤独一人，百事无成。坐骑羸弱，不能杀敌、行猎。手中兵器钝涩，无法拼敌。诉讼，不胜。办事，不成。问出行人，不归。行商，无利。失物，不得。此卦凶，不迁为上。

23. 1—3—4

啊！“吉”山雄壮耸立，
宽广丛林茂密，
一只羚羊孤兽，
纵身跳下山头，
虽壮仅有一只。
女神开口言道：
此乃山中财宝，
将她收入圈里。

此为美女成亲之卦：问家宅与寿元，汝大有益，毫无［危险］。神不悦，速供奉，所思如愿。求王事，许准。不求乞，别人施舍。办事，能成。行商，盈利。娶亲，如意。病人，能愈。问灾祸，神［不］加害。问何事皆吉。

24. 1—3—4

啊！“吉杰”冷湖之水，
流入大河中央。
牛宿女宿星座，
齐于蓝天遨游。
作为大地之饰，
［吾］向蓝天祈福，
上界……。
传来苍穹妙音，
并非此刻所闻，
早已聆听梵音，

欢乐而不声张。

此卦问家宅与寿元（疑阙）。心思冷静之家主，热心做何事皆符合心意。如对牛、羊之酥油，一视同仁，做何事皆吉。办事，能成。行商，盈利。求王事，许准。问怨敌，无敌。诉讼，能胜。问出行人，归。失物，能觅。问何事皆吉。

25. 1—3—2

啊！野鸭金黄翠绿，
她乃蓝水之饰。
锦葵花儿盛开，
它为草坪之饰。
玉簪花开耀眼，
香味沁人肺腑，
艳丽光彩夺目，
芬芳扑入鼻里。

此卦问家宅与寿元，有一吉祥善神或白女神，若即行大供养，汝受护佑。出猎，有获。求王事，许准。办事，能成。问出行人，归。问病人，愈。诉讼，获胜。丢失，能觅。行商，获利。问何事皆吉。

26. 1—3—1

啊！“穆”、“雪”二位女神，
两仪大地苍天，
心灵纵然相通，
会合遥遥无期。

此卦问家宅与寿元，不如意，做何事均不成，无期。办事，不成。行商，无利。诉讼，不胜。办事，不成（此句重复）。问出行人，不归。[娶亲]，不宜。行商，不宜。问何事均不吉利。

27. 1—2—2

啊！遨游金湖黄鸭，
白昼无人加害，
晚间无狗咬噬。

草坪耀眼晶莹，
全部布满羊群，
黄羊呆在旁边。

此卦问家宅与寿元，有神护佑，有人供养，幸福长寿。问怨敌，无敌。办事，能成。问病人，有神保佑。官司，能赢。问出行人，吉。问财运，发大财。无魑魅来搅闹。问何事皆大吉。

28. 1—2—3

啊！夏季三个月里，
青草水滴涔涔，
群花五彩缤纷。
秋季三个月里，
低矮玉簪翠绿，
牦牛坐骑遍地。
翠绿碧玉线团，
织成一匹帛绢，
不用可要珍惜。

此卦问家宅与寿元，往昔汝有善好祖神，而今略有疏远，若好生供养此神，汝将得神保佑。

29. 1—2—1

啊！铁箍围在四周，
镶上蔚蓝边框，
苍天永不会变。
银河纵面牢固，
群星不会坠落。
钉上黄金橛子，
镶上红铜之边，
大地不会腾起。

此卦问家宅与寿元，有吉祥神威力护佑，家宅如钉黄金橛那样牢固。诉讼，能胜。问怨敌，无敌。办事，能成。行商，盈利。问出行人，归。问病人，有神保佑。失物，能觅。问何事皆吉。

30. 1—1—4

啊！箭朝麋鹿射去，
不信未曾射中。
赤嘴乌鸦长喙，
寒鸦羽毛厚实，
想去寻找肉食，
不信尖喙无获；
羽毛散于他身，
美味自己受用，
如此委实丢脸。

此卦问家宅与寿元，汝亦贪婪。购珍宝或牲畜，潜有大鬼。汝食肉，他人从口夺走。有一厉鬼魑魅，想来加害。想办事，友人起恶心，警惕。若有敌前来暗害，或阴卓鬼突至，善行应付仇敌之仪轨，勿犹疑。办事，不成。问出行人，不归。问病人，有大鬼［相害］。诉讼，不胜。问何事皆凶。

31. 1—1—3

啊！大地初成之时，
未走见到神地，
未摸触到天际，
未求与神嬉游，
吉祥永不衰减。

此为严令之卦：问家宅与寿元，不做事自成，不攀抵天空，不去能如意。此卦：办事，能成。行商，盈利。诉讼，能胜。失物，能觅。问何事皆佳。

32. （缺卦点）

金曜光辉明亮，
黎明升起之时，
光芒普照大地。
若是无此光芒，
如今形同生盲。

一位富家子弟，
昼夜忙碌不息，
仍是一事无成；
神从天上降下，
也不侧视一眼，
如此实在丢脸。

此卦问家宅与寿元，汝有一灵验祖神，往昔，未敬奉；如今，善供养之。办事，能成。诉讼，能胜。问出行人，归。问怨敌，无。问子息，神不悦。诉讼，不胜。此为中卦。

33. 3—1—1

蓝天高高在上，
太阳温暖放光，
白天温暖大地，
晚间返回住地。
假如没有太阳，
众生就成多余。

此卦问家宅与寿元，有一神在护佑。若无此神，汝将饥饿而毙。均为神在保佑，做何事，先敬神，而后行为宜。

34. 2—1—1

啊！明月皎如海螺，
水晶雪花降落，
并非当今明亮，
往昔就是这样。
小孩聪明伶俐，
自幼成了孤儿，
但他自食其力，
不会漂流他地。

此卦谓：汝能自食其力之故。问家宅与寿元，吉。办事，能成。问怨敌，无。诉讼，胜。问出行人，归。[1]

附记：

本文所译占卜文书的藏文录文，参见《敦煌吐蕃文书论文集》（四川民族出版社，1988 年）第 200—232 页。

（原载《青海社会科学》1987 年第 3 期，与陈践合撰。此次结集，有局部修订。）

① 承青海民族学院王青山转告，青海同仁县苯教法师苯野尔先生认为：第 9 节中 khri gshegs 应是青海湖（即赤秀甲茂）的不同写法。第 11 节中 dru gu ni khri snang zhig 一句，按苯教徒的理解应是 mo ni lha mo zhig，即“此卦者，神卦也”的意思。第 30 节中 pho rog ni lo stong bo，即是“千年老乌鸦”的意思。以上意见，极为重要，可以作为进一步探索吐蕃卜辞正确译解的参考。这里，我们还未能把全部译文送请苯野尔先生审定，只能把他的意见注记于此以供参考。

敦煌本吐蕃文书《礼仪问答》写卷译解

一、解　题

在现在已登录的5000多卷敦煌本古藏文文书中，[①] P. T. 1283号（1）是一份十分有趣的卷子。全卷分印成33页，共达532行之多，算是一份长篇大论。它是以对话形式来论述待人接物，应对进退，处理君臣、父子、师生和主奴乃至夫妻之间关系的绝妙文章。当然，这些“问”都是虚设的，可以说是明知故问，而“答”才是实质性的阐述。像这一类形式，古已有之，著名的屈原的《天问》就是一例。

这篇文章，前有序言，尾有小结，中间是文章实体，在译成汉文时，我们把它按问答而断，共分为79问。原无标题，我们把它定为今名。这是8—9世纪之间的卷子。入洞年代已久，略有残破。幸而P. T. 2111号卷子恰好是同一内容的另一写本，取以互校，发现残损部分足可补罅，同时，还有若干增文。因之一

① 流落海外的敦煌藏文写卷，总数约5000余卷，分别庋藏于伦敦大英博物馆图书馆和巴黎国家图书馆。法国科学院藏学研究中心在石泰安教授倡议下，由麦克唐纳夫人与今枝由郎先生合编《敦煌藏文写本选集》于1978年、1980年先后影印。印刷精美，嘉惠士林。我们是根据影印的选本进行工作的。

并录在一起，加以注明，使它成为一个完整的足本。

这种问答形式，能突出主题，引人入胜，又以兄弟相称，叙述一些有关生活琐事和社会关系的关目，当然给人以十分亲切的感觉。可见当时的藏族学者，已经很讲究文章的表现形式了。这类文章，可以说是后来藏族学者非常喜爱的“训世格言”的滥觞。① 然而它又有自己的特点，与“格言”又有区别——尽管这个卷子的内容充满了训世、说教的意味，但它既不是宗教的命定论的教条，又不是冰冷、森严的法律条文。它可以帮助我们了解8—10世纪时吐蕃人的伦理思想和道德观念；同时，也为我们提供了一份了解当时社会风貌和阶级关系的资料。比方说，卷子的作者絮絮叨叨、不厌其烦地提醒那些为官作宦的老爷们：

> 若为长官，应如虚空普罩天下，应如称戥一样公平。（第5问）
>
> 为官公正，现时即于己有益，此为颠扑不破之理……若能不偏不倚，则谁能对之不钦佩折服?!（第6问）

同时，他也强调维护奴隶制度下的秩序：

> 主奴之间，官仆之间，老壮之间，行公正之法，谁不歆羡而称颂?!（第28问）

他在这里提出一个做人的标准，一个道德的规范：

> 做人之道为公正、孝敬、和蔼、温顺、怜悯、不欺凌、报恩、知耻、谨慎而勤奋。（第16问）

看来他把对上级、对同辈、对下级的各种关系都考虑在内了，并且还把这种伦理上的标准的良好后果描写得十分动人：

> 同心协力，不仅眷属和睦，行至何方亦相安无事。子与父同心，弟与兄同心，奴与主同心，妻与夫同心，仆与官同心，如此，则公正无误，齐心协力，大家皆得

① 可以参考（1）萨迦班智达贡噶坚赞（1182—1251年）的《萨迦格言》，（2）索南扎巴（1478—1554年）的《甘丹格言》，（3）贡塘丹贝卓美（1717—1786年）的《水树格言》。都是极为流行的训世格言，或称哲理诗。

安宁。（第26问）

事实上，这就是奴隶主阶级在建立了统一政权以后所要求的“同心协力”！此外，在文章中对于为富不仁的人，颇不客气：

敬重正直穷人，应胜过富人；敬重［乞丐］，应胜过盗贼。（第7问）

把富人直截了当地跟盗贼相提并论。倾向性很明显！在夫妻和男女关系上，又有一套理论：

娶妻要选有财富与智慧者，若两者不可兼备，应挑选有财富者。选婿要选有智慧而富裕者。（第57问）

这就可以看出，婚姻关系对当时的统治阶级来说，是增加政治力量和财富来源的一种手段。

我们可以从文中看出，他提出许多做人处世的方法，如谦卑逊让，知足寡欲，创造而不占有，成功而不倨傲。还强调：贪欲是罪恶的根源，知识是文明的由来。从方法上又是那种“欲取先予，以退为进和以柔克刚”的传统方法。当然，这些思想无不打上阶级的烙印。恩格斯说：“实际上，每一个阶级，甚至每一个行业，都各有各的道德。”① 他还说：“一切以往的道德论，归根到底都是当时的社会经济状况的产物。”② 他的这些话，对于理解吐蕃奴隶制社会中产生的这些礼仪是基本的指导思想。

不过，我们对这篇礼仪问答还有两点认识值得提出来商讨：第一，礼仪与宗教不同，宗教是用神的、超人的世间天国、极乐世界和地狱苦海交替使用的手法，来出售天国的门票，而对于信仰者提出各种清规戒律，以求达到惩“恶”劝“善”的目的。而我们在这篇文章中，几乎看不到宗教的影子，看不见宗教（不管是苯教还是佛教）的影响。这是否可以说明，在吐蕃时代，宗教（特别是佛教，因为苯教本来就没有什么理论）还没有能统治人们的意识形态；或者说，这一类卷子所反映的思想，

① 《路德维希·费尔巴哈和德国古典哲学的终结》，《马克思恩格斯选集》第4卷，第236页。

② 《反杜林论》，《马克思恩格斯选集》第3卷，第134页。

是远离佛教教义的，是佛教还未占统治地位时的作品。第二，礼仪与法律不同。我们介绍过 P. T. 1071 号（包括 P. T. 1072、1073、1075）吐蕃文书“狩猎伤人赔偿命价律”，那是以法律的形式来维护奴隶社会秩序的典范，它用权威的、不容申辩的法律条文来规定人们应遵循的秩序。不过，律条始终是有限的，而且是消极的。于是就有谋士们为统治者划谋献计，搞出礼仪的规范来收拾人心。礼仪的阶级属性，在上面已经用恩格斯的话加以确认。在这个认识的基础上，我们可以进一步看出，“礼仪”是法律的补充，是法律的外延；而法律又是礼仪的极限，是礼仪的影子。它们是相辅相成，互为表里的。不过，给人的感觉，法律是冷冰冰的警戒和防范，礼仪是暖和和的劝导和诱发。可以毫不夸张地说：“礼仪”作为统治者的心声在阶级社会中起着润滑油的作用，它可以大大减少主奴、官仆、君臣、父子、夫妻之间的摩擦。

统治者一般都惯于把法律的约束和礼仪的劝导二者结合起来，即所谓“齐之以刑”和“导之以礼”。在吐蕃奴隶主军事部落联盟的政体建立以后，它要求社会进一步稳定，政权进一步巩固，提出这样一种“礼仪”的规范，正是当时统治者的需要。

二、译　文

古昔，在色夏玉（金冠玉佩）地方……有和睦二兄弟。［兄］身患肝病……水……弟被遣往他乡，恐受欺侮。兄年二十九，弟年为十八……临别时，请兄垂训、教诲……时，兄年已二十九矣。

弟云：今派我去修炼、学习，远走他乡，亲友之中，于我仁慈、疼爱如君者罕矣。常于心中惦念，每于夜间，梦中浮现，心中思念之殷难以言表。今后，命运安排，能否再见，难以逆料，请讲述如我之辈适合之教诲，深思厚德，永世不忘，殷殷教诲，铭镂于心。

兄云：于我心中恒念二事，一是离开真正同心之人，极为伤心。二是我你相聚亦难，岂有不愿讲述之理?！以往，同心合意，离乡无论远近，无限恩情，常在心中思念，此与相聚又有何别?！你此去如获平安，为地方福缘，……令众人满意。……往昔，彼此惦念，无所谓有分离之时。任何时候，两人只要同心同德，现今分离与今后百年分离，二者并无区别。由于我二人情感深笃，你所问者，我有所答，讲述自己心中所想者。再者，讲述教人极易，如此遵行者……很难。现，我将念及者归总讲述你听，若中意者要记住，不同意者再问。

兄又云：千句话里……有一句大义永存。施财……无尽，人所共知，所以，施以真言，更为德行，应能谨记！记取真言较之获得财产更为重要！

（1）弟问：托生为人，以何种平安为最殊胜之平安?

兄云：心安为殊胜之安。若心不安，其他任何安乐亦不安乐。

（2）弟问：如何能使心安?

兄云：自己若无罪恶过失，地位高则高处安，地位低则低处安。无论何时，国王之律令，应使百姓生命与国家社稷二者安稳，事事皆有法度为是。若与此相违，以友为敌，以王做靠山（王言代替律令），则无人不骄横，而争辩无休，无公理……岂能稳固?！

（3）弟问：何谓不弃所需?

兄云：要而言之，世上并无既需要而又可抛弃者，其至上者，生命与社稷不能抛弃。

（4）弟问：如此说来，该记何等道理?

兄云：要记住中心之公正之理，则枝节即可无误而事成矣！

（5）弟问：……如此……如何能无误而事成?

兄云：王之国法……均等，则谓公正；若虽非出于正法，但真实与虚假，是与非，二者有别，则枝节即可无误而事成。若为长官，应如虚空普罩天下，应如秤戥一样公平。则无人不喜，无人不钦，此乃是也。

（6）弟问：诚如此行，与人有益为真实也，然与己何利？

兄云：总言之，对人有益，对己永远有利；危害他人，对己长远有碍。为官公正，现时即于己有益，此为颠扑不破之理，能谨记否？亲子、仇敌二者之恩怨亲疏已明，若能不偏不倚，则谁能对之不钦佩折服?!

（7）弟问：如秉正道，在当地应尊敬何人？

兄云：敬重正直穷人，应胜过富人；……敬重［乞丐］，应胜过盗贼。

（8）弟问：如此无道之人，有何可敬？

兄云：地方之人，赞颂、敬重不正富翁；讥讽、鄙视正直穷汉；奉承盗贼、骗子；詈骂乞丐、穷人。

（9）弟问：不得公正时，当如何忍耐？

兄云：要有对“行罪恶人超生，正直善人处死”不公正之事认可、忍耐之力。自己则不可对姿容美、言谈正者内存狡诈，心怀不善。

（10）弟问：何种事物见而不乐，食而不香？

兄云：贿赂之财，见之如鬼不善不乐。诱饵之食，见而欲呕而不觉其香。

（11）弟问：珍宝美好，食物味香，赠此二者，颇类仁爱，何以要如此看待？

兄云：珍宝、食物二者若是起意不良，则成重压，并非仁爱，自应视为死敌矣。

（12）弟问：若非如此，有出于善意赠以珍宝、食物者乎？

兄云：……怕（怀疑对方）去犯罪；既讲道理又施以财产。怕不走正道，既斥责又给以食物……可能属于正者。

（13）弟问：一贯品行端正，偶尔也会遭恶果，有何过错？

兄云：此等人甚为罕见，仅个别而已。自己虽无罪，但若无权，谁能挽回?! 判罪杀头，悔之无及。无论何时，行恶得善者百中得一，行善得善者比比皆然。

（14）弟问：要行为高尚，如何方能事业忠正、不滥言？

兄云：行为高尚者有二，即善巧与平等也。事业忠正有二，即正直与持平。不滥言者，即不说无意义之言。总言之，缙绅豪门之习性，极为虚伪；贩夫走卒之辈，见识微细；幼儿稚童言语琐碎，均弃之为是。不知彼，己不知者，粗鲁空洞之言谈以不讲为是。

（15）弟问：多口舌则不宁，贪心大则不妙，然否？

兄云：总言之，做任何事，须达目的。虑别人议论自己不安份……不询问，岂能说。虑别人议论自己贪心大，就装假作伪可乎？任何时候都谨慎，别人对己能满意吗？自己不是多少做了点好事？己有欢乐之事，深怕别人不［以下根据 P. T. 2111 补译：晓，如朝秦暮楚主妇，不能保守秘密。勿如此行，勿如此吹嘘。遇大小不乐之事，如伤心之类者，既不做亦不说。见到别人之牲畜和畜圈，勿歆羡询问："牲畜好否？"见到自己眷属与份产，勿立即表态云好云坏之类无意义之词。勿称颂自己，亦勿鄙视他人。骤然产生信念或自己需要某物，无论其获得、丢失与否，若已违背戒律，勿想"最好人不知"。若仅己知，也勿想别人不知不好之念。若不违背戒律，虽遭受误会、不安，均需忍受，如此等等之行为，即谓"稳重"。总之，要符合当地习俗。自己能做自己的证人，此乃不贪心而又稳重。另，若不能对一切人为善］，也该符合做人之道。

（16）弟问：何为做人之道？何为非做人之道？

兄云：做人之道为公正、孝敬、和蔼、温顺、怜悯、不欺凌、报恩、知耻、谨慎而勤奋。虽不聪慧机智，如有这些，一切人皆能中意，子息亦安泰。非做人之道是偏袒、暴厉、无主见、无耻、忘恩、无同情心、欺凌、骄傲、懒惰。身上若有这些毛病，一切人皆不会中意。

（17）弟问：过分孝顺非虚伪乎？温顺非欺诈乎？怜悯中非寓软弱无刚之意乎？粗暴中毋得有英勇之气乎？

兄云：做任何事均需有分寸。孝顺过分即成虚伪，若不过分则是孝顺。一切行为均有目的，即为温顺，并非欺诈。若无目的，无论如何凶厉，均非反抗而为败坏。所谓可怜者，自身不了解自身［之能力］、无廉耻与行为不端。无罪岂能惩处乎？所谓英雄者，指对敌勇猛，愤怒亦有所为而发，即为英雄。无端之凶暴，有谁颂为英雄？此非英雄，斯为恶汉也！

(18) 弟问：无能行大善，施行小惠有何益处？

兄云：腹内若无智慧，虽不能行其他善事，但亦能对地方做有益而不是有损之事，此谓正直、可靠之人。能如此，即大有裨益。缺点虽小也应去之，好处虽小也要趋之。

(19) 弟问：一切事业，岂可不议而行，但应如何议之？

兄云：开始计议，荦荦大端，需和众人商议。所有议事，一开始即应细致、斟酌，以期达到预定目的，后则不再更动。一切商讨、想法，心境宽松，思想开朗，方可达到目的。事事皆疑，心存报复，虽有微念，也须改之，否则，能误大事。磋商时，先自问自答，能完成乎？抑或不能！事业……与友同心，不能损人，无虑指责。［以下根据 P. T. 2111 补译：不可独断专行，与之相反，众人之事，多人集议。个人之事，亦可告诉他人，研究为妥。回答所问为“兴许这样，兴许那样”较妥，说“无疑、必然”者难矣。某事似可行后又不可行；某事似不可行后又可行。事尚未成，将自己列于前，磋商事情，说真话］……有引来相反效果之危险。再者，从友人嘴中抢来之辞，谓自己先想到，在友人心目中……无法堵塞人言。无论何时，商议事情，一人不妥，应集思广益。何人正确，依之而行。如“一定照我所说而行”，则何用商议？商议之时，正确不知在谁之手，不能因出身低贱，其貌不扬而凌辱之。正确无误之理，无论出自何人之口，均我大师。有时，可能未懂他人之言，勿存羞意应再请教。再者，容易之事，若无把握，亦不可立即将所想者说给他人。自认正确，对别人虽有损害又需行之，则应设法去做为是。在年长善辩人中，一问立即能忆及多事者有之，向其人查询为是。

（20）弟问：如何方可使诸事均达目的？

兄云：有人论点赅要而论述细腻。有人则繁于细枝末节，而粗略于重要关键。正确者，不失要点，而枝节均包涵在内，以此为最。再者，富有经验而已通晓，再肯请教，即万无一失矣！

（21）弟问：若一切事均需与友人共同完成，不能做使友人不乐之事，而事情又要无误完成，如何行之？

兄云：无论他人论长道短，勿反驳，勿答非所问，勿半吞半吐。要心情舒畅，并能接受［意见］，任何关键大事均能无误提挈。若必需反驳者，不必羞愧，和颜悦色，缓缓而述，他人既不致愠，事情亦能无误完成。

（22）弟问：一位贪财人，且有智慧，若需与之共事，应如何行之？

兄云：彼虽有智慧，然任何时候，贪财与聪睿正直一时难以区分时，开始，不与交友，即不会有争吵之由。如此若不可行，则最后亦应好好相待。自身勿沾染恶习，勿做无理之事。

（23）弟问：不失宗旨则与彼之心愿相违，产生不愉之事，如何处之？

兄云：众人喜欢禳灾诸事，定要善自为之。总而言之，不必做之事则不做，不必说之话则不说，不与偏心人为友，此乃最大之不偏。一定要认识事物，勿依赖他人。

（24）弟问：若行谏诤，如何为之？

兄云：一切谏诤，［对方］若有过失，当面谏诤。不能当面谏诤者，勿背地讥毁。任何时候，确实应向对方谏诤，或确实了解对方有过错时，再行谏诤。善于苛责他人，疏于认识自己，如此之辈颇多。如要指责对方，首先克服自己缺点，以后不再重犯，此谓自我纠谬也。自身难能，而指责他人，岂为适宜？

（25）弟问：如何掌握谏诤之分寸？自我纠谬极为不易。某些好友，为人狡诈，能依靠否？

兄云：应谏诤则为之，勿吐伤人之语。对方若能改掉抛弃狡诈，则可进行谏诤。忠实之友，与己真正同心同德，勿行欺诈。

勿在众人面前多语。

（26）弟问：如何能使眷属相聚和睦？

兄云：铭记情义，同心协力，不仅眷属和睦，行至何方亦相安无事。子与父同心，弟与兄同心，奴与主同心，妻与夫同心，仆与官同心，如此，则公正无误，齐心协力，大家皆得安宁。若彼此不和，大患而已，别无其他。

（27）弟问：如此行事，即可和睦，如何方能使人同心协力？

兄云：即使身为上师，亦需行事适可而止，恰如其分。居高位而不欺凌，行为正直，役使下人有法度。下人亦能瞻前顾后，为未来永久之平安，能不断地做出成绩。再者，上面之人应高尚而爱惜下人。对任何事均虔敬而有礼度，即可和睦相处。任何时候，欢乐为福，不乐为苦。于家庭之中，勿过于专横，勿过于滋扰下属。做事勿拖沓，勿使下属不满，应该抓紧完成。再者，应有长幼之序，官仆之分，主奴之别。勿违当地礼俗，严谨行之。

（28）弟问：何为规矩？

兄云：凡年轻之人，奴仆之辈，对之勿似对土、石一般遗忘而不加重视。勿做不让其生儿育女、无经济基础之事。应设身处地，役使要恰如其分。若使其有子、侄、居所，则对己有利，他人亦欣然愿意亲近。如此行事，即合规矩。合规矩，则不会出现伤风败俗之事，严而行之，其谁不喜？如此行而不变，即为公正之法。主奴之间、官仆之间、老壮之间，行公正之法，谁不歆羡而称颂?!

（29）弟问：在奴仆中有无胜过亲叔者？

兄云：除了真正忠心耿耿者，无有。奴仆若热诚如亲叔，哪有比此更胜者。心若背离，如亲叔之奴亦无益。若对己忠诚者，即使是囚犯，亦可任事。

（30）弟问：如何役使性情野犷之奴及愚奴？

兄云：无论何时，缙绅以恩养之，劣者以严法役使之。但对贤愚不同之辈，恩与罚皆不可废。对桀野之奴仆，严以驯之，若能改正，应施以恩惠，赞扬之而使其归于正道。对愚骇者应尽力设法劝说、诱导。心背离者则教诲之。有时，其为善，应施以恩惠，加以赞扬，安抚之。勿令气馁，勿令分心。对能做事而不为，或为非作歹者，则严加惩处。

（31）弟问：奴仆中分好、坏两类，惩奖二者孰为大小？指责时不揭其短，心不解恨，揭短过甚，则其人又将灰心，如何是好？

兄云：所谓“惩处”者，乃不令其作恶之警告也，“奖赏”乃是树立全心全意赤忱办事之榜样。若能如此，应大加宣扬为是。指责过失时，应恰如其分，若过分责备，像其父、祖似的辱骂、呵斥，便会使他们伤心。不宜于揭短，好好相待也无面子。若犯有罪而不指出，无论怎样婉言，总是不妙，而是混乱。

（32）弟问：如何孝敬为上？

兄云：儿辈能使父母、亲友不感遗憾抱恨，即为最上之孝敬。奴仆能使主子、官长不指责斥骂，即为最上之侍奉。若能如此行事，自己所做一切，必将平安、顺利。不能控制、约束自己，听信他人之言，心生误念，杀害、分裂主子、官人、父母乃至亲友、奴仆当中诸人，此等恶人，所有见之者，可视之为鬼魅。这种杀害无辜之人者，岂能不妄杀他人？由此可见，确实非人，明白是鬼。有某些人，对妻室之恋胜过骨肉之情。妻子无论怎样美貌可以买来、找到。父母兄弟如何丑陋，另外找寻不着。故对父母兄弟应比对妻室儿子更为珍视。父母养育儿子，珍爱照顾有如自己的眼睛。父母年老，定要保护、报恩。养育之恩，应尽力报答为是。例如，禽兽中之豺狗、大雕亦报父母之恩，何况人之子乎。虽不致如愚劣之辈不能利他，也应听从父母之言，不违其心愿，善为服侍为是。父母在世时，子辈可当面议明为好（如财产方面），但不宜操家产之权。儿子尚且不能如此做，况儿媳乎。不孝敬父母、上师，即如同畜牲，徒有“人”名而已。

（33）弟问：自己若有慈友，应如何待之？

兄云：与好人一条心。若主人、官长仁慈，无论何处，不会没有温暖，也不会有别人加害子侄之事。自身死后，也会有人怜惜伤心，不会毫不可惜地对自己死去而幸灾乐祸。任何时候，要使一切人信任自己。

(34) 弟问：如何能使别人信任自己?

兄云：从不说谎言，大家即信服，人若信服，众人即信任。

(35) 弟问：施以何种仁爱为最?

兄云：主人仁慈，比授予政权还好。官长仁慈地给予智慧，乃是最大的恩赐。

(36) 弟问：我有一个干练之仆，若施以财宝，我将变穷；若不大加赏赐，何以报之?

兄云：不予权力而令其知礼，乃是最上乘之酬答，财宝亦在其中矣。总言之，仁慈与嗔怒二者应该有区别。仅行仁慈亦不可，只想嗔怒亦有错，仅行嗔怒亦不可，仅行仁慈亦有错。某些人，心中虽不嗔怒，但所行如嗔怒，亦为不善，亦为过失；如此所做之事虽不错，亦与嗔怒等同。

(37) 弟问：那三者如何?

兄云：[别人] 怀疑自己有过错，批评、责备自己，忠实地说出、指出自己过错，这是对自己爱护。但由于不合自己心意，因而生气者有之。有时，别人对自己一切过错都说“对”，还加以赞扬。有人是为了减轻他过去的错误，而需要有一个陪衬之友，故以财物和甜言来欺骗而说好话，这对己有害，但由于迎合自己心意，反会认为是对自己的爱护。有人是不认识而做有害之事，如对“愤怒”、“喜新厌旧”等等，却说那样做“很好”、“不错”，加以赞扬，这是由于对方和自己一样未认识到，因而将“恶”当作“善”迎合自己。这与对忠直的规劝认为不善同样有害。

(38) 弟问：上师责骂自己，应如何对之?

兄云：自己有错应承认；若无过错，和蔼说明自己清白无辜受责。若稍有对立，就把内部之语对人扩散，于己有损。自身有不正事，弃之，回心转意后，仍应信赖为是。

(39) 弟问：人若犯罪，惩处上有别否？

兄云：有别。年轻人所犯之罪，不应记恨于心。思想成熟之人犯罪，证据确凿，应该记恨。主奴、父子、官仆之间，记恨适当否？可依前面所说行事。

(40) 弟问：有仇应雪恨否？

兄云：可依复仇律行之。

(41) 弟问：有人在他人心中合意，而不合我意；有人在他人心中不合意，而合于我心，应如何对之？

兄云：依习惯法，自己尽力行善，关心属从。自己心中不合意，亦不用羞怯，而应喜悦。自己心中合意，而不合于别人，若不恰如其分，对方会不乐，自己也会感到羞怯。

(42) 弟问：如何做才能恰如其分？

兄云：对之一贯友好疼爱，反受其侮，谓不能与己和睦相处，先不要当面争执。可在路遇时装作视而不见，那样处理即可。任何时候，对不甚好者，勿过分仁爱。对无罪者，勿过分愤恨。自己内心虽憎恨对方，但口中勿谓"不喜欢、讨厌"为是。若如此直说，对己并无损伤，但对方会感到不乐、羞愧。

(43) 弟问：好友犯罪，如何做才够朋友情义？

兄云：如可用积极的办法相帮则行之，哪怕需要付出政权和财物，自己也不能存私心。任何时候，能为知友抛弃财宝，是为好友；如不能与友有益，待别人陷入罪恶，再以财物相助是为恶友。

(44) 弟问：如任何事都以宽厚为上，心生疑惑有何益处？

兄云：该不该做，若不加思索，政事将出现纷乱；饮食该不该吃，不生疑惑，将被毒食夺去生命；妻子该不该信任，而不生疑，她将成为别人之相好。净秽不察，将生劣种；寒暖不察，人将患病。

(45) 弟问：亲近何者为佳，何者为劣？

兄云：白天亲近主人、官人及智慧正直者，有学问而英勇者，艺高者，以及精通词章、法令者为佳。夜晚亲近妻子为佳。

白天亲近盗贼、虚伪者、妓女、疯子、淫荡者、懦夫凶顽者为劣。夜晚亲近幼女为劣。

（46）弟问：亲近主人、官人有利，办事能否迅速奏效？

兄云：若能正确领悟，能迅速有益于事。未了解勿追随他人之言。不了解之事多，自己也嫌厌烦，关心自己者也会意倦。另一方面，亦会变成挑拨者之谗言。

（47）弟问：对谗言可听与否？

兄云：要者，先守密而后缕析，不可不加缕析而全听。

（48）弟问：在许多好友中，个别人由于怨恨后来发生怀疑；有人开始不和睦，后来很契合，应如何做才是？

兄云：任何时候，无论多么和睦，若属歪门邪道气味相投，虽为好友，到后来不可能不发生怨仇。由此可见，无论如何投机，不适宜结为亲密朋友。若奉公守法，彼此相投，友谊不会变成争吵。朋友还以多为好。无论何时，结交朋友要有分寸。有些人，开始即不和睦，后来不能不起冲突，对这种人以不交为宜，但不要对人去讲。一旦成为知友，无论如何，勿争吵而牢记于心。稍有过失，要能忍耐。若不忍耐，对方就会误会而蔑视自己。一个人希望自己好，为自己出谋划策，为自己做有益的事，自己岂能吃亏？双方发生误会，或犯过失，若他的本意是希望我好，但却不合自己的心意等，虽稍有过失，亦应很好报答之。

（49）弟问：自己未做有益之事，如何会有好报？

兄云：无论何时，由于对自己好就高兴，比一般人亲近。俗语云“因祸得福”，但无论何时不会有“因福得祸”者。再者，做好事，要高兴而齐心。无论是谁，只要是对自己有恩，都不能忘却。忘恩，反而谓“对我好，对我坏一个样”，这是胡话，根本没有好处。无论与谁争论，应争论在关键（点子）上，勿改变［宗旨］，勿丢失枝节。别人托付之事不能或不去完成，从一开始就应说清。一旦应诺下来，应与枷锁一样坚定去做。对身体不要吝惜，敌和魔从何处来不清楚。无论出远门还是去近处，应带上财物和仆从。［危险之处］别固执要去。若自己身体懒惰，何能勤奋工作？故自己保重身体，不过分，有深意焉。命若如崇山之固，方可不必吝惜身体！

（50）弟问：忙碌一事，何者不忙碌家中不安？

兄云：命和心不忙碌是最大之不安。

（51）弟问：政事忙碌不重要乎？

兄云：心里凝聚政事而不忙碌，政事也能顺利。

（52）弟问：有子女如何行事，给何财物为上？

兄云：任何办法都应善为才是，将正直无误之正道作为财富交给他们，是最大馈赠，生命和政事皆聚其中矣！

（53）弟问：如何才能有“识”？

兄云：无论何时，决无不讲（宣讲）而有识，不修学（教诲）而领悟之事。聪明人凡事皆知，但教诲后则更勤奋，宣讲后则更听话。敌人有优点也要学，自己有错误也应弃。公正地指出，即使是责骂也应高兴；错误指引，即使是仁慈也应摒弃。由此可见，父母、兄弟长辈没有比毫无保留地教导训练子侄青年忠心的人品更紧要者。由是之故，低下人能变为中材，聪明人更何须说。虽有毅力，但不讲说，不教诲，不训练，聪明人也将成为中材，低下人何须说。故教诲之重要明矣！爱护孩子、青年，为增添智慧令其学文习算，为增添勇气令其射击学武。应劝其学习为是。只要对长远有利，虽困难也要修学。对长远有损，虽合意也应抛弃。对目前更何须说。教诲自己子侄，首先置于对自己仁爱而有智慧者跟前学习、训练。然后，置于位高家贫之大臣跟前学习、训练。然后，置于正直有名望之人跟前学习。为人不忠厚，即使权大位高也不应放在他身边学习。年轻人，变化多端，对歹人贪者勿依靠而结交。

（54）弟问：首先放在仁者之前学习，然后放在位高而贫之大臣跟前学习，有何必要？

兄云：首先放在仁者之前学习，是由于自己之子年轻，不能区别善恶，不能掌握做事分寸，对自己若不仁爱，就会事情未办成而触犯律令。再者，亲近青年人也有心烦之事，仅仅用仁慈还不够，如无智慧及无教育之可能，一切教诲与讲说均不会接受而空废。用智慧则怎么做均能达到目的，对亲生儿子也要按规矩教诲。首先，年龄小力量还未发出时，对他们如此教诲。领悟后，放在贫穷大臣跟前学，是因为，为大臣者，不可能没有智慧；而贫穷，不能不是正直厚道寡欲之人。为教诲自己儿子有此等规矩而放在该处。再者，身为贫穷之人，任何方面都节约，少许即知足。上下二者，做何事也能顺利。很好掌握词章、文字，并让其念书即可增添智慧。［自己故去］，留下子侄，任何时候都勿留下怨仇，财富应均等为是。

（55）弟问：对奴仆亦要相同对待乎？

兄云：其本人另有福分，无论何时，不应希求，不给一份亦不应怨恨。子侄不在父、叔跟前，无论何时，担心其变坏，教诲、批评、斥责甚至鞭打，子侄不应记恨。若不惦记叔伯父母，犯小过失，告诉别人实为不宜。若向别人诉说，于父辈及子侄辈均感羞愧也。

（56）弟问：兄弟既不听劝告，又不肯改正，应如何办？

兄云：这是无罪受惩之根源。性命、子息之敌也由此产生，要敢于翻脸，立即如对邪魔远逐之为是。

（57）弟问：如何结亲？

兄云：娶妻要选有财富与智慧者，若两者不兼备，应挑选有财富者。选婿要选有智慧而富裕者。

（58）弟问：若依妻言好处大还是小？

兄云：妻子若无不妥之处，说好话，立即听从即可。美妻可以找到，不争气之子没法换掉。

（59）弟问：己父若有妻妾，我若依照父言行之而与母意相违；若依母意行事，又与父意相违，以何做法为是？

兄云：应该一心调和，自己对生母和庶母要同样亲热，平等相待。有理无理，首先要公正行事。大妻小妾合于当地风俗，表面要相等而不应有特殊。要消除女人因无止境地偷藏财物而造成不愉快之事。自己对她们要产生感情，都应和谐而无矛盾，彼此和睦相处。

（60）弟问：如能这样，先做何者为上？若不能这样，要合谁心意？

兄云：对子来说，父权为大，必须顺从父意。然后，和睦才能（附带）同时产生。

（61）弟问：婆媳发生争执，应如何办？

兄云：此事很多，乃人间习俗。成亲后，公婆对媳妇勿相争、当面呵斥，一般以解释、讲叙为是。媳妇也应将公婆作父母看待。相争、乱说均不妥，应尊敬而有［等级］长幼，善为侍奉为是。如此行之，口角怎会产生?！男人要美貌之妻，此乃不可缺，但若以父母为敌，宁无过乎？互相斗嘴亦不妥，亦是过失。任何人，年轻时为媳，年老时为婆。人生要经历两个阶段，要看到自己也会衰老为是。父子俩人真诚相待为是，相互谦让，就不会有口角。对外出［支差之子］与在家［之子］应给以等同的财产，此谓公道。

（62）弟问：与妻异常相爱，别人又会耻笑；若嫌憎她，她又做出各种媚态，如何是好？

兄云：无论表现怎样媚态，若是善好妩媚，应该相爱，别人不会耻笑。她无过错，顾虑别人讥笑而抛弃她，这怎么能行？若为人不厚道，无论多么美貌，也不要相结合，而说："她没有过失，有些地方由于与自己不合，自己有权与她疏而远之。"但勿过分发怒。

（63）弟问：对财宝如何掌握分寸。

兄云：应掌握知足之分寸。

（64）弟问：多少即可？

兄云：肚不饥，背不寒，柴水不缺不断，即可足矣！这些目的达到，富裕而安逸；超过以上财物，不会安宁富裕。财宝役使自己，财宝即成仇敌。

（65）弟问：这些就知足，岂非衣食简陋，奴畜绝少乎？

兄云：常与下等人去比，若比穷人果腹暖身，自己为何不行？若与富裕者相比，即无边际，当国王也不会知足。如此过分，太贪婪，无限希求不妥，使性命、子息二者皆受损害。衣食是为了暖、饱二者而已。比平凡人暖、饱，为何还不知足？奴畜，穷人也没有，不步行即可。一般来说，人若老在人群中，马若老在畜群中，［会受到照顾］，没有什么过不下去。身为人之长官，欲望如此之多，就会贪婪无边。贪得无厌，歪门邪道即由此产生。王、臣们根据你功绩未给予之财富，自己却已得到，那就是以欺骗狡诈之法夺得者。如不从属下手中去掠夺，财物自不会来。请看，当官就能从贫穷变为富有者。

（66）弟问：若过于贫穷，间或想留些东西给后代应该怎么做？

兄云：无论何时，留下“智慧、公正”为上。留下“英勇、巧法”为上中之下者。留下“坚定、讲义气”为中者。注重留下财物和衣著者为下。

（67）弟问：如一点财富也没有，过活用具和死后墓坟，及留给子侄之物皆无。用何法即不行歪门邪道，又可找到财富？

兄云：这有五种办法：一是英勇为社稷立功（战功）受奖；二是勤劳地发展牲畜；三是勤劳地去当臣仆；四是勤劳地做买卖；五是勤劳地种地。

（68）弟问：若用这些勤劳办法去做，会富裕否？

兄云：照此生计持家致富，没有过错。但要恰到好处。非不可缺之物不要珍惜。勿做无谓之浪费。

（69）弟问：家中何者众多能致富？

兄云：家中子多能致富。

（70）弟问：如子多，有些不会成为败类乎？

兄云：无论何时，有低劣者，肯定也会有智慧者。谁也不能预料将来儿子中有许多劣坏者抑或有一个坏劣者。正因为怕出现劣种才需要多子。只要有一个聪慧者，能顶上百个低劣者。古语说：有一个儿子就是有一份财宝，有两个儿子就是有两份财宝。

（71）弟问：我以自己之能力去行事，对人无损，有无过失？

兄云：与世俗之法规不违，幸福度日为上。

（72）弟问：何为世俗之法规？如何掌握能力之分寸？

兄云：若与世俗法规不违，以遭不讥讽为是。对己无讽，即是最大幸福。能力之标准是：可以不羡慕别人，此谓“能力”。

（73）弟问：无论何时，做一切事情，让其富裕与掌权容易，让其贫穷与无权困难，然否？

兄云：若无公正无误之法，做何事均不易。权大者对权大者如魔，富裕者对富裕者如敌。（权大与魔近，富裕与敌近。）无论何时，若想富裕而有权，要抓住政权之柄。所谓政权之柄是公正，知廉耻而知足。虽贫穷而弱小若能如此做，即是有智慧而博学。常有富人因财富遭祸，智者被言词所亡。使用财宝之危险是敌人，说智语之危险是别人恶毒中伤。由此可见，财宝使用要适可而止，有智慧也要谈吐温和才是。有智慧又善言，是政事之胜者；善使财物，乃是操持家产之胜者。俗话说：“若比心中所想还要说得好，嘴是吉祥之门户，舌是变幻之钥匙。若说有错之语，嘴是灾难之门，舌是魔鬼之斧”，有此一说。可见，嘴头厉害，过于蔑视别人，强手就会不安，关系就要紧张。决不做暗探和卧底之事。若看不见自己程度，又怎么能看见别人水平。如搞不清谁大谁厉害，先对所有人皆尊敬。勿不乐，勿灰心，去做为是。

（74）弟问：对何事应该勤奋？

兄云：凡属一切好事，没有一样不应勤奋；最低限度，若不能做别的，对王差也应勤奋支应。去一切地方，勿去有夫之妇跟前。若不去不行，那就去吧！

（75）弟问：怎么去法？

兄云：所有可去之女人跟前都去，将被按上有罪与败类之名。常去女人跟前，会被按上“淫乱”之名。若不与女人相好不行，可从远处捎信，然后接触几次。勿整夜眠宿，[1] 要做得体面，这样接触走后，别人反映不错。

（76）弟问：何谓度量大，应如何去做？

兄云：对人对己应等同。曰："非照此做不行！"话说出后，不了解好坏，也不许别人申辩；明明有正确无误之法，仍选一最易行者凑合，如同给魔鬼喂食一样［打发之］；看出过错，当别人问"怎么办"时，也不做答复。这些都非度量大，好事办不成也。

（77）弟问：父言为主，母言为辅。父母二人意见不一，如让自己行窃、狡诈之类，对这样话语，应该听从而考虑否？

兄云：没有比父母更亲近者，［父母］怕子犯罪，不会讲要他去做倒行逆施之语；故才讲盼子正直、善良之希望。若依照父母不正确之言词，认为这是父母所言，明知不对照样去做（不反对），那怎能行?！自己过去做错事之报应，别人也会同样遭

---

① 藏人在吐蕃时期，尽管在经济上已进入奴隶时代，但仍保留着浓厚的原始公社时的思想、风俗和社会意识，尤其在婚姻与家庭上表现得最为明显。一般说来，这时已经进入严格的"血亲禁止婚配"时期，往往形成以一个家庭为单位的婚姻俱乐部，即：一个家庭中的同辈男性，可以同娶一个从另一家庭中来的女性。这种风俗一直延续到20世纪。恩格斯就曾注意到这一现象，他在《家庭、私有制和国家的起源》一书序言中明确指出，西藏人的婚姻制度值得研究。但是，我们发现，就在实行同辈男性共偶制的同时，同辈的女性姊妹又有相对的性生活的自由作为补充。这可以看做是群婚制的残余，或者是对偶婚的特点，即成年女子在未婚以前，享有性生活之自由。还是恩格斯指出的那样："旧时性交关系的相对自由，决没有随着对偶婚制或者甚至个体婚制的胜利而消失。"（《马克思恩格斯选集》第4卷，第61页）

这种习俗在我国也不是个别的，除了藏族以外，纳西族的婚姻制度也与之相似。傅懋勣先生以语言学家的敏锐的眼光，注意到云南永宁地方纳西族婚姻状况中的这一事实。他描写道："男女相悦，彼此有意……经女子同意，男方就可以在夜间到女子的家里，过夜晚来、白天走的半同居婚姻生活。"在同一篇文章中，他把这种婚姻叫做阿注婚姻制度。然后又说："根据这种制度，女儿们除少数情况外，从小到老住在自己所属的家庭里，她们可以在家里接待自己的意中人，生男育女，把孩子带大。"（《永宁纳西族的母系家庭和亲属称谓》，《民族研究》1980年第3期）此外，还可以参考王承权《从婚礼看永宁纳西人的一夫一妻婚》（《民族研究》1980年第4期），以及詹承绪等《云南永宁纳西族的阿注婚姻》（《社会科学战线》1979年第2期），都可以与吐蕃时期的婚姻制度进行比较。至于"勿整夜眠宿"的习俗，可能是社会力量正在冲击着这种制度的反映。

受，以后不能再做。任何时候，勿谓“自己强大、厉害”之语，不说不合时机之侮蔑言词，不说不合适、不相称之言词。就连自己子、妻，也不能忍受，对仆奴都不该做之事，对别人更何须说？这在何处亦行不通。所谓上流人，做任何事皆能办成。若做自己办不成之事，虽为下流人，哪有比此更坏。对友人勿讲“我试探你”这些话。别人对自己所讲之言，与好友也勿讲，若须讲为上，则应作为自己之言词讲出为妥。勿讲对方之坏话，若讲这些，朋友感到羞愧而不信任自己。无论谁有过错，不要说：“勿如此做!”勿轻易与人盟誓，由于不察彼心，对方很少遵守誓言。若有过错与不是，则对己有损。倘不这样，渝盟会出现麻烦。如不做不行，世上哪有不起誓不能做之事。有人不堪对方欺侮成为仇敌。无论如何，勿谓“自己有学问、聪慧”。首先赞扬对方，对方就会高兴。对比自己差者，也不要讥讽。以后，别人自有分晓，为时不晚。明摆着对方不敢加害自己，则适可而止。勿进言，勿褒奖。拐弯谴责对方，像是对己颂扬。一切指责，对方早晚会知道：批评他为的是炫耀、宣扬自己的聪明，别人就要反驳（轻视）自己。这样，谁真也无益，谁假也无害。无深意之事，轻轻放过为是。勿说不加思考、轻浮之言。有些话语，自觉好笑，别人认作侮辱。勿轻易应诺别人托付之事，也勿立即拒绝，而说：“让我回去看看（想想）怎么办好。”对财宝勿抓得过紧。抓得过紧，亲朋好友需要也不给，有它又有何用？反成怨恨。若过于放松，对方不但不感恩，时间长了，自己一旦不愿给时，反成冤家。要施给，从一开始就要有目的。给了以后，勿作假。若没有，也勿说假话。借口要给，弄虚作假，那还是当初勿说为好。任何时候，做任何事，口、手应该一致才好。凡是说出，不要有可疑之废话。可疑之处皆应注意。谁问话也要回答，勿争辩。醉时勿跑马。多讲不伤舌、肝（无关紧要）之戏言。此三者，自己若做错，对性命、子息皆有损也。

（78）弟问：还有什么其他办法？

兄云：照此规矩，一点勿误行之。懂得要害，为人厚道，所行不会有误。做一切事要有目的，如果说了，至死应该抓住去做。总之做一切事，了解后去做，务必勿误。即使懂得，有时也会出错。我所说者，一部分是闲话，但意义大，有道理。

（79）弟问：对下人要信赖否？

兄云：可信赖者依靠之，不可信赖者勿依靠。有劣者必有智慧者，有小必能寻到大，寻到贫者必有富裕者，有愚人必有巧匠。一切均是如此，能看到当前与将来为上。

弟弟非常高兴。兄云："正确之言词牢记于心上，勿对他人讲。"如此一人对一人讲述后，于是，聪明两兄弟各自分手而去。

附记：

本文所译 P. T. 1283（1）、2111 号文书的藏文录文及注释，参见《敦煌吐蕃文书论文集》（四川民族出版社，1988 年）第 233—299 页。

（原载《西北史地》1983 年第 2 期，与陈践合撰。此次结集，有局部修订。）

蕃占期间的敦煌佛教事业探微

——P. T. 999、1001 号藏文写卷译释

P. T. 999 号《为赞普墀祖德赞缮写〈无量寿经〉卷数册》和 P. T. 1001 号《尼众诵经登录册》两件藏文写卷，是吐蕃占领敦煌期间的有关佛教文献，大致成于 820—832 年之间，反映出蕃占期间敦煌一地居民在长时期的战争苦难之后，略有安定的生活即转向宗教，寻求灵魂的安谧，避开世上的纷争，从而可以与汉文记载联系起来，窥出敦煌一地佛教繁荣昌盛的客观原因。文中提供了译文及考释，兼及洪䛒等人事迹。

一、译　文

1. P. T. 999 号《为赞普墀祖德赞缮写〈无量寿经〉卷数册》：

往昔，为天子墀祖德赞之功德，沙州之唐人、蕃人敬写《无量寿经》，连同民户中行大布施之大施主所书，汇集于龙兴寺之经库中。唐人写《无量寿经》一百三十五卷，蕃人写四百八十卷，共计六百一十五卷。

鼠年夏季六月八日，沙州二僧尼部落为王妃樊氏母子之大迦叶（光护）宫功德，为沙州地方民户做功德回向，举行祭祀法会。从宫殿志书、告牒及给寺院长老、节度使之告牒中得知，向二千七百户民户行祭祀法会时，将大施主之资粮交与长老僧人洪䛒和旺乔登记。由管经人云海和李旦恭核对写经数。以后结算写经总账时，正式支出单据与登记账目相校，若相符则做入账并交签名单据。

2. P. T. 1001 号《尼众诵经登录册》：

……比丘尼正静，宁钟部落人，本名佩氏……妹妹，念诵《分别解脱经》一百……偈、《金刚断》三百偈、《无垢经》六百偈、《梵纲经》之中《菩萨戒品》二百六十七偈，共念诵一千九百六十七偈（总数有误，照原文译）。另教念《八他胜罪经》。

比丘尼化志，宁钟部落人，本名张氏玛宁，念诵《分别解脱经》一百偈、《密严刹土品》七百二十偈、《梵纲经》中《菩萨戒品》一百六十七偈、《稻秆经》一百二十偈，共念诵一千九百零七偈。另教念诵《八他胜罪经》。

比丘尼性空，宁钟部落人，本名阴氏宣宣，念诵《无垢经》一千七百九十偈、《梵纲经》中之《菩萨戒品》二百六十七偈，共念诵九百六十七偈。

比丘尼谛义，纥骨萨部落人，本名张太静，念诵《分别解脱经》八百偈、《密严刹土品》七百二十六偈、《梵纲经》中之《菩萨戒品》二百六十七偈、《观音普门品》八十五偈，共诵一千八百七十八偈。

比丘尼卞性华，悉董萨部落人，本名萨玄文，念诵《无垢经》一千七百九十偈。

比丘尼元格，纥骨萨部落人，本名王娣娣，念诵《分别解脱经》八百偈、《密严刹土品》七百二十七偈、《梵纲经》中之《菩萨戒品》二百六十七偈，共念诵一千九百八十四偈（应为一千七百九十四）。

比丘尼沙州人，王氏性慈，念诵《分别解脱经》八百偈、《密严刹土品》七百二十六偈、《梵纲经》中之《菩萨戒品》二百六十七偈、《观音普门品》八十五偈、《无观察经》十五偈，共念诵一千八百九十二偈。

比丘尼元提，悉董萨部落人，本名令狐氏公地花，念诵《无垢经》一千二百偈、《梵纲经》中之《菩萨戒品》二百六十七偈、《观音普门品》八十五偈，共一千五百五十二偈。

比丘尼滴义……一千七百九十［偈］、《金刚断》一百偈、《观音普门品》八十五偈，共念诵二千九百七十偈。

比丘［尼］蒂海腊，悉董萨部落人，本名安素仁娘，念诵《梵纲经》中之《菩萨戒品》二百六十七偈、《分别解脱经》八百偈、《元观察经》十五谒，共念诵二千九百一十五偈。

比丘尼性妙，悉董萨部落人，本名鲁化养慈，念诵《分别解脱经》八百偈、《无垢经》一千七百九十偈、从《梵纲经》中之《菩萨戒品》诵二百六十七偈，共念诵二千九百五十七偈。

比丘尼演妙，纥骨萨部落人，本名宋氏花广，念诵《分别解脱经》八百偈、从《梵纲经》中之《菩萨戒品》诵二百六十七偈、《无垢经》一千七百九十偈，共念诵二千九百五十七偈。

比丘尼性普，悉董萨部落人，本名令狐氏悌无，念诵《梵天智慧品》二千一百偈、《遗教》五十偈、《分别解脱经》八百偈，共念诵二千九百五十偈。

比丘尼妙成，宁钟部落人，本名仁英娘，念诵《分别解脱经》八百偈、《无垢经》一千七百九十偈、从《梵纲经》之《菩萨戒品》念诵二百六十七偈、《观音普门品》八十五偈，共念诵二千九百四十二偈。

比丘尼超尘，纥骨萨部落人，本名范氏狗狗，念诵《分别解脱经》八百偈、《无垢经》一千七百九十偈、从《梵纲经》之《菩萨戒品》念诵二百六十偈、《观音普门品》……十五偈，共念诵二千九百四十二偈。另教念《八他胜罪经》。

比丘［尼］演和，宁钟部落人，本名张氏善慈，念诵《分别解脱经》八百偈、《无垢经》七[百]九十偈、《金刚断》……偈。

二、解　题

P. T. 999 号吐蕃文书，13 行，题名《为赞普墀祖德赞缮写〈无量寿经〉卷数册》。按：墀祖德赞（khri gtsug lde btsan，815—838 年在位）是吐蕃历史上极为重要的一位赞普。唐人译为“可黎可足”，又称为“彝泰赞普”，俗称热巴巾。他的事迹值得称道的有几点：（1）吐蕃佛教事业几乎是在他的手中达到顶峰。施行了七户养僧法。尊崇僧人，把自己的头巾用长绸结好分铺两侧，让僧侣师保坐在上面以示顶礼。（2）改革吐蕃文字，推行新的正字法与文法规范，对吐蕃文化起了很大的推动作用。（3）翻译大量经论，为结集《甘珠尔》、《丹珠尔》奠定了基础。（4）与唐穆宗皇帝缔定了唐蕃和盟，结束了长期的战争苦难，树立了著名的《唐蕃会盟碑》，实现了汉藏民族之间的亲密友好。（5）还修建了一批寺庙及宫殿。然而就是他尊崇佛教过了头，触怒了大贵族利益，悲剧性地断送了自己的生命，被害于权臣之手。吐蕃占领下的敦煌也像吐蕃本土一样，在那一段时期佛教得到相当程度的发展。本卷署为鼠年，按其在位的 815—836 年之间，只有 820 年（庚子）和 832 年（壬子）两个可能，大致可定在 820—832 年之间。

卷子所写的《无量寿经》，也称《大无量寿经》、《大经》、《双卷经》，为净土三经之一。谓过去有国王出家为僧，号法藏，发四十八愿，称：“十方众生，至心信乐，欲生我国，乃至十念，若不生者，不取正觉。”后成佛，名无量寿。其国立在西方，名为“安乐”、“极乐”云云。因此，可以知道，在敦煌大量缮写蕃、汉两种文字的《无量寿经》，实在含有对墀祖德赞赞普致敬的奉承意味。事实上，在敦煌吐蕃文书中佛经占了绝大部分，而《无量寿经》大量的复本又占了佛经的大部分，就是这个原由。

卷中提到的王妃为樊氏，也属首次出现。关于龙兴寺及寺内长老洪䛒的重要性，不言而喻，将详见下文。卷末有印章5枚，第2枚为洪䛒，第3枚为旺乔，可以从中看出吐蕃人的印信观念。

P. T. 1001号文书，存60行，题名《尼众诵经登录册》，与上面的P. T. 999号卷子属于同一时期、同一性质的东西。文中列出几种常见的诵本经文，如《梵纲经》全称为《梵纲经卢舍那佛说菩萨心地戒品第十》，所以又名《菩萨戒品》，属于戒律类佛经，是大乘律之一，说十重戒、四十八轻戒等。《观音普门品》属《妙法莲华经》中重要一品。《稻秆经》、《密严刹土经》等均属汉土广为流通的经文。尼众均为划分部落（790年）以后，汉族女子出家者，标明其出身部落，也就表明人身的隶属关系。在户口登录的卷子中见到的“出度”，就是这些出家为尼的记载，在其俗家的册中也必须说明。部落名称包括宁钟、纥骨萨、悉重萨三部落，他们大致可以被看作蕃占期间敦煌附近吐蕃直接统辖的主要力量。

这些部落的人民在长时期的战争苦难之后，略有安定的生活即转向宗教，寻求灵魂的安谧，避开世上的纷争，完全可以理解。因而，我们从这一角度也可以窥出，敦煌一地佛教繁荣昌盛的客观原因。这里仅就敦煌一地寺院兴建状况作一考察，可以把这两个卷子产生的时代背景联系起来考虑。

敦煌一地寺宇广多，远在《魏书》中就有了记载：“敦煌地接西域，道俗相得，其旧式村坞相望，多有寺塔。”事实上，从印度东来的梵僧往往先寄迹敦煌，传播教义，广收门徒，形成佛教中心，看来敦煌佛寺形成是历史和地理上的因素。787年吐蕃占领以后甚至撤回本土期间，佛教事业益加繁炽，可以从敦煌汉文写卷中见到有趣的记述：

（1）P. 2250号卷中录千佛洞各寺僧徒及人数，其中有龙兴、乾元、开元、永安、金光明五寺在录。

（2）P. 2738 号卷中记录了龙兴、大云、报恩、灵修、圣光、乾元、净土、开元、永安、安国、大□、普光、金光明、灵图及周家兰若、官楼兰若、安凉兰若、北欣保兰若等 18 所寺院。

（3）S. 0545 号卷子记有永安寺。S. 2729 号卷子中有龙兴、大云、莲台、灵图、金光明、永安、乾元、开元、灵修、报恩、普光、大乘等。

（4）S. 542 号卷子录有龙兴、大云、莲台、开元、永安、乾元、灵图、金光明、报恩、兴善、灵修、普光、大乘等寺庙 13 所。

（5）S. 2614 号卷子，有开元、乾元、龙兴、大云、报恩、净土、莲台、三界、大乘、安国、灵修、圣光等 12 寺名。

由此可见，寺庙之盛、佛教之隆并未因政权兴替稍减。寺内神职人员设有僧统（僧政），藏文译作 ring lugs，而地方衙署又以都僧统（僧政）来管理宗教事务，且常常以汉姓冠于其上，称为张僧政、翟僧政、康僧统……。在诸寺之中，灵修、圣光、大乘三寺实为尼寺。S. 2669 号写卷中所记大乘寺中，尼僧数有 210 人之多。可见妇女奉佛出家为尼，也成为风气。P. T. 1001 号名为《尼众诵经登录册》，反映了敦煌居民在蕃占期间被编入部落，妇女纷纷出家为尼，寻求解脱的心理状态。

三、考　释

（一）龙兴寺

P. T. 999 号卷中特别标明：唐人写《无量寿经》135 卷、蕃人写 480 卷，共计 615 卷，汇集于龙兴寺之经库之中。此龙兴寺为敦煌著名大寺，其名见于文书题名者甚众。如北京图书馆藏闰 95、宿 50，伦敦藏 S. 1946，巴黎藏 P. 3004、3158、2008、2738，均有所见。

按龙兴寺是开元年间（713 年）在全国范围内兴建的，《佛祖统记》卷53："玄宗敕天下诸郡，建开元寺、龙兴寺。"其下限见于S. 1946号写卷，则已至991年。P. 3150号写卷："慈惠乡百姓吴庆顺，出典龙兴寺索僧政家契。"P. 3453号写卷：赴西州商人向龙兴寺告贷。而在S. 2729号《吐蕃辰年（788年）二月沙州僧尼部落米净䛒牒》中提到"龙兴寺都统石惠捷、张善提、张净隐、米净䛒、氾惠朗"等名字。同卷，提到"辰年三月十日龙兴寺僧张净深死，吐蕃赞息检"。意思是说，龙兴寺僧张净深死亡一事，由吐蕃官员赞息检验无讹。在P. 3432号《吐蕃沙州龙兴寺卿赵石老脚下佛像供养具经等目录》中，开列了龙兴寺庙产的明细账目，洋洋洒洒共存92行之多，其中除了法器、佛像、供具、衣着、器皿之外，还开列了长长一系列所藏佛经目录（第16—55行，原卷开有统计数字：共3180卷，经帙288个）。由此可见，P. T. 999号藏文卷中所云唐蕃人众写经藏于龙兴寺者，是完全符合当时实际情况的。

（二）长老僧人洪䛒

洪䛒是敦煌地区重要人物。首先引起人们注意的是洪䛒参加了张义潮的起义。由于张义潮起义军的胜利，给大唐王朝带来希望的曙光，《资治通鉴》卷249大中五年（851年）十月条："张义潮发兵略定其旁瓜、伊、西、甘、肃、兰、鄯、河、岷、廓十州，遣其兄义泽(潭)奉十一州图籍入见，于是河、湟之地尽入于唐。"张氏的胜利，实际上是大中二年，在S. 788号《沙州地志》记寿昌县："建中初陷吐蕃，大中二年张义潮收复。"S. 3329号则记云："敦煌晋昌收复已讫，时当大中二载……沙州既破吐蕃，大中二年遂遣押牙高进达等驰表函入长安城，以献天子。"

《全唐文》收录杜牧起草的《沙州专使押衙吴安正二十九人授官制》云："尔帅义潮，果能抗忠臣之丹心，折昆夷之长角，窦融西河之故事；见于盛时……"。公乘亿的一首《复河湟赋》，更能表达当时京城内外的那种心情："帐下美人，醉舞胡筵之夜；天边戍客，行歌陇月之秋。况在秦则秦之无策，在汉则汉之莫克。恨旄兴而夜夜长悬，怨羽檄而年年不息。爰及我后，混成巨域，自然与三代同风，百王作式。若臣者则何是以论功而赞德?!”这些奉承话，唐朝皇帝当然很舒服。我们看张义潮起义的成功，主要是依靠当地各族联合的力量，加上吐蕃内讧、上下惊扰。张氏之举，深得民心，内外结合，一举成功。洪䛒作为僧侣领袖，算是知识界、宗教界代表人物，毅然参加了起义行动，并遣其得力心腹弟子悟真到长安朝觐，受到朝廷特殊嘉奖，被封为：“京城内外临坛供奉大德，仍赐紫衣，依前充河西释门都僧统，知沙州僧政法律三学教主，兼赐敕牒。”这是对洪䛒参加起义活动的评价。

敕文中对洪䛒的道德修养、宗教造诣，尤其是爱国热诚进行了高度表彰：“师中华良裔、西土律仪，修行而不失戒珠，调御而深藏慧剑。而又远怀故国，愿被皇风。专遣僧徒，备中恳切。今则达乡闾之的信，摅祖父之沉冤。惟孝与忠，斯谓兼德。宜率思唐之侣，终成归化之心。”（均见于敦煌莫高窟第17窟藏经洞内《僧洪䛒受牒碑》；洞内还有洪䛒画像。）至此，这位洪䛒大师位尊爵显，在沙州一带名重一时。在此之前，如P. T. 999号藏文写卷中则称为“长龙”（即后来的僧统）。而且另有一名吐蕃僧官旺乔协同工作，恐怕是蕃占期间的工作规定。此外，还有几个极为重要的写卷与洪䛒有关，值得注意：

（1）P. 3730号第5为《吐蕃酉年正月沙州金光明寺维那怀英等牒》。牒末附有洪䛒判词。

（2）P. 3730号第7、8为《吐蕃寅年正月沙州尼惠性牒》。牒末附洪䛒判词二通。

（3）P. 3730号第10为《吐蕃寅年九月沙州式叉尼真济等牒》。牒末附洪䛒判词。

（4）P. 3730号第11为《吐蕃寅年八月沙州沙弥尼法相牒》。牒末附教授洪䛒判词。

不过，这几处判词表明，在蕃占期间洪䛒的地位还仅仅是寺庙内的“教授”或长老。升任“河西释门都僧统知沙州僧政法律三学教主”，则是参预了张义潮举旗起义以后荣膺的新职。

后，洪䛒的及门弟子悟真继承了师训，在河、西、瓜、沙一带起了很好的作用（陈祚龙有专著《悟真》论及）。

（三）蕃人信佛

从 P. 2583 号写卷《吐蕃申年等沙州诸人施舍疏》中可以看出，吐蕃人对佛教信仰也是十分虔诚的。卷中有吐蕃高级官员带头布施的细账：

二月五日，宰相上乞心儿福田，入僧金拾伍两金花（银）拾两银瓶壹。上锦壹张。□□日，宰相上裴（?）结罗福田，施僧拾伍两金花银盘壹、拾两银盘壹、柒两银盘壹，三事准得麦陆拾肆驮。合、□、报恩寺，未入。十月九日，宰相上乞习儿及论勃颊藏福田，捌头牛价，折得麹尘绢两疋、绯绢参疋、紫绢壹疋。折绢三疋，每牛一头得绢一疋。

同一卷子第 6：

一疋二丈九尺，薄桃（桃）一斗，解毒药五两，已上物充转经僧傔。解毒药二两，充正月一日夜燃灯法仕宋教授和上，药，正月七日，弟子节儿论莽热谨疏。莽没热节儿为钵阐布福田，施麹陈绢一疋三丈四尺。

由此可以证明，墀祖德赞时期朝野上下、王国内外都沉浸在佛教思想之中，朗达磨之灭法就不是偶然的了。

附记：

本文所译 P. T. 999、1001 号文书的藏文录文及注释，参见《敦煌吐蕃文书论文集》（四川民族出版社，1988 年）第 413—423 页。

（原载《世界宗教研究》1988 年第 2 期，与陈践合撰。）

P. T. 1123 号《为赞普赤祖德赞诵〈无量寿经〉功德愿文》译文

……

……吾等…………

……法轮常转……

……生菩提慈愿

……愿……以此功德回向辖下属民……

获得自在，解脱众人，而解脱之道……成为对众人有利及平安之事业，赞普赤祖德赞……寿元与事业等具备十自在（命自在、心自在、资具自在、业自在、解脱自在、受生自在、愿自在、神力自在、智自在和法自在）。不受他人所奴役。祈求……都将成为世间所有一切神、人、众生供养之处所。

愿赤祖德赞陛下，许多众生上师……之地。对三宝所供之众多酥油灯：愿供神灯成为器世界，酥油成为大海，灯芯成为须弥山，灯光照亮世间顶端以下，射照各处，成为一切殊胜圣者。

愿赞普赤祖德赞陛下，净除苦恼障和所知障，具有圣智光辉，保佑大小众生之性命，使三界一切众生获得不死地。

愿赞普赤祖德赞陛下，远离寿元危难之魔，获得长寿。

新建及恢复这寺宇及茔塔，系天人供奉之处所，直与虚空日、月同光，圣教不遭灾难而永存，成为众生福泽之根基。

愿赤祖德赞陛下，成为众生老师善知识不断常修菩提行，供奉并念诵佛陀金口所讲《般若波罗蜜多经》，一切众生有情聆听大乘经论即获菩提种子。

愿赤祖德赞陛下，明慧晓悟《般若波罗蜜多经》真谛。

如上所述，祈愿以此功德回向，赞普赤祖德赞积一切过去、现在、未来三世之善业。以真诚之福力，获得所有一切威德及全部神圣能力、法性。

愿赤祖德赞赞普陛下，除净此生罪过之熏染，福德资粮和智慧资粮迅速圆满，八方之主皆集于号令麾下。今生今世不现恶兆，不堕魔障，远离侵害，寿元如雍仲之永固而无恙。

祈请大梵天、帝释天、诸大天王、世间十守护神等佑以福荫。一切魔害，不加侵损赤祖德赞政躬，并护佑之！

附记：本文所译 P. T. 1123 号文书的藏文录文及注释，参见《敦煌吐蕃文书论文集》（四川民族出版社，1988 年）第 408—412 页。

（原载《敦煌吐蕃文书论文集》，四川民族出版社，1988 年，合作者陈践。）

从两件敦煌吐蕃文书来谈洪䛒的事迹

——P. T. 999、1201 号卷子译解

一、前　言

20 世纪 60 年代，竺沙雅章和藤枝晃两位先生分别发表《敦煌的僧官制度》和《敦煌的僧尼籍》,[①] 引起了敦煌学界极大的兴趣，尤其是吐蕃支配时期的敦煌佛教和僧官制度，一时成为颇为热门的话题。这中间，苏莹辉、上山大峻、吴其昱诸先生各撰

① 竺沙雅章：《敦煌的僧官制度》，《东方学报》第 31 册，1961 年；《敦煌吐蕃期的僧官制度》，《第二届敦煌国际研讨会论文集》，台北，1991 年。藤枝晃：《敦煌的僧尼籍》，《东方学报》第 29 册，1959 年。

鸿文，参加讨论，① 形成了高潮。近年来，又有不少文章发表，② 接触到许多新材料，加深了研讨的力度，使人们对许多问题有了新的认识。敦煌这一段时期的有关事件、人物、社会、佛教的作用、寺院的规模、思想文化的波澜等等都日趋明朗，是令人高兴的收获。

后来，在诸多问题中，有关洪䛒—吴和尚—法成的事迹成为讨论的焦点。虽然未能取得共同的认识，但是越辩越明，逐渐地弄清了许多基本事实。看来，洪䛒就是被叫做吴僧统的吴和尚，不成问题了；而另一位叫做译经三藏大德的吴和尚，却应另有其人；至于法成其人是藏族还是汉族？是否就是那一位译经三藏大德的吴和尚？“吴”是道地汉姓还是由藏人氏族的 vgo（或 mgo、mgos）名称比附汉姓推衍而来？至今还没有取得共识，还有待于各方的努力。

本人非常希望读到更强有力的证明，来弄清 mgos chos grub 的身世。尽管区区曾经提出过粗浅的看法，但未能说服时贤。③

复旦大学陈允吉教授来香港中文大学访问，适逢其会，鄙人也应选堂先生之召，到中文大学敦煌吐鲁番研究中心滥竽研究一席，异地相逢，喜不自胜。欣闻复旦大学将组织《选堂文史论苑》，庆贺饶宗颐先生荣任复旦大学顾问教授之学术盛事，允吉教授征稿于不才，至感兴奋，乃就手头敦煌吐蕃文书，草成短

---

① 苏莹辉：《论敦煌资料中的三位河西都僧统》，《幼师学志》第 5 卷第 1 期；收入《敦煌论系》，台北：学生书局，1969 年，第 415—426 页。上山大峻：《大蕃国大德三藏法师沙门法成的研究》，《东方学报》第 36 册，1967 年；收入《敦煌佛教的研究》，1990 年，第 84—219 页。吴其昱：《大蕃国大德三藏法师法成传考》，《讲座敦煌 7：敦煌与中国佛教》，东京：大东出版社，1984 年，第 383—414 页。

② 李永宁：《敦煌莫高窟碑文录及有关问题》，《敦煌研究》试刊号，1981 年。马德：《吴和尚、吴和尚窟、吴家窟》，《敦煌研究》1987 年第 3 期。荣新江：《关于沙州归义军都僧统年代的几个问题》，《敦煌研究》1989 年第 4 期。谢重光：《吐蕃占领时期与归义军时期的敦煌僧官制度》，《敦煌研究》1991 年第 3 期。王尧：《敦煌本藏文〈贤愚经〉及译者考述》，《九州学刊》1992 年第 4 期。

③ 王尧：《藏族翻译家管·法成对民族文化交流的贡献》，《文物》1980 年第 7 期。

文，提供一点资料来证明蕃占时期敦煌的佛教事业发展以及洪䛒充任僧官的确切不移的事实，敬祝固庵先生健康长寿，荫佑士林！

二、文　献

1. P. T. 999 号《为赞普墀祖德赞缮写〈无量寿经〉卷数册》

译文：

往昔，为天子墀祖德赞之功德，沙州之唐人、蕃人敬写《无量寿经》法本，连同民户中行大布施之大施主所书，汇集于龙兴寺之经库中。唐人写《无量寿经》一百三十五卷，蕃人写四百八十卷，共计六百一十五卷。

鼠年夏季六月八日，沙州二僧尼部落为王妃彭氏母子之大迦叶（光护）宫功德，为沙州地方民户做功德回向，举行祭祀法会。从宫殿志书、告牒及给寺院长老、安抚使之告牒中得知，向二千七百户民户行祭祀法会时，将大施主之资粮交与长老僧人洪䛒和旺乔登记。由管经僧人云慧海与李旦恭（于阗人）核对写经数。以后结算写经总账时，正式支出单据与此登记账目相校，若相符则径直入账并交签名单据。

（下有图章 5 枚：第 2 枚藏文洪䛒，第 3 枚藏文旺乔，其余 3 枚字迹不清。均为圆形，上为藏文，下为一动物标记。）

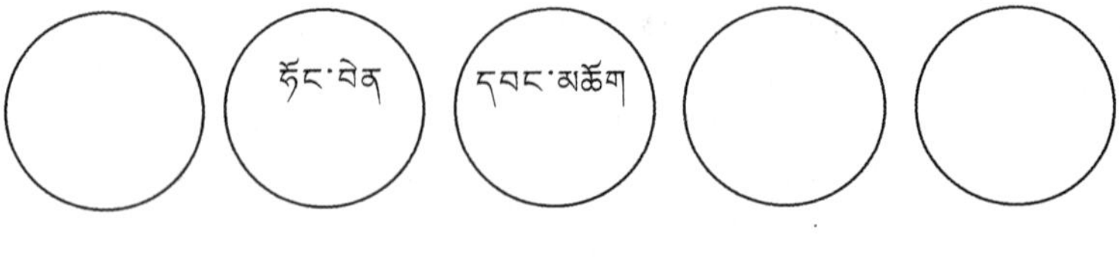

解题：P. T. 999 号吐蕃文书写卷，13 行，是用十分流畅圆熟的字体书写的文件。原文无题，根据内容，拟题《为赞普墀祖德赞缮写〈无量寿经〉卷数册》。

墀祖德赞（khri gtsug lde brtsan）是吐蕃历史上极为重要

的人物，815—838 年在位，本卷署为鼠年，在 815—838 年之间只有 820 年（庚子）和 832 年（壬子）两个可能，大致可定在 820—832 年之间写成。

墀祖德赞又称热巴巾（ral pa can），由于潜心奉佛，打击苯教，实行七户养僧制度，把宗教事业列为举国一致的要政。据史籍记载，他在上朝时，把头巾用长绸联结，分铺宝座两侧，请僧众师保坐在上面，象征着顶礼膜拜，以示尊崇，所以称为热巴巾，意思是“有辫者”。在唐代汉文史籍中，称他为可黎可足，那是根据当时藏文 khri gtsug 发音的记音而定的。《资治通鉴》卷 239 元和十一年（丙申，816 年）“二月，西川奏，吐蕃赞普卒，新赞普可黎可足立”，就是这位。大概由于道路遥远，消息迟到，晚了一年。后来，在穆宗长庆元年（821 年），这位赞普与穆宗皇帝，各派宰相级的负责官员，签订了唐蕃舅甥和盟的协约，并分别在长安、赤岭和拉萨三地树碑勒石（拉萨《唐蕃会盟碑》立于 823 年，至今巍然犹存，成为汉藏友好的历史证明。国内外有众多专家研讨，此不赘述）。碑上，这位赞普仿照唐朝的风格，取了彝泰（藏文作 skyid rtag，意思是“永久幸福”）二字作为年号，所以唐人记载中又称之为彝泰赞普。如《资治通鉴》卷 246 开成三年（戊午，838 年）：“是岁，吐蕃彝泰赞普卒，弟达磨立。”这一消息又迟了两年。

这位赞普的重要事迹大致有以下几项：（1）与唐廷缔结了和好盟约，尊重舅甥的戚谊。结束长时期战争的苦难，使人民获得一段时期的安居乐业，并对汉、藏两族的友好关系作出了贡献。（2）组织学者从事佛经的翻译工作，卓有成效，为后来的藏文大藏经结集奠定了基础。（3）自上而下地推行藏文规范化的运动，促进藏文改革，使之更符合文字、语言的发展规律，迄今 1200 年，基本稳定。（4）推动佛教事业，修建了一批寺庙并制定若干条例维持正常的宗教收入和学阶制度。

这样一位赞普，在敦煌（新占领区）居民心目中颇有好感，因之为他写缮经卷，作为功德来回向，似乎也是自然的事。《无量寿经》也称《大无量寿经》、《大经》、《双卷经》，为净土三经之一。谓过去有国王出家为僧，号法藏，发四十八愿，称“十方众生，至心信乐，欲生我国，乃至十念，若不生者，不取正觉”。后成佛，名无量寿。其国土在西方，名为“安乐”、“极乐”云云。因此，可以理解为什么在敦煌写经中有大量的蕃、汉两种文字的《无量寿经》的复本。也可以说缮写此经所作功德，是对赞普的赞颂或祝福。另外，在北图藏59号汉文写卷中，就是《灵图寺众僧为本州节儿及节儿娘福田封经和印沙佛》所作功德的记录，与这里的藏文写卷的功德是一致的，可为旁证。

卷中提到所施经卷都汇集到龙兴寺经库之中。按“龙兴寺”是敦煌沙州第一大寺，在所谓十六或十七大寺之中首屈一指。在S. 2729、S. 2614、P. 2879、S. 5676诸卷中都提到龙兴寺的大名，尤其是P. 2879号卷子是《河西都僧统应管壹拾柒寺僧尼籍册》，第一大寺就是龙兴寺。而S. 2729号卷子的僧尼籍及相关文书《吐蕃辰年（788年）三月沙州僧尼部落米净䛒牒》（简称《算使勘牌子历》），第一寺又是龙兴寺：

1. 辰年三月五日，算使论悉诺罗按谟勘牌子历。
2. 龙兴寺都统石惠捷（辰年三月十三日死）　张菩提　张净隐　朱净䛒　氾惠朗（辰年六月十九日死）
3. 麹智寂　张净深（辰年三月十日死）　冯净广　李志贞（巳年三月卅日死）　段净通　张智湛

S. 0381（3）号是《龙兴寺毗沙门天王灵验记》，注云：“大番岁次辛巳闰二月十五日寒食，在城官僚百姓就龙兴寺设乐……”看来，蕃占时期龙兴寺成为结社、聚会和游宴的场所，地位很高。因而，为赞普作功德所书经卷收藏在龙兴寺的库房之中，也就不足为怪了。

卷中提到僧尼部落一事。按吐蕃占有了敦煌之后，将当地民户和寺院僧尼重新按吐蕃的制度组建为部落，于是有丝绵部落、行人部落、僧尼部落等组成，与上部落、下部落、悉董萨部落、纥骨萨部落、擘三部落、撩笼部落等并列，其中组成情况各有不同。或按居住地方、或按专业行当、或按氏族种姓，分别构成。僧尼部落明显地是由佛教系统的寺院僧尼组成的。而道教宫观的道众，则组成“道门亲表部落”。这是研究蕃占时期敦煌社会构成时，不可不加注意的一大特点。已有藤枝晃《敦煌的僧尼籍》和竺沙雅章《敦煌的僧官制度》等专著表述，兹不赘。

赞普王妃彭氏（前曾依古译为樊氏，vphan），家族名，今拉萨北郊彭域（彭波），即为该氏族所在地。此前，未见有关这位王妃的记载。

安抚使（bde blon）是吐蕃在新占领区所设的政务官员，负责在辖区内的社会治安和民政事务管理工作。这一官衔在《敦煌本吐蕃历史文书》赞普传记第 8 节中有“韦·赞热咄陆等，引军攻小城以上各部，连克一十八城，守城官员均收归编氓，国威远震，陇山山脉以上各部，均入于掌握矣！设五部通颊（mthong khyab khri sde lnga)，新增一安抚大使管辖之大区”的记载，与此相符。

卷中最引人注目者，莫过于出现洪䛒的大名。对于弄清洪䛒的身份、年代颇有参考价值，将在下文中详加讨论。

2. P. T. 1201 号《**金刚致堪布洪䛒书**》

译文：

堪布洪䛒驾前：

金刚禀告：

发来告牒已拜读。启禀堪布驾前，闻台尊未犯旧病，欣慰异常，台尊对吾之关怀，感激万分，吾亦安然无恙。

关于寺庙顺缘事，退浑聂木翩已谈及，所发告牒吾已拜读。总之，以往悬挂诸事，已用官符分别解决。墀赞鲁措赞也用红、白戒律起誓。若起“白誓”，即可算作内部人矣，吾亦尽力尽善效劳。游方后，依告牒，委派料敌官员等作为随从。放发布施粮数遵令而行，青稞有多少，估量后定。

解题：P. T. 1201 号吐蕃文写卷，11 行，系一位名为金刚的人向堪布洪辩的告牒。无年款，字迹飞动。但涉及的内容较为重要，看来作者似乎是一名藏人，本名应是多尔吉（rdo rje，汉译为金刚），作为洪辩手下的僧官，而且与洪辩的关系比较密切。所谈事情涉及：（1）关于寺庙顺缘，就是寺庙收入，或者指寺庙财产之类的财物。（2）与退浑人（吐谷浑人）聂木翩商谈，并获得解决。看来，洪辩的职务不低，藏文中用的是“堪布”，可以与汉文中的“僧统”相当。（3）能使用“官符”解决悬挂未决的事，而且顺利遂愿。那么，换句话说，金刚作为洪辩手下的人，具有官方身份无疑。（4）能委派料敌官员作为随从，气派不小，而且能发放布施粮秣、青稞，由其自定，更不简单。

所以，这一件告牒对探讨敦煌蕃占时期的佛教寺院和僧官的作用，颇为重要。受件人洪辩更是十分醒目，将在下文中一并讨论。

三、考　据

上面这两件吐蕃文书中，都提到了洪辩其人。其职衔称谓在 P. T. 999 号中是长老（gnas brtan），在 P. T. 1201 号中是堪布（mkhan po）。按藏语的习惯，堪布是实职的宗教官员，或是某一寺院的负责人，与汉语中的方丈相当；或者是寺院内某一扎仓（grva tshang，相当于一个学院）的负责人，称为扎仓堪布；或者是特殊的总堪布，又音译为“机巧堪布”（spyi khyab mkhan po），是布达拉宫的宗教事务总管，权力极大，地位崇高。在敦煌，蕃占时期每每用“堪布”或者用 ring lugs 来对译汉语中的僧统或都僧统。“长老”则是对堪布一类高层僧侣的敬称，一般僧人不可能被冒失地称为“长老”的。由此看来，洪辩在蕃占时期已经荣任“堪布”——即“教授”、“僧统”了，而被恭敬地称为“长老”。

敦煌地区在被吐蕃占有以后，瓜、沙、甘、凉、河西、陇右连成一片，战火暂息，政权更替。佛教似乎仍在发展，未受多大影响。正如荣新江先生所描写的："由于河西地区特别是敦煌，没有受到会昌毁佛的法难，而且在吐蕃王朝的鼓励下，佛教压倒了其他各种社会思潮，造成了晚唐以后社会各阶层的崇佛风尚。"① 洪䛒，一名汉僧能超越种族和政治的藩篱，不断高升。像姜伯勤先生所分析的那样："—X—6065a 卷中，乘恩为都教授时，洪䛒为'律师'。P. 4660 号卷中撰写《敦煌都教授兼摄三学教主陇西李教授阁黎写真赞》，撰者署名'释门都法律兼副教授苾刍洪䛒'。至《吴僧统碑》中，谓'知释门都法律兼摄引教授十数年矣'，'又承（赞普）诏命，迁知释门都教授'。……洪䛒在任都僧统年代，竺沙氏探明为 851—853 年，荣新江氏指出可能延至 862 年。"② 脉络已经清楚。我们还可以回到李永宁先生公布的《洪䛒碑》上，去落实洪䛒在张义潮举旗起事、逐蕃归唐的行动中所起的作用，而且因此正式获得了朝廷封授的"京城内外临坛供奉大德，兼释门河西都僧统，摄沙州僧政，法律三学教主"光荣称号。③ 那么，这两件吐蕃文书中反映出来的洪䛒的地位和作用，正可以和另外几件汉文文书相互对照、比较阅读：

（1）P. 3730－5 号《吐蕃酉年（829 或 841 年）正月沙州金光明寺维那怀英等牒》（附洪䛒判）。下面是原卷录文：④

1. 金光明寺徒众　　状上
2. 僧淮济请补充上座。　　僧明□补充寺主。
3. 右件人，学业英灵，僧中准的。宽洪变物，公府且明。
4. 理务有权智之才，覆恤乃均平之德。寺舍钦能。

---

① 荣新江：《关于沙州归义军都僧统年代的几个问题》，《敦煌研究》1989 年第 4 期。

② 《敦煌社会文书导论》，台北：新文丰出版社，1992 年，第 212—213 页。

③ 李永宁：《敦煌莫高窟碑文录及有关问题》（一），《敦煌研究》试刊号，1981 年。

④ 唐耕耦、陆宏基：《敦煌社会经济文献真迹释录》第 4 辑，第 38—40 页。下面几件录文均依该书校录，应感谢二位先生辛勤劳动的成果。

5. 和穆，人户仰之清规。　　伏　望补充所由，允情

6. 众意，垂请处分。

7. 牒，件状如前，谨牒。

8. 　　酉年正月　日，维那怀英等谨牒。

9. □上座才智有闻，戒行俱　　徒众善惠

10. 挹。吕寺主方圆不滞，务略临　　徒众智通

11. 机。徒侣赖其清规，人户仰其　　徒众义藏

12. 抚训。并依仁仗义，怀信怀忠。　　徒众神□

13. 梵宇有再康之休，僧众无　　徒众□□

14. 不饶之虑；理宜纳清，勿滞公途。　　徒众怀□

徒众法印

15. 将状就邀，专伫美向。廿九，洪䛒。　　徒众谈测

徒众玄秘

徒众法宪

徒众法显

徒众智浪

徒众灵秀

徒众法云

徒众灵觉

徒众法□

徒众惠润

徒众迥秀

徒众法缘

（2）P. 3730—7、8 号《吐蕃寅年（846 年）正月沙州尼惠性牒》（附洪䛒判二通）。

P. 3730—7：

1. 尼惠性　　状上

2. 亡外甥僧贺阇梨，铛一口，剑一口，镫三只，皮裘一领。

3. 遗书外锁两具，缘窟修拭未终，拟博铁，其窟将为减

办。

4. 右阇梨在日，遗言偿某乙不成人。其上件物
5. 色，缘当房苏油，无升合任破用。葬送虽则
6. 权殡已讫，然斋七未施。伏望依遗言，乞
7. 上件物，斋七将办，庶得存济。请处分。
8. 牒件状如前，谨牒。
9. 　　寅年正月　日，尼（惠）性谨牒。
10. 锴剑镫皮裘等物，依遗嘱，一任追斋
11. 破用。其鏁两具，亦任缘窟驱使。更不许别人忏挠。廿三日，洪辯。

P. 3730—8（又一件，牒文同，不录），判词如下：

10. 亡人遗嘱，追斋冥路，希望福利。倘违
11. 先愿，何成济拔之慈。乍可益死损
12. 生，岂得令他鬼恨。裘剑锴镫，依嘱
13. 营斋。雋窟要兴，将鏁博觅。仍仰
14. �司，点检分付。事了之日，须知破
15. 用功�。廿四日，洪辯。

（3）P. 3730－10号《吐蕃寅年（846年）九月沙州式叉尼真济等牒》（附洪辯判）：

1. 大乘寺式叉尼真济、沙弥尼普真等　状上。
2. 右真济等，各管缁纶，滥沾众数。福事则依行检束，
3. 傺状则放旷漏名。伏望　　　和尚仁慈支给，请处分。
4. 牒件状如前，谨牒。
5. 寅年九月　日，式叉尼真济等谨牒。
6. 状称漏名，难信虚实。复是合得
7. 不得，细寻问支给。十五日，洪辯。
8. 支金净太下取。

（4）P. 3730－11号《吐蕃寅年（846年）八月沙州沙弥尼法相牒》（附教授洪辯判）。

1. 牒，沙弥尼法相，自以多生阙善，福报不圆。今世余

殃，恒处

2. 覆障。身无枷锲，囚系不殊。常愿适散，恐众条（参）承，不惜

3. 身命。缘障深厚，不遂中心。每阙礼敬三尊，利他之行，思

4. 心不足，无处申陈。岂敢冒受重信。然在贫病之徒，少

5. 之（乏）不济。又去子、丑二年，傺状无名，不沾毫发，伏望

6. 教授和尚高明，广布慈云，厚荫甘泽。荣枯普润，则贫

7. 病下众尼，庶得存生。请乞处分。

8. 牒，件状如前，谨牒。

9. 　　寅年八月　日，沙尼法相谨牒。

10. 业报缠身，据众咸委。慈心振

11. 济，雅合律宗，请傺司依例

12. 支给。廿七日，洪䛒。

上面这4件汉文文书，按其内容可分为三类：

第一类：寺院僧众推举人选，请求洪䛒批准担任上座和寺主的呈请状，而洪䛒的批文（判词）极为明确："理宜纳请，勿滞公途，将状就邀，专伫美向。"证明洪䛒在管理着敦煌各寺的人事任免工作。

第二类：僧人去世，由其亲属（比丘尼）出面呈请处理死者遗物，操办佛事。前后两日两件呈状，文字相同，批文稍有出入。看来是第一日批文稍嫌简略，有所不便；第二日就原呈状副本上又作一批文："亡人遗嘱，追斋冥路，希望福利，倘违先愿，何成济拔之慈，乍可益死损生，岂得令他鬼恨。"并且嘱咐："依嘱营斋"，而且，"了事之日，须知破用功勣"！

第三类：是两位比丘尼提出的经济要求：一件是因为漏列了名单，发放傺金时未能得到，要求补发。洪䛒批示："状称漏名，难信虚实。复是合得不得，细寻问支给。"一件是因比丘尼贫病，未能参加大众佛事，因而"子、丑二年傺状无名，不沾

毫发”。当然生活困难，要求给予补助，“广布慈云，厚荫甘泽，荣枯普润，则贫病下众尼，庶得存生。”洪䛒大笔一挥，“慈心振济，雅合律宗，请傔司依例支给”。

从以上三类文书的内容和洪䛒处理情况来看，他确实是敦煌地区僧尼中的领袖。而且办事认真，与人为善，都依照所请，一一予以解决。扶困济危，体现了佛教大德的崇高道德观。也许可以说明尽管是在蕃占时期，他还能担任较高的职务的又一个原因。

那么，藏、汉两种文字的文书，能够让人们明确地认识到洪䛒在蕃占时期所担任的职务，而碑文和告身等件又证明了他在归义军时期所作的杰出贡献。

到此为止，我们无法再往前走一步，即无法承认洪䛒与法成有任何关系：（1）无论是汉文的文书、碑文或告身上都是用洪䛒的名字，藏文两件文书上也是用藏文来拼写汉字 hong ben。（2）汉文文书中未见法成字样，还可说得过去，藏文文书中为何也不用 chos grub 呢？（3）P. T. 999 号卷子末尾的五颗图章中，洪䛒也是用藏文拼写汉字 hong ben。如果洪䛒就是法成的话，那么，图章也该用上 chos grub 呀！这就是简单的结论：洪䛒不是法成！

附记：

本文所译 P. T. 999、1201 号文书的藏文录文及注释，参见《敦煌吐蕃文书论文集》（四川民族出版社，1988 年）第 413—415、401—402 页。

（原载复旦大学中文系编：《选堂文史论苑——饶宗颐先生任复旦大学顾问教授纪念文集》，上海古籍出版社，1994 年。）

敦煌本《瑜伽师地论·菩萨地》藏汉对照词汇考诠校录

一

一般说来，敦煌石窟的吐蕃文书，都可以作为研究古代藏语的资料。因为它们提供了公元8—10世纪之间的书面藏语样品，无论就语音、语法和词汇哪一方面来讲，都是极为宝贵的资源。也就是这个原因，我们见到不少语言学家利用吐蕃文书中的历史、文学和佛经卷子，进行深入的语言学研究，写出一批重要的论著。①

应该注意到，就在敦煌吐蕃文书中，还有一批专门为所谓狭

① 匈牙利德尔叶克(J. Terjék)《口语对于书面藏语的影响》(Colloquial Influences on Written Tibetan, AOH, XXV, 1972, pp. 39—51)，根据6种藏文典籍，其中就有敦煌卷子《郁头罗衍那因缘经》、《金光明经》、《一百五十赞佛颂》等3种。他还发表有《敦煌本藏文本〈贤愚因缘经〉残卷语言初探》(Fragment of the Tibetan Sutra of the Wise and the Fool from Tun-Huang, AOH, 22.3, 1969, pp. 289—334; 23.1, 1970, pp. 55—83)。美国米勒(R. A. Miller)《关于P. T. 601号藏文〈维摩诘经〉残片》(Apropos of Fonds Pelliot Tibetan No. 601 Fragment of the Tibetan Vimalakirti Nirdesa Sutra, CAJ. X. I, 1965, pp. 44—454.)，也颇有代表性。当然，最重要而且最早的，应当是我国罗常培教授《唐五代西北方音》(中央研究院历史语言研究所单刊甲种之十二，1933年)，书中引用了除《唐蕃会盟碑》以外的5个汉藏对音的敦煌卷子，即《阿弥陀经》(残卷)、《金刚经》(残卷)、《大乘中宗见解》(残卷)、《千字文》(残卷)、《开蒙要训》(残卷)。刘半农(复)教授曾指出，“此篇可贵之处，不在本文而在所注之音！”

义的语言学研究服务的资料，是用藏文逐字译注汉音本的或汉藏对音本的佛经和文学作品，早已为藏学界和语言学界所重视。现在，我们把与此有关的6个卷号情况作一简单介绍，侧重介绍敦煌本《瑜伽师地论·菩萨地》汉藏对照词汇，以供研究参考。

（1）P. T. 1257号是把当时已译成藏文的经名，藏汉对照列在一起，并附有佛教专门术语。全文103行，共638组。与P. 3301号（即P. T. 1261号）属于同一类型、同一时代的作品。以上两个写卷中，汉文词语有一些特殊的写法，近于后来的简化、俗体字，值得注意。

（2）P. T. 1263号是一短卷，共10行，44组语词，均为日常习用词语。最值得注意的，该卷中以བོད对译为“特蕃”，བོད་ཀྱི་བཙན་པོ对译为“土蕃天子”。看来，敦煌一带བོད就对译汉音为“土蕃”或“特蕃”，并没有前加的成分。而དྲུ་གུ为回鹘，འ་ཞ为退浑（即吐谷浑），在该卷也已明白写出，表明了当时杂居敦煌河西一带的民族习见称谓。

（3）P. T. 448是《般若波罗蜜多心经》的藏文注音的汉文译本。当时流行的汉文本有鸠摩罗什译、玄奘译、利言译、法月译等四种，而以罗什译本流行最广。据周季文的比较结果，奘译与藏文注音本最为接近，268比264音节。应指出，这种汉、藏两体文字对音本，又发展成为汉藏蒙满四体文字对音本，在清雍正元年（1723年）正月刊刻。这一卷子有两篇研究论文：一、Walter Simon, A Note on Chinese Texts in Tibetan Transcription, BSOAS, 1958. 周达甫将此文译汉，载《现代佛学》1959年第12期。二、周季文：《藏译汉音的〈般若波罗蜜多心经〉校注》，《语言研究》1982年第1期。

（4）P. T. 1262号为另一经的汉藏对音本残卷，仅有4行，41个音节，与上面提到的卷子属于同一类型的残本。这一类注音本，对于研究当时的汉、藏语音极为重要。罗常培先生在完成《唐五代西北方音》一书时，主要就是依靠这一类对音资料。

（5）S. 2736号是夹杂在伦敦斯坦因所劫敦煌汉文写卷之中

的藏汉对照词语写卷。它的特点是以藏文注出汉音，再以藏文释义，通篇不见汉字。看来是供当地藏人学习汉语用的字书之类的东西。全卷36行，约145条，所记词语均为当时当地口语，很有特色。与此卷相同的另一异本，为S.1000号，均抄录在《金刚经》和《妙法莲华经》的纸背。研究论文有：一、L. Giles and F. W. Thomas, A Tibeto-Chinese Word and Phrase Book, BSOAS, 1948. 二、L. Lizeti, Notes Sur la lexique Sino-Tibétain de Touen-Houang, AOH, 1968. 后者是对前者论文的纠谬。

（6）P.3301号是夹杂在汉文写卷中的一个写卷，共145行，722组词和短语（内有3组是完全重复的词语）。同一内容的写卷，又有一复本被收录在拉露目录P.T.1261号中。李方桂教授曾对它进行过研究，发表一篇名为《一件敦煌本汉藏词汇研究》的专文，载于《通报》1962年卷第233—356页内，并附原件照片10页。李文做得非常详备，他考释此卷系《瑜伽师地论·菩萨地》（རྣལ་འབྱོར་སྤྱོད་པའི་ས་བྱང་ཆུབ་སེམས་དཔའི་ས།）汉藏对照语词。汉本当为奘译，藏本应是智军（ye shes sde）等共译，属于佛教前弘期的作品。李氏文末附有藏文词语索引，成为非常有用的工具书，至今为人称道。我们读了李文，受到很大启发，在他的工作基础上，不揣谫陋，做一点补充。主要因为李先生的文章是在国外撰写，用英文发表的，国内同志不容易看到，我们觉得应该把李先生的工作加以彰显，才决心进行一次迻译和校录。有兴趣的同志，还可以直接阅读李氏的原著。

二

《瑜伽师地论》（梵文名为Yogaoābhūmisāstra，藏文译本称为རྣལ་འབྱོར་སྤྱོད་པའི་ས）可译为“瑜伽行地论”。汉文本为玄奘译于贞观二十至二十二年（646—648年），100卷，明标“弥勒菩萨说”。藏文译本则称为“无著造”。对于这种分歧，于是产生了新说：无著升天，听弥勒菩萨说法，归而记之，乃有此论。这样来调和一下。因此，后来人们采取了“弥勒讲说，无著辑录”[①]的折衷说法。

这本书是大乘佛教瑜伽行派和汉地法相宗所依据的根本论书。法相宗有所谓“一本十支”之说，这“一本”，就是指《瑜伽师地论》而言，可见其在法相唯识中的地位。藏文大藏经把它列入唯识部也是有根据的。

玄奘早年就十分重视法相之学，西游印度，志在求取《瑜伽师地论》。回国以后，首先翻译此书。此前，曾有此书的部分译品流传，都不是全文；奘译成后，乃有全书，共分为5部分：

（1）本地分：卷1—50。把瑜伽禅观境界分为“十七地”，即：五识身相应地、意地、有寻有伺地、无寻唯伺地、无寻无伺地、三摩呬多地、非呬三摩多地、有心地、无心地、闻所成地、思所成地、修所成地、声闻地、独觉地、菩萨地、有余依地、无余依地。所谓“地”，指瑜伽师所行境界，而瑜伽师即指三乘行者而言。

（2）摄决择分：卷51—80，论述十七地的深奥要义。

（3）摄释分：卷81—82，释十七地有关诸经，特别是《阿含经》的说法和仪则，初明说法应知的五分，次明解经的六义。

（4）摄异门分：卷83—84，释十七地有关诸经，特别是《阿含经》所有诸法的名义和差别。

（5）摄事分：卷85—100，释十七地有关三藏，特别是《杂阿含经》等众多要义。

总的说来，此书初明契经事，次明调伏事，后明本母事。五部分中以“本地分”为重点，后四部分主要是解释其中的义理。全书中心内容是论释眼、耳、鼻、舌、身、意六识的自性及其所依，禅观渐次发展过程中的精神境界，以及修行瑜伽禅观的各种

---

① 佛涅槃后1000年中，无著菩萨自阿逾陀国讲堂升夜摩天受于弥勒菩萨，昼日为大众宣说者。参见《佛学大辞典》所收《瑜伽师地论》条。

果位。以分析名相开始，至排斥名相告终，从而使人悟入“中道”。

相传此论的梵文原本，过去仅有“菩萨地”部分。1930—1936年间，日本佛教学者荻原云来校订刊行。1936年，印度人罗睺罗在我国西藏考古，在萨迦寺发现了此论的梵文贝叶写本，录而归印，经过校订，于1957年由加尔各答大学部分刊行。

藏文本为无垢友（Vaimalamitra）与智军等人合作，分段翻译，属于前弘期古译，收在《丹珠尔》唯识部。分为前十二地（26卷）、声闻地（20卷）、菩萨地（22卷）、摄决择（43卷）、摄事（22卷）、摄调伏、摄异门、摄释（均不分卷）等8个部分。附《瑜伽师地论》分卷及名称藏汉文对照表（藏文本，用德格版《丹珠尔》；汉文本，用频伽精舍本）以供比照：

藏文分部名称	藏文德格版登录号	与汉文本卷号对照
瑜伽行地 རྣལ་འབྱོར་སྤྱོད་པའི་ས།	通帙第229 No. 4035	本地分，卷1—20。
瑜伽行地中声闻地 རྣལ་འབྱོར་སྤྱོད་པའི་ས་ལས་ཉན་ཐོས་ཀྱི་ས།	通帙230 No. 4036	本地分，卷21—34。
瑜伽行地中菩萨地 རྣལ་འབྱོར་སྤྱོད་པའི་ས་ལས་བྱང་ཆུབ་སེམས་དཔའི་ས།	通帙231 No. 4037	本地分，卷35—50。
瑜伽行地摄决择 རྣལ་འབྱོར་སྤྱོད་པའི་ས་ལས་གཏན་ལ་དབབ་པ་བསྡུ་བ།	通帙232 No. 4038	摄决择分，卷51—72。
续	通帙233 No. 4038	摄决择分，卷72—80。
瑜伽行地中摄本事 རྣལ་འབྱོར་སྤྱོད་པའི་ས་ལས་གཞི་བསྡུ་བ།	通帙233 No. 4039	摄事分，卷85—98。
瑜伽行地中摄律 རྣལ་འབྱོར་སྤྱོད་པའི་ས་ལས་འདུལ་བ་བསྡུ་བ།	通帙234 No. 4040	摄事分，中调伏事，卷99—100。
瑜伽行地中摄异门 རྣལ་འབྱོར་སྤྱོད་པའི་ས་ལས་རྣམ་གྲངས་བསྡུ་བ།	通帙234 No. 4041	摄异门分，卷82—84。
瑜伽行地中摄解说 རྣལ་འབྱོར་སྤྱོད་པའི་ས་ལས་རྣམ་པར་བཤད་པ་བསྡུ་བ།	通帙234 No. 4042	摄释分，卷81—82。

吐蕃统治瓜沙河西一带及其稍后一段时期，吐蕃高僧管·法成在那里曾长时间讲授此论。敦煌文书 S. 5309 号内，《瑜伽师地论》卷第 30 题记：“比丘恒安随听论本，大唐大中十一年（857 年）岁次丁丑二月二十二日，国大德三藏法师沙门法成于沙州开元寺说毕记。”从敦煌卷子中辑出的《瑜伽师地论分门记》和《瑜伽论手记》两书，都是法成在大中九年（855 年）三月十五日起，至十三年岁次己卯四月二十四日，中间长达四年有余之久，讲授此论的讲稿，由徒众谈迅、论慧、法镜、洪真、恒安、照明、一真、智慧山等 10 余人记录而成的专著。从记录中多次出现“故蕃本云……”、“若于蕃本……”等字样，可以推断，法成讲述此论时以汉、藏两种文本进行比勘，充分利用熟悉两种语文的有利条件。① 因此，我们现在从敦煌卷子中看到藏汉对照的《瑜伽师地论》的词汇集，就毫不奇怪了。

三

P. 3301 号《瑜伽师地论·菩萨地》藏汉对照词汇：

1 ……

2 ……言说者谓见闻觉知སྨྲ་བཞི་ནི་མཐོང་བ། ཐོས་པ་བྱེ་བྲག་ཕྱེད་རྣམ་པར་ཤེས་པ། 味着法ཟ་ཟིང་དང་བཅས།

3—4 无味着法ཟ་ཟིང་མེད་པ། 耽嗜法ཞེན་པ་ལ་རྟེན་པ། 出离法མངོན་པར་འབྱུང་བ། 四法迹法ཆོས་ཀྱི་གནས་བཞི། 四行迹法སོ་སོ་ཡང་དག་པར་རིག་བཞི། 言九种瑜伽者□一间道སྦྱོར་བ་རྣམ་པ་དགུ་ནི་[འཇིག་རྟེན]་པའི་ལམ།

4 二出间道འཇིག་རྟེན་ལས་འདས་པའི་ལམ། 三方便道སྦྱོར་བའི་ལམ། 四无

① 王尧：《藏族翻译家管·法成对民族文化交流的贡献》，《文物》1980 年第 7 期。

间道དེ་མ་ཐག་པའི་ལམ། 五解脱道རྣམ་པར་གྲོལ་བའི་ལམ། 六胜进道ཁྱད་པར་གྱི་ལམ། 七软品道ལམ་ཆུང་ངུ།

5 八中品道ལམ་འབྲིང་པོ། 九上品道ལམ་ཆེན་པོའོ། 于诸法中简释行观གང་ཆོས་རྣམས་རྣམ་པར་འབྱེད་པ་དང་། 极简释行观རབ་ཏུ་རྣམ་པར་འབྱེད་པའོ། 多有所作གཅེས་སྤྲས་བྱེད་པ།

6 无斗འཐབ་པ་མེད་པ། 无诵མཚང་འདུ་བ་མེད་པ། 无诤འགྱེད་པ་མེད་པ། 无竞རྩོད་པ་མེད་པ། 粗重法གནས་ངན་ལེན། 所依净རྟེན་རྣམ་པར་དག་པ། 合会所生苦ཕྲད་པ་ལས་བྱུང་བའི་སྡུག་བསྔལ།

7 乖离所生苦བྲལ་བ་ལས་བྱུང་བའི་སྡུག་བསྔལ། 已与果འབྲས་བུ་བྱུང་ཟིན་པ། 未与果འབྲས་བུ་མ་བྱུང་བ། 果正现前འབྲས་བུ་ཉེ་བར་གནས་པའོ། 晓了果ཀུན་ཤེས་པའི་འབྲས་བུ། 晓了功德ཀུན་ཤེས་པའི་[ཡོན་ཏན]།

8 显ཁ་དོག 形དབྱིབས། 作用安立བྱེད་པར་གནས་པའོ། 圣所爱戒འཕགས་པ་དགྱེས་པའི་ཚུལ་ཁྲིམས། 所知及智ཤེས་བྱ་དང་ཤེས་པར། 贤善定ཏིང་ངེ་འཛིན་བཟང་པོ། 染污ཀུན་ནས་ཉོན་མོངས་པའི་ཕྱོགས།

8—9 清净རྣམ་པར་བྱང་བའི་ཕྱོགས། 染污品果真实彼品因真实ཀུན་ནས་ཉོན་མོངས་པའི་ཕྱོགས་ཀྱང་འབྲས་བུའི་དེ་ཁོ་ན་དང་། འབྲས་རྒྱུའི་དེ་ཁོ་ནའོ། 清净品果真实彼品因真实རྣམ་པར་བྱང་བའི་ཕྱོགས་ཀྱང་འབྲས་བུའི་དེ་ཁོ་ན་དང་། རྒྱུའི་དེ་ཁོ་ནའོ།

10 下分结འོག་མའི་ཆ་དང་འཐུན་པ། 上分结གོང་མའི་ཆ་དང་འཐུན་པ། 善趣བདེ་འགྲོ། 他心差别智ཕ་རོལ་གྱི་སེམས་ཀྱི་རྣམ་གྲང་ཤེས་པ། 转还品ལྡོག་པ་དང་འཇུག་པའི་ཕྱོགས། 时解脱དུས་ཀྱི་རྣམ་པར་གྲོལ་བ། 四种请问记论འདྲི་བ་ལུང་བསྟན་པ་བཞི།

11 戏忘意忿天རྩེད་མོས་སྨྲས་པ་དང་ཡིད་འཁྲུགས་པ་བྱེད་པའི་ལྷ་རྣམས། 资粮道ཚོགས་ཀྱི་ལམ། 清净道རྣམ་པར་དག་པའི་ལམ། 未至定མི་ལྕོགས་པ་མེད་པའི་ཏིང་ངེ་འཛིན། 不可爱果མི་སྡུག་པའི་འབྲས་བུ། 可爱果སྡུག་པའི་འབྲས་བུ།

12 杂ཐིལ་མ་བགོམས། 无间རྒྱུན་མི་འཆད་པ། 言六通者一神境རྫུ་འཕྲུལ་གྱི་ཡུལ། 二天耳ལྷའི་རྣ་བ། 三宿住སྔོན་གྱི་གནས།

13 四他心སེམས་ཀྱི་རྣམ་གྲངས། 五生死འཆི་འཕོད། 六漏尽ཟག་པ་ཟད་པ། 生天行མཐོ་རིས་སུ་འགྲོ་བའི་ལོ། 恶趣ངན་འགྲོ།

14 增上生མངོན་བར་མཐོའ་བ། 胜生མངོན་བར་མཐོ་བ། 决定胜ངེས་པར་ལེགས་པ། 炽ལམ་མེ། 盛ལྷན་ནེ། 光明ལྷང་ངེར། 假相བརྟའི་མཚན་ཉིད། 还灭因ཟློག་པའི་རྒྱུ།

15 长养因ཧ་བའི་རྒྱུ། 修习ཀུན་དུ་བསྟེན། 善修习གོམས་པར་བྱས། 多修习ལན་མང་དུ་བྱས། 根本དངོས་གཞི། 眷属ཉེར་བསྡོགས།

16 边际处ཁས་མཐའི་གནས། 诸结ཀུན་དུ་སྦྱོར་པ། 亲昵སྡིག་པ། 侵逼འཛེམས་པ། 诸欲令无饱འདོད་པ་རྣམས་ནི་ངོམས་མི་བྱེད།

17 娼女གཟུགས་ཀྱིས་འཚོ་བ། སྨད་ཚོངས་མ། 安住尸罗ཚུལ་ཁྲིམས་དང་ལྡན་བར་གནས་པ། 守护别解脱律义སོ་སོར་ཐར་པའི་སྡོམ་བས་བསྡམས་པ། 轨则回满ཆོ་ག་ཕུན་སུ་ཚོགས་པ། 所行圆满སྤྱོད་ཡུལ་ཕུན་སུམ་ཚོགས་པ།

18 受学学处བསླབ་པའི་གཞི་ཡང་དག་པར་བླངས་ནས་སློབ་པ། 绮言ཁ་གསག 诡现相གཞོག་སློངས། 强威逼ཐོབ་ཀྱིས་འཛལ་བ། 沉བྱིང་། 掉རྒོད། 贪欲འདོད་པ་ལ་འདུན་པ།

19 嗔恚གནོད་སེམས། 昏沉རྨུགས་པ། 睡眠གཉིད། 掉举རྒོད་པ། 恶作འགྱོད་པ། 疑ཐེ་ཚོམ། 或虑彼生དེ་འབྱུང་རྒྱུ་དོགས་པ། 处处殊胜གོང་ནས་གོང་དུ་ཁྱད་པར་དུ་འགྲོ་པ།

20 淫欲འཁྲིག་པའི་འདོད་ཆགས། 事欲དངོས་པའི་འདོད་པ། 烦恼欲ཉོན་མོངས་པའི་འདོད་པ། 劳倦སྙོམ་བ། 自逼ཀུན་དུ་གདུང་པ། 自切རབ་དུ་གདུང་བ། 周遍烧恼ཡོང་སུ་གདུང་བ།

21—22 不亲མི་བརྟེན། 不近མི་སྙེན། 不承事མི་འགྱུགས་པ། 君王རྗེ་བོ། 虚གསོབ། 伪གསོག 诳惑愚夫བྱིས་པ་འདྲིད་པ། 甚少爱味多诸过患མནོག་ཆུང་ཞིང་ཉེས་དམིགས་ཆེ་བ།

22—23 少味多患མནོག་ཉུང་ལ་ཉེས་དམིགས་ཆེ་བ། 善士སྐྱེས་བུ་དམ་པ། 缠ཀུན་ནས་དཀྲིས། 随眠བག་ལ་ཉས། 刹帝利大宗叶家རྒྱལ་རིགས་ཤིང་ས་ལ་ཆེན་པོ་ལྟ་བུ།

23 婆罗门大宗叶家བྲམ་ཟེའི་རིགས་ཤིང་ས་ལ་ཆེན་པོ་ལྟ་བུ། 长者居士大宗

叶家ཁྱིམ་བདག་གི་རིགས་ཤིང་ས་ལ་ཆེན་པོ་ལྟ་བུ། 追求ཡོངས་སུ་ཚོལ་བ།

24 受用ལོངས་སྤྱོད་པ། 利养རྙེད་པ། 恭敬བཀུར་སྟི། 耽着མངོན་པར་ཞེན་པ། 刹帝利རྒྱལ་རིགས། 婆罗门བྲམ་ཟེ།

25 吠舍རྗེའུ་རིགས། 戍达罗དམངས་རིགས། 炽热རིམས་ནད། 正直དྲང་པོར་སོང་པ།

26 假伪计称量等གཞན་སླུགས་ལ་སླུ་བྱེད་པ་དང་། སྲང་ལ་སླུ་བྱེད་པ་དང་། གཞལ་བ་ལ་སླུ་བྱེད་པ། 不暴གཟུ་ལུགས་མེད་པ། 士勇力སྐྱེས་བུའི་མཐུའི་སྟོབས། 助伴力གྲོགས་བྱེད་པའི་སྟོབས། 耆长རྒན་རབས།

27 缺འབྲི་བ། 若佛所说སངས་རྒྱས་ཀྱིས་གསུང་པའི། 若弟子所说ཉན་ཐོས་ཀྱིས་བཤད་པའི། 终不爱味རོ་མྱང་བར་མི་བྱེད་པ། 鲜白ཡོངས་སུ་དག་པ། 有学见迹སློབ་པ་གཞི་མཐོང་བ།

28 贪欲缠འདོད་པ་ལ་འདུན་པའི་ཀུན་དཀྲིས། 贪欲འདོད་པ་ལ་འདུན་པ། 烦恼欲ཉོན་མོངས་པའི་འདོད་པ། 心诸忧苦སྡུག་བསྔལ་བ་དང་ཡིད་མི་བདེ་བ་ལ་བྱ་སྟེ། 未至安住མི་ལྡོགས་པ་མེད་པའི་ཏི་ངེ་འཛིན། 暴流ཆུ་བོ།

29 欲流འདོད་པའི་ཆུ་བོ། 有流སྲིད་པའི་ཆུ་བོ། 见流ལྟ་བའི་ཆུ་བོ། 无明流མ་རིག་པའི་ཆུ་བོ། 诸爱永尽离欲寂灭涅槃སྲིད་པ་ཟད་པ། འདོད་ཆགས་དང་བྲལ་བ། འགོག་པའི་མྱ་ངན་ལས་འདས་པ། 数数观察རྒྱུན་མི་འཆད་པར་སོ་སོར་རྟོག་པ།

30 云何系念ཇི་ལྟར་དྲན་པ་དང་ལྡན་པ་ཡིན་ཞེ་ན། 最究竟道མཆོག་གི་མཐར་ཐུག་པའི་ལམ། 第一住道མཆོག་གི་གནས་པའི་ལམ། 乳母མ་མ། 诺瞿陀ཉ་གྲོ་ད།

31 犹摩迦处林ནགས་ལམ་ལུའི་འཁྲི་ཤིང་ལྟར། 率尔ཐང་ཅིག 不善观察前后得失 忽然自励ལེགས་པར་མ་བརྟགས་པར་གྱི་ཆོམ་དུ་ནན་གྱིས་བྱེད་པ། 弃舍དང་དུ་མི་ལེན་པ།

32—33 变吐断灭སེལ་ཅིང་མེད་པར་བྱེད་པ། 摩鲁迦条缠绕林树མ་ལུ་ཏ་ནགས་ལ་འཁྲི་བ། 自力引致རང་གི་ཚོ་ཤས་བསྐྱབས་པ། 虎སྟག 豹གཟིག 凶猾གཡོན་ཅན།

33 窃劫抄虏ཆོམ་རྐུན། 尘雾སྨུན་ནག་ལྟ་བུ། 雷འབྲུག་སྒྲ། 雹གནམ་ལྕགས།

追念རྗེས་སུ་དྲན་ནས། 思暴གདུང་ཞིང་། 忧戚缠心ཡིད་ཀྱི་བདེ་ལ་ཡིད་ལ་གཅགས་པ། 贪འདོད་ཆགས།

34 价དསྣ་བ། 耽嗜ཞེནད་པ། 恚ཞེ་སྡང་། 戚མི་དགའ་བ། 惊འཇིགས་པ། 死迹འཆི་བའི་གནས། 无死迹འཆི་བ་མེད་པའི་གནས། 品ཕྱོགས། 在家品ཁྱིམ་པའི་ཕྱོགས།

35 出家品རབ་ཏུ་བྱུང་བའི་ཕྱོགས། 命护སྲོག་ཀུན་དུ་བསྲུང་བ། 力护ཉམས་སྟོབས་ཀུན་དུ་བསྲུང་པ། 正方便护ཡང་དག་པའི་སྦྱོར་བ་ཀུན་དུ་བསྲུང་བ།

36 于诸欲境耽着受用འདོད་པ་ལ་ལྷག་པར་ཞེན་ནས་ཡོངས་སུ་ལོངས་སྤྱོད་པ། 调善死དུལ་བའི་འཆི་བ། 不调善死མ་དུལ་བའི་འཆི་བ། 自业作性ལས་བདག་གིར་བྱ་བ།

37—38 屠羊鸡猪ལུག་དང་བྱ་གག་དང་ཕག་གསོད་པ། 世所呵འཇིག་རྟེན་ན་སྨད་པ། 毁བསྨད་བ། 追恋过去已受用境ལོངས་སྤྱད་ཟིན་པའི་ཡུལ་རྣམས་ལ་ལྟ་བ་དང་། 希求未来当受用境མ་འོངས་པའི་ལོངས་སྤྱོད་ལ་[རྟོག]་པ།

38 耽着现在正受用境ད་ལྟར་གྱི་ལོངས་སྤྱོད་ལ་ཡོངས་སུ་གདུང་བ། 随念杂染རྗེས་སུ་དྲན་བའི་ཀུན་ནས་ཉོན་མོངས་པ། 不自在杂染རང་དབང་མེད་པའི་ཀུན་ནས་ཉོན་མོངས། 境界杂染ཡུལ་གྱི་ཀུན་ནས་ཉོན་མོངས་པ། 热恼杂染ཡོངས་སུ་གདུང་བའི་ཀུན་ནས་ཉོན་མོངས།

39 善趣相应杂染བདེ་འགྲོ་དང་ལྡན་པའི་ཀུན་ནས་ཉོན་མོངས། 诸见杂染ལྟ་བའི་ཀུན་ནས་ཉོན་མོངས་པ། 恶趣相应杂染ངན་འགྲོ་དང་ལྡན་པའི་ཀུན་ནས་ཉོན་མོངས་པ། 非法多分凶暴积集珍财ཆོས་མ་ཡིན་པས་བབ་ཅོལ་དུ་ཕལ་ཆེར་ལོངས་སྤྱོད་སྒྲུབ་པ།

40 轻贱无所用物ཡོ་བྱད་ཀྱི་གཅེས་ཤིང་ཀྱི་མཁོ་བ། 见甚少年可爱美女色བུད་མེད་གཞོན་ནུ་མ་ཁ་དོག་རྒྱས་ཤིང་ཆགས་སུ་རུང་བ། 正见依处ཡང་དག་པའི་ལྟ་བའི་གནས། 遍知依处ཤེས་པར་བྱ་བའི་གནས།

41 所知无颠倒性ཤེས་པར་བྱ་བ་ཕྱིན་ཅི་མ་ལོག་པ་ཉིད། 所证无颠倒性རྟོགས་པ་ཕྱིན་ཅི་མ་ལོག་པ་ཉིད། 诸缘起法缘起灭རྟེན་ཅིང་འབྲེལ་པར་འབྱུང་བ་དང་རྟེན་ཅིང་འབྲེལ་པར་འབྱུང་བ་འགོག་པ། 蕴及取蕴ཕུང་པོ་རྣམས་དང་ཉེ་བར་ལེན་པའི་ཕུང་པོ།

42 善见ལེགས་པར་མཐོང་བ། 善知ལེགས་པར་རིག་པ། 善证ལེགས་པར་བརྟེན། 善达ལེགས་པར་རྟོགས་པ། 菩提座བྱང་ཆུབ་ཀྱི་སྙིང་པོ། 非方便摄勇猛精进ཐབས་མ་ཡིན་པས་ཡོངས་སུ་ཟིན་པའི་བརྩོན་འགྲུས།

43 未得源底གཏིང་མ་མཐོང་བ། 离勤功用རྩོལ་བ་མེད་པ། 僮仆འཁོར། 基业ལས་ཀྱི་མཐའ། 营农ཞིང་ལས། 商贾ཚོང་བྱེད་པ།

44 行船གྲུ་སྒྲོད་པ། 翘勇སྤྲུལ་པོད་པ། 遗乏ཕོངས་པ། 衰损རབ་ཏུ་འཇིག་པ། 见诸有情死时生时སེམས་ཅན་རྣམས་འཆི་འཕོ་བ་དང་སྐྱེ་བ་མཐོང་ནས།

45 标བསྟན་པ། 释བཤད་པ། 爱语ཚིག་སྙན་པ། 谛语བདེན་ཚིག 减除器物སྣོད་སྤྱད་ཤུང་ལ། 俭约资缘ཡོ་བྱད་སྣུང་བ། 众同分སྐལ་བ་མཉམ།

46 天上མཐོ་རིས། 正行正行果ཡང་དག་པར་སྒྲུབ་པ་དང་ཡང་དག་པར་སྒྲུབ་པའི་འབྲས་བུ། 施论སྦྱིན་པའི་གཏམ། 戒论ཚུལ་ཁྲིམས་ཀྱི་[གཏམ]། 天生论མཐོ་རིས་ཀྱི་གཏམ། 若根已熟གལ་ཏེ་དབང་པོ་ཡང་པོ་ཡང་ཡོངས་སུ་སྨིན་ལ།

47 资粮已满ཚོགས་ཀུང་ཡོངས་སུ་རྫོགས་པ་ནི། 义识དོན་ཤེས་པ། 随法行ཆོས་ཀྱི་རྗེས་སུ་འཐུན་བའི་ཆོས་སྒྲུབ་པ། 随法行果ཆོས་ཀྱི་རྗེས་སུ་འཐུན་བའི་ཆོས་སྒྲུབ་པའི་འབྲས་བུ། 动发གཡོ་བར་བྱེད་པ། 骄举སྒྱིམ་སེམས།

48 营为མངོན་པར་འདུ་བྱེད་པ། 复有差别རྣམ་གྲངས་གཞན་ཡང་། 有学身证སློབ་དང་ལུས་ཀྱིས་མངོན་སུམ་དུ་བྱེད་པ། 解脱胜利རྣམ་པར་གྲོལ་བའི་ཕན་ཡོན།

49 得圣惠眼འཕགས་པའི་ཤེས་རབ་ཀྱི་མིག 随逐他论གཞིན(གཞན)་གྱིས་སྨྲས་པའི་རྗེས་སུ་འཇུག་པ། 他音声གཞན་གྱིས་སྒྲ་དང་། 信顺于他གཞན་གྱི་དྲིང་འཇོག་ཅིང་། 他所引摄གཞན་གྱིས་བཀྲི་པ།

50—51 欲寻འདོད་པའི་རྟོག་པ། 恚寻གནོད་སེམས་ཀྱི་རྟོག་པ། 害寻རྣམ་པར་འཚེ་བའི་རྟོག་པ། 柔和དེས་པ། 易可共住འགྲོགས་ན་བདེ་བ། 染不染寻思扰乱ཉོན་མོངས་པ་ཅན་དང་ཉོན་མོངས་པ་ཅན་མ་ཡིན་བའི་རྟོག་པའི་འཁྲུག་པ།

51—52 于胜定爱味扰乱ཏིང་ངེ་འཛིན་གྱི་རོ་མྱོང་བའི་འཁྲུག་པ། 相违争讼扰乱རྩོད་པ་སྨྲ་བའི་འཁྲུག་པ། 如鸡破壳བྱ་གག་སྒོང་བརྟོལ་པ་བཞིན། 舍诸寿行སྐུ་ཚེའི་འདུ་བྱེད་སྤངས་པ། 不净མི་གཙང་ཞིང་། 腥臊དྲི་མི་ཞིམ་པ། 生臭དྲི་ང་བ། 淤泥འདམ། 粗声击刺ཚིག་གི་སྦྱང་བུ་དག་གིས་ཞིན་

འདེབས་པ། 恶魔 བདུད་རིག་ཅན།

53 善说法毗奈邪中 ལེགས་པར་གསུངས་པའི་ཆོས་འདུལ་བ་ལས། 欲求 འདོད་པ་ཚོལ་པ། 有求 སྲིད་པ་ཚོལ་བ། 梵行求 ཚངས་པར་སྤྱོད་པ་ཚོལ་བ། 邪梵行求 ལོག་པར་ཚངས་པར་སྤྱོད་པས་ཚོལ་བ།

54 正念 དྲན་པ་དང་། 正知 ཤེས་བཞིན། 惯闹杂处 འདུ་འཛི། 两两交会 གཉིས་ཀྱི་གཉིས་ཐྲད་པ། 五色根 དབང་པོ་གཟུགས་ཅན་ལྔ། 胜 བཟང་པོ། 劣 ངན་པ།

54—55 安住陆地 ཐང་ལ་གནས་པའི་སྐམ་ལ་གནས་པ། 恶说 ཉེས་པར་བཤད་པ། 善说 ལེགས་པར་གསུངས་པའི་བཤད་པ། 三种言事 བརྗོད་པའི་གཞི་གསུམ། 四种言说 ཐ་སྙད་བཞི། 涂染 བསྒོས་པ།

56 极七反有 རེ་ལྟར་ཐོགས་ན་སྲིད་པ་ལན་བདུན་པ། 家家 རིགས་ནས་རིགས་སུ་སྐྱེ་བ། 出离 ངེས་པར་འབྱུང་བ། 财 དབྱིག 事王 རྒྱལ་པོ་ལ་ཞོ་ཤས་འཚོ་བ། 漏失 ཉེས་འཛག

57 犹如断截多罗树顶 ཇི་ལྟར་ཏ་ལའི་མགོ་བཅད་པ་བཞིན་ཞེ་འཾ་གཏན་ནས་སྲུང་ནས་འཆད་པ། 贤圣 འཕགས་པ། 正至 ཡང་དག་པར་སོང་བ། 正行 ཡང་དག་པར་ཞུགས་པ། 善丈夫 སྐྱེས་བུ་དམ་པ།

58 支 ཡན་ལག 分 ཉིང་ལག 顽嚚 གླེན་པོ། 达须 རྐུན་མ། 蔑戾车 ཀླ་ཀློ་ཅན། 一切知者 ཐམས་ཅད་མཁྱེན་པ།

59 一切见者 ཐམས་ཅད་གཟིགས་པ། 于一切境得无障碍 ཤེས་བྱ་ཐམས་ཅད་ལ་སྒྲིབ་པ་མི་མངའ་བ་བརྙེས་པ། 教诫 གདམས་ངག 教授 རྗེས་སུ་བསྟན་པ།

60 供身什物 འཚོ་བའི་ཡོ་བྱད། 除此更无 འདི་ལས་གོང་ན་མེད། 若过若增 འདི་ལས་ལྷག་པ་ཡང་མེད། 见迹 གཞི་མཐོང་བ།

61 所知境 ཤེས་བྱ། 为上首 གཙོ་བོར་བྱས་ནས། 骄傲 ཁེངས་པ། 轻蔑 བརྙས་པ། 怯弱 བག་འཁུམ་པ། 契经 མདོའི་སྡེ། སུ་ཙ།

62 应颂 དབྱངས་ཀྱིས་བསྙད་པ། གེ་ཡ། 记别 ལུང་བསྟན་པ། བྱ་ཀར། 讽诵 ཚིགས་སུ་བཅད་པ། གཱ་ཐཱ། 自说 ཆེད་དུ་བརྗོད་པ། ཨུ་དྣ་ན། 缘起 གླེང་གཞི། ནི་དྣ་ན། 譬喻 རྟོགས་པ་བརྗོད་པ། ཨ་བ་དྣ་ན། 本事 དེ་ལྟ་བུ་བྱུང་བ། ཨི་ཏི་བྲི་ཏ་ཀ 本生 སྐྱེས་པའི་རབས། ཛ་ད་ཀ

63 方广ཤིན་ཏུ་རྒྱས་པ། བཻ་པུལ་ལྱ། 希法རྨད་དུ་བྱུང་བ། ཨང་བྷུ་ཏ། 论议གཏན་ལ་དབབ་པར་བསྟན་པ། ཨུ་པ་དེ་ཤ། 修习对治གཉེན་པོ་སྒོམ་པ། 聚落གྲོང་། གྲོང་རྡལ། 乐欲འདུན་པའི་འདོད་ཆག

64 贪爱རྗེས་སུ་ཆགས་པ། 推后 后日顾待余时སང་ནས་སང་དུ་བསྒོལ་ཏེ་དུས་གཞན་ལ་བསྒོས་པ། 不死寻མི་འཆི་བའི་རྟོག་པ། 思释力摄སོ་སོར་བརྟགས་པའི་སྟོབས་ཀྱིས་བསྡུས་པ།

65—66 修习力摄བསྒོམ་པའི་སྟོབས་ཀྱི་བསྡུས་པ། 有疑随逐ཐེ་ཚོམ་དང་འབྲེལད་བ། 在家出家共相杂住ཁྱིམ་པ་དང་རབ་ཏུ་བྱུང་བ་འདྲེ་བར་གནས་པ། 论议决释འབེལ་གཏམ་གཏན་ལ་འབེབས་པ།

66 颠倒加行ལོག་པར་སྦྱོར་བར་བྱེད་པ། 加行慢缓སྦྱོར་བ་ལྷོད་པ། 于一切时全无加行ཐམས་ཅད་ཀྱི་ཐམས་ཅད་དུ་སྦྱོར་བར་མི་བྱེད་པ། 近分定ཉེར་བསྡོགས། 未至定མི་ལྕོགས་པ་མེད་པ།

67 求愿དོན་དུ་གཉེར་བ། 见胜功德ཡོན་ཏན་དུ་ལྟ་བ། 根本定དངོས་གཞིའི་ཏིང་ངེ་འཛིན། 咨受མན་ངག་ནོད་པ། 退分ཉམས་པར་འགྱུར་བའི་ཆ། 胜分ཁྱད་པར་དུ་འགྱུར་བའི་ཆ།

68 审正观察སོ་སོར་བརྟགས་ཤིང་བརྟགས་ཤིང་། 中路正（止）息བར་མདོའི་ཞུམ་པ། 对面མངོན་སུམ། 背面ལྐོག 所缘དམིགས་པར་བྱ་བ་དང་། 能缘平等དམིགས་པར་བྱེད་པ་མཚུངས་པ་འམ་མཉམ་པ། 阿那དབུགས་རྔུབ་པ། 波那དབུགས་འབྱུང་བ།

69 非所行处སྤྱོད་ཡུལ་མ་ཡིན་པ། 乐断སྤོང་བ་ལ་དགའ་བའ། 乐修བསྒོམ་པ་ལ་དགའ་བ། 亲戚ཉེ་དུ། 交游འགྲོགས་བཤེས། 谈谑□蚊སྦྲང་བུ། 蝇ཤ་སྦྲང་།

70 广大无罪欢喜དགའ་བ་རྒྱ་ཆེན་པོ་ཁ་ན་མ་ཐོབ་མེད་པ། 溉灌其心སེམས་མངོན་པར་བརྣན་པ། 乐位བདེ་བའི་གནས་སྐབས། 苦位སྡུག་བསྔལ་བའི་གནས་སྐབས། 不苦不乐位སྡུག་བསྔལ་ཡང་མ་ཡིན་བདེ་བ་ཡང་མ་ཡིན་པའི་གནས་སྐབས། 取染杂品ལེན་པའི་ཀུན་ནས་ཉོན་མོངས་པའི་ཕྱོགས།

71 行杂染品འདུ་བྱེད་ཀྱི་ཀུན་ནས་ཉོན་མོངས་པའི་ཕྱོགས། 五无学蕴མི་སློབ་པའི་ཕུང་པོ་ལྔ། 速疾通慧མངོན་པར་ཤེས་པ་མྱུར་བ། 如所得道ཇི་ལྟར་ཐོབ་པའི་

ལམ། 十二有支 སྲིད་པའི་ཡན་ལག་བཅུ་གཉིས།

72 前际无知 སྔོན་ཀྱི་མཐའ་མི་ཤེས་པ། 后际无知 ཕྱི་མའི་མཐའ་མི་ཤེས་པ། 本无今有 མ་བྱུང་བ་ལས་བྱུང་བ། 牵行因 འཕེན་པའི་རྒྱུ།

73 生起因 མངོན་པར་བསྒྲུབ་པའི་རྒྱུ། 爱非爱 འདོད་པ་དང་མི་འདོད་པ། 相应加行 འཐུན་པའི་སྦྱོར་བ། 串习加行 གོམས་པའི་སྦྱོར་བ།

74 无倒加行 ཕྱིན་པ་མ་ལོག་པའི་སྦྱོར་བ། 不缓加行 མི་ལྷོད་པའི་སྦྱོར་བ། 应时加行 དུས་ཀྱི་སྦྱོར་བ། 解了加行 ཤེ་པར་བརྟག་པའི་སྦྱོར་བ།

75 无餍足加行 ཆོག་མི་ཤེས་པའི་སྦྱོར་བ། 不合轭加行 མི་འགལ་བའི་སྦྱོར་བ། 正加行 ཡང་དག་པའི་སྦྱོར་བ། 无有稽迟 ཐགས་ཐོགས་མེད་པ།

76 寻思行者 རྣམ་པར་རྟོགས་པ་ལ་སྤྱོད་པ། 薄尘行者 ཉོན་མོངས་པའ་ཆུང་བའི་རང་བཞིན་ཅན། 初修业 ལས་དང་པོ་པ། 身心粗重 ལུས་དང་སེམས་ཀྱི་གནས་ངན་ལེན།

77 无间方便 རྟག་ཏུ་སྦྱོར་བར་བྱེད་པ། 殷重方便 གུས་པར་སྦྱོར་བར་བྱེད་པ། 随顺 གཞོལ་བ། 趣向 འབབ་པ། 临入 བབ་པ།

78—79 风 རླུང་། 热 མཁྲིས་པ། 痰发动 བད་ཀན་འཁྲུག་པ་འགྱུར་བ། 饮食不消化,住在身中,成宿食病 ཁ་ཟས་མི་འཕྲོད་ཅིང་། བདག་གི་ལུས་གསུད་པར་འགྱུར་བ།

79 蛇 སྦྲུལ། 蝎 སྡིག་པ། 蚰蜒 སྲིན་ཀྱི་མྱེད། 一时半时 མྱེལ་ཚེ་ཐུན་གཅིག་གི་ཐུན་ཕྱེད། 须臾 ཡུད་ཙམ་གཅིག

80 半须臾 ཡུད་ཙམ་ཕྱེད། 经食顷 ཟན་ཅིག་བཟའ་བའི་བར་ཙམ། 无耶僻执 ཕབ་ཅོལ་དུ་འཛིན་པ་མ་ཡིན་པ།

81 于尊教诲终不轻毁 བླ་མའི་ལུང་ལ་ཁྱད་དུ་མི་གསོད་པ། 于法于义不倒取 དོན་དང་ཚིག་འབྲུ་ལ་ཕྱིན་ཅི་མ་ལོག་པར་འཛིན་པ།

82 举相 རབ་ཏུ་འཛིན་པའི་མཚན་མ། 舍相 བཏང་སྙོམས་པའི་མཚན་མ། 九心往 སེམས་གནས་པ་རྣམ་པ་དགུ། 心无相无分别 སེམས་ཀྱི་མཚན་མ་མེད་ཅིང་རྣམ་པར་རྟོག་པ་མེད་པ། 寂静 ཞི་བ།

83 极寂静 རབ་ཏུ་ཞི་བ། 缘性缘起 རྟེན་ཅིང་འབྲེལ་པར་འབྱུང་བ། 净修 སྦྲིབ་པ་སྦྱོབ་བ། 止相 ཞི་གནས་ཀྱི་མཚན་མ། 止时 ཞི་གནས་ཀྱི་དུས།

84 观相ལྟག་མཐོང་གི་མཚན་མ། 观时ལྟག་མཐོང་གི་དུ［ས］། 少小下劣ངན་ངོན་ཙམ། 中嗢柁南日བར་སྡོམ་ནི། 津འཛིང་བ། 润རླམ་བ།

85 融适གཞིར་བའམ་ཆེན་པ། 澄净དང་བ། ག་སྣ་བ། 是名异门དེ་ནི་རྣམ་གྲངས་གཞན་ཡིན་ནོ། 思择རྣམ་པར་འབྱེད་པར་བྱེད། 最极思择རབ་ཏུ་རྣམ་པར་འབྱེད་པར་བྱེད།

86 周遍寻思ཡོངས་སུ་རྟོག་པར་བྱེད། 周遍伺察ཡོངས་སུ་དཔྱོད་པར་བྱེད། 黠惠མཁས་པ། 无转མི་འགྱུལ། 无动མི་གཡོ། 心一境性སེམས་རྩེ་གཅིག་པ་ཉིད།

87 他来强敌所作ཕ་རོལ་གྱི་དམག་ཚོགས་ཀྱིས་ཕུང་པར་བྱས་པ། 不善营事业而有丧失ལས་ཀྱི་མཐའ་ལེགས་པར་མ་བྱས་པས་ཉམས་པ།

88 重苦སྡུག་བསྔལ་མི་བཟར་པ། 极大艰辛རྩུབ་པ་དྲག་པོ། 病病法性ན་བ་དང་ན་བའི་ཆོས་ཉིད། 死死法性འཆི་བ་དང་འཆི་བའི་ཆོས་ཉིད། 净戒衰损ཚུལ་ཁྲིམས་ཀྱིས་རྒུད་པ།

89 正见衰损ལྟ་བས་རྒུད་པ། 无病衰损ནད་མེད་པས་རྒུད་པ། 眷属衰损ཉེ་དུས་རྒུད་པ། 财宝衰损ལོངས་སྤྱོད་ཀྱིས་རྒུད་པ།

90 寿命衰损ཚེའི་རྒུད་པ། 增上意乐圆满ལྷག་པའི་བསམ་པ་ཕུན་སུམ་ཚོགས་པ། 加行圆满སྦྱོར་བ་ཕུན་སུམ་ཚོགས་པ། 能得未得མ་ཐོབ་པ་ཐོབ་པར་བྱེད་པ།

91 能触未触མ་རེག་པ་རེག་པར་བྱེད་པ། 能证未证མངོན་སུམ་དུ་མ་བྱས་པ་མངོན་སུམ་དུ་བྱེད་པ། 调练其心སེམས་གདུང་བར་བྱས་པ། 欣乐相དང་བར་འགྱུར་བའི་མཚན་མ།

92 滋润其心སེམས་མངོན་པར་བརླན་པར་བྱས་པ། 能引无义གནོད་པ་དང་ལྡན་པ། 令心躁扰སེམས་ཀུན་དུ་འཁྲུག་པ།

93 心一境性སེམས་རྩེ་གཅིག་པ་ཉིད། 心安住性སེམས་གནས་པ་ཉིད། 心无乱性སེམས་རྣམ་པར་མི་གཡེང་བ་ཉིད། 广大胁山རི་ངོས་ཡངས།

94 新新而非故故སར་པས་སར་པ་དང་རྙིང་པ་མ་ཡིན་པ། 无间加行རྟག་དུ་བྱེད་པའི་སྦྱོར་བ། 殷重加行གུས་པར་བྱེད་པའི་སྦྱོར་བ།

95 恶象གླང་པོ་ཆེ་དཔྱ་གོད། 恶马རྟ་དཔྱ་གོད། 恶牛བ་ལང་རྟུང་ཁྱུས（གྱུས）། 恶狗ཁྱི་ཟ་བ། 恶蛇སྦྲུལ་གདུག་པ། 沆涧ངམ་གྲོག 壕堑གཡང་ས།

株机སྡོང་དུམ།

96 毒刺ཚེར་མ། 泥水འདམ་རྫབ། 粪ལྕན་ལྗིན། 秽མི་གཙང་བ། 说应量
语རན་པར་སྨྲ་བ། 说应理语རིགས་པར་སྨྲ་བ། 说应时语དུས་སུ་སྨྲ་བ།

97 说正直话གནས་པར་སྨྲ་བ། 说寂静语རབ་ཏུ་ཞི་བར་སྨྲ་བ། 亲品མཛའ་
བོའི་ཕྱོགས། 怨品དགྲ་བོའི་ཕྱོགས། 中庸品ཐ་མལ་པའི་ཕྱོགས།

97—98 于中乃至无有 容受一杖端处ཐ་ན་ཁར་བའི་རྩེ་གཟུགས་པའི་
གཏོས་ཙམ་ཡང་མེད་པ། 于百分不及此一བརྒྱའི་ཆར་ཡང་ཉེ་བར་མི་འགྲོ།
千分སྟོང་གི་ཆ་དང་། 数分གྲངས་རང་ཆ་དང། 等分བགྲང་བ།

99 邬波尼煞昙分不及此一དཔེ་དང་རྒྱུར་ཡང་ཉེ་བར་མི་འགྲོ་སྟེ། 山རི། 林
ནགས་ཚལ། 草木རྩི་ཤིང་། 砖石གསེག་མ། 瓦砾གྱོ་མོ། 末尼ནོར་བུ།

100 真珠མུ་ཏིག 琉璃བེ་དུ་རྱ། 螺贝ཤང་ཀ་ཤེ་ལ། 珊瑚བྱི་རུ། 江河ཆུ
ཀླུང་། 众流འབབ་ཆུ། 波湖མཚོ། 池沼རྫིང་ཀ 井ཁྲོན་པ།

101—102 热时སྨིའི་ཕྱུང་ཕོ་ཆེན་པོ་འི་ཚ་བའི་དུས། 烈日炎炽དཔྱིད་ཀའི་ཉི་མའི་
འོད་ཟེར་གྱིས་གདུངས་པ། 内眼处不坏ནང་གི་སྐྱེ་མཆེད་མིག་ཡོངས་སུ་མ་ཉམས་
ཤིང་། 外色处现前ཕྱིའི་སྐྱེ་མཆེད་གཟུགས་ཀྱང་སྣང་བར་གྱུརད།
能生作意正现时前 དེ་སྐྱེད་པ་ཡིད་ལ་བྱེད་པ་ཡང་ཉེ་བར་གནས་ན།

102 四大种中支节鹿大འབྱུང་བ་ཆེན་པོ་བཞི་པོ་དག་ལ་ཡན་ལག་དང་ཉིང་ལག་
རགས་པར་ཡོད་པ། 分析种种细分微细ཆ་ཤས་ཀྱི་རབ་ཏུ་དབྱེ་བས་ཤིན་ཏུ་ཕྲ
མོར་གྱུརད་པ།

103 种子ས་བོན། 界ཁམས། 种姓རིགས། 自性རང་བཞིན། 由是吞咽
གང་གིས་མིད་པར་བྱེད་པ། 于是吞咽གང་དུ་མིད་པར་བྱེད་པ། 既吞咽已
གང་གིས་དེའི་མིད་པ།

104 非有情数སེམས་ཅན་དུ་བགྲང་བ་མ་ཡིན་པ། 贼རྐུན་པོ། 拥逼劫掠ལམ་
འགོག་པ། 穿墙ཁྱིམ་འབུགས་པ། 解结མདུད་པ་འགྲོལ་པ། 姤罗绵ཤིང་
བལ་གྱི་འདའ་པ། 叠絮རས་བལ་གྱི་འདྣ་བ།

105 喧闹ཐེ་མོ་གཏེ། 具缚异生འཆིང་བ་མཐའ་དག་ཡོད་པའི་སོ་སོའི་སྐྱེ་བོ།
不具缚有学འཆིང་བ་མ་ཆེང་པའི་སློབ་པ། 观为粗性རགས་པར་ལྟ་བ།
观为净性ཞི་བར་ལྟ་བ།

106 有多过患ཉེས་དམིགས་དང་བཅས་པའི་མང་བ། 有多损恼གནོད་པ་མང་བ། 有多疫疠ཡམས་ཀྱི་ནད་ལྷ་བུ་མང་བ། 有多灾害འགོ་བའི་ནད་ལྷ་བུ་མང་བ།

107 极少滋味མནོག་ཆུང་བ། 魔之所住བདུད་ཀྱི་གཟན་མ། 起恶ཉེས་རྩོམ། 大资粮བརྩལ་བ་ཆེན་པོ། 大追求ཡོངས་སུ་བཙལ་བ་ཆེན་པོ།

108 大劬劳ངལ་བ་ཆེན་པོ། 父ཕ། 母མ། 妻ཆུང་མ། 子བུ། 奴བྲན། 婢བྲན་མོ། 作使ལས་བྱེ། 亲友眷属ཉེ་དུ་སྣག་གི་གཉེན་མཚམས།

109—110 糜饭འབྲས་ཅན་ཟན་དྲོན་ལྟ་བུ། 按摩མཉེ་བ། 随习近心སྟེན་པ་ལ་གཞོལ་བའི་སེམས། 趣习近心སྟེན་པ་ལ་བབ་པའི་སེམས། 临习近心སྟེན་པ་ལ་བབ་པའི་སེམས།

110 如水被持ཇི་ལྟར་ཆུ་བཟུས་པ་བཞིན། 随所乐得ཇི་འདོད་པ་བཞིན་ཐོབ་པ། 无艰难得དཀའ་བ་མེད་པར་ཐོབ་པ། 无梗涩得ཚེགས་མེད་པར་ཐོབ་པ། 色想出过རྣམ་པ་ཐམས་ཅད་དུ་གཟུགས་ཀྱིས་འདུ་ཤེས་ལས་འདས་པ།

111 有对想ཐོགས་པའི་འདུ་ཤེས། 种种想སྣ་ཚོགས་ཀྱི་འདུ་ཤེས། 饮སྐོམ། 食ཟས། 衣གོས། 乘བཞོན་པ། 庄严具རྒྱན། 城舍གནས། 军དམག

112 园སྐྱེད་མོས་ཚལ། 林ནགས་ཚལ། 神境通རྫུ་འཕྲུལ་གྱི་ཡུལ་གྱི་མངོན་པར་ཤེས། 宿住通སྔོན་གྱི་གནས་རྗེས་སུ་དྲན་པའི་མངོན་པར་ཤེས་པ། 天耳通ལྷའི་རྣ་བའི་མངོན་པས་ཤེས་པ། 死生智通འཆི་འཕོ་དང་སྐྱེ་བ་ཤེས་པ། 心差别通སེམས་ཀྱི་རྣམ་གྲངས་ཤེས་པ།

113—114 了知于义དོན་སོ་སོར་ཡང་དག་པར་རིག་པ། 了知于法ཆོས་སོ་སོར་ཡང་དག་པར་རིག་པ། 轻举想ཡང་བའི་འདུ་ཤེས། 柔软想འཇམ་བའི་འདུ་ཤེས། 空界想ནམ་ཀའི་ཁམས་ཀྱི་འདུ་ཤེས། 身心符顺想སེམས་དང་ལུས་སྦྲད་པའི་འདུ་ཤེས།

114—115 胜解想ཆོས་པའི་འདུ་ཤེས། 所受行次第随念想སྔོན་སྤྱད་པ་ཉམས་སུ་མྱོང་བའི་གོ་རིམ་ལ་རྗེས་སུ་དྲན་པའི་འདུ་ཤེས། 种种品类集会音声想རྣ་པ་སྣ་ཚོགས་འདུས་པའི་སྒྲ་སྐད་ཀྱི་འདུ་ཤེས།

115 光明色相想སྣང་བའི་གཟུགས་ཀྱི་མཚན་མའི་འདུ་ཤེས། 烦恼所作色变异

想 ཉོན་མོངས་པས་བྱས་པའི་གཟུགས་རྣམ་པར་འགྱུར་བའི་འདུ་ཤེས།　几 ཁྲིའུ།
增长 འཕེལ་ཞིང་རྒྱས་པ།

116　广大 ཡངས་པར་གྱུརད་པ།　远作近解近作远解 ཐག་རིང་པོ་ལས་ཐག་ཉེ་བར་མོས་པ།　粗作细解细作粗解 རགས་པ་ལས་ཕྲ་མོ་དང་ཕྲ་མོ་ལས་རགས་པར་མོས་པ།

117　地作水解水作地解 ས་ལས་ཆུར། ཆུ་ལས་སར་མོས་པ།　如是一一差别 དེ་བཞིན་དུ་གཅིག་ལ་གཅིག་འཕྲུལ་པར་རྒྱ་ཆེར་བྱེད་པ།　坦 ར་བ།　自在回转 དབང་སྒྱུར་བར་བྱེད་པ།

117—118　或于广大威德势力　日月光轮以手扪摸 ཉི་མ་དང་ཟླ་བ་འདི་ལྟར་རྫུ་འཕྲུལ་ཆེ་བ་འདི་ལྟར་མཐུ་ཆེ་བ། འདི་ལྟར་གཟི་བརྗིད་ཆེ་བ་ལ་ཡང་ལག་པས་འཛིན་ཅིང་ཀུན་དུ་ཉུག་པར་བྱེད་པ།　村邑 གྲོང་ངམ།　聚落 གྲོང་རྡལ།

119　或邑义众 འདྲེན་མའི་གནས་སམ།　或余大众 འཁོར་གྱི་ནང་ངམ།　或广长处 ཁང་ཁྱིམ་ཆུ་ཞིང་གབ་པ་འི།　或家或室 གནས་ཁང་དག་དུ།　喧嘈声 ལྷག་ཅོར་གྱི་སྒྲ།

120　或于大河众流激湍波浪音声 ཆུ་ཀླུང་ཆེན་པོ་འབབ་པའི་སྒྲ་ཡང་ཏུང་སྟེ། 往生善趣天世间中 བདེ་འགྲོ་མཐོ་རིས་ཀྱི་འཇིག་རྟེན་དུ་ལྷ་རྣམས་ཀྱི་ནང་དུ་སྐྱེ་འགྱུར་རོ།

121　诸根躁扰 དབང་པོ་རྒོད་པ།　诸根掉举 དབང་པོ་འདུཾ་བུ་ལྟར་མཐོ་བ།
言常含笑 བཞིན་འཛུམ་པར་བྱེད་པ།　面恒颦戚 བཞིན་གྱི་མདོག་གྱུར་པ།
诸音蹇涩 སྐད་དར་དར་པོར་གྱུརད་པ།

122—123　言常变色 ཁ་གཉེར་འདུས་པ།　言不辨了 བརྡའ་མི་ཕྲད་པ།　事义暗昧 དོན་ངེས་པར་བརྟག་པ་བརྡའ་མི་ཕྲད་པའམ་མི་གསལ་བ།　语多不里 ཕལ་པའི་ཚིག་བརྗོད་པར་བྱེད་པ།

123　若变事通 དངོས་པོ་སྒྱུར་བའི་ཤེས་པ།　若化事通 སྤྲུལད་པའི་མངོན་པར་ཤེས་པ།　若胜解通 མོས་པའི་མངོན་པར་ཤེས་པ།　生众同分 སྐལ་མཉམ་པར་སྐྱེའོ།
间杂熏修 སྤེལ་མར་བསྒོམས་པ།　下品 ཆུང་ངུ།　中品 འབྲིང་།

124　上品 ཆེན་པོ།　上胜品 ཆེས་ཆེ་བ།　上极品 ཤིན་ཏུ་ཆེར།　身业安住诸根不动 ལུས་ཀྱི་ལས་ཀྱི་མཐའ་བརྟན་བ་དབང་པོ་མི་གཡོ་བ།　འདོད་ཆགས་དང་

འབྲལ་བའི་རྟགས་ཀྱི་སྐབས། 言辞柔软རབ་ཏུ་ཞི་བར་སྨྲ་བ།

125 言辞寂静ཚིག་ཤུང་ངུ་སྨྲ་བ། 不乐喧杂ཐེ་མོ་གཏམ་ལ་མི་དགའ་བ། 不乐众集འདུ་འཛི་ལ་མི་དགའ་བ། 言语安庠ཚིག་བརྟན་བར་འབྱུང་བ། 无常行མི་རྟག་པའི་རྣམ་པ།

126 苦行སྡུག་བསྔལ་བའི་རྣམ་པ། 空行སྟོང་པའི་རྣམ་པ། 无我行བདག་མེད་པའི་རྣམ་པ། 因行རྒྱུའི་རྣམ་པ། 集行ཀུན་འབྱུང་བའི་རྣམ་པ། 起行རབ་ཏུ་སྐྱེད་པའི་རྣམ་པ། 缘行རྐྱེན་གྱི་རྣམ་པ། 灭行འགོག་པའི་རྣམ་པ། 静行ཞི་བའི་རྣམ་པ།

127 妙行གྱ་ནོམ་པའི་རྣམ་པ། 杂行ངེས་པར་འབྱུང་བའི་རྣམ་པ། 道行ལམ་གྱི་རྣམ་པ། 如行རིགས་པའི་རྣམ་པ། 行行བསྒྲུབ་པའི་རྣམ་པ། 出行ངེས་པར་འབྱིན་པའི་རྣམ་པ། 我以过人清净天眼ངས་ལྷའི་སྤྱན་རྣམ་པར་དག་པ་མི་ལས་འདས་པས།

128 变异行འགྱུར་བའི་རྣམ་པ། 灭坏行འཇིག་པའི་རྣམ་པ། 别离行བྲལ་བའི་རྣམ་པ། 法性行ཆོས་ཉིད་ཀྱི་རྣམ་པ། 合会行ཉེ་བའི་རྣམ་པ། 结缚行ཀུན་ཏུ་སྦྱོར་བ་དང་འཆིང་བའི་རྣམ་པ། 不可爱行མི་སྡུག་པའི་རྣམ་པ།

129 不安稳行ཐུབ་པ་དང་བདེ་བ་མེད་པའི་རྣམ་པ། 无所得行དམིགས་སུ་མེད་པའི་རྣམ་པ། 不自在行རང་དབང་མེད་པའི་རྣམ་པ།

129—130 皆被焚烧 火灾灭后 灭烬不现 及至余影亦不可得 བསྲེགས་ཤིང་གཞིག་ཏུ་ 㷍 གས་ནས་ཏུ་བ་ཡང་མེད་ཐལ་བའི་ལྷག་མ་མེད་པར་འགྱུར་བའི། 现见མངོན་སུམ་དུ་གྱུར་པ། 不背སྙིག་ཏུ་མ་གྱུར་པ།

131 不由他缘ཞགན་གྱི་དྲིང་མི་འཇོག་པ།

132 市廛ཚོང་ཁང་། 库藏事 སྡོགས་འཛོག་གི་དངོས་པོ། 食事ཟས་ཀྱི་དངོས་པོ། 饮事སྐོམ་གྱི་དངོས་པོ། 乘事བཞོན་པའི་དངོས་པ། 衣事གོས་ཀྱི་དངོས་པོ། 香སྤོས། 鬘འཕྲེང་བ།

133 涂饰བྱུག་པ། 分位所作变异གནས་སྐབས་ལས་གྱུར་པ། 显色所作变异ཁ་དོག་ལས་གྱུར་པ། 形色所做变异དབྱིབས་ལས་གྱུར་པ།

133—134 兴衰所作变异འབྱོར་བ་དང་རྒུད་པ་ལས་གྱུར་པ། 支节具不具所作变异ཡན་ལག་དང་ཉིང་ལག་ཚང་བ་དང་མ་ཚང་བ་ལས་གྱུར་པ། 劬劳

所作变异ཡོངས་སུ་ངལ་བ་ལས་གྱུརད་པ།　损害所作变异གཞན་གྱིས་གྱིས་གནོད་པ་བྱས་པ་ལས་གྱུརད་པ།

135　寒热所作变异གྲང་བ་དང་ཙྭ་བ་ལས་གྱུརད་པ།　威仪所作变异སྤྱོད་ལམ་ལས་གྱུར་པ།　触对所作变异རེག་པ་ལས་གྱུརད་པ།　杂染所作变异ཀུན་ནས་ཉོན་མོངས་པ་ལས་གྱུརད་པ།

136　疾病所作变异ན་པ་ལས་གྱུརད་པ།　殄殁所作变异འཆི་བ་ལས་གྱུརད་པ།　国城རྒྱལ་པོའི་ཕོ་བྲང་།　王都ཡུལ་འཁོར།　寻思ཡོངས་སུ་ཚོལ་བ།

137　妙色ཁ་དོག་བཟང་བ་ཉིད།　肌肤མདངས་བཟང་བ་ཉིད།　鲜泽མདོག་བཟང་བ་ཉིད།　恶色ཁ་དོག་ངན་པ།　肌肤枯槁མདངས་དན་པ་དང་མདོག་རྩུབ་པ།　驰走བརྒྱུགས་པ།　跳踊རྒྱལ་བ།

138　越踯མཆོངས་པ།　骗骑འཛོགས་པ།　刀杖ལྕུག་ལྕུག　鞭革ཏ་ལྕུག　皮绳འབྲིང་ལྕུག　矛梢 藏文阙　重病ན་ཚབས་ཆེ་བ།

139　道场བསོད་ནམས་བྱ་བའི་གནས།　天寺ལྷ་ཁང་།　宅舍ཁང་ཁྱིམ།　市廛ཚོང་ཁང་།　善作ལེཏ་པར་བྱས།　善饰ལེགས་པར་བྱུག་པ།　朽故རྙིངས་པའི་ཉུལ་བ།　圮གས་པ།　折རལ་བ།　零落རིབ་པ།

140—141 颓毁ཞིགས་པ།　穿སྲི་གྲྭ།　缺ཟ་ཟོ།　身不舒泰　踢战慓ལུས་ཞུམ་པ་སྐྱེད་པ།　流汗རྔུལ་འབྱུང་བ།　热渴ཁ་སྐམ་པ།　触对猛利　身诸苦受ལུས་ཀྱི་ཚོར་བ་སྡུག་བསྔལ་མི་བཟང་པ།　རྩུབ་པ།　ཚ་བ་ཡིད་དུ་མི་འོང་བ།

141　巉岩耸石　凋残颓毁　高下参差རིའི་རྩེ་མོ་རྙིལ་བ།　ངོས་ཆད་པའ།　枯涸སྐམ་པ།

142　干竭ཐ་བར་གྱུརད་པ།　果柯叶零落འབྲས་བུ་དང་ཡལ་ག་དང་ལོ་མ་ཡལ་བ།　鲜荣芬馥མེ་ཏོག་གི་[ ]་གསར་ཞིང་དྲི་ཞིམ་པར།　委悴臭烂རྙིས་ཤིང་དྲི་ང་བ།　好形色　恶形色ཁ་དོག་བཟང་པོ་དང་ཁ་དོག་ངན་པ།

143—144　上族姓རིགས་མཐོ་བ།　下族性རིགས་དམ་བ།　富族性ཕྱུག་པོའི་ཁྱིམ་དུ་སྐྱེས་པ།　贫族姓དབུལ་པོའི་ཁྱིམ་དུ་སྐྱེས་པ།　大宗叶དབང་ཆེ་བར་གྲགས་པ།　小宗叶དབང་ཆུང་བར་གྲགས་པ།　言或威肃或不威肃ཚིག་གཟུང་བར་འོས་པ་དང་ཚིག་གཟང་བར་མི་འོས་པ།

144　非爱及共财之所劫脱（夺）ཕུན་མི་མཛ་བ་དག་གིས་ཕྲོགས་པ།　恶作

加行失坏 གཉེར་ངན་པར་སྨྲས་པ་ལས་ཆུད་ཟོས།

144—145　方便求而不得 བཙལ་བ་ལས་མ་རྙེད་པ།　有漏 ཟག་པ་དང་བཅས་པ།

有取 ཉེ་བར་ལེན་པ་དང་བཅས་པ།　常 རྟག་པ།　恒 བརྟན་པ།

坚住 ཐེར་ཟུག　主宰 བདག་པོར་གྱུར་པ།　尽所有性 ཇི་སྙེད་ཡོད་པ་ཉིད།

如所有性 ཇི་ལྟ་བ་བཞིན་ཡོད་པ་ཉིད།

（原载《青海民族学院学报》1986 年第 2 期，与陈践合撰。此次结集，有局部修订。）

敦煌 P. T. 351 号吐蕃文书及景教文献叙录

一、P. T. 351 号吐蕃文书译释

景教（Nestorianism）作为基督教的一个支派，被罗马天主教会看作异端，不见容于欧陆，乃转徙东来，在中亚一度流行。公元635年传入我国。时值初唐，国运昌盛，对外来的宗教、文化、思想基本上采取兼容并纳政策，且我国民间素有礼宾好客的传统，于是景教与摩尼、祆教等外来宗教在中国土地上定居下来，建寺布教，国人也就逐渐与之接触，有所了解。对它的称呼屡有变更。初，因为它自波斯传来，被称之为波斯经教，寺称波斯寺。后，又改称大秦寺。开始时，还称之为“弥施诃外道”。宋代道家贾善翔撰《犹龙录》6卷，所述96种外道中的第50种，称为“弥施诃外道”者即为景教（见《道藏·犹龙传》卷4第五）。有时，人们弄不清上述几种宗教的差别，遂将景教与祆教并称拜火教。迨至1623—1625年（明天启三年至五年）《大秦景教流行中国碑》出土，人们即统一称之为景教。钱念劬撰《归潜记》丁编之一云：“景教者，基督旧教之聂斯托尔派

也。”说得最为明确了然。洪钧撰《元史译文证补》卷29景教考，在钱氏之前，断定景教为今之基督教。并说：“天主教之入中土，实自唐景教始。”颇有见地。

关于这方面的论著很多，其重要者有：陈垣《元也里可温考》，商务印书馆，1925年。冯承钧《景教碑考》，商务印书馆，1931年。佐伯好郎《景教研究》，1935年。方豪《唐代景教史稿》，《东方杂志》第41卷第8号，1945年。朱谦之《中国景教》，1966年完稿，1982年印行。

关于景教文献，陆续发现的重要者有：

（一）《大秦景教流行中国碑》。

（二）《序听迷诗所经》。

（三）《一神论》。

（四）《景教三威蒙度赞》。

（五）《尊经》。

（六）《志玄安乐经》。

（七）《宣元思本经》。

（八）《大秦景教大圣通真归法赞》。

（九）《大秦景教宣元至本经》。

其中2—9项，出自敦煌石室遗书，均为汉文，时代大致可以确定为唐宋故物，弥足珍贵。请参看本文“叙录”。

（十）回鹘文景教文献《巫师的崇拜》残卷。发现于吐鲁番盆地的布拉依克（Bulayik，亦作Bularik）村。关于此卷，1908年由德国人缪勒（F. W. K. Muller）刊布。1926年，邦克（W. Bang）进行研究。1928年俄人拉德洛夫（W. W. Radloff）出版《回鹘语文献》一书，其中有对此卷的研究综录，并有德译文。1951年，马洛夫（S. E. Malov）将此卷编入《古代突厥语文献》一书中，并转译为俄文。1978年，我国耿世民《古代突厥文献选读》中收有节选，并转写为新维吾尔文。1983年，我国李经纬发表译释汉文本及原文转写于《世界宗教研究》1983年第2期，成为可读的新景教资料。

综合以上所述看来，从已得的材料可知：（1）唐代我国境内各族人民对外来的思想、宗教采取宽容的态度，兼收并蓄，反映当时人们健康的、昂扬的精神面貌。洋为中用，不拘一格。（2）外来的宗教往往采取我国人民已经熟悉了的语汇和信仰来传布自己的思想，否则它就难以接近人民。景教也不例外，它利用佛教和道教的现成语词来传播。

下面，我们介绍一件敦煌吐蕃文书中关于景教的材料：

敦煌吐蕃文书 P. T. 351 号写卷，正面 86 行，背面 3 行。究其内容为占卦卜辞，与 P. T. 55、129、1043、1046、1047、1055 诸卷号皆属同一性质。此外，收藏在伦敦大英图书馆印度事务部图书馆内的吐蕃文书中，尚有 Ch. 82, IV、Ch. 75, IV, fr. 1、Ch. 73, XV, 4、Ch. 85, IX, 4、Ch. fr. 1 和 Vol. 55, fol. 6 诸号均属同一体制。这一类占卜文书，是吐蕃人主体意识的最初萌动和觉醒，反映出人们企图通过心灵沟通自身以外的物象，来达到某种愿望的事实。已有专家多种论述，[①] 兹不赘。但是，这一写卷的 40—44 行一组卜辞，却是非常奇怪的、引人注目的材料。匈牙利藏学家乌瑞（G. Uray）曾发表过一篇著名的论文《公元 8—10 世纪吐蕃与景教、摩尼教的联系》(Tibet's Connections with Nestorianism and Manicheism in the 8th-10th Centuries)，[②]出人意料地指出：P. T. 351 号卷子 40—44 行是景教的思想范畴。当今世界谁都知道在西藏社会中可以说是佛教（或称喇嘛教 Lamaism）的统一天下，乌瑞教授的论文颇有点震世骇俗的效果。1982—1983 年间，

---

① F. W. Thomas, Ancient Folk-literature from North-Eastern Tibet, Berlin, 1957.（汉文译本:《东北藏古代民间文学》，王青山等译，第 112—146 页。）B. Laufer, Bird Divination among the Tibetans, with a Study of Tibetan Phonology of the 9th Century, T'ong Pao, 1914.（《吐蕃的鸟卜——对于 9 世纪藏语语音的研究》，陈楠等译。）王尧、陈践:《吐蕃时期的占卜研究——敦煌藏文写卷译释》，香港中文大学出版社，1987 年。

② 载 Contributions on Tibetan Language, History and Culture, pp. 399—430. 即《维也纳大学藏学佛学丛书》10，1983 年。按此文曾于 1981 年 9 月在第三届国际藏学会上宣读。

笔者承乏维也纳大学藏学佛学系客座教授讲席，适逢乌瑞教授也应邀到该校演讲，我们对吐蕃时期是否有景教的活动又作了一番探讨，明确了这几条线索：

（1）P. T. 1182 号写卷上，正面有一十字架图形，十字架各翼等长，翼端又各有小十字架文字：“出自 nang rje bo，zhang lon chen po（内务大臣，尚论掣逋）”之手。

（2）P. T. 1676 号写卷《广本般若经》有一十字架，各翼等长。

（3）在 Gilgit（小勃律）和拉达克藏族地区山岩上，发现有十字架岩画。

（4）在拉达克 Shayok 河谷的章孜地方，发现有 3 个十字架碑刻。

（5）在下拉达克 Domkhar 地方岩上，有类似耶稣受难的十字架，下有藏文 phagi lo（意为“猪年”）字样。

以上各卷号或岩石上的十字架，反映与景教的流传有关。

（6）景教迦弥底（Chaldean）教会首领提摩太一世（780—823 年）的“书信集”中，第 41 号和 47 号两封信中提出了吐蕃和突厥人与景教有关的材料。特别是 47 号信中，提摩太本人告诉其挚友塞吉厄斯：“最近他已为突厥地区委任了一位大主教，还准备为吐蕃地区也指派一位。”这大致是公元 794—795，或 795—798 年之间的事情。（请参见 G. uray 的上述论文，兹不赘引。）

（7）当然，最主要的还是 P. T. 351 号卷子。

这里，不妨把 P. T. 351 号中这一段关于景教的卜辞，介绍于下。《敦煌藏文写本选集》第 1 卷第 177 页，全文影印此件。现转录如后，并附以转写（transcription）和句译。

40. མི་ཁྱོད་གི་རོགས་ནི་ལྷ་ཨི་ཤི་མྱི་ཤི་ཧ་ཞེས་བྱ་སྟེ། ཕྱག་ན་རྡོ་རྗེ་དཔལ་ཤག

转写：myi khyod gi rogs ni lha i shi myi shi ha zhes bya ste/ phyag na rdo rje dpal shag

句译：人啊！你的朋友名叫夷施弥施诃①，也称作持金刚吉祥释迦能仁②。

41. ཀྱ་ཐུབ་པ་བྱེད་དེ།། གནམ་རིམ་པ་བདུན་གི་སྒོ་ཕྱེས་ནས། ལྷའི་ཕྱག་གཡས་པའི་ཁྲིམ་

转写：kya thub pa byed de// gnam rim pa bdun gi sgo phyes nas/ lhavi phyag g·yas pavi khrim

句译：当七重天之门③开启之后，在天神之右手④，

42. པ་ནས་བསྣམས་པའི་རྣལ་འབྱོར་དུ་དགྲུབ་འོང་གྱིས། ཅི་བསམས་རྣམས་མ་

转写：pa nas bsnams pavi rnal vbyor du dgrub vong gyis/ ci bsams rnams ma

句译：奉行瑜伽成就法⑤。你一切所想，

43. མཛེམ་མ་འཇིགས་མ་སྐྲག་པར་བྱོས་ཤིག། ཁྱོད་རྒྱལ་བར་འོང་། གདོན་བགེགས་ཅི་

转写：mdzem ma vjigs ma skrag par byos shig/ khyod rgyal bar vong/ gdon bgegs ci

句译：不要羞怯，不要惧怕，不要畏怖呀！你将获得胜利，无任何魔障⑥。

44. ཡང་མྱེད་ཏེ།། མྱོ་འདི་ཅི་ལ་བཏབ་ཀྱང་བཟང་རབ་བོ།།

转写：yang myed te// myo vdi ci la btab kyang bzang rab bo//

---

① 夷施弥施诃：Jesus Messiah 即耶稣基督的音译，“夷施”又作移鼠、医施、夷数，系从 Jesus 译音而来；弥施诃即 Messiah 的音译，又作弥尸诃、弥失诃等不同译名。

② 持金刚吉祥释迦能仁：持金刚为密教主尊，为大乘佛教金刚乘最尊崇的法号。释迦能仁同一化身应世。这里，可以看出景教如何利用佛教的传说信仰以博取徒众的。

③ 七重天之门：指天堂之门。

④ 天神的右手：《圣经·马可福音》第 16 章：耶稣复活、耶稣升天：“主耶稣和他们说完了话，后来，被接到天上，坐在神的右边。”《马太福音》第 26 章，《使徒行传》第 2 章、第 7 章，《罗马书》第 8 章，《以弗所书》第 1 章，《歌罗西书》第 3 章，《希伯来书》第 1 章等章节，都一再说：耶稣基督坐在神的右边。这可以说是基督教的根本观念之一。

⑤ 瑜伽成就法：借用的佛教术语。瑜伽（Yogà）意为“相应”，指通过现观思悟佛教真理的修行方法。

⑥ 魔障：此处专指一种鬼使（gdon），与佛教的“魔”指妨碍修行的心理活动者不同。按基督教义，指天使堕落而成的魔鬼。

句译：此卦[1]所卜任何事，均上上大吉。

二、敦煌景教文献叙录

（一）《序听迷诗所经》，P. 334 号，又见于 923 号。初发现原在我国国内（李盛铎氏收藏），后辗转流传到东邻，为日本高楠顺次郎氏庋藏。全经分两部分，前一部分叙述教理，凡 7 节，148 目；后一部分为耶稣行实，凡 4 节，206 目。原本经题以下存 160 行，2830 字。高楠顺次郎因其体裁与纸幅与另一景教经典《一神论》略同，乃合为一册，全卷影印，于昭和六年（1931 年）由东方文化学院京都研究所出版。

羽田亨经过缜密研究，知道“迷诗所”乃“迷诗诃”，即“迷师诃”（Messiah）之误书。实际上，景教碑与《三威蒙度赞》中之“弥施诃”、《一神论》中之“弥诗诃”、《序听迷诗所经》中的“迷诗所”，均与今译“弥赛亚”为同名异译，即救世主之义。“序听”之“听”字殆为与“数”、“鼠”等同音相近之字之讹误，或为“序听迷诗诃经”。有作“序鼠”、“移鼠”，《一神论》作“翳数”，摩尼经中作“夷数”，均为今译“耶稣”之不同异译也。

本卷中有“天尊当使凉风向一童女名为末艳，凉风即入末艳腹内，依天尊教，当即末艳怀身”的说法，“凉风”是三位一体中的圣灵（Spiritus Sancta）之代称。与“凉风”同义，末艳（Maryan）即处女马利亚。“末艳”怀胎后产一男名“移鼠”，即贞女产子天主降孕，耶稣出世的故事。下有云：“当产移鼠迷师诃，所在世间居见明果在于天地，辛星居知在于天上，星大如轮。”又讲若翰保第斯大给他付洗，天上圣神借着白鸽的形象降临：“即有凉风，从天来，颜容似薄閤，坐向弥师诃上，虚空中

① 卦：藏语以 myo 表示，古代藏语带有颚化音的特点，现代藏语为 mo。

问答弥师诃是我儿，世间所有众生皆取弥师诃进止。”其中耶稣故事与《新约圣书》马太传、路加传等无异。大约是景教传入后不久，公元 635—638 年之间的汉文作品。陈增辉《敦煌景教文献〈序听迷诗所经〉试解》，为 1985 年敦煌吐鲁番学术会议论文，亦可参考。

（二）《一神论》，是与《序听迷诗所经》同时发现的敦煌石室写经，归日本富冈谦氏收藏，现为其嗣子益太郎所藏。全经分三部分：喻第二，一天论第一，世尊布施第三。按次序应先述一天论，一天论共 94 目，原本 60 行，1045 字；喻第二、共 217 目，142 行，2620 字；世尊布施论共 262 目，187 行，3360 字。全书现与《序听迷诗所经》合为一册，在日本东方文化学院京都研究所影印，已如上述。

此书主要论述万物悉皆一神所造，有云：“万物见一神，一切万物既皆是一神，一切所作若见，所作若见，所作之物，亦共见一神不别，以此故知一切万物并是一神所作，可见者、不可见者并是一神所造。之时当今，现见一神所造之物，故能安天立地，至今不变。”强调一神论，提出“天地并是一神之力。”“天地唯有一神更无二，亦无二。”“唯一神遍满一切处。”这里可见景教徒神学特点。教人“唯事一神天尊，礼拜一神”。强调要做好事善举，必须就在今生今世去作，方有效果，“如是此天下生，亦不生常住此处，为如此生能修善种果根，彼天下须者，皆得在此天下种于后世，彼天下是何处？此处，须母胎”。譬如布施功德，“譬如作功德，先须此处作，不是彼处，布施与他物功德，此处施得，彼处虽施亦不得”。书中还提到恶魔撒旦，作“娑弹”（Satan）“嫉妒众人为善，以是缘不令人尊敬一［神］”。“迷惑众人使堕恶道者恶魔也，是故一神始末愿惣成圣。”书中还在第三部分记着耶稣 3 年 6 月之传道，与耶稣升天后 600 余年之基督教变迁的大势。讲到肉身的复活与天神和地狱等事。最后一句：“谁依直心遂行者得上天堂，得快乐处无有尽时。”“若有不乐不听者，即共恶魔一处，于地狱中永不得出！”由于书中有这么一句："弥师诃向天下见也，向五荫身六百四十一年不过。"可知此书成于公元641年顷。

（三）《三威蒙度赞》，见于P.3847号，原文24行。此经即天主教司铎们在举祭时，经常念诵的拉丁文《荣福经》（Gloria in excelsis）一书的中文译文，并杂以《赞美经》（Te deum landamus）的若干词句。蒋斧曾据敦煌本印行，1910年考古学会《石室秘宝》以玻璃版写真印行。

佐伯好郎将此经原文录在《景教研究》一书的611—613页。他研究的结果认为："三"即汉字的三，"威蒙度"系叙利亚语imuda的音译，意为"浸礼"。合言之，即意味着三度受洗者的浸水。因而，他认为此经景教受洗时所诵《朝拜圣三经》。方豪在《唐代景教史稿》中认为："三威"即今称"圣三"，"蒙度"者仰望救赎之意。而经中所云三才、三身都是指天主三位一体而言；蒙与度是指"承蒙""救度"。那么，《三威蒙度赞》即呼求圣三经也。此说将三威蒙度译为"A Hymn of the Brilliant Teaching to the Three Majesties for Obtaining Saluation"。实际上，把"三威"指认为圣父、圣子和圣灵，即Obtaining Saluation。诸家研究大致认为，此经成于唐德宗建中二年（781年）左右。原件影印载佐伯好郎《景教研究》第610页后，图版第五。

（四）《尊经》，系景教礼拜式之位牌（Diptych），故有人译之为"The Honoured（Person）and Sutras"。大约成书于780年前后。按佐伯好郎的意思，此经最可贵处在于它罗列了敬礼诸王及经典名称，如开头："敬礼，妙身皇父阿罗诃（Eloah），应身皇子弥施诃（Messiah），证身卢诃宁俱沙（Ruhada qudsa）已上，三身同归一体……。"足可与《三威蒙度赞》中的圣父、圣子、圣灵三位一体的观念相互印证。并且在以下一连举出31位法王之名，如：瑜罕难法王（Yuhana）、卢伽法王（Luka）、摩矩辞法王（Markos）、明泰法王（Matthew）、牟世法王（Moses）、多惠法王（David）、景通法王（Mar Sergis）、宝路法王（Paul）等，其他法王名字与《旧约全书》诸篇撰者 24 人之 24 位圣法王同。

以下，罗列了 35 种汉译景教经典名称，按语中明白地交待："召本教大德僧景净译得已上三十部。"可见，在唐代确是事实。这 35 部景教经典中，就有《宣元至本经》、《志玄安乐经》、《三威赞经》、《弥施诃自在天地经》等，在敦煌石室文书中，犹可得见，而《三威赞经》就是《三威蒙度赞》的又名。《尊经》跋尾数语，对于研究景教文献至关重要，"谨案：诸经目录、《大秦本教经》，都五百三十部，并是贝叶梵音。唐太宗皇帝贞观九年（635 年），西域大德僧阿罗本，届于中夏并奏上本音，房玄龄、魏徵宣译奏言后，召本教大德僧景净译得乃上三十部卷，余大数具在贝皮夹，犹未翻译。"

此经在佐伯好郎《景教研究》第 623—624 页录有全文，并附图片影印。

对于《尊经》所列 35 种景教经典目录，其中有人以为第 14 种《三际经》实是摩尼教的经典。第 16 种《宁思经》系《宁恩经》之误，亦为摩尼教经文。第 31 种《四门经》属于占星术书，即《新唐书 · 艺文志》所载《聿斯四门经》之简称。可见，当时对景教与摩尼之间亦有羼杂相混之处。

（五）《志玄安乐经》，敦煌石室文书之一，原流入李盛铎手中秘藏，《敦煌遗书总目索引》第 318 页编号 0202。全文 188 行，2660 字，前 10 行阙 80 字，字体近《三威蒙度赞》，属于晚唐所写抄本。羽田亨据以写出《关于景教经典〈志玄安乐经〉》一文，载《东洋学报》第 18 卷第 1 号，第 1—24 页。

本书内容是假定景教本尊"天上一尊弥施诃"与岑稳僧伽问答的经典。而岑稳僧伽（Simon Sanga）当即窣利语 Simon petro 之对译（朱谦之），与《大秦景教三威蒙度赞》经文中所出"岑稳僧法王"实为同名。"岑稳"二字按唐代读音为 S'im-won（Sin mon）无疑为 Simon 之对译。经中有"反魂宝香"、"宝山"等名词，亦见于景教碑文。至于"无欲无为，学德无证”，所受道家之影响亦显而易见。从经题“志玄安乐”上也可见其端倪。

本经旨在教导人们如何达于安乐的方法与途径。第1节说：“是故我言，无欲无为，无德无证，如是四法，不衒己，能离言说，柔下无忍，潜运大悲，人民无无边欲，令度尽于诸法中，而获最胜。得最胜，故名安乐道。”第2节解释问“无中云何有乐?”说：“汝当审听，与汝重宣，但于无中能生有体，若于有中终无安乐。……求安乐者，一旦当安心静住，常习我宗，不求安乐，安乐自至，是故无中能生有法。”还说：“此经所说神妙难思，一切圣贤流传法教，莫不以此深妙真言，而为其本。”第3节解释问“以何方便作渐进缘?”一尊弥师诃对之先举诸人之情态行为的弱点，以后即说“十种观法为渐修路”。云何为十种观法?

“一者观诸人间，肉身性命积渐衰老，无不灭亡。”“二者观诸人间，亲爱眷属经当离拆，难保会同。”“三者观诸人间，高大尊贵，荣华兴盛，终不常居。”“四者观诸人间，强梁人我，虽欲自益，及（反）为自伤。”“五者观诸人间，财宝积聚，劳神劳形，竟无所用。”“六者观诸人间，色欲耽滞，昏从身性起，作为性冤。”“七者观诸人间，欲酒淫乐，昏迷醉乱，不辨是非。”“八者观诸人间，犹玩戏剧，坐消时日，劳役精神。”“九者观诸人间，施行难行，唯事有为，妨失真正。”“十者观诸人间，假修善法，唯求众誉，不念自欺。”

以为“观此十种，调御身心，言行相应，即无过失，方可进前四种胜法”而到达安乐之道。所以，其结论为“唯此景教胜上法文，能与念生度生死海，至彼道岸安乐宝香”，又说“若有男女，依我所言，勤修上法，昼夜思维，难诸染污，清净真性，湛然圆明，即知其人终当解脱”。最后，却又明明白白地和盘托出：“行吾此经，能为君王安护境界。”以上所举，可以看出其体裁、用语，完全模仿佛经。而羽田亨氏说其思想与《道德经》所云相近。人们从而证实了景教流行于中国之后受到佛、道两教在思想上的影响。

（六）《宣元思本经》，敦煌石室遗书之一，旧为李盛铎秘藏，残存 10 行，190 字。经名亦见于《尊经》所列诸经目录。字体与《志玄安乐经》相近。开头就说："时景通法王，在大秦国那萨罗城（Nazareth）和明宫宝法云座"，对于"诸明净土、一切神天等妙法王，无量觉众及三百六十五种异见中民"而宣说景教的真谛。

此 10 行残卷中的"景通法王"，景通二字与景教碑文侧面僧人名单中僧景通相同。"三百六十五种异见"的字样，"三百六十五"亦见于碑文。"常启生灭死"与景教碑文"启三常之门，开生灭死"约略相同。"妙有非有"的提法，也与景教碑文"后后而妙有"的说法有异曲同工之妙。因为这些迹象，不免被人认为是仿景教碑文的伪作。不过，从敦煌的写本来看，即使作伪，亦可看出唐代景教与佛道的思想驳杂之处。

（七）《大秦景教大圣通真归法赞》，此卷为另一写卷《大秦景教宣元至本经》断片，都是出自李盛铎氏遗物之中，1943 年 2 月、11 月，由日本小岛靖发现而为世人所知。佐伯好郎把它们录在他的《清朝基督教研究》一书之末，作为附件。此经为赞美诗歌性质，为七言诗体，原文不长，在朱谦之的书中录有全文。此文见者不多，转录如下：

> 敬礼大圣慈父阿罗诃，皎皎玉容如日月，巍巍功德超凡圣，德音妙义若金铎，法慈广被亿万生，众灵昧却一切性，身被万毒失本真，惟我大圣法皇，高居无等界，圣慈照入为灰尘，驱除魔为民彰，百道妙治存平仁，我今大圣慈父，能以慧力救此亿兆民。圣众神威超法海，使我礼拜心安诚，一切善众普奉，同归大法垂（乘）天轮。敬礼瑜罕难法王位下，以次诵《天宝藏经》、《多惠圣王经》、《阿思瞿利律经》。开元八年（720 年）五月二日，沙州大秦寺法徒索元定传写教读。

在此赞全文中民都写作"巳"，避太宗讳。据佐伯好郎的意见，此经是今日东西教会在“耶稣变貌日”（即天主教会所云“耶稣显圣容日”）（Tranfiguration）祭日所唱的赞美歌。本经的前两句“敬礼大圣慈父阿罗诃，皎皎玉容如日月”是与《新约全书》中《马太传》第17章、《马可传》第9章的记事及《路加传》第9章第28—36节，《彼得后书》第1章第16节所示耶稣变貌即显圣容的传说记事，完全相同。

赞文中题“大圣”以表示神之子耶稣，又以神之子具有不可思议之变貌，即所谓显圣容的奇迹，故称之为“通真归法”。文末“同归大法乘天轮”一语，谓信耶稣者悉可得救，与耶稣同归大法乘天轮而归还于神处，其不胜感谢之情洋溢赞文之中。其次“敬礼瑜罕难法王位下”二行，与次一行共为关于景教会礼拜式之尾声，大概是在诵赞毕处，司仪者指令会众敬礼圣徒瑜罕难法王。敬礼既毕，同会者诵《天宝藏经》、《多惠圣王经》等诗篇，最后诵《阿思瞿利律经》即《福音书》也。《天宝藏经》之名为《尊经》所列经名第四，《多惠圣王经》（Svangelien）为第五，《阿思瞿利律经》为第六。《天宝藏经》或为使徒《圣保罗传》（The Treasure of the Holy Ghost）之汉译。此赞之传写教读为开元八年五月二日，而传写者又为沙州大姓索氏，大致可以确认当时就在沙州也有大秦寺，传布景教，且有当地汉人崇奉，成为今日可见的景教徒。

（八）《大秦景教宣元至本经》，与前件同时在李盛铎遗物中发现，小岛靖公诸于世，见于佐伯好郎的《清朝基督教研究》附录“小岛文书”中，时为1943年2—11月。

全卷存末30余行，420余字。佐伯好郎认为是《宣元思本经》的后部（请参看全文）。末署：“《大秦景教宣元至本经》一卷。开元五年（717年）十月廿六日，法徒张驹传写于沙州大秦寺。”依此题年月来看，应在《大秦景教通真归法赞》写经之前两年多。

朱谦之持不同意见，他认为此经与《宣元思本经》似无关系。因为：一、《宣元思本经》中无一“至”字。二、前者是景教文献，后者（即本经）实在是中国道教信徒所作，被羼进景教者。朱氏说：《老子》第 62 章云："道者，万物之奥。善人之宝，不善人之所不保。美言可以市尊，行可以加人。人之不善，何弃之有？故立天子，置三公，虽有拱璧，以先驷马，不如坐进此道。古之所以贵此道者何？不曰求以得，有罪以勉邪？故为天下贵。"《宣元至本经》中的"妙道能包含万物之奥道者"，至"奥深密也"，"百灵大无不包，故为物灵府也"，统统是用来解释"道者，万物之奥"一句。

"善人之宝"，"不信善之徒所不保，保守持也"，是用以解释"善人之保，不善人之所不保"二句。"夫美言可以市人，尊行可以加人"，则是引用了《老子》原句。"人之不善，奚弃之有？奚，何也，言圣道冥通，光威尽察，救物弘普，从使君生不善，何有可弃心"，均是"人之不善，何弃之有"一句的解释。"所以贵此道者何耶"至"有此神力不可思议，故为天下人间所尊也"几句，都与《老子》原文一致。因此朱氏推断：此开元五年法徒张驹所传写之《宣元至本经》作为景教文书来看，则属于伪作。张驹者，无疑是道教信徒而住在沙州大秦寺中，乃有此误会。朱氏文中纠正了佐伯好郎句读之误，从而厘正了对本经的解释，可称是一大贡献。

不过，依笔者看，当时景教徒从佛道两教中汲取思想营养，丰富自己的知识，也是常见之事，也难说是否是景教徒的作品采录而成的。如果把它作为景教流行中国时，与佛、道思想的沟通例证来看，倒是十分有力的！

（原载汉学研究中心编：《第二届敦煌学国际研讨会论文集》。台北：汉学研究中心，1991 年。）

敦煌藏文写卷 P. T. 986 号《尚书》译文证补

一、前　记

（一）本文的研究旨趣

近几年，在国际藏学界有一件受人称道而普遍欢迎的盛事，那便是法国国立科学研究中心和法兰西学院西藏研究中心联合出版《敦煌藏文写本选集》。这是以巴黎国立图书馆入藏的伯希和劫运的敦煌藏文手卷写本为主，并以英国印度事务部图书馆和大英博物馆所藏斯坦因劫运至伦敦的敦煌藏文手卷写本作补充，进行精心编选影印的出版物，并附有麦克唐纳夫人和今枝由郎等人所作的若干注记及分类说明。

此书第 1 卷 1978 年问世，第 2 卷 1980 年出版。日本的池田温、山口瑞凤、森安孝夫和英国的瑞查逊等先后发表了书评，倍加推崇，赞为“光辉灿烂”的印本。我们得书较晚，承石泰安先生厚意惠赠已出版的前两册，并得到今枝由郎先生书面介绍。

这批藏文文献作为中国学问的一部分，总算又回到了祖国。我们反复抚挲，慨然兴叹，披阅盛世遗文，每思前贤，长久以来的渴求，得到满足和慰安。过去，我们只能根据少数几位得到目睹原件机会的藏学家们的辨识和解读本来进行工作，心中每感忐忑不安。例如 P. T. 1286、1287、1288 三个卷号（巴考所用的原始编号为 252，被称为《吐蕃历史文书》），我们只能根据他的转写本还原成藏文再进行工作。如今根据第 2 卷的影印件全文进行了校订，颇多匡正。

石泰安教授在第 1 卷出版的序言中说："长期以来，只有那些能接触到巴黎和伦敦所藏写本的学者们，才能得以对此进行长期和详细的研究。所以，大部分文献都是由 J. 巴考，F. W. 托玛斯和 M. 拉露等人翻译和发表的，但不少译文都未附原文写本的影印件。因此，除了专程去亲自查阅之外，无法考察其解读是否正解。"石泰安教授还不无遗憾地指出："因为现代（藏文）字母的形式和某些书写习惯都与古典文字有所差异，这一领域中的某些开拓者们往往为此而误入歧途。""如果希望这项研究工作能取得迅速进展，为了避免由于年代久远或反复使用而使写本遭到可能的损坏，当务之急就是出版和发表这批资料。"石泰安教授又说："决定影印发表其中最有价值的文献，定会受到普遍的欢迎，大家对此感到高兴、满意和感激。"的确，人们以极大的兴趣在阅读这些重要的选本。

我们从拉露女士的目录中知道，她曾提示过："P. T. 986 号和 1291 号两个令人注目的卷子是译自汉文的古代文学作品。"在这次出版的第 2 卷附册的分类说明中，又指出了："受汉人影响的文学作品是 P. T. 986、1291。"

接着，我们收到今枝由郎先生寄来他的论文抽印本：（1）《关于 chis 的翻译问题》，载《藏学研究论文集》，伦敦，1979 年。（2）《P. T. 1291 号写卷〈战国策〉初探》，载《第二届国际藏学讨论会文集》，布达佩斯。我们感到他虽已做了很多开辟性的工作，但意犹未尽，仍有深入的必要。因此，我们又继续进行探索和追求，目的是希望更进一步弄清这两个著名的写卷的价值。

关于 P. T. 1291 号写卷，我们有专文讨论，大致把有关《战国策》的问题作了补充和对证，弄清了它的原委。这里，我们来研究 P. T. 986 号卷子的问题：如前所说，这是《尚书》的藏文译文残卷，我们的工作是：（1）弄清藏文所译的是《尚书》的哪些部分。（2）把它还译为汉文，与《尚书》原文进行对照。（3）考释藏文译卷中的若干问题。（4）补出译文中所阙的文字。在我们动手研究这个写卷，尚未完成还译和补阙工作时，读到其他学者发表的研究文章，颇多启发。这里，文章重复的部分就略而未谈，只着重谈我们新的见解。

（二）《尚书》的流布历史

首先，在这里要概括性地介绍一下《尚书》的流布历史。按传统，儒家的基本课程是礼、乐、诗、御、书、数，而诗、书、礼、乐四种是必修之科。礼、乐是带有实习性质的排练而已，讲堂上讲授的只有诗、书二种。诗就是《诗经》，书就是《尚书》，可见其重要地位。在汉代把《尚书》上升到经的地位，与诗、礼、易、春秋并列，合称五经。

王充在《论衡·正说篇》里有个正确的解释："《尚书》者，以为上古帝王之书。"刘歆在《释名》中说："《尚书》，尚，上也，以尧为上始，而书其时事也。"伪孔传说："伏生……以其上古之书，谓之《尚书》。"可见，《尚书》就是指上古的史书。实际上，是我国最早的一部把古代奴隶社会文献系统编集起来的史书。

这部史书经历多灾多难的复杂过程。先是秦火毁焚，后又出现伪书杂糅等等问题。又加上统治阶级拿它为其道统服务，加以美化、加工，弄得面目全非，造成关于《今文尚书》与《古文尚书》长期以来的纷争。这里，我们把这个纷争简要说明：

《今文尚书》是秦末战乱时，博士伏生把《尚书》竹简藏在墙壁里，到了乱定并废除了秦的《挟书律》之后，从墙壁中取了出来，已经断烂毁失了不少，勉强凑成 28 篇。用它转写成当时通用的文字，在他的家乡齐鲁之间传授门徒。门徒中逐步发展了三家：（1）阳高建立的“欧阳氏学”；（2）夏侯胜建立的“大夏侯氏学”；（3）夏侯建建立的“小夏侯氏学”。这三家传本在汉武帝到宣帝之间先后立于学宫。除了伏生所传的 28 篇外，又加上民间献出的伪《泰誓》一篇共 29 篇，文字改成了汉初流行的隶书，所以称为“今文尚书”，意为汉代的今体字。汉代谶纬神学极为流行，于是，人们编造神话说 28 篇代表二十八宿，《泰誓》代表北斗。接着，又编造许多神话把古代史书搞成神学“阴阳五行说”的侍婢。文字本身也弄得云山雾沼，远离了真实。为了统一《今文尚书》各家的分歧，在东汉熹平年间刻石立于太学，称为《熹平石经》。《尚书》用的是欧阳氏今文，而把大小夏侯二家的异文刻在校记里。如今，我们从残石中可得尚书今文近千字，分属 23 篇。《古文尚书》就是汉以来陆续出现的以先秦、六国所用的篆籀等字体写下的本子。其中，最著名的有孔子十一世孙孔安国家传《古文尚书》本子——孔传本。鲁恭王坏孔子壁得到的，由刘歆传世的称鲁恭王本或孔壁本。河间献王德，修学好古所得，称河间献王本。扶风杜林于西州得漆书《古文尚书》一卷，称杜林漆书本。这两个系统形成两大学派，引起中国学术界今古文之争，近 2000 年。

此外，在东晋时又出现了伪《古文尚书》。那时，豫章内史梅赜献给皇家一部《古文尚书》，共有经文 58 篇，其中包括了《今文尚书》28 篇，另外新撰了伪《泰誓》之篇，并造了一篇《孔安国传》的注和一篇《孔安国序》。被定为官书，风行 1000 多年，一直传到近代。宋明以来学者就怀疑它是伪作，直到清代阎若璩作《尚书古文疏证》，惠栋作《古文尚书考》，最后判定它是“伪古文”，或称“伪孔传”。但是人们一直把它作为《尚书》真本，把伪《孔传》作为正注，又把六朝至隋出现的各家之说作为补充解释“经”和“注”的疏，撰成《尚书正义》并且官定为《书经》颁行全国。这种本子流传最广，时间最久。

到了清代，阮元（1764—1849 年）把它编刻进《十三经注疏》。

（三）敦煌汉藏文写卷中的《尚书》

从上面的叙述中，可以推知在唐代翻译家们把《尚书》译成藏文时，只能利用当时通行的伪《古文尚书》，也就是伪《孔传》的本子。敦煌一带流行的汉籍颇多，在该地利用现成材料，译成藏文也是自然的事。

我们从敦煌汉文写卷的调查中得知：共存英国伦敦藏本 6 个卷号，法国巴黎藏本 23 个卷号，均为伪《古文尚书》，或称《隶古定尚书》。

英国伦敦博物馆所藏者：

S. 799　《隶古定尚书》（起《泰誓》至《武成》）。

S. 801　《隶古定尚书》（残存《大禹谟》）。

S. 2074　《隶古定尚书》（残存《蔡仲之命十九》、《多方第廿》、《立政第廿一》）。

S. 5626　《隶古定尚书》（《蔡仲之命》篇，起“蔡仲之命”至“率乃祖父王之彝训”）。

S. 5745　《隶古定尚书》（残存《大禹谟》2 片）。

S. 6017　《隶古定尚书》（有《洛诰》10 余行）。

巴黎所藏者：

P. 2516　《古文尚书》第五（《盘庚中第十》至《微子第十七》，共 7 篇）。

P. 2533　《古文尚书》残卷（存《禹贡》至《胤征》，凡 108 行）。

P. 2549　《古文尚书》篇目。

P. 2630　《尚书》残卷（存《多方》后半讫《立政》）。

P. 2643　《古文尚书》残卷（存《盘庚》上篇至《微子》，末题：乾元二年［759 年］正月二十六日，义学生王老子写了，故记之也）。

P. 2748　《古文尚书》残卷（《孔安国传》。存《洛诰第十五》至《蔡仲之命第十九》）。

P. 2980　《古文尚书》(《孔氏传》。存《泰誓》、《周书第三十二》)。

P. 3015　《尚书·尧典》残卷(用今字写)。

P. 3169　《古文尚书·禹贡》残卷(存 25 行)。

P. 3315　《尚书释文》残卷(陆德明撰,16 半行,87 整行。为《尧典》后半,《舜典》全)。

P. 3469　《古文尚书》(残存《禹贡》篇 13 行)。

P. 3605　《古文尚书》残卷(存《益稷》篇 13 行)。

P. 3615　《古文尚书》残卷(存《益稷》篇 2 行,《禹贡》篇 22 行)。

P. 3628　《古文尚书》残卷(存《禹贡》篇 19 个上半行)。

P. 3670　《古文尚书》(《盘庚》上篇,中篇残)。

P. 3752　《古文尚书》(存《胤征》8 行)。

P. 3767　《古文尚书》第九(存《亡逸》篇 32 行)。

P. 3871　《古文尚书》(残存《泰誓》8 行)。

P. 4033　《古文尚书》(《禹贡》残篇,存 24 个下半行,与 P. 3628 为同一卷)。

P. 4509　《古文尚书》(存《顾命》9 行)。

P. 4874　《古文尚书》(存《禹贡》残文 8 断行)。

P. 4940　孔安国撰《尚书序》(存 14 行)。

P. 5557　《古文尚书》(存《胤征》篇 26 行。末题:天宝二年[743 年]八月十七日写了也)。

我们再来看 P. T. 986 号写卷，内共有藏文 157 行，外一行跋尾。共分 4 节，内容如下：

分　节	行　次	内　容	标　题
第 1 节	1—28	《泰誓》中	第二
第 2 节	29—67	《泰誓》下	第三
第 3 节	68—89	《牧誓》	第四
第 4 节	90—157	《武成》	第五
第 5 节(跋尾)	158		《尚书》卷第六完

以上 4 节之中，伪《泰誓》两篇、《牧誓》一篇、《武成》一篇，均属于《周书》的范围。这与当时流行在敦煌一带的汉文写本有关。罗振玉曾据日本神田香岩本所印，日本写本《古文尚书》残卷，也正是这个内容，即《泰誓》三篇及《牧誓》和《武成》。第一节，即《泰誓》上的译文可能已经遗失。奇怪的是最后却书为“尚书卷第六完”，不知何所指。

二、藏文还译与原文对勘

A. 藏文还译

P. T. 986 号，第 1—28 行：

……是为第二章也。……，及至十三年春，① 行次洛水北岸[王作誓曰]：[从西方]聚集的人众，听我告诫之辞：[善人]虑善事难成，平日力行善事，永无懈怠，譬若善行与……殷之纣

① 十三年春：汉文原文“惟戊午”。据今本《泰誓序》：“惟十有一年，武王伐殷，一月戊午，师渡孟津，作《泰誓》三篇。”孙星衍引《汉书·律历志》云《书序》曰：“惟十有一年，武王伐纣，作《太誓》。八百诸侯会。还归二年，乃遂伐纣克殷，以箕子归，十三年也。”《志》又曰：“一月戊午，师渡于孟津。”按《志》以伐殷观兵为十一年事，一月戊午师渡孟津为十三年事，似《书序》一月上当有“十三年”三字。今藏文译本乃明白标出“十三年”，可以看出唐时人们的观点，是同意十三年之说的。

王，违法悖理，疏离方正元良，［亲昵］恶人，肆溺于不良之残酷暴行，……，与亲人为敌，以暴力行内争，彼此杀戮，无辜者被任意残虐，生民怨声载道。王之暴行，……，皇天后土亦明白见闻。昊天为救众人，降命人主，应敬天奉道。昔，王桀逆天行事，残虐臣民，如降流毒。为灭桀计，天降命于［汤］。……，纣王逆天，违法之事远过于桀。行止端正守法者……剥夺财物，恣意惩罚，杀害忠贞耿介之伯叔子侄。并宣称不祭昊天，不敬神灵，不祀祖先又有何害？孤行无道，以假为真，如此不正行为比桀王尤甚。上天降命治民，消弭纣王暴恶之行，予觇梦、贞卜，恰恰相符，是予之心愿将成之预兆。引兵伐纣，必能制胜。纣王虽有伯叔子侄父系亲党臣属万人，① 志同道合者却无一人；予虽只有异姓大臣十人，却同心同德。纣任命之近臣如此众多，但不能与予之人数少、品行端正者臣属相媲。乃人间世界万物，上天造就，降命为王者，乃上天之耳目，② 生民遇有祸患过失，是乃王者治理不善之过也。今，予军旅雄武健锐前往，追蹑纣王，涤扫纣王之罪，于兵法诸端，极为善美坦荡，远胜［昔日］汤王所为！③ 诸侯众将，勿藐予之诫辞，勿存首战克敌之念，且应有不能胜敌之忧虑，此战方能取胜。集中精力，全部奋起作战欤！纣之生民惊恐、胆怯，如牛、鹿失角，勇气全消。众将士，其与予一心一德，如能完成大业，政事将巩固而久远！

---

① “亿兆夷人”和“乱臣”二词，藏文译文中分别译为“伯叔子侄父系亲党臣属和异姓大臣”，是符合吐蕃当时社会习俗的译法。此句又见于《左传·昭公二十四年》所引：“周苌弘曰：《太誓》曰纣有亿兆夷人，亦有离德，余有乱臣十人，同心同德。”文句稍有不同。《左传·成二》，又有“君子曰：《太誓》所谓商兆民离，周十人同”之句。

② “天亲自我民亲，天听自我民听”，见于《孟子·万章下》所引。藏译文作：“乃人间世界万物，上天造就，降命为王者，乃上天之耳目。”这样翻译，可与吐蕃王室宣扬的赞普乃天神之子人主人间的说法参照理解。

③ “我武惟扬，侵于之疆，取彼凶残。我伐用张，于汤有光，”见《孟子·滕文公下》所引。藏文译为：“予军旅雄武健锐前往，追蹑纣王，涤扫纣王之罪，于兵法诸端，极为善美坦荡，远胜［昔日］汤王所为！”是比较能体会原文的意旨的。

B. **伪《古文尚书》原文**

泰誓中：

惟戊午，王次于河朔，群后以师毕会。王乃徇师而誓曰：呜呼！西土有众，咸听朕言。我闻吉人为善，惟日不足；凶人为不善，亦惟日不足。今商王受，力行无度。播弃黎老，昵比罪人。淫酗肆虐，臣下化之。朋家作仇，胁权相灭。无辜吁天，秽德彰闻。惟天惠民，惟辟奉天。有夏桀弗克若天，流毒下国。天乃佑命成汤，降黜夏命。惟受罪浮于桀。剥丧元良，残虐谏辅。谓己有天命，谓敬不足行，谓祭无益，谓暴无伤。厥鉴惟不远，在彼夏王。天其以予乂民。朕梦协朕卜，袭于休祥，戎商必克。受有亿兆夷人，离心离德；予有乱臣十人，同心同德。虽有周亲，不如仁人。天视自我民视，天听自我民听。百姓有过，在予一人。今朕必往，我武惟扬，侵于之疆，取彼凶残。我伐用张，于汤有光。勖哉夫子！罔或无畏，宁执非敌。百姓懔懔，若崩厥角。呜呼！乃一德一心，立定厥功，惟克永世！

A. **藏文还译**

P. T. 986 号，第 29—67 行：

武王对众多将士作誓（下），是为第三章。及至十三年孟春正月二十九日（戊午之次日），[①] 周武王聚集众士兵，列队于前，检阅后，对六军[②]明白作誓师之辞，谓："告诫居于西境之贵胄人等，因你等明晓天道，应恪守善恶天道与国家法度。殷王纣不

---

① 时厥明：藏文径直译为"十三年孟春正月二十九日"，这是由于在上文的"一月戊午"，藏文译作"十三年正月二十八日"。厥明，即为其明日，依伪《孔传》：戊午之明日，当然是二十九日了。这一问题在文中注解不同，在于三正之差（夏正、周正、殷正）而异其月，这里采用的"十三年"说，是依刘歆的《三统历》。

② 六师：藏文译作"六军"。按《周礼·夏官·司马》："凡制军，万有二千五百人为军。王六军，大国三军，次国二军，小国一军。"这里似有王者六军之意。

行孝义[①]，不守世间伦常五法[②]，不敬先人典籍，不祀神灵祖宗等，因而虽曰天绝纣命，实纣自绝也。纣与众多生民结怨，恣意残虐无辜生民。如：纣王与妃[③]妲己坐于平台之上。冬，有二人至河边欲渡。一人至，即涉水而过，另一人不敢涉水。妃妲己曰：‘奴奴听说，壮年父母生子，骨殖坚硬，行路有力；老年父母生子，骨殖松脆，行路无力。’纣王遂将那两人召来，为辨明［妃言］真伪，令将其双脚斫断。时王叔比干谏诤曰：‘此举与礼法相违，极不应该。’［纣王］曰：‘予无杀一人之权乎？’言已，下令。妃妲己奏曰：‘奴奴曾闻，圣人心有九窍，贤人心有七窍。此公为贤人，启奏莫非心有七窍乎？是真是假，请圣上驾前验看可乎？’［纣王］立即将比干杀掉，挖心呈验，心上果有七窍。涉水二人足被斫下后，奏请王验看，果如妃妲己所言，真实无讹。如此残虐无辜之事，遍于天下，弃却王礼。对父叔、臣僚等忠诚谏告之人，严刑酷法相加；极尽奇技淫巧，以取悦妃妲己心意，肆意淫乐。因此，天降祸星，思绝纣命。众将士切勿懈怠、骄慢、［胆怯］，谨听予之所言，顺合天意，往克纣命。古人云：敬重与我和睦之辈，回报害我之人。今纣王行为违悖王道，任意残虐众人，已成吾等世仇。概而言之，行善，应功成业茂；除恶，应连根务尽。予小王将同众将士一起，歼灭纣王，绝其子孙。予希望众将士进击时毫不犹疑，成就予之大业。不惜牺牲，有功于社稷者褒以厚赏；不遵予之命令，不致力于王业者斩。”武王复以痛楚之言曰：“予之先父文王，盛德溥临四方，如日月之华，无往不及。四周边民，仰慕贤德，多来投效。令予能胜纣，并非予之武勇，熟娴兵法，乃因予之先王，无罪昊天，

① 孝义：藏文作孝行与胆识、志气。胆识、志气一词，转义为“义”解，于是就译为“孝义”。

② 五常：这是最早的关于“五常”的出典。唐孔颖达疏：五常即五典，谓父义、母慈、兄友、弟恭、子孝。五者，人之常行。汉儒则明白标榜为仁、义、礼、智、信，谓“五常之道，王者所当修饰也”。藏文译文同。

③ 妃：藏文译为“宫室”，转义为“后妃”，主宫室者即为妃。

［顺合天道］，故上天亦相助，此乃父王之德也。设或予不能胜纣，亦不能归过于父王，乃予小王无德之故也。”

B. 伪《古文尚书》原文

泰誓下：

时厥明，王乃大巡六师，明誓众士。王曰：呜呼！我西土君子，天有显道，厥类惟彰。今商王受，狎侮五常，荒怠弗敬，自绝于天，结怨于民。斮朝涉之胫，剖贤人之心，作威杀戮，毒痡四海。崇信奸回，放黜师保，屏弃典刑，囚奴正士。郊社不修，宗庙不享，作奇巧淫技以悦妇人。上帝弗顺，祝降时丧。尔其孜孜，奉予一人，恭行天罚。古人有言曰：抚我则后，虐我则雠。独夫受，洪惟作威，乃汝世雠。树德务滋，除恶务本。肆予小子，诞以尔众士，殄歼乃雠。尔众士其尚迪果毅，以登乃辟。功多有厚赏，不迪有显戮。呜呼！惟我文考，若日月之照临，光于四方，显于西土。惟我有周，诞受多方。予克受，非予武，惟朕文考无罪；受克予，非朕文考有罪，惟予小子无良。

A. 藏文还译

P. T. 986 号，第 68—89 行：

武王于牧野地方与诸侯王、众将士作誓，是为第四章。武王在牧野地方疆场，对配有三百辆战车的二万一千名士兵与三百［千］名虎贲勇士①作誓。仲春二月四日，阳木鼠日（甲子），②天色将曙，［武王］乃定与纣交战，摆开阵势，武王左手执金

① 《牧誓》中所举兵员数字，不见于伪《古文尚书》原文，唯见于《牧誓序》：武王戎车三百辆，虎贲三千人。又见于《史记》：“于是武王遍告诸侯曰：殷有重罪，不可以不毕伐。乃遵文王，遂率戎车三百乘，虎贲三千人，甲士四万五千人，以东伐纣。”这里的藏文译文，兵员数字作二万一千人，系以车乘武士来统计的。一车步卒按七十二人记，则举其整数为二万一千人。虎贲，勇士之称，孔颖达疏云：“若虎之贲（奔）走逐兽，言其猛也。”藏文译作正合。“三百”当为“三千”之误。

② “甲子日”，藏文译作仲春二月阳木鼠日。时文王受命之十三年，武王即位四年。二月庚申朔，甲子乃二月五日。《史记·周本纪》云：“二月甲子昧爽，武王朝至于商郊牧野，乃誓。”注：“徐广曰：殷之正月，周之二月也。”

钺，右手握军旗，告诫众将士曰："西方来此众士卒！尔等稍停须臾，先与邻邦诸侯众友军[①]，齐心合力，协商一致，然后出阵。将军、要员以下，千人将、百人将等，微末小官以上各军官，善为思索予先后训诫之辞，依随予军旗如何变化麾动而进退作战。古人云：母鸡司晨，家要遭殃；妇夺夫权，政权必失。今纣王听信妃妲己之言，妲己夺纣王之权。因此，纣不祭天地，不敬神灵、祖先等；阻塞兄弟近臣劝谏，疏离骨肉之亲；啸集他邦全部奸险邪恶之辈而授命任职，与此辈纠合，做尽种种违天逆理之事。邦家内外，施行奸诈，恣意残虐无辜生民。故此，予上遵天命，领兵伐纣。今日作战，进攻、逼进，不能超过七寻，再攻，亦不能越过七寻，其齐心合力欤！全军士卒，不惜牺牲，如虎豹熊罴，勇猛顽强。于兵败投诚者，切勿阻拦、截打而要放行。其同心勉力，切勿懈怠欤！不遵予令者立斩。

B.《古文尚书》原文

牧誓：

时甲子昧爽，王朝至于商郊牧野，乃誓。王左杖黄钺，右秉白旄以麾。曰："逖矣，西土之人！"王曰："嗟！我友邦冢君，御事：司徒、司马、司空、亚旅、师氏、千夫长、百夫长，及庸、蜀、羌、髳、微、卢、彭、濮人，称尔戈，比尔干，立尔矛，予其誓。"王曰："古人有言曰：牝鸡无晨，牝鸡之晨，惟家之索。今商王受，惟妇言是用，昏弃厥肆祀，弗答；昏弃厥遗王父母弟，不迪。乃惟四方之多罪逋逃，是崇是长，是信是使，是以为大夫卿士，俾暴虐于百姓，以奸宄于商邑。今予发，惟恭行天之罚。今日之事，不愆于六步、七步，乃止，齐焉。夫子勖哉！不愆于四伐、五伐、六伐、七伐，乃止，齐焉。勖哉夫子！

---

① 藏文以"众友军"译对庸、蜀、羌、髳、微、卢、彭、濮等小邦。顾颉刚先生《牧誓八国》（载《史林杂识初编》，第26—33页）云："其皆西方部族，一般称为夷国者也。"在翻译此文时，时人已经不察八国所在，于是泛作"友军"。据顾颉刚、徐中舒、张澍诸先生考证，均在今四川、湖北等省境内。而羌人之中心，则在甘肃南部，与周人境土相接。

尚桓桓，如虎如貔，如熊如罴，于商郊。弗迓克奔，以役西土。勖哉夫子！尔所弗勖，其于尔躬有戮。

A. 藏文还译

P. T. 986 号，第 90—157 行：

军略武艺之大业告成，是为第五章。武王灭纣而返，诏告曰："予一次用兵，天下太平，永远安定。因此，今迩后，不需征伐用兵，亦不需军粮补给。宜将驮运军粮之牛马，放回天然牧地，任其自由。"乃将牛马放归华山。灭纣后，［武王］检视殷汤全部法典，保留殷纣祖先有德之善政，弃其恶法。武王决定伐纣时，孟春一月二日，阳水龙（壬辰）之日，新月初升，其大部仍为黑暗笼罩，[①] 休憩一日；初三，阴水蛇（癸巳）之日，登程，引兵伐纣。孟春一月二十八日，［阳土马之日］，渡黄河孟津灭纣。孟夏四月三日，阴土蛇（己巳）之日，新月初上时，[②] 武王自商纣之地返回丰［镐］。乃弃兵戈。今迩后，要习用经籍书算。军马放归华山，任其自在。驮牛放归桃林，以从今迩后不事征伐。故此，兵戈武器、军需驮畜等不再使用。"如此颁诏。孟夏四月一日，阴火羊（丁未）之日，祭祀七代祖宗之时，王宫二千里以内居住之诸侯，不召自来。执祭幡、祭器，齐集于祭

① 藏文所译"孟春一月二日，新月初升，其大部仍为黑暗笼罩"，系对"旁生魄"一词解释性的翻译。按古代一种记日名称叫做既生魄、既死魄（魄又作霸）。魄，指月未盛明时所发之光。月既生魄而未大明，叫"既生魄"，即从上弦到月望的一段时间。《礼记·乡饮·酒义》："月者，三日则成魄"。《白虎通·日月》："月三日成魄，八日成光。"最重要的考证文章，是王国维在《观堂集林·生霸死霸考》中说："二曰既生霸，谓自八、九日以降至十四、五日也。……八、九日以降，月虽未满，而未盛之明则已生矣。"另有一说，月轮无光处叫魄，望后，明死而魄生。《汉书·律历志》："生霸，望也。"伪《孔传》注此《既生魄》云："魄生明死，十五日之后"。既生魄：指下弦到月晦一段时间。王国维说："四曰既死魄，谓自二十三日以后至于晦日也。……二十三日以降，月虽未晦然始生之明固已死矣。"又有一说：朔后明生而魄死，一日为始死魄，二日为旁生魄。《逸周书·世俘解》既死魄，孔晁注："朔后为死魄。"看来，藏文译文是取后者之意，即月之二日为旁死魄也。

② 既生魄，藏文译文上注。

祖之地，虔行祭祀。孟夏四月四日，阳铁狗（庚戌）之日，置三牲于柴堆之上，举火燔祭，祀奉上天，曰：“祇遵昊天之命，完成大业，已灭纣政，予之大业告成。”并祭祀辖土之内一切神灵、崇山大川等等。孟夏四月望日后，四方诸侯、尚论有爵者以上，齐集恭敬聆听周文（武）王之命，悉归治下。文（武）王以痛楚之词，告诫诸侯；“自予之先世后稷，得诸侯之封。自彼时受封起，后稷之曾孙公刘，广有盛德，发扬遵行先人美德，社稷日益昌隆。此大王具备先辈贤德，并开创伟业。王子季历贤明，仁慈牧民，治国有方。[①] 其后，王子文王出世，上符天意，善就大业，使天下生民安定。文王胸怀宽广，为恢弘疆域，对上国大邦，以国力威镇；对小邦下国，以贤德抚服。[惜] 大业未就而薨。灭纣之事，非予欲作，乃遵奉先父文王遗命欤！纣王所行不义，违天悖礼之故也。伐纣之时，乃如此征而讨之也。予父祖遵循德行，奉行王道之子孙武王，下命灭纣，祭祀皇天、后土、神龙、神灵、祖宗，始发兵。纣王违天悖礼，应竭其财物之力，祭祀皇天、后土、神灵、祖宗。应祭之处，悉不奉行。麇集、保护天下恶人，使无法捕获，如野兽贪恋森林岩洞，如泉水混入大河，无法抓获［犯人］。予小王盛德之臣有九，连同一位贤妇人共十人，与此等臣属奉行天道，断绝纣王乱道。予之家邦与众不同，疆域辽阔，具典籍丰宏，蛮貊诸邦悉归治下，恭敬听命。初，引兵伐纣之时，其地人众男女齐集声言：“英睿武王驾到，将脱吾等于苦海。”集绢缯丝帛，献作贡礼。上天亦乐于周成此善举，助周完成五件大业。与纣交战，孟春正月八日晚，刚列队布阵，天降大雨，乃祷曰：“天若助予则雨停，天若助纣则

---

① 关于周武王这一段祖述先德的文章，可以与《史记·周本纪》参照阅读。为了阅读的方便，制一简表如下：后稷（弃）—不窋—鞠—公刘—庆节—皇仆—差弗—毁隃—公非—高圉—亚圉—公叔祖类—古公亶父（太王）。古公亶父，复修后稷、公刘之业，积德行义，民多归之，民颂其德。

古公亶父 ┌ 太伯
古公亶父 ├ 虞仲
古公亶父 └ 季历（公季，王季）—昌（西伯，文王）—发（武王）

雨继。”雨遂停。齐谓：“天助予也。”其后，仲春二月初四，阳木鼠（甲子）之日，天将曙时，纣兵如林，列队布阵交锋。彼军岂能与周兵相敌。纣军内相残杀，血流漂盾。予着铠甲，仅一次交锋，天下底平。昔日，纣王盛德兼备之叔伯箕子、比干，曾犯颜劝谏纣王。但比干被挖心杀害，箕子被投入地牢。现已释箕子出狱，以大臣礼奠比干。隐士贤者容闾，纣不予顾，现亦起用任职。悉取内库鹿台之财与钜桥之粟，厚赏生民。如此施惠，盛称庆幸感恩。昔日，诸侯、臣工爵分五级，中间被纣取消。现用旧制，恢复爵位等级。采邑分封，亦按三等，顺合旧制。任人唯才，如无学识，虽属近亲亦不任用。扬忠义，敦五常，祭亡灵，敬祖先，[其俗方盛，方正] 忠直者如上所云，敬而重之。故夫生民之事，垂手端坐，天下太平。即所谓垂拱而治也。

《尚书》第六卷完。

B. 伪《古文尚书》原文

武成：

惟一月壬辰，旁死魄。越翼日，癸巳，王朝步自周，于征伐商。厥四月，哉生明，王来自商，至于丰。乃偃武修文。归马于华山之阳，放牛于桃林之野，示天下弗服。丁未，祀于周庙，邦甸侯卫，骏奔走，执豆笾。越三日，庚戌，柴望，大告武成。既生魄，庶邦冢君暨百工，受命于周。王若曰：“呜呼，群后！惟先王建邦启土，公刘克笃前烈。至于大王，肇基王迹，王季其勤王家。我文考文王，克成厥勋，诞膺天命，以抚方夏。大邦畏其力，小邦怀其德。惟九年，大统未集。予小子，其承厥志。厎商之罪，告于皇天后土、所过名山大川，曰：‘惟有道曾孙周王发，将有大正于商。今商王受无道，暴殄天物，害虐烝民，为天下逋逃主，萃渊薮。予小子，既获仁人，敢祗承上帝，以遏乱略。华夏蛮貊，罔不率俾。恭天成命，肆予东征，绥厥士女。惟其士女，篚厥玄黄，昭我周王。天休震动，用附我大邑周。惟尔有神，尚克相予，以济兆民，无作神羞。’既戊午，师逾孟津。癸亥，陈于商郊，俟天休命。甲子昧爽，受率其旅若林，会于牧野。罔有敌于我师，前徒倒戈，攻于后以北，血流漂杵。一戎衣，天下大定。乃反商政，政由旧。释箕子囚，封比干墓，式商容闾。散鹿台之财，发钜桥之粟，大赉于四海，而万姓悦服。”列爵惟五，分土惟三。建官惟贤，位事惟能。重民五教，惟食丧祭。惇信明义，崇德报功，垂拱而天下治。

附记：

本文所译 P. T. 986 号文书的藏文录文及注释，参见《敦煌本藏文文献》（民族出版社，1983 年）第 114—128 页。

（原载中央民族学院藏族研究所编：《藏族研究论文集》第 1 集，中央民族学院藏族研究所，1982 年，与陈践合撰。此次结集，有局部修订。）

敦煌吐蕃文书 P. T. 1291 号《战国策》藏文译文证补

一、引　言

战国末期，流传着一些记录纵横家事迹的书，被称为“国策”。到了西汉时，司马迁（前 145—前 93 年）著《史记》，曾采录了这些书的若干内容。汉成帝时，光禄大夫刘向（前 77—前 6 年）校书时，把这些书进行了编辑、整理，去其重复，校其脱误，共得 33 篇，其中西周一，东周一，秦五，齐六，楚、赵、魏各四，韩、燕各三，宋、卫合二为一，中山一。刘向把它定名为《战国策》，他在叙录中说：“中书本号，或曰国策，或曰短长，或曰事语，或曰长书，或曰修书。臣向以为战国时游士辅所用之国，为之策谋，宜为《战国策》。其事继春秋以后讫楚汉之起，二百四十五年间之事。”可见这一名称是刘向所定。东汉高诱为之作注，一直流传到了北宋，久经脱落，正文也有讹误。唐宋八大家之一的曾巩（1019—1083 年），根据前人校本进行认真校订。南宋姚宏还不满意，他荟萃诸人校本再加校定。接着，南宋的鲍彪又为之注。到了元代，吴师道又进行补注，正鲍注之误，补鲍注之缺。

直到 1973 年，人们能见到最早的本子，就是姚校本（486 章，《士礼居丛书》本，黄刻，1803 年）和鲍注（497 章）、吴补注本（《四部丛刊》本）。1973 年，长沙马王堆三号汉墓出土的帛书中，有一种极似今本《战国策》的书，共 27 篇，17000 余字。其中有 11 篇的内容，见于今本《战国策》和《史记》，文字大体相同。另外 16 篇，则为佚书。原书未标名，被称为《帛书战国策》，或《纵横家书》。这本书主要记载当时谋臣、策士游说各国或互相辩难时，所提出的政治主张和斗争策略。它反映了战国时期各个国家、各个阶级之间尖锐复杂的矛盾和斗争。文字生动流畅，是研究战国时期历史的重要材料，也成为汉文历史文献中一份宝贵遗产。

现在，我们有机会见到《敦煌藏文写本选集》第 2 卷第 604—607 页，编号为 P. T. 1291 的藏文写卷影印件。非常有意思，它就是《战国策》的古藏文译本。实际上，它是晚于马王堆帛书，而早于汉文的姚校、鲍注等本的一种译本。那时吐蕃经济、文化正处于繁荣兴旺的上升时期，对其他民族的文化兼收并蓄，翻译了不少的汉族文献。我们知道 P. T. 986 号《尚书》译文（收入《敦煌藏文写本选集》第 1 卷），也是当时译成藏文的。

经过我们查对校核，现存的藏文译文共 96 行，包括《魏策》的 6 篇，具体篇名如下：

《田需贵于魏王》（《魏策二》），
《华军之战》（《魏策三》），
《秦魏为与国》（《魏策四》），
《王假三年》（《史记·魏世家十四》），
《秦王使人谓安陵君》（《魏策四》），
《魏攻管而不下》（《魏策四》）。

找到了汉文原文以后，再与藏文译文相校。发现藏文译文是比较自由的意译，并不十分拘泥于原文字句，往往述其大意，显得更为生动、活泼，故事性较强。这说明当时吐蕃知识界文字技巧，已达到相当高的水平。

我们的工作，分为以下几个步骤：（1）摹写原文，并补上阙文。（2）把藏译文还译为现代汉文。（3）将还译的汉文与《战国策》中相应的原文对照。（4）附以若干必要的注解和考证。

二、藏文还译与原文对勘

A. 藏文还译

P. T. 1291，pl. 604，第1—8行：

襄王①薨，子哀王②继立。哀王为政，以田需③为相臣，颇得

① 据此处藏文作 sye wang，不见于《战国策》原文。考之，应为襄王“嗣”的对音。《史记·魏世家十四》：“哀王九年，魏相田需死。”则田需相魏，应在哀王之世。哀王乃襄王之子。《史记·魏世家》：襄王“十六年，襄王卒，子哀王立”。襄王名“嗣”。

② 哀王与藏文对音 e he wang 合，史事亦合。但《竹书纪年》、《世本》并无哀王一世，襄王之十六年乃梁惠成王后元。《资治通鉴》卷4周纪四：赧王十九年，“魏襄王薨，子昭王立”。看来，藏文译文是根据《史记》。在译这一节时，补加上“襄王薨，哀王立”的时代背景。为了对照阅读方便，今将魏桓子以下世系列出（依据陈梦家《六国纪年》）：

《史记·魏世家》	《世本》	《竹书纪年》
魏桓子(桓子之孙)	桓子驹	
文侯都(桓子之孙)	文侯斯(桓子之子)	文　侯
武侯击(文侯子)		武　侯
惠王罃(武侯子)	惠　王	梁惠成王
襄　王(惠王子)	襄王嗣	今　王
哀　王(襄王子)		
昭　王(哀王子)	昭王遨(襄王子)	
安釐王(昭王子)	安僖王圉	
景湣王增(安釐王子)	景愍王午(安僖王子)	
王　假(景湣王子)		

③ 田需，魏之相臣。《战国策》中还有“田需死”一节，其中云：“田需死，昭鱼谓苏代曰：‘田需死，吾恐张仪、薛公、犀首之有一人相魏者’。”《史记·魏世家十四》将田需死系于哀王九年。《韩非子》载：“犀首与张寿为怨，陈需新人，不善犀首，因使人微杀张寿，魏王以为犀首也，乃诛之。”或以为陈需即田需，陈、田同音。但与需死、欲犀首相魏之说，时代稍有前后出入。需又作“繻”。

王之信任。智者惠子[①]对田需说："你已为大臣，应该谦恭啊！比方以杨树为例，横放着它，它也会生长。但是，如果一个人去拔它，它就不长了。十个人种杨树，只用一个人去拔它，它就长不了。十个人用合力[②]去种植像杨树那样易于生长的树，只用一个人去拔［的话，它就会不长］。这究竟是什么道理呢？这就是因为种植、生长比较困难，而毁坏它、拔除它却比较容易的缘故啊！如今，你被任命为大臣，很得大王的宠信。那些不喜欢你，一心想把你逐出大臣之位的人很多。所以，你要警惕啊！你要以大臣的规矩来约束自己啊！"

B. 《战国策》原文

《魏策》四，田需贵于魏王：

田需贵于魏王，惠子曰："子必善左右。今夫杨，横树之则生，倒树之则生，折而树之又生。然使十人树杨，一人拔之，则无生杨矣。故以十人之众，树易生之物，然而不胜一人者，何也？树之难而去之易也。今子虽自树于王，而欲去子者众，则子必危矣。"

A. 藏文还译

P. T. 1291，pl. 604，第 9—23 行：

哀王[③]薨，子昭王继立，在位十九年。昭王薨，子（安釐

---

① 智者惠子：藏文作 gtsug lag can hye tshes，意为具有经典之才的智士惠子。按惠子，名惠施（前 370—前 310 年），战国时哲学家，名家代表人物。曾相魏，偕惠王使齐，见齐威王，使魏、齐互尊为王。著有《惠子》一篇，见于《汉书·艺文志》著录，原书已佚。他认为一切事物的差别、对立都是相对的，归结到"泛爱万物，天地一体"的思想。他在"遍为万物说"的论证中，大量揭露事物的矛盾统一，具有朴素的辩证法思想。本篇就有这种思想的反映。

② 合力，众力。藏文作 mkhar lan 即 mkhar las，意为筑成事业，需以集体力量从事的劳动。以此译汉文"以十人之众"句。

③ 哀王—昭王—安釐王的世序，与《史记·魏世家》一致。看来藏文翻译是根据《史记》的文字补入这一节，以说明其时代背景。

王）继位。时，秦兵攻魏城华阳[①]。魏将芒卯[②]惊走，以大臣段干与子崇二人[③]为使者，赴秦讲和。苏代[④]献议曰："今赴秦求和之使者段干者，乃追求封诰[⑤]之人；秦王者，乃追求土地之人。使臣云：'以魏之土地献秦则可成和。'则使者本人亦可得封诰。[其实]，魏之地不尽，则和必不可成。若尽魏之地以献秦而求和成，犹如抱持干木以救火，木不尽，火亦不灭也。今将魏之地献秦以求和，秦徒以扩其地、增其势，如抱持干木以救火，徒增火势者相同。"安釐王曰："你所见极是，其理昭然。但以地献秦之议已决，使者已就道，不容撤回矣！"［苏代］曰："大王未见枭鸟乎？枭鸟每得一食物，为不被他鸟抢去，必图安泰，而食之。不得安泰，住处得食亦不食。请大王深思，遣使向秦献地之议虽决，何以不可撤回？大王之思，不如枭也！"[⑥] 王曰："你的话极是！"乃下令撤回赴秦献地使。[⑦]

---

① 华阳：《战国策·魏策三》："秦败魏于华，走芒卯而围大梁"一节，首句"秦败魏于华"，《秦纪》作"华阳"。注曰：亭名，在密县。《大事记》：周赧王四十二年，败魏将芒卯华阳。华阳之战，《战国策》作"华军之战"，姚宏本作华阳，藏文所据亦为华阳。

② 芒卯：《淮南子》作"孟卯"，在《战国策》"秦赵约而伐魏"、"芒卯谓秦王"、"秦败魏于华，走芒卯而围大梁"诸节均有芒卯事。卯，齐人而为魏将。《资治通鉴》卷4周纪四，赧王四十二年条："败魏军于华阳之下，走芒卯，虏三将，斩首十三万。"此即指芒卯惊走之事。藏文译文补入此节，看来是根据《史记·魏世家十四》"安釐王四年，秦破我及韩、赵，杀十五万人，走我将芒卯"的文字译出。

③ 段干子，名崇。藏文错作段干、子崇二人，误译。《史记·魏世家十四》："魏段干子请割南阳予秦以和。"即指此事。

④ 《战国策》原文作"孙臣"，《史记·魏世家十四》作"苏代"。藏文 su tes，看来是根据《史记》，未用孙臣。

⑤ 段干子欲得印玺事，《资治通鉴》卷4周纪四，赧王四十二年有注：段干子欲得秦相印，故请魏割地。

⑥ 《战国策》举例以"博之所以贵枭"。博者，陆博之戏。《史记正义》曰："博头有刻为枭鸟形者，掷得枭者合食其子，不便则为余行也。"郑司农注《考工记》曰："博立枭棋。"《楚辞·招魂》曰："篦蔽象棋有六博，成枭而牟呼五白。"谢艾曰："六博得枭者胜。"看来，藏文译文未取此义，径译作枭鸟，并演绎出枭鸟得食时力求安泰之义，与汉文原文异。

⑦ 《资治通鉴》周纪四，赧王四十二年条下，"魏王不听，卒以南阳与和"。《战国策》云："魏王曰：'善！'乃案其行。"看来，藏文译文是采用《战国策》文。

B.《战国策》原文

《魏策》三，华军之战：

华军之战，魏不胜秦。明年，将使段干崇割地而讲。孙臣谓魏王曰："魏不以败之上割，可谓善用不胜矣；而秦不以胜之上割，可谓不能用胜矣。今处期年乃欲割，是群臣之私而王不知也。且夫欲玺者，段干子也，王因使之割地；欲地者，秦也，而王因使之受玺。夫欲玺者制地，而欲地者制玺，其势必无魏矣。且夫奸臣固皆欲以地事秦。以地事秦，譬犹抱薪而救火也。薪不尽，则火不止。今王之地有尽，而秦之求无穷，是薪火之说也。"魏王曰："善。虽然，吾已许秦矣，不可以革也。"对曰："王独不见夫博者之用枭邪？欲食则食，欲握则握。今君劫于群臣而许秦，因曰不可革，何用智之不若枭也！"魏王曰："善。"乃案其行。

A. 藏文还译

P. T. 1291，pl. 605，第 1—15 行：

魏安釐王在位之时，① 齐、楚联军逼魏境。② 魏军困，求援于秦。秦援军虽排列整齐，但不肯发兵来救。魏之老者，名唐且③者，年已九十余岁，对王说："让小人西去秦，说服秦王尽快发兵来救吧！"魏王握住唐且的手，下令送之。唐且到达秦地，见秦王。秦王谓唐且曰："老者心头憋闷，远地来此。魏王求救兵使者已来多次，我深知魏人的窘境哩！"唐且对曰："大王知道魏之窘急而不发救兵，依我的鄙见，这是陛下谋略上的失误！［夫魏乃一万乘之国］，秦之东邻若为秦之藩属，则秦之政

---

① 《史记·魏世家十四》此事系于安釐王十一年之后。藏文译文补出此节。

② 《史记·魏世家十四》载齐楚攻魏事极详，藏文译文与《史记》所述更为接近，可能据《史记》文字译出者。

③ 唐且，亦作唐雎，藏文译为 thang tsu，说明且读作 tsu，正合古音。魏国唐且可能不止一人。这里求救兵的唐且年已九十余，时值秦昭襄王三十三年。秦始皇灭韩、魏之后，安陵君所遣之使唐且赴秦，事在秦始皇二十二年以后，则可断定决不是前一唐且。

事日益昌隆，且得巩固，秦可日益强盛。今齐、楚联军已在魏郊，秦之救兵不至，则魏只有败亡而分割，岂有他哉！败亡后，则魏之地土尽归于齐、楚矣。此后，秦再发兵相救，亦属无益于事。当魏已败而无济之时，方发兵相救，是丧失藩篱之魏境也。魏、齐、楚三国合而为一，于秦究竟有何益处？”秦王乃集大军救魏。魏氏得以不亡，唐且之功也。

B.《战国策》原文

《魏策》四，秦魏为与国：

秦、魏为与国。齐、楚约而欲攻魏，魏使人求救于秦。冠盖相望，秦救不出。魏人有唐且者，年九十余，谓魏王曰：“老臣请出西说秦，令兵先臣出可乎？”魏王曰：“敬诺。”遂约车而遣之。唐且见秦王，秦王曰：“丈人芒然乃远至此，甚苦矣。魏来求救数矣，寡人知魏之急矣。”唐且对曰：“大王已知魏之急而救不至者，是大王筹策之臣无任矣。且夫魏一万乘之国，称东藩，受冠带，祠春秋者，以为秦之强足以为与也。今齐、楚之兵已在魏郊矣，大王之救不至，魏急则且割地而约齐、楚，王虽欲救之，岂有及哉？是亡一万乘之魏，而强二敌之齐、楚也。窃以为大王筹策之臣无任矣。”秦王喟然愁悟，遽发兵，日夜赴魏。齐、楚闻之，乃引兵而去。魏氏复全，唐且之说也。

A. 藏文还译

P. T. 1291，pl. 605，第16—20行：

魏王假在位之时，① 秦王始皇以王贲为将，攻魏。王贲引大水灌魏之大梁城。水浸，城坏，执王假，灭之，将魏收入治下。

---

① 《资治通鉴》卷7将此事系于秦始皇二十二年（丙子），“王贲伐魏（胡注：贲，翦之子也），引河沟以灌大梁。三月，城坏，魏王假降，杀亡，遂灭魏。”《水经注》：“始皇使王贲攻魏，断故渠，引水东南出，以灌大梁，因谓之梁沟。”《烈女传》曰：“秦杀假。”假，魏之末代国君，景湣王之子，安釐王之孙。《史记·魏世家十四》：“三十四年，安釐王卒，太子增立，是为景湣王”，“景湣王十五年，景湣王卒，子王假立”。王贲，秦名将王翦之子，曾封为大夫。

后，魏之兄弟往昔未入为秦之属民者，由秦始皇遍以诏书谕之：尔之国君政事已为朕所灭，地亦入秦矣……

B.《史记·魏世家十四》原文

王假三年，秦灌大梁虏王假，遂灭魏以为郡县。太史公曰：吾适故大梁之墟，墟中人曰："秦之破梁，引河沟而灌大梁三月，城坏，王请降，遂灭魏。"

A. 藏文还译

P. T. 1291，Pl. 606，第2—23行：①

……（首行残）

……曰："恩情虽大，但先王遗我以此城，应该谨守，我以余年……，而此城……，不可交换。"秦王很不高兴。此后，乃派出使者［唐且］② 至秦，觐见始皇③。始皇曰："韩、魏两国都已被我灭掉，安陵君④地方五十里，仍被留下。由于安陵君是一位聪俊的人，不愿伤其情面，未去攻掠。今，我以十倍之地来交换，安陵君不肯，是乃违逆我言，背离我意，是乃轻慢于我，……"唐且对曰："此言非也！怎敢轻慢陛下？安陵君受先王遗命，固守安陵，……不敢交换，五百里之地怎能行？礼义廉耻⑤之上为些许小利怎能听从？故此，不能从命也。"［秦王闻而］色变，对唐且曰："过去你听说过天子之怒吗？"对曰："过去未

---

① 这段文字，为战国末期著名故事。秦以强大攻势于公元前230年灭韩，前225年灭魏。安陵是魏的附庸之国，秦想用诈骗手段并吞安陵。唐且奉安陵君之命使秦，深知若以一般游说之词说服对方放弃武力和吞并企图，难以办到，因而在秦王"伏尸百万，流血千里"的恫吓之下，针锋相对地提出"伏尸二人，流血五步"，即表示与秦王同归于尽，以作胁迫性的回答。秦王处此僵局，不得不长跪而谢罪。这段文字生动地刻划出唐且的机智、勇敢、不畏强暴的性格。藏文译文基本上传达出原作的精神。

② 唐且：与上文"秦魏为与国"中的唐且决非一人，见前注。

③ 此处汉文原文作"秦王"，即秦始皇嬴政。按此处所记之事，在灭韩灭魏之后，即秦始皇二十二年（前225年）。故藏文径直译为始皇。

④ 安陵君：魏襄王封弟为安陵君。安陵，在今河南省鄢陵县境。

⑤ 礼义廉耻：藏文是从"知恩"、"知耻"之义转译而来。

曾听说过。”始皇乃曰：“天子之怒，流血千里。”唐且对曰：“陛下曾闻布衣[1]之怒乎？”始皇曰：“布衣之怒，不过以头抢地，头上免冠……”唐且曰：“此乃平民庸夫之怒也，并非布衣高士之怒。如我等之辈发怒，立即伏尸二人，血溅五庹之远，流于众人之前。[2] 今其时矣，请观看吧！”说罢，唐且拔剑而起，始皇大惊，对唐且笑脸相迎，长跪于地，曰：“你所说极是，均可遵命。韩与魏亡，而安陵君以五十里地独存者，以有先生之故也。”

B.《战国策》原文

《魏策》四，秦王使人谓安陵君：

秦王使人谓安陵君曰：“寡人欲以吾五百里之地易安陵，安陵君其许寡人？”安陵君曰：“大王加惠，以大易小，甚善！虽然，受地于先王，愿终守之，弗敢易。”秦王不说。安陵君因使唐且使于秦。秦王谓唐且曰：“寡人以五百里之地易安陵，安陵君不听寡人，何也？且秦灭韩亡魏，而君以五十里之地存者，以君为长者，故不错意也。今吾以十倍之地，请广于君，而君逆寡人者，轻寡人与？”唐且对曰：“否，非若是也！安陵君受地于先王而守之，虽千里不敢易地，岂直五百里哉？”秦王佛然怒，谓唐且曰：“公亦尝闻天子之怒乎？”唐且对曰：“臣未尝闻也。”秦王曰：“天子之怒，伏尸百万，流血千里。”唐且曰：“大王尝闻布衣之怒乎？”秦王曰：“布衣之怒，亦免冠徒跣，以头抢地尔。”唐且曰：“此庸夫之怒也，非士之怒也。夫专诸之刺王僚也，彗星袭月；聂政之刺韩傀也，白虹贯日；要离之刺庆忌也，仓鹰击于殿上。此三子者，皆布衣之士也，怀怒未发，休祲降于天，与臣而将四矣。若士必怒，伏尸二人，流血五步，天下缟素，今日是也。”挺剑而起。秦王色挠，长跪而谢之曰：“先生坐，何至于此，寡人谕矣。夫韩、魏灭亡，而安陵以五十里之地存者，徒以有先生也。”

---

① 布衣：藏文以“生民之上层”对译，看来是指奴隶社会中的自由民阶层。

② 此处漏译汉文中的专诸刺王僚、聂政刺韩傀、要离刺庆忌等三则典故。

A. **藏文还译**

P. T. 1291，pl. 607，第 1—28 行：

往昔，安陵人名缩高[①]者，其子被秦国任命为管[②]地节儿总管[③]。魏之大臣信陵攻秦之管城。正想引兵前来，遂遣使至安陵君之前，致书云："请遣你之属民缩高前来此地，吾将任之为大臣[④]。"安陵君见使者，曰："缩高，小国之民，当承王事。"[⑤]令缩高与使者见面，缩高曰："魏国大臣高位给我，是想在攻秦地管城之时，让我去呼应，人们都会耻笑于我的。若吾子见吾之面而降，那是父逼子而降，人们都会讪笑为'父诱其子'。我虽为魏之民，子却为秦之守城官。我怎么能使大臣喜欢呢?"使者据实回报了。大相信陵君大怒，致书安陵君曰："安陵之地，亦魏地也。今，我将攻管，秦之援军必至。秦兵援至，则我魏国危矣无疑。若缩高不愿来，请把他抓来！若不送缩高来，我将发十万之众，至安陵城下!"安陵君回书曰："吾先王受诏，守此城，著录于宪文：固守此城，……民弑君，节儿总管弃城……叛离……，子侄辈忘耻，杀戮之事……今缩高守君臣之序，行礼义之事。我世受国君诏令，奉遵宪文。相臣信陵君令抓捕缩高，我死也不能听从!"缩高闻。缩高曰："魏之相臣信陵君乃一［暴戾之人］，安陵君之答书到达后，书辞必使信陵君触怒，必然危及

---

① 缩高：人名，本为安陵人，《资治通鉴》卷 6 秦纪一直书"安陵人缩高"。胡注："安陵，受封于魏国者也；缩高，受廛于安陵者也。"

② 管：《汉书·地理志》：河南郡中牟县有管叔邑。《后汉书·地理志》：中牟县有管城。杜预曰："管，国也，在京县东北。"周文王子叔鲜封地，在今河南郑州。

③ 节儿总管：藏语称呼守城之官谓节儿，或节儿总管，屡见于敦煌汉文文书。如 P. 1205、1235 号有"张义潮举旗逐吐蕃节儿"等语，S. 5816 号《杨谦让契文》有："寅年八月十九日，杨谦让共李修顺相诤，遂打损胫……节儿断，令杨谦让归家将息"等语，均为明证。此文虽为战国时期汉文，藏译者随手拈取当时流行官称对译，亦是情理之中。

④ 此处"大臣"，按藏语原音为大论，实际上是吐蕃首席官员的职称，与汉文原文"五大夫，持节尉"，大致相当。

⑤ 王事：藏语中专指供奉内廷的差遣，一种劳役性质的服务。在吐蕃碑刻、木简中屡见不鲜。

安陵君之社稷。我将给安陵君带来祸害。此事如何能行?我怎能让吾之君长安陵君受害?”乃于魏之使者之前，缩高自杀身死。信陵君闻之，乃致书安陵君曰：“我乃卑下之人，心地昏沌，胸臆狭仄。前函有过错，请勿怪罪，请恕罪!”魏王承认过失而发书信。

B.《战国策》原文

《魏策》四，魏攻管而不下：

魏攻管而不下。安陵人缩高，其子为管守。信陵君使人谓安陵君曰：“君其遣缩高！吾将仕之以五大夫，使为持节尉。”安陵君曰：“安陵，小国也，不能必使其民。”使者自往。请使道使者至缟（缩）高之所，复信陵君之命。缩高曰：“君之幸高也，将使高攻管也。夫以父攻子守，人大笑也。是臣而下，是倍主也。父教子倍，亦非君之所喜也。敢再拜辞。”使者以报信陵君。信陵君大怒，遣大使之安陵曰：“安陵之地，亦犹魏也。今吾攻管而不下，则秦兵及我，社稷必危矣。愿君之生束缩高而致之。若君弗致也，无忌将发十万之师，以造安陵之城。”安陵君曰：“吾先君成侯，受诏襄王以守此地也。手受大府之宪，宪之上篇曰：‘子弑父，臣弑君，有常不赦。国虽大赦，降城亡子不得与焉。’今缩高谨解大位，以全父子之义，而君曰‘必生致之’，是使我负襄王诏而废大府之宪也。虽死终不敢行。”缩高闻之曰：“信陵君为人，悍而自用也。此辞反，必为国祸。吾已全已，无违人臣之义矣，岂可使吾君有魏患也。”乃之使者之舍，刎颈而死。信陵君闻缩高死，素服缟素辟舍，使使者谢安陵君曰：“无忌，小人也。困于思虑，失言于君，敢再拜释罪。”

附记：

本文所译 P. T. 1291 号文书的藏文录文及注释，参见《敦煌本藏文文献》（民族出版社，1983 年）第 129—138 页。

（原载《青海民族学院学报》1983 年第 3 期，与陈践合撰。）

敦煌古藏文《罗摩衍那》译本介绍

一、前　记

《罗摩衍那》与《摩诃婆罗多》是印度人民创造的两部伟大的史诗，在印度文学史上和世界文学史上占有极其崇高的地位。它对我国文学也产生过巨大影响。

《罗摩衍那》故事大致流传于公元前 2 世纪。因为它是民间流传的史诗，不可能确认一名作者，传说是蚁垤所作，实难相信。可能是在长期流传过程中不断丰富、扩大而形成的。公元 7 世纪玄奘旅居印度时，已经听到有长达 12000 颂的罗摩故事。现在，我们见到的全文有 18745 颂之多。据季羡林先生介绍（参见《罗摩衍那初探》一书），全书共分 7 篇：

一、童年篇：1941 颂，讲十车王求子，罗摩王出世。

二、阿逾陀篇：3170 颂，讲宫中矛盾与罗摩被逐。

三、森林篇：2060 颂，讲罗摩等三人在森林中的生活。

四、猴国篇：1984 颂，讲罗摩与猴王哈奴曼结盟的故事。

五、美妙篇：2487 颂，讲猴王哈奴曼的神通变幻，悉多的贞洁，猴王的英勇。

六、战斗篇：4435颂，讲罗摩的猴子大军与十首魔王的斗争。

七、后篇：2668颂，讲罗摩与悉多的第二次离台。

这部史诗梵文原本，就有几十种版本。19世纪以后译成英文、法文、意大利文、俄文、日文等世界各国文字。近来，有我国季羡林先生的汉文全译本。

关于这一举世闻名的伟大史诗的起源、故事内容、主题思想、流传、版本、学术价值等各个方面，长期以来有许多专家研究论述，最近又经季羡林先生撰为专书，说得透彻极了。我们相信，大家都有机会读到他在《罗摩衍那初探》中的许多精辟见解。

在这里，我们只补充《罗摩衍那》在我国流传的情况，特别是在藏族地区流传情况，作为貂尾之续。

（一）《罗摩衍那》的故事，在汉文中虽然未有全书翻译，但是故事片断确实被吸收在佛经中翻译了过来。今举一例，《罗摩衍那》阿逾陀篇第12章第4节：

“大地之主尸毗王答应了，
把自己的身躯送给老鹰，
后来他真的送给了那只鸟，
国王啊，他升到了最高天宫。”

这一则故事非常有名，到了佛经里便叫做“舍身贸鸽”。它和“舍身饲虎”一起，成为佛教文学中利他主义思想的典范，有变相、变文等各种变体，图以形象，咏以诗歌。在佛教经典中见于：《六度集经》卷1之《萨波达王本生》，《菩萨本生鬘论》卷2，《撰集百缘经》第三十三之《尸毗王剜眼施鹫鹰》，《大智度论》卷4。而且玄奘《大唐西域记》卷3《醯罗山》记云：“是如来，苦修菩萨行，号尸毗迦王，为求佛果于此割身，以鹰代鸽。”也可证明。

总之，可以看出，作为《罗摩衍那》故事的若干片断，还是在我国发生了影响。我们可以列一个清单说明《罗摩衍那》故事通过佛经传入我国的顺序：

（1）三国时吴国康僧会译《六度集经》卷5中第46个故事：《国王本生》。

（2）北魏时吉迦夜叉共昙曜译《杂宝藏经》卷1中第1个故事：《十奢五缘》。

（3）马鸣菩萨所造之《大庄严论经》，在叙述难陀王积聚珍宝的第15个故事之后记有此事。

（4）马鸣菩萨造，北凉时昙无谶译《佛所行赞》卷2之《合宫忧悲品》第八。

但是，这些都是故事片断，是故事梗概，是某一情节的摘录，毕竟还不是《罗摩衍那》的译文。

（二）《罗摩衍那》故事在我国藏族地区流传较为广泛。藏族学者曾就梵本改写为藏文。最吸引人们注意的是，敦煌石室的古藏文文书中有若干片断的《罗摩衍那》。过去，由于这些文献秘藏在伦敦和巴黎，等闲人难以见到，只有少数专家才能接触这些文书，撰写文稿。据目前所知，有下列几篇：

（1）托玛斯：《新疆发现的藏文〈罗摩衍那〉故事》，1929年。

（2）拉露：《藏文中的罗摩历史》，1936年。

（3）巴尔比：《敦煌藏文本〈罗摩衍那〉故事》，1963年。

（4）德庸：《藏文中的〈罗摩衍那〉故事残卷》，1971年。

（5）德庸：《古藏文写本〈罗摩衍那〉故事》，1972年。

由于法国藏学研究中心以石泰安教授为首的藏学家们的努力，麦克唐纳夫人和今枝由郎先生精心注记，出版了两大卷影印本。我们通读了全卷，发现共有5个编号是《罗摩衍那》故事，它们是I. O. 737A，I. O. 737B，I. O. 737C，I. O. 737D（原件藏于英国印度事务部图书馆）和P. T. 983（原件藏于法国巴黎图书馆）。其中I. O. 737D与I. O. 737A两个编号是一个完整卷子断裂为二者，由于I. O. 737D末行有7个字仅存上半部，难以贯连，就被机械地分裂为两个卷子。我们将阙文补上，使它与I. O. 737A合并还原为一份完整的《罗摩衍那》译文。其余三份残卷与前份校后，发现在文字上虽有出入，但情节基本雷同，不过也还有各自的特点。所以把I. O. 737B中不同部分也一并译写出来，提供参考。

这里，我们不由得想到1980年四川民族出版社出版的象雄巴·曲旺扎巴（1404—1469年）所著《罗摩衍那》一书。这一著作肯定是在古代藏文译本基础上进行再创作的。而《不死库疏》这一古代藏语同义词典中，明确提到：山南乃东大寺内收藏有梵文原本的《罗摩衍那》（据阿旺丹巴嘉措先生为新版藏文《罗摩衍那》所作的序文），而且一世嘉木样协巴也曾提到过《罗摩衍那》的故事。由此上推，在13世纪时，八思巴的上首弟子雄顿多吉曾有藏文本的《罗摩衍那》著作。

总之，我们现在从敦煌藏文文献中抉出藏文古译的《罗摩衍那》，可以说是我国最早的译本或改写本，它与梵文本的最明显的差别是说唱体——即散文、韵文夹杂的文体。希望它对《罗摩衍那》研究，能提供较早的资料，这无论对梵文、藏文，或者对于中印文化交流，都会是有益的！

二、译　文

I. O. 737D（共存49行，巴黎出版《敦煌藏文写本选集》第1卷，第265页起）

……

湖上碧波荡漾，……。[婆娑的密林] 沙沙作响。神鸟在天际遨游飞翔，……。黄鸭凌空展翅，密密麻麻，……薄雾弥漫山腰；长满……如意宝树，珍贵硕果，累累低垂，……［鸟兽啼鸣］不绝。果树园中百花怒放，如意之宝……。沁人心脾之微风轻拂，遍体顿觉清新凉爽。在聚宝山上，绿色玉崖连绵如障，……真乃万事如意，喜气洋洋。在茂密森林里，漂泊不定之野兽……。清澈流水，波涛起伏，拍击碧玉卵石，淙淙作响。檀香木放出阵阵清香。金沙成堆。结着丰盛草籽之青草来回摇荡。

景色如画之宜人胜境，本该是神、人居住的地方，但却被罗刹大部落盘踞。其王名药叉高日，披挂耀眼，武艺高强，狰狞凶猛，三界称王，大黑天、大梵天诸尊神道均难以抵挡。罗刹部众轻视神、人，无比自大。神、人之善业衰败损伤，罗刹鬼群日趋兴旺。

由于连遭荒歉、瘟疫，三界众神聚议道："罗刹部众如此繁衍，而神、人政事，衰败异常，实为不幸！罗刹所占三界之神、人中，没有能够降伏者。若得仙人与吉祥天女婚配［诞育一子］，此神种方能降伏［罗刹］……"计议停当，众神乃向［仙人和］吉祥天女二位祈求："智慧、柔美、善德……，消除［罪孽］、明镜常照，除尽情欲烦恼。为满足神、人全体……，但请［婚配］为祷！"仙人与吉祥天女道："虽然［我俩婚配］与规矩相违，但为爱护神、人部众，看……"说完，相对一笑。就在这时，有了身孕。怀胎足月，产下一子，取名为"多闻子"。后来，多闻子于楞伽城……［将罗刹］大肆杀戮，一个未剩，那地方乃重新住满了神和人。

罗刹王药叉高日之幼婴，名叫曼拉雅本达，此婴儿单另寄养在别处。当他长大后，心想："乡邻皆有父母和亲属，我之父母和亲属全都哪里去了?"于是，便向该地一位名罗它那的婆罗门询问。他答道："你父为罗刹王，名药叉高日，［曾经是］威风凛凛，力大无穷，武艺超群，凶猛异常，诸天神、人众无一能敌之大王。罗刹部众甚多，地方幸福，财用不竭。诸天神行狡诈，乃请来多闻子，大肆杀戮，［罗刹］无一幸免。该地遂复归天神、人众所居。寄养于别处者仅你一人。"曼拉雅本达伤心异常，寻思道："欲立志报仇，必须先有成就。本事小了，不能取胜。应依靠几位大怙主，练得大成就。"

大梵天之子毕秀若色那，住在降伏宫之林苑，修炼成仙。于是，曼拉雅本达前往充当其仆役从人。多年之中，恭恭敬敬，伺候唯谨。一次，他为了试探仙人，乃向仙人禀述道："为了表示敬意，小人想献上一物不知可否?"仙人答道："我对梵天的受用也不贪恋。居于僻静地，修身养性，不需任何东西。但为使众生得福，作为布施之仁慈财物，亦可取用。"过了三天，（曼拉雅本达）带来一位姑娘，他向神仙请求道："世界上最温暖的是日月，对我最仁慈的只有您而没有别人。为了报答您的恩情，我向您献上姑娘美噶色娜，请您收下受用!"对于带姑娘来献一事，仙人心中极为不悦，心想：若收下这姑娘，则与仙人的法规相违，世人都将耻笑；若不收下，又违背了过去所说的，"接收布施之财"的诺言。不知如何是好，一声不响，闷闷不乐地坐在那里。曼拉雅本达恳求道："与受用一切胜乐一样，供养的绝色万勿却让。这吉祥天女的化身，与您很般配，不会令您心烦，众人都说堪称您的终身伴侣。出身卑贱会不时遭到白眼，她将一笑置之而更悉心侍奉承欢。绰约多姿又举止得体，请收下这稀有天仙!"这样恳求后，仙人答道："以仙人的圣净梵行，不能与妙音天女成为伴侣。念及可怜的众生经历的痛苦岁月，为施怜悯于彼等，此举虽与圣教相违吾也允诺。若不能满足众人心愿，比杀父之罪孽还要严重，为此，我收下这美女。"这样答复后。又说："我对圣教，过去发过誓，不（下接 I. O. 737A 卷）做违背誓言之事。[如今]，你的姑娘，就作我的妻室吧!"罗刹听了高兴异常，千恩万谢而去。

于是，仙人与美噶色娜婚配。生下三子，长子名达夏支瓦，次子名阿巴噶那，三子名百日那夏。祖父大梵天疼爱老大，赐他十个头颅。由于头多，本事大，受用也多。

一次，曼拉雅本达对诸公子说道："我这样的人来世间做什么?！是罗刹群里的幸存者，是木头梢的一段，是野兽里的老幺。力量虽小，但是，福气颇大。我有像你们这样的外甥，在人前可以夸耀。在树中粗壮无比，在众人前可以自诩。你们也去看看舅舅的家乡吧！外甥们，一定往楞伽城走一趟!"说完，神子们答应前往。罗刹也请求同去楞伽城……。曼拉雅本达边说边哭泣……，神子们［问道：“想起什么事而哭泣］?”他答曰：“神子们……祖先过去死得悲惨，外甥现在不去复仇……”曼拉雅本达又道：“……死倒不会死。现在，我对你等的怯懦感到伤心……难道不是吗?”神子们说：“［发誓要为祖先报仇］!”应诺后，曼拉雅本达深深感谢道：“神子们，按你们神的规矩，说话要算数，要恪守誓言。现在，我的愿望将实现了！［往昔］那地方本为罗刹居住，这罗刹正是吾父药叉高日，……，他威风凛凛，武艺高强，凶猛异常。但诸天［将罗刹］大肆杀戮后，只剩下我一人。外甥们，你们务必要把他们杀尽。”神子们道：“尽力而为吧!”说完就走了。

神子们决心要用自己的力量，去获得能消灭［神、人］、掌管三界的成就，然后再去消灭他们。……

修了数百年大梵天的悉地（成就），作了各种供养。但由于［神子］们悟性极坏，包藏黑心。……［不］赐给。于是，神子们又献上母系、父系结合之血供及其他各种供品，愚痴人……当居士的情况下，向梵天祈求成就道：“何处为箭射中，即在何处死去。其余部分，永远不灭。请授掌管三界之三种成就。求主尊您授与我等!”如此恳求。大梵天道：“掌管三界之权，属我一人。不超越三界之箭，皆射不中。”又说：“好好领会!”说完走了。

神子们大失所望，又修习大黑天之成就。大黑天也明白他们悟性极坏，没有光临。十首人将自己的一首割下，作为火祭并献上各种供养，大黑天仍未光临。大黑天之妃邬巴岱非常怜悯他们，向大黑天请求道：“神子们进行了如此之多的供养，为何不可怜他们? 为何不光临呢?”答曰：“娼妇所生，悟性极坏，不去!”仍未光临。于是，大黑天之妃邬巴岱来到神子们跟前，对他们说：“你等进行了如此之多的供养，真是那样愚痴。……做了许多，真可怜！若大黑天不肯驾临，愿把我的成就布施给你们，可否?”神子们道：“我等只愿获得大黑天之成就，而不要坏女人的成就!”于是，邬巴岱大怒：“不愿要我的成就，可以说不愿要，何必咒骂我为坏女人?!你们有朝一日一定会被女人消灭。”就这样发下了咒语。

神子们又做了各种愚痴人之供养，大黑天之臣扎哈岱见后，对神子们说：“你们这些愚昧者，做了各种供养，大黑天仍不肯光临。我可怜你们，愿将我的成就布施你们，要否?”神子们道：“我等只愿获得世间尊主大黑天之成就而已，不要坏猴那样的成就。”扎哈岱大怒说：“我为了对你们有利，才乐意帮助。你等不要成就，可以说不要。为何咒骂我像坏猴一样?有朝一日你等定会被猴类消灭。”这样，发了咒语。

后来，由于神子们长期苦苦地献供、供养，一位大德说：“大黑天不肯光临的话，请掌管语言的一位女神——妙音天女化为神子们的舌头，再去祈求大黑天的成就，只消说：‘请让掌管三界’!”妙音天女将此话变为：“务请准许掌管众神。”“祈求今后不死，永远长寿。”妙音天女将此话变为：“务请准许马头不断之前不死。”“祈求何处中箭何处死去。”妙音天女将此话变为：“中头箭死去。”于是，大黑天下令道：“让以上成就都炼成!”

神子们……打败了众神，楞伽城之神、人全遭了殃。罗刹大部众占领该地，达夏支瓦当了罗刹王。掌管三界的天神们商议道：“这三个罗刹首脑获得如此成就，掌管了众神，神的政事日益衰败。但由于他们之成就，只能掌管神而不能掌管人，用人去消灭他们吧!”

由于命中注定，能灭罗刹的一个众生，投生为达夏支瓦之女，是天神修习而成。不久，达夏支瓦之妃，生下一个女婴。看相人相出，她是一个消灭父亲和罗刹部众的人。于是，放在有盖的铜盒内，随水漂走了。天竺的农民，从水渠里获得此铜盒，打开一看，有一个长得很好、眉清目秀美貌无比的女婴，就把她抚养大。由于是从灌田的水渠中获得的，取名为“水渠里获得之女”。

掌管世间之王，名为十车王，没有儿子，向冈底斯修行的五百阿罗汉供奉，祈求能得一子。后来，他们给十车王捎来了一朵鲜花，说："给王后，将得贵子。"十车王想给心爱的王后。王后也在想：我为何无子！闷闷不乐，心神不安。另一妃子也是这样，心神不宁，请求分半朵花给她。国王不能不考虑这妃子的请求。国王与她俩同居后，每人生了一个小王子。妃子之子大三天，取名为罗摩；心爱的王后之子，取名拉夏那。

不久，神与非天（一种介于神和人之间的动物，好斗成性，专务兵戎）开战。十车王也前往作神之援军，但自己仍负伤而归，伤情严重。国王寻思："我年老又重伤，若不幸辞世，心爱之王后始终侍奉我，做了许多于我有利之事，其子接替王位是合适的。但是罗摩年纪大些，虽作四洲之王困难甚多，不过他武艺高超，且富神变，心中也早已看中罗摩。若授命他为国王，心爱的王后又要伤心。若授命拉夏那为王，实非内心所愿，人们也会因此而讥讽。如何是好?"心中十分不安，看着王后之脸，伤势急剧恶化，气息奄奄。罗摩觉察后，对父王禀道："我愿做回向为父王求功德。对王政、享受、热闹都不贪恋而愿断离，学仙人的样子，到清静之地去。"说完，到仙人住地去了。其父心中高兴，授命拉夏那掌握国政，老王驾崩归天。

后来，拉夏那想："世上没有比当掌管四大洲的国王更难的事了。像我这样的人，不仅不能当，按规矩也应由长兄来当。先王中意的也是罗摩，国政应交给长兄。"罗摩道："父王已授命弟弟你当国王。再说，我对热闹、喜庆诸事已经断离，发誓苦修，不愿管理国政。"拉夏那恳求道："虽已发誓苦修，不愿过问政事，务请将您的一只鞋，放在国王宝座之上，由我担任足下之臣属。"罗摩于是脱下一只鞋，以此鞋作王，拉夏那担任鞋下之臣。

后来，"水渠里获得之女"长大了。看起来，尘世间女子中，无人能比她更好更美更俊的了。农夫们想："这姑娘如此绝色而善良，给普通人太可惜了，应给那能与她相匹配的人，应配一个品貌端庄的人。”于是遍寻十方，遇见了罗摩。一看，在世间男子中，没有比他更强的了。他仪表英俊，体魄健美，容光焕发，堪称美男子。认为只有他，才能成为“水渠里获得之女”的配偶。于是，立即将姑娘佩戴打扮起来，带到罗摩跟前，禀道：“这位姑娘，乌黑之发髻朝右盘，眼如睡莲，声如梵音，肤色白皙。高贵齐腰之项链，无论怎样佩戴，也显得优雅动人。她生于吉祥无垢之莲花丛中，四肢健美，全身上下同刚擦过的宝石一样，向四面闪闪发光。身上散发着最佳美甜馨的檀香，走路时留下仙女莲花之足迹，口里总散发着睡莲的幽香。她在哪里发笑，就在哪里传出悦耳之音响。珍贵的姑娘来到这人世间，最终将掌握一切。除大王之外，无人配当她的东床。具有种种特质的美貌贵体，具有各种功德的声音。若将这姑娘献给陛下，各种枝叶将长得更茂盛，各种花儿将开得更艳丽。戴上手饰实在妩媚无比，更何况还穿上珍贵的绸衣。请收下她吧！”国王罗摩一看，人当中，没有比她长得更漂亮、更出色的了。他非常中意，也就产生了爱慕之心。修仙的苦行被遗忘了，就娶了这姑娘，取名仙女“悉达”。而罗摩也真的当了国王。

一次，五百婆罗门同时在一个僻静地修炼“家族世代相传”之成就。快修成时，药叉高日之大臣，名玛茹孜者，红发朝天竖起，大而黄的眼珠向外翻着。他以头盖骨为头饰，四肢全在血泊中浸过。因他前来作怪破坏，仙人之成就修炼多次均未成功，功夫全然白费。查阅经书，写着：“若让一具有特征之人驱逐作祟者，就都能修炼成功。”婆罗门十方寻找，见国王罗摩与经书所说一致，便恳请国王光临。婆罗门之成就即将修成时，玛茹孜又来作祟破坏。罗摩用一枚戒指朝他扔去，他的一只眼被打瞎后逃跑了。这样，五百婆罗门同时都获得了成就。婆罗门讲了这些吉祥的话后，进行祈祷：“大王您的财富，将使众生不受诅咒之罪恶。凡是中您射之箭死去者，愿他都能投生为神。”

不久，达夏支瓦之妹名布尔巴拉者，披头散发，头发拖地，皮肤丑陋粗糙有如猪皮，双眼和口中喷射火焰，一夜间就伤害损坏了八万“由旬”方圆（古印度长度单位名，一“由旬”约合13.3市里许）之土地和所有人众。她见国王罗摩，长相特别英俊、潇洒，就爱上了他，心想：“若能与他同居多么好啊！”立即把自己变得非常美貌，来到国王跟前说：“我常被世人所赞扬，我的福泽光辉照耀四方。不羡慕一般世人的享受，虚空中虽阴云密布，太阳一升起就无影无踪。我这高尚美妙之身，愿得大王垂怜。”行礼毕，便向国王靠近。但是，因国王与王后仙女悉达恩爱。她相貌超群，彼此又情投意合，就不肯再与罗刹女相好。罗刹女又道：“我用爱慕堆起的坚固的山上，愿能出现同样坚固不变的爱恋之光。虚空中阴云密布，阳光虽炽热但没有升起的希望。”说罢心想：“他对我如此无情，［都是由于悉达的缘故］，我一定要去掉这个女人。”

回家后，对其兄达夏支瓦献计道：“在人世间，国王罗摩的王后仙女悉达，长得分外漂亮。这样的女人，在神、人中间是很少见的，叫她作兄长之妃子最合适。您如合意，可从罗摩手中把她抢来。”达夏支瓦很高兴，心想：“去抢！”问侍臣玛茹孜如何抢法。侍臣答道：“国王罗摩这人，武艺高超，勇猛异常，胜过任何神鬼。我的一只眼睛就是被他弄瞎的。我们哪能抢到他的妻子，偷也偷不来。即使能弄到手，将来我们的权柄也会丢失。不能这样做！”达夏支瓦不肯听，说道：“不管以后如何，非把她弄到手不可！”玛茹孜说：“既然豁出命来也一定要得到的话，过会儿能弄到手。我们的权力也可能同时完结！”这样说完后又禀道：“那么，我变成一头奇珍异兽，往罗摩和悉达俩面前跑去。没有比女人贪心更大的了，她会说‘去追！’于是坏蛋国王就会来追。此时，主人您就把悉达偷来。坏蛋若射箭杀死我，由于被罗摩射死能投生为神，死了也值得。”说完，便去了。

于是，在罗摩和悉达面前，果然出现了一头奇珍异兽。悉达请国王去追，国王道：“此乃诱骗之兽，不能去追。若去追它，就会有人来抢你。”悉达道：“怎么会是诱骗之兽！神山高原险顶，长着珍宝水晶树，有龙神、地神加持保佑，凶鸟乌鸦不会在空中筑巢!”国王道:“那么，我去追野兽。弟弟拉夏那哪里也别去，守护悉达!”说完，去追野兽了。

玛茹孜使用神力，在罗摩和仙女间刮起了一阵狂风，隔着飞沙走石，彼此看不清楚。罗摩往珍兽肺部射了一箭，珍兽高叫:“可怜啊!拉夏那。”仙女悉达一听，像是“尊主完蛋了!”她就立即让做伴的弟弟前去看看。拉夏那说:“刚才哥哥让我哪里也别去，一心守护你。我不能去!”仙女怒道:“没有国王，你这臭小子守在这儿，有什么用处?莫非你心想趁哥哥不在，想和我厮混?若我不愿，任何男人敢于触我一下，立即会被烧焦!”竟这样诅咒起来。拉夏那说:“我是奉兄长之命，不能前往。我内心清净无诡谲。[你这么冤枉人]，有朝一日，让你们父子、夫妻互结怨仇!”他也这样对诅咒进行报复。

拉夏那去帮助哥哥。他走之后，仙女叹息道:“唉!女人所言哪有准儿?不了解底细只看眼前，贪心大，见识浅，不懂得长远的好恶，让做的事哪样也不成。我的心肝国王他，是否遭到生命危险?!”正当悉达边说边哭时，达夏支瓦来到跟前，拉着她恭敬地说话。由于她念过“男人谁触我一下就会被烧焦”的咒语，于是，他只好变成一头非凡的大象，请她骑上。她不肯。他又变成一匹骏马让她骑上，她也不肯。眼看罗摩快返回了，干脆挖起悉达所在的地皮，连人一起带着逃离。

国王兄弟俩回来后，见仙女和她所在的那块地都不知去向。他俩便随着足迹，跟踪而去。由于无处打听，只得到处寻找。走呀，走呀，太疲乏了，坐在地上休息了一会儿，感到口渴躺下就睡着了。初夏草坪上的一根草，刺到罗摩耳里。他醒了过来，唱起了一支悲歌:

“如今心上人痛苦的泪水，
想必从明亮的眼中不住地长淌。
你美如明月的脸上，
想必如同降落滚石一样。
你如阳光升起的悲心上，

想必变成了黑夜一样。”

边唱边走，来到一个谷口，有黑水往谷下流。弟弟以为是饮水，要喝，哥哥道：“这是一个处境困难的生命流出来的泪水、鼻涕，肮脏不洁，别喝！”弟弟说：“怎么会是处境困难的生命流出来的泪水、鼻涕呢？去弄个明白！”说完，往山谷里走去，见一只特大猴子受伤后躺在那里，泪水、口水、鼻涕流个不停。

“猴子，是谁打你了？”他们问道。“我是猴王之子，有两兄弟，我是弟弟，叫妙音。我哥哥叫巴里，为争夺接替国政，哥哥力量大，把我打得遍体鳞伤。”国王问他是否曾经看见如此这般的一个女人，妙音答道：“我有病，忧伤悲痛不已，未见有人。我有三个侍从，你们来后逃跑了。现在，在山顶上。他们说看见过这种情况，可问他们。”他俩往山顶看去，果然有三只大猴子，说道：“我不加害你们，下来！”三只猴子下来后说道：“前天以前某时，有一个十首人，第一个头为马头，将一位年轻妇女，放在一小块地上。那仙女般的妇女说：‘我是国王罗摩神圣的王后悉达，任何一个具有神力之人难道不怜悯我吗？把我从这个人手里夺回来吧！’那人把她往天空带走了。”他们这样讲述了一番。国王罗摩对那猴王之子妙音说道：“若我帮助你妙音执掌国政的话，你愿帮我寻觅仙女悉达吗？”“尊上若这样相助，我一定效命。”妙音回答说。于是，双方起誓，决定次日去找巴里作战。

第二天，两只猴子大吼大叫着厮打起来。国王被这奇异的情景吸引住了，忘了射箭。巴里将妙音往死里打，差点揍死。事后，国王罗摩说：“今天因为看呆了，精力分散。明天适宜时再战。”于是，双方又定下了交战时间。到时，他俩又大吼大叫地厮打。两只猴子很相似，国王不知射哪只好。巴里又把妙音揍得死去活来。巴里之妻曾规劝过巴里：“你有力量，他无法夺走政权。即使妙音来打，你也不要残杀同胞。”由于这个缘故，过去巴里才没有打死妙音。

妙音怨恨国王罗摩没有帮忙，说道：“是想害我还是要阴谋诱惑欺骗人？我差点儿被他揍死，［你也不帮忙］。”国王说：“我当时辨认不清，明天你在你的尾巴上系上一面小镜子”。妙音就在尾巴上系了镜子，又定下了比武的时间。巴里的妻子道：“妙音明明打不过你，可是，仍然天天逗你比武，可能有什么真正的靠山啊！你可能被暗算，今天别去吧！”巴里说：“近来连打几次都没有加害他，这次去一定把他打死！”又说：“今天定要好好收拾他！”说完，就前往比武。双方又大叫大嚷地打斗起来。这时，由于妙音在尾巴上系着一面镜子，罗摩分得清楚，就往巴里心窝射了一箭。巴里之妻听见自己的丈夫惨叫了一声，再到跟前细看，是中了国王罗摩之箭。她又气愤又悲痛地说道：“你武艺高超品格低劣，选朋友不应分贵贱。若说不分亲疏平等相待，你为何杀死巴里？莫非是中国王罗摩之箭死去者，能投生为神之故？丢人哪！”说完就走了。罗摩听后不免有些羞愧，忙与妙音商定寻找悉达的出发日期，然后各回自己住地。

罗摩带着军队，在约定地点等了三年，猴兵仍未来临，就写了一信刻在箭上射出。箭落到妙音跟前，他立即认出是国王罗摩之箭。以往因为国事操劳，见信后，这才想起了当初的誓言。于是胆战心惊地读着：“信守誓言啊，妙音！别走巴里走过之路！巴里被戮之路，不是一条好路！”妙音读完信后，更是惊恐万分。立即驱猴兵，来到国王罗摩跟前，请教应把军队派往哪里。

国王罗摩道：“选出部分猴兵，去找仙女悉达。谁的本领最大？”妙音回答：“我等穷苦者始终帮助您，忠于您。武艺数这三个高强。”于是，派出巴秀、森都和哈奴曼达三位前往。国王罗摩给王后写了信，还寄了作为标记的戒指，派出这三只猴子去寻找。三只猴子到处去找，始终没有找着，感到特别口干舌苦，也没找到水喝。忽见一个岩石缝里，飞出两只黄色水鸟。他们寻思“有水鸟就会有水。”等水鸟一飞走，三只猴子就互相一只拽住一只尾巴，往岩石缝中爬去。进到里边，见一间富丽堂皇的屋子，猴子们道：“这是谁的？”一女人道：“是吉祥天女之女，祖甲格磨之住房。”猴子们行礼后，请求灌顶。然后那女人问他们道："你等去何处？"猴子们如实禀告。那神女说："闭上眼吧"！猴子们立即把眼闭上。神女又说："睁眼！"这时已来到了某地湖边的一片沙滩上。向周围一看，见有一座"大黑山"。他们想考察个究竟，便走到那"黑山"跟前，原来是一只双翅烧焦了的大黑鸟。

"你怎么了？双翼烧焦，在此做什么？"他们问道。大黑鸟答道："我父乃是大鹏鸟之王，名曰阿噶杂雅，他有两个儿子，我是老大叫巴达，弟弟叫森达。我俩为接替王位，发誓比试。谁先飞到须弥山谁就承继王位。最后，是我飞得快。但当我朝后一看，见弟弟双翼快被太阳烧焦，就飞转去帮助弟弟。因此，我的双翼就被太阳烧焦，飞不快了。王位也没得着。现在，只能呆在这里。""我等为国王罗摩寻找王后悉达，来到这里。你可曾见这样一位女人？"猴子们问道。"悉达被罗刹王达夏支瓦劫走，现在在楞伽城。当初劫走时，连同地皮一起带走的。由于罗摩之父和我父两人是知心好友，我父以一翼撑天，一翼支地，用铁翼拍打罗刹王，夺回仙女，放在近旁刚歇了会儿，罗刹王扔来一个特大红铁丸，我父以为是食物，一口吞了下去，心被烧焦死去。罗刹王带上仙女走了。"大黑鸟一五一十地告诉了他们。

三只猴子商量道："楞伽城在大海洲上，我们中谁敢去那里？"森都道："我不敢！"巴秀道；"我即使能跳过那边去，由于年迈，也跳不回来。"哈奴曼达一言不发，心中却想："我敢！"巴秀问道："哈奴曼达你不敢吗？""敢！"说完，朝大海跳去。一下就跳到了楞伽城。察看仙女究竟在哪里？原来，罗刹王掳来悉达是要她作自己的王后。但是，由于悉达说过"我若不愿意，谁碰我谁就会被烧焦"的咒语，所以未能得逞。罗刹就将她关在无门之九层堡里，派军队看守。哈奴曼达蹑手蹑脚地从天窗跳下，对王后施礼后，将捎来的书信和作为标记的戒指献上，仙女非常高兴地念起信来：

"如花儿盛开的贵体，
是否遭到病魔缠绕而失去健康？

双翼如有虎斑翱翔的蜂蜜般的心房，
是不是时常在思念怀想？
我为捕杀那诱骗人之珍兽，
没有好好守在自己的地方。
如今被苦恼缠心的躯体、肤色，
如同树叶被大风折磨的树木一样。
失去了美如水晶的终身伴侣，
像鸳鸯失侣到处寻觅。
情义永恒之心绳绵长，
逝去了多少美好时光。
如今狮子的威仪虽已衰竭，
敌人也晕厥自亡。
须弥山顶若升起太阳，
满天星斗就会暗淡无光。
为此，愿滚滚波涛，
将我爱情的细流，
滋润你广阔无边大海般的心房。
愿它布满你那日益增长的情网。”

看完信，仙女说：“没有比猴子更能谋划劫夺的了！小心罗刹来杀你，好好躲藏。”告诫了一番。但哈奴曼达不听，去到罗刹的林苑，把所有的树连根拔起，树根朝天竖立，又将树梢往土里栽，干了许多恶作剧。

“来了一只了不得的猴子！”达夏支瓦接到小罗刹这个报告后，派了许多属民去抓。哈奴曼达将前来抓他的罗刹全部杀死。达夏支瓦气得要命，修习了一个“日光罥索”的成就，派儿子名叫图倭的去放。但是罥索扣眼大时，猴子变得很小套他不住；罥索扣眼小时，猴子变得有十由旬那么大，套他不着。罗刹向成就神们祈祷，成就神们向哈奴曼达训诫：“不伤你的命，这回让罥索抓住。”哈奴曼达被罥索套住了。罗刹们说：“该死的，你这谋划劫夺之猴，禀性坏透，该杀！”大大训斥了一番。哈奴曼达请求道："我不求不处死我，但务请像诛杀我父那样把我杀掉。""可以，你父如何被诛？"问道："我父的尾部被缠了一千疋'丽'（丝麻织品），往上倒了一万两酥油，点火烧死。"他回答说。于是，他们对哈奴曼达也如法炮制：在他尾部缠了一大疋"丽'，[点燃后，哈奴曼达东跑西窜]，由于罗刹城和房屋顶上都涂盖了火漆，大部分被点火烧焦，罗刹死了无数。他将尾巴上的'丽"拽下逃跑，又来到仙女面前道："请给我一封回信打发我走呀！"悉达道："你们猴群中还有像你一样大胆的吗？"哈奴曼达答道："不能自我吹嘘，不能诋毁同类。"悉达还想对他说话，他却说："像我这样的行为，猴群中少见。"于是，让他拿上回信返回。

他来到国王罗摩跟前，献上回信。同时，将悉达捎的口信详详细细地叙述了一遍。国王大喜，悉达的回信中写道：

"用许多如意宝功德装饰起来的，
美如明灯一样的贵体，
疾病之风未曾吹到吧？
请听一听奴家言语，
深情的书信和心是一样的，
柔软纤细的双手深深向您作揖。
可怜的孤儿面前的道路呀，
正如梦见过去被双亲遗弃。
我那控制不住的思念之情，
如射箭那样急切地将您想念，
对您是那样深沉地眷恋。
请怜悯，别迟延，
大王属下的臣民很多，
没有比我更无能和更可怜，
虽日夜思念但无力逃脱。
对您那情义绵长永恒之爱，
我要好好报答谢恩。"

于是，罗摩派出猴兵、人兵，向楞伽城进发。路上有大海阻拦，国王罗摩下令道：“猴子玛古和旦比两个去架桥!”玛古由于力气大，架桥时，把山提到跟前，将树连根拔起拿来，由旦比架桥。旦比把山用膝盖抵住，掰碎开来架桥。猴子玛古大怒道：“无人比我力大，你却把我提来之山全都用膝盖顶住掰碎寻欢作乐。我把你杀了!”国王罗摩教训两只猴子道：“武艺高强、力量过人，智慧绝顶的两位匠人，功夫学问各人都有，何必妒忌，较量而相争。”桥架成后渡过海去，到了楞伽城，与罗刹定好了交战时间。达夏支瓦之弟，名叫阿巴噶那的，对他哥哥说：“现在，还是走为上策!”但罗刹王不听，阿巴噶那就投顺国王罗摩，并吐露了罗刹的内情。罗摩对他不相信，阿巴噶那道：“只要有益，敌人也是亲人；如果无益，亲人也是敌人。无益是身上的病，有益是稀有的药。”国王罗摩听后就相信了他，并与阿巴噶那结盟。

从前，有个名叫香木那的罗刹，曾修炼成能吞吃所有众生的成就。大梵天让一位妙音天女化为他的舌头，让他说：“务必让我沉睡!”于是，他就一睡不起了。达夏支瓦等往他耳中灌了一万两铁水，打发一千头大象在他身上践踏，十万面鼓在他面颊上打击，他终于醒了。达夏支瓦祈求他助战，他就把所有的人和猴都吞到肚里去了。唯独对国王罗摩他咽不下去。哈奴曼达被咽下去后又逃跑了，一会儿从耳朵里钻将出来，一会儿从鼻子里钻将出来，一会儿又从眼睛里钻将出来。只有他们两个未被吞掉而逃脱了。不久，罗刹香木那又将人和猴从瓶样的鼻子中喷进海中又睡去了。［罗摩的人马和猴兵都负了伤］，阿巴噶那道：“冈底斯山有趾达萨曾瓦药，能治愈全体军队。”罗摩就派哈奴曼达去采药，由于他不识药，将整个冈底斯山举了回来，采下药后又将冈底斯山送回原处。用药医治并搽伤处后，罗摩的全体人马和猴兵又痊愈了。

于是，又决定了再与罗刹交战的日期。达夏支瓦之另一个弟弟，名叫百日那夏的也逃跑了。达夏支瓦的军队，在战场上排成多行。由于罗刹的成就，中头箭者立即死亡。国王罗摩打头阵。罗摩与其弟商议道：“殊死鏖战，仍不能获得仙女，如何是好?”拉夏那请求前去应战，一箭就被射中。于是，罗摩再次亲自应战。罗刹用幻变把自己的身体隐藏起来，别人看不见。箭如雨点，人猴大多被弑，国王罗摩叫道：“达夏支瓦，你敢按我的话办吗？你让出脚拇趾那样大的一块土地也不敢吗?”罗刹王十分骄横，刚将脚拇趾往上抬，田一心中度量以后，往他马头上射了一箭，马头惨叫一声，马头断了，罗刹就失去幻术，东歪西倒要往人和猴兵身上倒下来。国王罗摩说道：“你连死都不会死，你要死在敌方吗?”达夏支瓦一听，心中气愤，就倒向自己的军队一方。在他的硕大身子下，压死了大部分罗刹兵。就这样，罗刹兵全被歼。

悉达被关在九层碉堡里。国王向堡中射箭,头一箭的箭筈被后一箭的箭镞顶上,连续不断地放。悉达从天窗爬出来重返罗摩身边。拉夏那也因喝了药汁痊愈了。这时,妙音也带上众猴兵回到自己的家乡去了。国王罗摩兄弟和罗摩夫妇等都回到人间,庆贺生还和团聚,酒宴歌舞,日夜不停。后来,悉达生下一子,取名为拉瓦。

妙音之臣由哈奴曼达担任。猴子主仆经常邀请国王罗摩兄弟和悉达参加宴会,国王也常请猴子们前来宴饮,相处极为和睦。特别是国王罗摩和哈奴曼达非常知心,彼此书信往返,馈赠不断。后来,猴王妙音与世长辞,猴族的臣民们向哈奴曼达劝进,哈奴曼达说道:“高山的磐石不能用山麓的石子来补充,太阳落了山,月亮虽明亮却不温暖,属民来接替王位是违背规矩的,奴仆为王,极不相称。因此,我不能当猴王。”猴民们恳求道:“为了接替王位亲兄弟开了战,我等不愿他人接替国政,像您这样,几万只猴子中也无匹敌,在全体神、人中也是少有的奇才。虽是‘奴’之子,却是‘王’之才,虽是走兽身,心却胜过神,名虽为猴子,武艺能和狮子拼。请作我们这些幸存的猴族同胞之父、母吧!”群猴殷切恳求,并定时献供,哈奴曼达感到情面难却,就接替了国政。

当此之时，哈奴曼达沉醉在享受之中，甚至把给国王罗摩写信和馈送礼物之事也忘却了。罗摩派一位使者送来一信。信中写道："心有障蔽亲友也会被抛弃，思念之情岂能长记心里？百月过去了，闻问不通，是真的忘记了还是生了气？务请复函以释猜疑。"哈奴曼达感到心中难过，羞愧不已，给国王回信道："实在有错有罪，羞愧不已。我这兽类高升时，忘记了山和树的恩情。地位低下者，一旦高升就忘了形，不是威德的大王有错，亦非我自满、骄横。春天里，缺水的鱼儿得了水，它会如醉如痴，忘却水池的恩情。海中生活的水鸟和黄鸭，哪能飞到他处去居住？低贱猴类如我者，很少有比您高贵仁慈之友，惭愧未能报答您的厚谊。本该记住您的宏恩，经常写信问候起居，但中途没有做到。犯大罪而未下令处死，今后，望勿生气，勿以抛弃来施行责备！"于是，他们彼此又像过去一样亲密友好。

后来，国王罗摩之属下，宾哇拉王谋反，危及国政。国王就把王后母子俩交托给玛拉雅那山上的五百仙人，自己出征。过了些时候，国王等未按时返回，王后心急如焚。一天，出去散心，将王子寄托在仙人处，但王子也随母后而去。这时，仙人们由于不知王子去向，找来找去也未找到。众仙人商议道："王子拉瓦是淹死在水中，还是让鬼带走了，还是受诅咒遭到危险。国王甚爱王子拉瓦，他若责怪起来如何是好？"议论后，共同想出一个办法：用我们的力量，变出一个与王子拉瓦相同的人，用古夏草扎成一个人的模样，再用我们仙人的法力，把一个死去的王子的灵魂附到草人里，使它具有人的心、识。这样一来，果然变成了人。一看，体形和脸面与拉瓦简直分不清，长得一模一样。后来，还有了体温。王后悉达和王子拉瓦一同回来，见仙人身边也有一个长得像拉瓦一样的人。王后问他姓名，回答叫"古夏"。于是，就将他取名古夏，王后悉达对两个儿子，同样的关照，疼爱。

国王罗摩取胜后，安抚了宾哇拉之属民，然后就凯旋而归。一次，国王罗摩外出散步，碰上一个族名"李杂比"、名字叫"支玛塔巴"者和妻子吵架。男人说："婊子，你这女人与众不同，我不能做你之夫。你与别人同睡配对，有谁能像你这样无耻！脏货！愿上哪儿就去哪儿！今后别挨近我家。”其妻答道：“我怎么个与别的女人不同？别的女人禀性你熟悉吗？如国王罗摩之王后神圣仙女悉达那样，也和罗刹王达夏支瓦同居了上百年。如今，召引回宫，仍很相爱。所有女人的本性，你都熟悉吗？”

国王罗摩听后，心想：“这女人说我的妻子也和罗刹同居过，想是真情。看来悉达心不专一。”心中极为不乐：“若照‘知道女人的本性吗？’这种说法来看，可能有与众不同的女人，需要了解一下李杂比之妻。”如此反复想后，给她写了一封信，说：“若不便相接触，但求一见也可。”[那女人接信后，前来]，国王罗摩长相英俊，神采奕奕，使那女人一见倾心，说：“我们可以接触，但千万别让任何人察觉您的行迹！”

国王果然不让任何人觉察秘密地去了，与她相会、共寝。用“永远相爱，不相忘”的甜言蜜语诳骗她，又问：“按照一个真正女人之本性，若有一个对她极好的男人，她又会怎么样呢？”她答道：

“如一个患热瘟疫症的人，时刻渴望雪水；女人的淫欲常会发动春心，经常想念好男人。去到别人看不见、听不到，没有讥讽之忧的僻静无人之地，在谁也不会怀疑的情况下，最后完成了淫乐之事。而男人们是无耻的，所有的外遇都公开对人说，虽有顾虑但不避讳，一个劲儿地跑来找。你没见吗？所有女人的本性就是这样的。”国王心想：“对啊！可见我的妻子确实与罗刹同居过。”

于是，回宫后将悉达召到跟前，见到她超群的身材，心中变得不悦，对她说：“我有权势且出身于高贵之王族，没有任何过错。王后之身躯不过是狮子留下的残肉，如去吃它担心别人会耻笑我。仙女，现在你愿去哪里就去哪里！”他就这样下了驱逐命令。

悉达说：“在很多年以前，罗刹曾想亲近，靠拢我，但未能得逞。把我看守在无门的九层堡，难道你毫无所闻？我是没有过错的，可是，现在已变得不称国王之心，我可以出走！”

“这是应了弟弟的诅咒啊！”说完要朝天飞去时，王子拉瓦和古夏两人向苍天、土地祈求，请以金刚加持之力使母亲不能通向天空。同时，王子俩向母亲恳求道："唯一之母您没有过失，而是父亲无耻，他心里不中意，做出了使众人伤心之事！母亲为何远走？您忍心抛弃我们两个兄弟？!"悉达说道："我的身、心都无羞愧，只是国王心中不合意。这是应了弟弟拉夏那之诅咒，我与儿子你俩相依为命，永不分离！"说完，悉达和王子拉瓦、古夏母子三人离开王宫住到林苑，生活也很幸福。

国王在宫廷里，同以往一样享受、摆阔，邀请猴子们并赏赐剩余食物。哈奴曼达说："请国王考虑。您赏赐了许多食物，虽说我等应该接受，但是还未向悉达施礼，仙女她也未亲手赏赐少许的剩余食物，实感遗憾！务请让我们向悉达致敬。"

国王道："李杂比的女人和丈夫吵架时说，'女人的本性您熟悉吗，像国王罗摩的王后悉达与罗刹王达夏支瓦同居多年，看人家现在仍很恩爱。'我听后，对悉达极为不满。我是位高权重的国王，没有过错，王后之体不过是狮子吃剩之残物。我再去吃，别人会讥笑我。因此，就打发她到她愿去的地方去了！但王子拉瓦和古夏不答应。现在他们一起生活在林苑。"哈奴曼达道："国王因去追赶诱惑之兽，回来后连大好的土地都不知去向。狰狞的十首人把她带走，禁闭在无门的九层堡里。没见上万的罗刹兵在看守吗？她那如花儿盛开的身体面容，不是像叶瓣被狂风摧残了吗？她忍受了这一切苦痛，怎可能与罗刹同居度日？你连看也没有看见，是我设法搭救回来的。你听了李杂比老婆一人之言，就抛弃王后怎么行？身为万民之主，行为要符合规矩。投生为人，武艺虽能与狮子匹敌，而无辜的王后却被荒诞地诬以大罪！"

国王听了正中下怀，心想："哈奴曼达所言是真情。"于是就召回了住在林苑的悉达和王子拉瓦、古夏。哈奴曼达和猴子们向国王施礼，王后也向国王施礼，宴会和款待比过去更加丰盛。悉达亲手向国王和哈奴曼达敬食，也赏赐了大多数猴子。

后来，生活比过去更加欢乐，国王罗摩和悉达夫妇、王子及随从，在王宫里生活得很幸福。哈奴曼达猴众，也回到自己住地，过着太平日子。

三、异　文

I. O. 737B 中与 I. O. 737A 中情节相异部分之译文：

大神毗湿奴的一名属下见后，立即报告说："达夏支瓦往这里来了。"毗湿奴道："罗刹国王达夏支瓦来此很好，请他进来！"下了命令。达夏支瓦说："我是来打仗的，为何进来？"毗湿奴道："我们俩像狗一样搏斗不合适。今天，先请进来，吃完饭，休息休息，明天再战。"这样，达夏支瓦走了进来，想把毗湿奴抱起，但没能抱动，因而大怒说："过来！让我俩开战！"毗湿奴不动声色地说："你把我的这只耳朵拎起来！"罗刹王揪住他的一只耳朵，但拎不动，怒极，又往上提，仍然不成。惊慌失措，便向毗湿奴之足顶礼。朝拜后，返回楞伽城。毗湿奴是如此力大无穷。

后来，在兜率天，众神集会商议时，大自在天说："问问世界的幸福神，[达夏支瓦为何要加害众神]？"幸福神说道："楞伽城的罗刹王达夏支瓦奴役、危害众神，当初是谁授权的？"答曰："是大黑天。""那要大黑天……同意后再去除之。"于是，木曜星询问了大黑天。大黑天道："确实是我授权的。达夏支瓦如此为害人世间，由于我起过誓不能更改。可问问大神毗湿奴，看该怎么办？"毗湿奴道："现在，人间之王……名曰十车王，此王无子，我化身为其子，授权我去捣毁罗刹。"于是毗湿奴化身为十车王之子罗摩，其子化身为罗摩之弟拉夏那，……。（以上为 I. O. 737B 中第 71—87 行之译文。）

附记：

本文所译各文书的藏文录文及注释，参见《敦煌本藏文文献》（民族出版社，1983 年）第 139—198 页。

（原载《敦煌吐蕃文献选》，四川民族出版社，与陈践合撰。此次结集，有局部修订。）

P. T. 990 号《如来调伏国王篇》译文

一、解　题

P. T. 990 号文书，是以对话形式穿插佛经故事，来宣传佛教思想的生动作品。全文 141 行，共 20 次对答。前有序言，篇首残缺不全。从文章格式和内容分析，可能译自汉文佛经故事《猛光王故事》。此故事为唐武则天时义净译。另外，P. T. 990 号中有一譬喻，可能源于《十诵律》卷 58。此卷为后秦弗若多罗译。

现将《猛光王故事》前言部分概述如下：猛光王与安乐夫人于宫内一起夜食，王性爱酪。当夫人持酪碗立于王前时，星光照至麻织物妙宝綊簷前而过，綊内如电光明亮。夫人大惊，问王："此为电光还是灯焰？"王曰："既非电光，亦非灯焰，是星光照至妙宝綊，如此光明。像这等宝綊，你舍弃不要，却取金鬘头饰，真无见识。难道我宫中无金鬘，谁说你能知物好恶？"夫人问："你何得有如此智慧，莫非是你让挂宝綊？"王曰："是其自己挂于该处，非我所教。"王与夫人相互争辩而动怒。夫人将酪碗掷王头上，王额因伤流血。王摸血以为脑浆，心想：死定无疑，不如趁命断前杀掉夫人。于是，命增养杀安乐夫人。增养想：大王深爱夫人，只因一时愤恨作此言，不能随便断其命，待王息怒后问清，再杀不迟。于是，将夫人藏起来，回话“已杀”。王息怒后，问：“安乐夫人在何处?”答曰：“已遵王命杀之!”王曰：“你做这等怪事，不如将我和星光牛护太子及一大臣一起杀掉，自立为王。你对我做草率之事，为何不劝诫、不商议就杀之?”增养答曰：“大王请听譬喻，智者听譬喻就明白其事。”接着，便以对答的形式，讲了 52 个譬喻。最后，谈殊胜“十力”，令王幡然悔悟。后来，引安乐夫人至王前相会，故事圆满结束。看来，P. T. 990 号的篇首残缺部分，也应有类似的开头。否则，不能解释大王为何要杀爱妻赞蒙，以及听乌车之譬喻后又深悔不已，最后乌车引出赞蒙与之相会的大团圆结局。P. T. 990 号文书与《猛光王故事》，不仅有相同的开头与结尾，而且基本结构也相同，均用对白形式阐述譬喻，且有数处如出一辙。详见《大正藏》第 320—324 页《根本说一切有部毗奈耶杂事》及《大正藏》第 438 页。

二、译　文

……，水比浪涛汹涌。……，国王曰：“赞蒙未诛，……，莫非是你谎言。”

乌车回禀：“王言如古人所语：林中遗留下一把‘令巴斧’，众树谓‘我们这里来了敌人’，恐惧万分。林中老树果捏提问道：‘众树们，你们害怕什么?’众树曰：‘这里来了敌人。’老树果捏道：‘此地除我等并无他人来，令巴斧不会砍伐我们，敌人出现在我们中间，勿怕令巴斧!’如此说道。此故事如国王所言，如果国王不下令，出家人我死也不敢诛赞蒙。”

国王道：“你口出狂言!”

乌车回禀：“口出狂言者有二：苯教徒男女领受神言后，口出狂言为一。懦夫在战场上［贪生怕死］，躲在一旁不敢上阵，回乡时却吹嘘自己当了英雄，大肆夸耀，口出狂言为二。”

国王道："我妻若未死能重逢，我一定极好地奉承并以礼相待。"

乌车回禀："古人言：有一对鸽子，将秋天所啄之青稞穗藏满一洞。但到冬天打开洞盖一看，青稞浅了下去，公鸽谓：'一定是你这母鸽与相好合伙偷了我的青稞。'说完毒打母鸽致死。来年春，水土变暖返潮，青稞重新变满一洞，公鸽后悔莫及，曰：'我妻无罪，不该打死。如能让她复活，我愿行一切解脱来忏悔，从今以后，一定好好尊重并以礼相待。'公鸽之言与王语相似，现在痛心又有何益？"

国王道："你真是不教自会之人。"

乌车回禀："不教自会者有三：婴儿自幼一得母乳就会吃喝，是一；从未见鬼而怕鬼，是二；未曾尝试性交却会交合，是三。"

国王道："你简直是个疯子！"

乌车回禀："所谓疯子是：贫穷异常之人寻到很多珍宝，对未来极度狂喜而致疯；独生子死去，父母悲痛欲绝而致疯；有人因贪酒，狂饮而致疯。"

国王道："你难道没疯吗？"

马车回禀："发疯之表现有三：冬水结冰，于其上跑骏马者为一；孤身一人去追赶众多劲敌者为二；违反、对抗国王、大臣命令者为三。这都叫发疯。"

国王道："你应知羞愧！"

乌车回禀："有四种人应知羞愧：自己作了大王，权势却落臣手，在该地无权；丈夫当初对妻子管教不严、言听计从，后大权旁落妻手；女子老后依傍父、兄家门；多数人临时挖新渠水流不到。以上诸人均应知羞愧。"

国王道："你这个人该打成碎片。"

乌车回禀："打了之后好的有三类：鼓、钟打击后声音宏亮悦耳；绢帛拍打后既柔软又有光泽。"

国王道："你是个想得病之人。"

乌车回禀："想得病者有三；腹内无病，轻率饮用补药；贪饮者酗酒致病；不会泅水者到大河去游泳致病。"

国王道："你是一个罪人。"

乌车回禀："所谓罪人，是从前有一王名'达'者，千年间，日食五百人；其后有一王名'扎'者，九年间将昴宿诸星束缚，致使常遭大灾；其后有一王名'志'者，对众生横加迫害。此乃罪人也。"

国王道："你属该杀类！"

乌车回禀道："该杀之人有三：公布国王或大臣之秘密是一；当法官受贿赂不公道是二；对无辜之友下毒手是三。这些人均该杀。"

国王道："该好好整治你一番。"

乌车回禀："该整治者有三：青稞、稻谷该及时收割才好；牛绒、羊毛等该及时拔剪才好；龙胆花该及时摘下献供才好。以上及时整治为佳。"

国王道："你这个人真可怕！"

乌车回禀："对不该惧怕者而惧怕者三：鹫鸟仓促飞起，重新落地时害怕地陷，双足一只缩起，一只轻轻落地；水鸥以泽泥［芦草］为食，唯恐泽泥耗尽，节约食用，枯瘦死于路边；云雀夜间休息时，唯恐天塌而仰卧，以双足抵天入睡。这都是不该惧怕而惧怕之事。"

国王道："无法与你合得来。"

乌车回禀："合不来者有五（疑为'六'之误）：蛇与黄鼠狼（獴）不和，羊与狼不和，狗与猫不和。"

国王道："你这人极反常。"

乌车回禀："极反常之事很多：夏天吹热风，冬天刮冷风，夏天太阳热，冬天日头寒；自己有妻又将他人之妇作娼妓。此乃极反常之事。"

国王道："我妻被诛，不知能否再生？"

乌车回禀："所谓再生者有二：人病重欲死，遇神医救活是一；该判死刑，但未遭诛杀者是二。”

国王道：“我妻死不如我死。”

乌车回禀：“从前某地，母马熊带着熊崽去觅食，到果树下想，我若爬树上去，果子落下，在我下树时，熊崽们必将果子吃尽，我就没吃的。不如将熊崽藏于大坝石板之下，果子落地后，我下树与孩子们同食。及至翻开石板一瞧，熊崽全部死去。母马熊哀叹道：‘啊呀！从我的作为看，实难宽恕，与其孩子们死去不如我自己死去好。’放声痛哭。此与国王所言相同。”

国王道：“我因诛妻不是悔恨不已吗？”

乌车回禀：“后悔有两（四）种：男子因美女子情面难却不及早结婚，等到老耄时才去娶妻；儿子小小年纪死去，悲痛不已；懒惰人不及时耕作，事后又埋怨庄稼长得不如别人，后悔莫及；别人前来邀请，托言推辞摆架子不去赴约，后来细想，被酒肉所惑，后悔不已。这些都是万分遗憾之事。”

国王道：“你是无法挽救之人。”

乌车回禀：“无法挽救者有三：人绝嗣；发洪水；着大火。此三者无法挽救。”

国王道：“你真坏！”

乌车回禀：“所谓坏，是过去有一王子被派去学文字，但打发一只会游戏之猴去伺候他。王子睡在树园之荫凉处，猴子守在一旁驱赶蚊蝇。猴子抬头往树上瞧，见有一苹果。为了摘苹果，往上刚爬到树腰，回首一望，见有只蚊子在叮咬王子脸颊。猴子大惊，立即下树，双手举起石头，向蚊子砸去，蚊子立即飞走，王子却被砸死。猴子惊恐万分，想往山那边逃，走了许久，中间为大河所阻，无法通过。正在穷极无路可走时，来了一位赶牛的人，此人手拽牛尾渡水而去。猴子见后心想，我也可抓住自己尾巴渡水。它这样做才是坏。”

国王道：“我为妻死从心底悲痛。”

乌车回禀：“从心底悲痛者有三：某地来了敌人，直立行走之人被关入狱，牲畜全部被掠，扫荡一空，为一；婴儿刚生下不识父母面即死去，连日月均未见，为二；坏人有许多财宝，但小气吝啬，自己舍不得用，又不肯给别人，为三。上述诸人该从心底悲痛。”

国王道：“与其我贤惠之妻死去，不如宫中四百侍从死去。”

乌车回禀：“一吝啬富商，丢失数件珍宝，因无法弥补其损失，便丢弃其他物品，直至老死。国王所言与其相似。为一位赞蒙，怎能让四百侍从死去。”

国王道：“此家已无任何欢乐！”

乌车回禀：“无欢乐之家有三：夫妻不和为小事常争吵，是一；兄弟为分财而斗殴，是二；富翁无子，是三。以上之家均无欢乐。”

国王道：“我妻可作为最殊胜之装饰。”

乌车回禀：“可作最殊胜之装饰为数不少：该地国王英明，臣子有学问；各种庄稼收成好，旱地降甘霖，果树结硕果，山上满鲜花，还有许多珍禽异兽；英雄穿铠甲，手持兵器多；吉祥女生了个胖娃娃。这些都可以作为最殊胜之装饰。”

国王道：“你这样的人该捆起来。”

乌车回禀：“该捆起来者为数很多：如城门、库门拴紧为好，水渠之闸严紧为佳。”

国王愧怒道：“杀掉乌车！”

乌车立即化身为如来，圣者于天空弹指，那［未诛］被隐藏之赞蒙，也来到如来面前施礼。国王一见，立即从宝座上起立，腰带挂在颈上，向如来作揖、忏悔。于是，佛对国王说：“大王你过去尽行不善，无疑该入大地狱。如今能幡然醒悟，把以往所行之罪均向我忏悔，今后若不再作恶，便可免除投生到地狱之中。”

国王一再恳求道：“世尊如黑暗中升起之太阳。从今而后，我再不作孽，忏悔已往所有罪行，愿即发菩提心。”

后来，国王成为行善者。

如来调伏国王篇讫。

杰哇记。

附记：

本文所译 P. T. 990 号文书的藏文录文及注释，参见《敦煌吐蕃文书论文集》（四川民族出版社，1988 年）第 336—358 页。

（原载《敦煌吐蕃文书论文集》，四川民族出版社，1988 年，与陈践合撰。此次结集，有局部修订。）

敦煌本藏医学残卷介绍

一、解　题

藏医学具有悠久的历史，它是我国藏族人民长期在风雪高原上与疾病作斗争的经验总结。藏医学的文献是我国医药学宝库中的瑰宝，也是藏族灿烂文化的重要组成部分。我们在敦煌古藏文文献中发现 P. T. 1057 号《藏医杂疗方》与 P. T. 127 号及 P. T. 1044 号两份《藏医灸方》，是三份十分可贵的医学记录。古代藏族医家对疾病进行深入的观察、分析和治疗。他们经验的积累、知识的传播在古代主要是心传口授，在 7 世纪藏文通行以后才靠文字记录，加以保存和传播。我们可以拿它与汉文的早期医学文献，如 1973 年长沙马王堆三号汉墓出土的帛书中的春秋战国时期的《五十二病方》、《足臂十一脉灸经》、《阴阳十一脉灸经》等医方和有关针灸经络的著作来比较，历史情况大致相仿，显得更有意思。这几篇藏医杂疗方和针灸方，看来并不是一时一人的著作，而是长时期中许多人的经验的积累，在某一时期由某一位医家著录成文。从敦煌文献总的入洞时期来看，尽管它应该是 8—9 世纪写定的本子，但它记录的思想和医疗方法，却是这以前的医学经验。正如上面所提到的马王堆帛书一样，虽然是秦汉时代抄录的，但却是反映春秋战国时期的成果。

我们从藏文文字本身也发现这三份材料文字苍古、风格朴素，保存了浓郁的古代藏文特点。尤其是书写字形上保存的反 i 字，my 和 d 强音复辅尾的形态，毋庸多说，就可以断定它是 8 世纪时的文献。后人相传，《四部医典》也是这一时期成书的，并且藏医史上最著名的宇妥·元丹贡布是这一时期成绩最大的一位藏族医药学先驱。可惜至今，人们只能从后人著述中去承认这一事实，缺乏当时的文献来证明。我们认为这三份藏医学文献恰恰弥补了这个缺陷。所以不揣谫陋，加以迻译，不计工拙，至于说些外行话，贻笑于方家，也就未加考虑了。幸得中医研究院中国医史文献研究所蔡景峰先生的审定，实感荣幸，向他致以衷心的感谢。

二、译　文

1. P. T. 1057 号　**藏医杂疗方**

普遍适用之验方，抄自玉府。

治流血方： 人若受伤出血，流血不止的话，用羊毛绳将大拇指和小拇指缚后……在手背虎口穴部位吐以口水，用黄牛角吸虎穴部位就会出现一个鼓包，以刀划破流出一点血水或黄水，流血即止。用山上陈牛粪（头年夏天的干牛粪）烧灰和入紫铆熬成的药汁中，喝两三口，流血即可止住。

治瘰疬方： 人长瘰疬和喉部长瘤下巴疼痛时，用对耳草之根和甘松之根、黄牛角、岩羊角、山羊角、马蹄［碾成粉］敷在上面，脓不会扩散。如用坟墓中之石块烧热后置于患处，也能治愈。若用以上诸法无效、汇脓扩散的话，切开瘤子，挤出点血，伤口用熊胆、白硇、羌花、溪岸银莲花、肉桂、绣球藤诸药混在一起，敷于伤口，脓定能流出。如仍不愈，在瘤子上扎针［则愈］。

治喉病方： 喉咙感到噎塞疼痛的话，用龙胆、阿魏、景天裹在干净的羊毛里吮之则愈。用凉水撒膝盖后曲节处，用以上诸药熏喉部则愈。

治牙病方： 齿龈疽坏，牙齿松动，吮白莨菪之根，然后将其汁吐掉则愈。牙有蛀虫疼痛，取石头上像燕窝一样的虫穴，以针拨开，即可看到白色虫蛹子，趁虫蛹未死前把它迅速放在牙上，［将白虫蛹］从牙上取出，则牙上大小蛀虫全部死掉。如用此法仍找不到［蛀虫］，可用毕茇、白胡椒、獾之黑鼻、瑞香狼毒树外层白皮、山羊油脂诸药放在铁平锅上烘焙包入泥团中，在中间以竹子扎一洞，用以熏牙则愈。此法仍无效，疼痛难忍，在齿龈用针扎，如流出黑血，即愈。

治心口痛方： 人心口疼痛，不适，在舌根放血则愈。将冰片放入水中喝之则愈。

治肺病方： 人有肺病，右肺病重则右边放血，左肺病重左边放血，两肺均有病，则肺之左右相等处放血。一切治肺病的药和在小麦酒中，连续吃十三天。若肺部烂疽，用一切肺药和上所有兽肺、所有鸟肺［焙干］碾成的粉，大雕的肺和酒喝下则愈。用黄鸭子肉炖上一天，熏肺部并作食物吃下则愈。

治背痛方： 上身未伤而疼，按摩背部，涂以酥油在太阳下晒，按摩手心，在疼痛部涂上厚厚一层赭石粉即愈。

治酒醒方： 男女饮酒过量，先是全天喝酒，到次日早晨酒醉，口渴，不想喝别的饮料。若再喝酒，肝和胆二者启开，酒进入胆、肝，就要发病。先是胃疼，不住打嗝，然后腹胀，右肾也疼，肝区刺疼，口水有咸味，这是肝肥大病。如此，哪边肝脉有病，就在哪边放血，然后在另一侧相等部位放血，肝叶尖，肝左右上沿，哪里疼就在哪里放血。吃各种盐和香甜水果，饮内服药。若肝上有水泡，哪里疼就在哪里放血，以黄牛角管迅速将水放掉，出脓则愈。

治肝病方： 肝疼肿大，症状为：脸色青黄，眼黄，在眼脉、肝脉两处扎之则愈。童便，盛于陶碗或银碗中澄清，早晚饮之则愈。

治饮食中毒方：饮食过量中毒，症状为：双唇破裂而麻木，说话不便，唾液稠黏，舌重不灵。若饮酒过量所致，不喜饮酒。若喝酸奶过量，不喜酸奶。若吃酥油过量，不喜酥油。若饮酸酒过量，不喜欢酸酒。若吃牛血料过量，不想再吃牛血料。哪方面过量所致，不喜欢哪方面。食物中毒后，若枕头过低而卧，就会头疼，上身疼。若端坐则进入肺、肝而病。

治便溺不畅方：若因骑马和骑牛［时间过长］，膝盖和肾部不适，小便不畅，手脚不灵，小腿疼痛，则用药和放血。

小便不畅，用草药次大黄（雌雄异株），由鼻端涂至囟门，用大黄水洗背脊骨；椎尾骨至外阴间敷药则愈。以白“其木苏奇”和打屁虫，炒焦之白羊毛、黄秦艽、透骨草等药和在一起，就水喝下则愈。

年轻女子小便不畅，用以下之法治疗则愈：成年女子能承房事而小便不畅者，行房事治之则愈。不能承房事者，用一拃长的木制男阴裹以湿肚子，顶端放青稞大小的白硇，以此塞入女阴则愈。

小孩小便不畅，兼有疼感时，从椎尾骨到后颈窝以下，每一脊椎节灸之，则愈。若无效，剪掉指甲、手指涂以酥油伸入肛门内，何处疼得厉害，何处即可触到硬块，大者如卵石，小者如水泡，在症状处用针扎之，切开就可取出。若无效，先念“拉阿恭”十三句咒语，再以此法行之。

预防中毒方：秋季若害怕患病，早晨走时，以海螺粉、油菜籽、艾蒿诸药和之，用刀尖取药就水服下，就不中毒。若此法无效，怀疑饮食中毒，喝一口蜂蜜就会［将中毒物］全部吐出。如无蜂蜜，用一粒酒曲碾碎，就水服下，则可全部吐光。若怀疑未吐尽，用鸟毛在嗓子里搅一下则可吐尽。如还怀疑未吐尽，在愈前禁食。

偏方一：腹中有毒，怕毒发作的话，以犀牛和麝之粗毛和粗白毛缚置颈部咽喉部则不发作。

偏方二：如中毒箭甚重，或因房事染上梅毒，不能确诊，以船形乌头和黑乌头同烧过的岩羊毛、油菜籽、切碎之翎毛，以上诸物就水喝下则愈，喝热牛血也能治愈。

偏方三： 人如被鱼刺卡住，用水獭毛及其下须剪碎就水喝下，鱼刺可全部化掉。人如被骨头卡住，以羚羊喉同大黄汁、次大黄和在一起就水喝下则愈。

偏方四： 人若肝裂疼，用刀尖取古玉粉末三次，喝下则愈。用任一种鸟兽之肝喝下也能痊愈。

医肠断方： 诊断人的肠子是否已断裂之法为：饮以少量水银，如从肛门流出（肠子未断），可以医治，立即就医。如不流出，哪怕贵胄苗裔也无法医治了（肠子已断）。治肠断之药为：桃仁炒焦碾碎，喝一把则愈。若喝任何愈合药也能奏效。

医黄水疮方： 若生黄水疮，以烧焦的人骨、烧过的蕲艾、烧焦的干姜、烧焦的秋酥油、炒焦的桃仁、炒焦的驴粪、鱼胆诸药物和后涂之则愈。小蘖之汁涂之也愈。

治烧伤方： 被火烧伤，以鼻涕涂抹，露出红肉，以麸皮、蚌壳粉、蓝靛、烧焦的秋酥油、胆等九种药物，在烧伤处涂之则愈。伤口结痂即可剥掉。

治中暑方： 人如中暑，三天不要吃酒、肉。若做不到，两天不吃酒、肉。如这也办不到，至少一天不要吃酒、肉。或在流质饮食品内和入一两（?）以下，半两以上之麝香、蓝靛粉、大米、奶渣粉、黄秦艽、艾蒿、烧焦的土、唐古特青蓝的一种、碾碎之让巴草，全部喝尽则愈。若无效，本人在哪里［中暑］，就在哪里取土，和三碗水煎后，喝一碗泥糊糊则愈。如无此土，在一箭之地挖土，让病人在上面踩一脚，在踩过之地取一把土，加三碗水煎后，取一碗泥浆，用踝骨大小酥油和后，喝下则愈。此法若无效，在二个肺脉相等处先后割治则愈。病人如胆小不敢割，在脐下四指之地灸三次，大便通后则愈。

治疥疮方： 人患疥疮，以蛇脂涂之则愈。用山羊脂涂之也愈。以鱼胆、熊胆、米汤、“聂尔布”和在一起涂之也愈。

偏方五： 人如胸口疼，以葫芦同“玛萨牟”就水喝下即愈。

婴儿哪里疼不会说，用旱獭之肝放入葫芦内，用羊毛缠之泡在水中一整天，让婴儿吮饮之则愈。

偏方六：打呃不止，按右手跳脉则止。烤囟门也行。往鼻中伸入绳头，打个喷嚏则止。

偏方七：人脑骨破裂，剥下脑皮，露出骨头，剖开内皮，杀一只狗，以狗皮盖在伤口，将热狗皮盖上则愈。骨头外露，用油涂后，以丝棉裹之，［将狗皮］放在伤口则愈。

偏方八：［阳痿者］如欲行房事，以公燕子、公鸽子、公戴胜鸟、公麻雀、公“哲布”、肉苁蓉、阴水、鹿尾骨汤、野驴尾骨汤、鹿粪、毒草诸物和在一起，放入酒内，抹外肾，多次搅拌，行房事后不会伤身体。与用羚羊角粉、壮阳药不同；若喝放羚羊角粉等壮阳药，任何男性能兴，但要得病。久兴不衰。

女性若不能行房事，割（切）右手拇指上的心脉则愈，若割所有的肝脉也愈。此法仍无效，用有毒之草，熏女阴则愈。也可能出来三只小虫，有蚁虫不能行房事。成年未婚女子未曾与男性接触，而子宫干枯将要死亡时，使子宫不干枯之方：女病人凡肉色青黄、眼黄、肝区出汗且疼、小便不畅、消瘦、不思饮食，以男尿［少许］渗入酒内，注入女阴则愈，按摩肝脉亦可愈。按摩眼脉亦可。

偏方九：无论人患病，牲畜和马患病，涂敷之药为：壁虎肉、蛇脂和蛇肉、铁粉、三个男性之阴毛、鞋上的污垢、阿魏、硫黄、透骨草，诸药和在一起涂于身上，同时又以鼻吸之则愈。

偏方十：人如刺痛，用硫黄三分之二同唐古特青蓝混合，以雕翅（管）吸之则愈。若此法无效，以“贡保谢吞”和灰条草、“滚盘”诸药就水喝下则愈。

偏方十一：人胸口痛，以寸冬、安多芥子烧后，服之则愈。将菥蓂碾成粉内服，将碾细的菥蓂用刀尖取十三次，和入酥油食内，天未亮食之则愈。

治软疲方：人感到软疲无力，以景天、艾蒿之根、龙胆、丁香、蒿叶、苏布叶、甘松、茵陈蒿、阿魏诸药煮后澄清，口渴时常常喝上一两口则愈。

治疹疮方：人过敏发痒，脸上涂以糌粑，将安多芥子烧焦后，饮下则愈，以青稞糁煮糊糊喝下则愈。以毛茛烟熏则愈。以透骨草涂于鼻上则愈。

治瘊子方：人脚长瘊子，以田鼠热油脂敷之则愈，或用辛菜擦之亦愈。睡在波涛中可愈。如以金条烧热后烫之可愈。用公山羊之尿涂后，让毛色黑白的母山羊舔之亦可痊愈。

治痣方：人脸长痣，用锋利金子划破，涂以骨髓及朱砂则愈。

治腰病方：人腰部和盲肠患病，头顶心放血则愈。将蜥蜴（去头切尾，头尾有毒）剁碎烧焦后，食之则愈。

治喉病方：喉部患病和打呵欠不止，按摩头顶和小腿，用羊脂白石或竹子放血则愈。在治喉病的内服药中，和以母牦牛酥油，与头天灌浆麦粒碾成之粉末、桂皮诸药煮后，以手能放入之温度喝下，衣服穿暖，出一身汗则愈。声音沙哑待毙，倒入配偶之小便则愈。

助产方：媳妇分娩时，婴儿和胎盘不分离，用獐子尾、鹿尾［碾碎］涂于女阴，用野牛角、羚羊角、公马鞭上的污垢诸药涂于左右髋骨，婴儿一定能产下。如以丈夫或小叔之阴毛，烧后放在食内喝下则愈。或喝下酥油后，于腹部缠以湿皮，骑于平稳的黄牛鞍上，让一位大力士从产妇肩部往牛鞍上用力压亦能分娩。此法如无效，骑于骏马上，在房屋周围来回走动，屋内发出“敌人来了”喊叫的声，人马俱惊，当即分娩。孩子生下后，睡于产妇怀中，产妇多吃肉食，和以佐料，母亲少病，孩子体壮。服一切愈合药则愈。多以肉和酥油为食则愈。

女子怀孕，易上火、疲倦、消瘦、气色不好、发懒不想干活、想饮酒，此时孕妇想吃什么就给什么。杀一只羊，多给肉食，一个月里以肉为食，孩子不会有大病。分娩前与男人共床，孩子病少。

侦察敌情使箭矛不入之方：与任何敌人对打，在对手不发觉时，取对手鼠眼大小一滴血和入水中饮下，与敌对打，箭矛不入。向敌进攻时，腹部裹以湿皮，置于铠甲下，则箭矛不入。将三两人骨头置于铠甲下，则箭矛不入。将妻子的衣服置于铠甲下，则箭矛不入，吉利。在箭尾如将雕翎与猫头鹰羽翅倒插，箭矛不入。如照此术去做，效果最佳。

此文书书写后，核对无误。

2. P. T. 127 号　**藏医灸方**

1. ……若于第三、第四根浮肋间（凹处）灸之，则对风犯内脏、腹鸣、肝患风病、脾肿均有疗效，灸七次即可。

2. 若于第三浮肋以上近处灸之，则对气虚、肾脉肿硬致使腰痛，和上躯上部、骨眼患风病均有疗效，灸九次即可。

3. 若于乳房与颈之间胸部肌肉鼓起之处灸之，则对气急、黄水入心、幼儿胸痛均有疗效，灸七次即可。

4. 若由胸肌部位往下一寸之地，在其左右四指宽对直之处灸之，则对消化不良，引起不适，腋下、胃部有病，及患一切风病均有疗效，灸九次即可。

5. 由胸部胸肌往下量四指，直对腹下［灸之］，则对胃由温热病转为寒病不愈、腹泻、便中有白沫、变成寒病、总想解便均有疗效，灸十一次即可。

6. 腹部左右大脉管上部灸之，则对脾肿痛、口臭等一百零一种疾病均有疗效，灸十一次即可。

7. 量肚脐以上一指之处灸之，则对温热病出血、长期寒病、肠水臌、下肢下躯受寒、妇女怀孕后受风、发高热后腹肿、积水诸病均有疗效，灸十三次即可。

8. 由肚脐对直往下（上）量三指，于腹腔（横膈膜以下的体腔）缝隙处胃部灸之，则对所有温热病、受风病进入腹内、子宫有病均有疗效，灸九次即可。

9. 若于髋骨灸之，则对受风病、关节炎、腿疼痛、急性慢性佝偻病使下身长期不能动弹疼痛、肾脏积黄水、尿积满膀胱便不出来诸病均有疗效，灸十一次即可。

10. 若于尾骨顶端粗骨突起部位灸之，则对下躯犯佝偻病、一动就痛、腹泻诸病均有疗效，灸七次即可。

11. 若于尾骨顶端灸之，则对常犯温热病、妇女行经不停、经频诸病均有疗效，灸五次即可。

12. 膝盖骨侧边，往上至大腿缝用力伸直，若于左右腿小肚膝后窝处灸之，则对男阴勃起不止以致不敢走动、黄水积于下身肾腰以下疼而无力诸病均有疗效，灸九次即可。

13. 若于小腿肚中部灸之，则对妇女月经失调、尿潴留（水肿病）、肾腰痛、小腿发颤、脚骨错位、一切肺病均有疗效，灸九次即可。

14. 由腿侧踝骨隆起处量四指之缝隙处灸之，则对肾腰以下无力、肺病、长期积水和一切浮肿病、腰部感觉沉重诸病均有疗效，灸七次即可。

15. 若于膝盖后侧硬硬的粗筋与膝盖相触处灸之，则对髋眼麻木、疼痛、男阴肿胀或流脓诸病均有疗效，灸七次即可。

16. 若于小脚趾与第二脚趾间灸之，则对因发热引起骨头酸痛和关节长期积黄水、脚发沉且酸痛诸病均有疗效，灸五次即可。

17. 若按腋下硬硬的粗筋后侧，伸直胳臂，用另一只手所及处灸七次，则对肾病黄水往脚下流、脾病黄水汇于小腿肚诸病均有疗效。

18. 身体平稳直立，左右脚跟着地，脚掌朝上翘起，从脚拇趾量一拃触到胫骨，再往上量四指之处灸之，则对热瘟（脱发、脸发黑、舌干）集于头顶、颈部左右肿痛、耳内患风病均有疗效，灸七次即可。

19. 若于头顶至后颈窝上突起部位灸之，则对头患风病发晕且痛、一切瘟疫、摇头病、脑碰伤均有疗效，灸九次即可，放血也行。

20. 由后颈窝下数到一个突起之骨，名为第一节脊骨，于此处灸之，则对黄水积于头部、患一切风病、颈不能转动均有疗效，灸五次即可。

21. 若于鼻梁顶端凹处与双目之间灸之，则对上眼皮肿胀、流鼻血不止、肺痛、鼻塞诸病均有疗效，灸草样粗细五次即可。

22. 于双目之间，有青稞大小一孔穴，以指按之有痛感处灸之，则对眼珠发黄、瘟疫、头晕头痛、常流鼻血、鼻内积黄水、多鼻涕、眼骨刺痛诸病均有疗效，灸细细五次即可。

23. 若于颧骨突起部位灸七次，则对受风后面颊歪斜肿胀、上牙受风或有蛀虫、面颊一侧发肿诸病均有疗效，灸五次即可。

24. 面颊侧边有二粗骨，其间有一脉，于此处灸之，则对牙有蛀虫疼痛、面颊受风疼痛均有疗效，灸细细七次即可。

25. 若于额发之间灸之，则对头晕病、双目模糊不清、眼干涩、流鼻血不止诸病均有疗效，灸五次即可。

26. 若于鼻扇处（鼻边穴）灸之，则对颧骨疼痛、牙有蛀虫、气盛（气堵）成病、出鼻血不止诸病均有疗效，灸七次即可。

27. 若于下巴之上，嘴唇之下陷处灸之，则对口内满是水泡不能说话、或下巴脱落诸病均有疗效，灸五次即可。

28. 若于胸部鼓起之处灸之，则对闭气、从胃上部和胸两侧（此句与前接不上）、唾涎少、舌苔黄、食物咽不下或感堵塞诸病均有疗效，灸九次即可。

29. 若于耳壳背后突起之骨外侧凹部灸之，则对头晕发沉、由于受风眼花、摇头、颈部筋硬诸病均有疗效，灸七次即可。

30. 若于头骨突起后侧附近量三指，于陷下之处灸之，则对热瘟、脑部刺痛、头部受风而肿均有疗效，于左右各灸七次即可。

31. 若于后脑鬼门灸之，则对所有热瘟病、肉黄、眼黄、大肠积黄水、脑充血、头晕诸病均有疗效，灸九次即可。

32. 若于耳壳后侧隆骨外部灸之，则对由于受风病和积黄水、头部不能左右转动、眼有红丝均有疗效，灸七次即可。

33. 若从第一节脊椎骨数至第五节脊椎骨间灸之，则对咳嗽并痛、眼黄、黄水汇集上身诸病均有疗效，灸十一次即可。

34. 若于第六节脊椎骨间灸之，则对腹部受寒食物不消化，胃痛如锥刺均有疗效，灸十一次即可。

35. 若于肩胛骨相连处灸之，则对肩臂相连处积黄水手不能抬举……咳嗽病、上臂脱臼疼痛、积黄水均有疗效，灸十一次即可。

36. 若于耳后往上笔直量三指，至头发间，有一青稞大小之处洞孔灸之，则对耳受风成病、面颊朝下耷拉均有疗效，灸七次即可。

37. 若于鼻尖两侧（鼻扇）处灸之，则对出鼻血不止、发热、眼翳变红、鼻翼碰伤而肿、男阴肿痛均有疗效，灸细细五次即可。

38. 若于颈粗部位附近量四指之大脉上灸之，则对一切肺病和发不出声、流鼻血不止、上身七十种病均有疗效，灸细细七次即可。

39. 若于锁子骨顶端与肩和肩胛骨汇集处一旁，从肩头量四指之缝隙处灸之，则对双臂不能抬举、腹内发热、气短、肺脉堵塞均有疗效，灸九次即可。

40. 若于拇指与食指相连的弧形叉口凹陷下去的部位灸之，则对手突然肿痛和咳嗽而气促、关节隙间积黄水、受地湿潮气患病均有疗效，灸细细五次即可。

41. 若按前臂手肘处一侧的脉络，在有痛感处灸之，则对手肘碰伤和积黄水、手不能转动均有疗效。此外，于第一脊椎骨灸七次也可。

42. 若于肩眼和锁子骨、肩胛骨根部三者汇集处按之，有一陷处，于此处灸之，“夏巴”和肩胛骨则感到刺痛。关节眼积黄水，肺痛异常和肺碰伤，此三者是使咽喉犯病的致命伤。灸十一次即可。

43. 若于肩和前臂相连肘背陷处灸之，则对肺部黄水流至手上、手骨脱节、肘骨错位、长期风犯肿胀均有疗效，灸七次即可。

44. 若于手拇指背面腕侧陷处灸之，则对二手腕处积黄水、手半截麻木疼痛、手水肿而痛、没有食欲诸病均有疗效，灸七次即可。

45. 若于食指尖灸之，则对一切眼黄、脾大、骨头突然疼痛、妇女风犯和［阴道］有虫、下身长虫诸病均有疗效，灸五次即可。

46. 上身肉黄、眼黄、出鼻血、头刺痛、颈不能抬，此即热瘟病，得病三整天，于囟门缝隙处灸之，灸七次即可。若精神萎靡不振，于后颈窝鬼门隆骨上灸之，灸九次即可。若仍有鼻血，用大食（伊朗）纸或剪裁剩下较大块的缎子烧后烟熏，并以其灰放入鼻内治之。若仍无效，在鼻梁顶双目间灸细细七次即可。若仍流鼻血，于脑部灸之。如仍无精打采，于直对脑部心窝的小脊椎骨，即“后筍玖玛”，直接于此灸十五次即可。若肉色仍黄，于脸部以藏红花、大黄和在一起涂之。用冰片及散剂和在一起服之也可。用“岛亚”、大黄、“秦噶”增量服之也可。喝藏麻黄药汁，对医治流鼻血也有效。

47. 若肺胀窒塞，于二“短角”处灸之。若头朝后仰不能往前低，从第一节脊椎骨至“后筍玖玛”以上，每一节灸五次。“迥如”与胸肌左右各灸五次。

48. 用突厥的外科治疗法，以铁械治疗败疽也可，饮食要凉。

以上械治文书，连王库中也没有，是集一切疗法之大成，加之吸收了象雄深奥的疗法写成。

3. P. T. 1044 号　藏医灸方

49. ……量三……后，［小腿］外侧［骨］肉缝隙和踝骨以下陷处和脚小趾与脚无名趾之间，各灸九次即可。

50. 从后颈骨向下数至第十三节脊椎骨并于其左右各量一寸

三分处灸之。对消化不良、脏腑疾病、冷热不均引起腹泻和小便不畅诸病皆有疗效，灸十七次即可。

51. 从后颈骨向下数至第十六节脊椎骨并于其左右各量一寸三分处灸之，则对腹胀、长瘤子、受寒得病、幼儿及童婴小便不畅、妇女月经不调皆有疗效，灸二十一次即可。

52. 从后颈骨向下数至第十九节脊椎骨并于其左右各量一寸三分处灸之，则对脾积浓黄水、消化不良、手脚肿胀、癔病、肾和脚疼痛皆有疗效，灸七次即可。

53. 从后颈骨数至第八节脊椎骨，并在其左右各量一寸三分处灸之，对消化不良、腹胀、吐血原因不明皆有疗效，灸二十一次即可。

54. 由于中风、口鼻歪斜、脸肿、下躯五骨（骨盆、大腿骨二、小腿骨二）骨柱疼痛均有疗效，灸十一次即可，由鼻部向上直至额部发根处灸之。

55. 若于颧骨外侧和拇指以上手腕硬筋络间及按时有痛感的后颈筋络三处灸之，对头晕、后颈僵硬、流鼻血不止均有疗效，各灸十九次即可。

56. 由于中风嘴部歪斜、半身不遂、耳聋，则于额部发根边耳壳前侧颊车处、面颊中部、颧骨中部、上臂、肩头筋络与肉隙处、从前臂骨节往下量五指背面的肉隙处，脚背与脚趾相连部位的拇趾、二趾间量一寸三分处，各灸十一次即可。

57. 治佝偻，于额部发根和胭部量四指之凹陷处，踝骨以下凹陷处中间灸之均有疗效，各灸九次即可。

58. 由于中风脸肿、颧骨颊车处如感觉小虫在爬、下身沉重、头晕、双目无神，于头顶囟门和从眉毛往上量一寸处，颈部左右、拇指以上手腕以下两根硬筋络间、脚背中、中指对直以上诸部位灸之。另对打呃逆不止并感疼痛、消化不良亦有疗效，各灸九次即可。

59. 肚脐左右，量一寸五分和阴毛边突出的耻骨上有大皱纹中灸之，则对瘤子、小便不通、腹胀均有疗效。

60. 从前臂背侧肉间隙处至前臂手腕往上量五指处灸之，则对中风、脚痛和脚发麻均有疗效，灸十一次即可。

61. 从肚脐以下量一寸处灸之，则对腹胀而痛和腹部绞痛、小便不畅均有疗效，灸十一次即可。

62. 大腿内侧伸直，手也伸直，以中指尖能触及处灸之，则对小便不畅、腹部绞痛均有疗效，从肚脐量一寸五分左右，于三处各灸十一次即可。

63. 妇女小便不畅而尿频、温热病，从肚脐往上量三个一寸，于三处各灸九次即可。

64. 由于中风头痛、脸黑、心脏有病，灸九次即有效。于额部发根筋络背侧量一寸半和从乳部量三寸及拇指上连着一根分叉筋的凹陷处，按时有痛感，即拇指骨节顶端诸处灸之。

65. 另一治疗法，由于两种疾病并发和中风形成的病，名曰“寒”，从腹部以上之上躯不能弯曲而疼痛，于最末一根浮肋上灸如豌豆大小十四次即可。腹部正中感到硬而疼痛不止，于肚脐左右再向上量二寸处灸如羊粪大小七次即可。

66. 从印度国王家乡得一疗方为：

善变的神仙，名曰哈达那毗它的灸方：

要挑选好日期灸，要弄清当日的生命点［在何时］，生命点上不能灸。灸的日期是：一年四季中以春季灸之最佳，不仅能治愈疾病，同时对人体其他疾病和三百六十根支脉皆有益，越往后疗效越小。冬季灸之，对脉络顶端和脉络根部及其他小病，略微有效而已。

附记：

本文所译 P. T. 1057、127、1044 号文书的藏文录文及注释，参见《敦煌本藏文文献》（民族出版社，1983 年）第 291—326 页。

（原载《中华医史杂志》1982 年第 4 期，1983 年第 2 期，与陈践合撰。此次结集，有局部修订。）

敦煌吐蕃写卷《医马经》、《驯马经》残卷译释

一、解　题

在敦煌古藏文写卷中有 P. T. 1062、1065 号两个令人感兴趣的文献，都是关于马的，所以称为“马经”。原文无题，依据内容，今作《医马经》及《驯马经》残卷。由于这两个卷子的出现，人们不得不注意下面的事实：（1）吐蕃人畜牧业发展的高度，特别是马的繁育和使用，达到相当水平，其牧畜学知识的积累，蔚然可观。（2）吐蕃的兽医学与普通医学的发展相一致，成为藏医学的分支。

马匹在古代军事和交通事业（驿站）上，属于非常必要的牲畜，历来受到人们的重视，所以被尊为六畜之首（排列次序是马、牛、羊、鸡、犬、豕）。吐蕃人对马的重视尤为突出，请看《敦煌本吐蕃历史文书》赞普传记第 3 节的两段即兴诗句，都提到了骏马：

汤汤大河彼岸，
雅鲁藏布对岸，

有一人虽人之子，
实则乃天神之嗣，
唯真天子方能调遣，
唯好鞍鞯才能驮运。

杰士坐骑骏马，
白昼藏匿猪林，
夜晚潜行堡寨，
敌人乎？友人乎？

根据现有记载的材料看：

1. 战争推动了吐蕃的养马事业。骑兵是吐蕃长期训练有素、时常用来出奇制胜的兵种。骑术是战争中积累起来的经验，经常在战争中使用的战术。瞟突驰骋，掠地攻城，北取突厥，南逼南诏，东犯唐廷，西迎大食，哪一次不是以骑队获胜？成功的喜悦，鼓舞着吐蕃人进一步去发展养马、驯马的事业。马匹多了，还供贸易交换，诗人白居易《白氏长庆集》卷5《阴山道乐府诗》云：

五十疋缣易一匹，缣去马来无了日，养无所用土非宜，每岁死伤十六七。缣丝不足女工苦，疏织短截充匹数。藕丝蛛网三丈余，回鹘诉称无用处。咸安公主号可敦，远为可汗频奏论。元和二年下新敕，内出金帛酬马值……谁知黠虏启贪心，明年马来多一倍。

诗中虽然具体指回鹘与唐的马丝交换，但也应看作包括吐蕃在内。其具体措施有三条：

（1）求良骥改良马的品种：汉唐以来，先后从西域输入大宛、乌孙、波斯和突厥良马，用以改良内地品种。《新唐书·兵志》说“既杂胡种，马乃益壮”。这事实应该是包括了唐廷和吐蕃在内，都用良种改良自己的马的素质，唐朝当时著名的“十骥”、“六骏”成为人们艳羡的标准。吐蕃当时也不例外。

（2）“阉马”以求提高马的性能：马的阉割术是我国古代畜

牧学上的发明。日本人川田熊清氏专门研究这一问题，他认为阉马术以中国最早，《周礼·夏官》中所谓“颁马攻特”，攻特即是阉马。从这个卷子的记载中看到，吐蕃人已熟练地掌握了阉马技术，极大地提高了马的战斗力和役使力。

（3）调教、训练马匹：在长期饲养家畜的实践中，劳动者认识到马是一切家畜中最为娇贵的一种，必须精心饲养和训练，才有可能培育出良马、骏马来。卷子中所载：

“不宜冷泡，易致疾病，忌之。”“日落后，夜间给水。”“白天喂草料时间长，饮水两次。”“抓马、喂食时，以‘奈萨’和以不暖之井水、河水洗马身，然后喂以冰水，掺拌共喜食之料”……等等，与《齐民要术》所载马的饲养法是“食有三刍，饮有三时”（意思是说饲料不可太单纯，饲饮要有定时）完全相同。古人的经验是“养物惟马可贵，其性恶湿，利居高燥，须惕其好恶，顺其寒湿，量其劳逸，慎其饥渴”，与吐蕃文书所载如此切合。可见在畜牧学上，汉藏民族文化已交融在一起。

我们从《五部遗教》kha卷的例子中可以看出，由于战争的需要，吐蕃人在四茹各个部落集团之间组成庞大的骑兵团队，每一团队要求马的毛色一律。由此可以想见当时骑兵雄壮、威武的英姿，听到青康藏高原和毗连地区万马驰骋的得得蹄声。

2. 祭祀也推动了马匹的发展，吐蕃人以马匹作为祭祀的牺牲，用以媚神，取悦上苍，以求福祉。人们夸大、神秘化马的性能，想用它来弥补人的缺陷，把希望寄托于马的身上。或者由于对生、死之界限不明，认为对贵重，必需的牲畜，人死之后也有同样需求，因而杀马行粮。《敦煌本吐蕃历史文书》赞普传记第5节有这种记载：松赞干布作为吐蕃的君长，到老臣韦·义策家中重申盟誓，盟词说：“义策忠贞不贰。尔死后，我为尔营葬，杀马百匹以行粮。子孙后代中一人，赐以金字告身，不会断绝！”“有恩泽于我者，决不使之灰心丧气！骑神骏者，决不会使之打背磨伤！”这里把忠贞之臣喻为骏马。

汉文记载中尤为明显：吐蕃“人死，杀牛马以殉，取牛马头周垒于墓上”（《册府元龟》）。吐蕃“其兽犛牛、名马、犬、羊、彘……赞普与其臣岁一小盟，用羊、犬、猴为牲，三岁一大盟。夜肴诸坛，用人、马、牛、闾为牲。凡牲必折足裂肠，陈于前，使巫告神曰：渝盟者，有如牲”（《新唐书·吐蕃传》）。还应该提到《通典》卷190记载的吐蕃人“不食驴马肉”，看来是一种禁忌，也不是偶然的事。

最后，P. T. 1062号卷子中所记载兽医学的发展，证明了吐蕃人与疾病斗争的一个方面的成就。卷子中所举的放血、扎针、火针、烧烙、药物灌饮，实际上包括兽医学上内、外科并重，医治与休养同举的原则。

我们曾就P. T. 1057《藏医杂疗方》、P. T. 127和1044《藏医灸方》做过分析、翻译，介绍。这里的P. T. 1062号《医马经》可以说是那一工作的赓续，供医学和兽医学的专家们研究。

二、译　文

（一）P. T. 1062号《医马经》残卷，原卷藏文110行。（见P. 1062背面）

1. 骟马之方：……骟马如尿水流淌，为医治取睾丸后流水……骟后洗净，抹以酥油，以手伸入［肛内］触及膀胱压之……有一圆圆之物感，轻轻挤压，即出黄水。然后备鞍慢行，遛三至四日。如腹腔及肛门肿胀，何处肿胀即在该处扎针放水，置于栅栏内，直至能走。骟后七天，腿上若出现红点，可于踝脉左右扎之。走时前后肢如有羁绊跛行，可于马腋之脉、肚脐左右两脉针之。

2. 脊梁肉紧而僵硬，尾根……塌陷，治肾和脾之法乃于尾根左右针之。

3. 从“恰尔波”[①] 之下方，向该处扎二指深；逼近肾脉，于左右短肋靠近肾之背面，左右灸之。于短肋右侧之“细尼”[②]骨之背面，朝上骨节上面，大马量一指、小马量一拳之处，以刺血针刺入约四指……。接近脾处扎之。然后，备鞍，以能走［之速度］遛行之。

4. 脊梁骨左右，颈端和颈侧左右有皱纹处，重灸三、六次；左右胛骨，各灸一次，灸尾脉后能行。

5. 双目上翻，口吐白沫……医治之方：扎面颊骨上部，灸左右面颊各一次，……将粗细如鞭之木，让马用牙咬住，于左右眼脉灸之。于左右短骨……。轻轻将左右眼脉割之，拍打并蘸盐喂马。若肿，交替灸之。对四肢无力心患“扎木”[③] 病，于心脉，左右短肋处灸之，不宜骑行。以蟹甲、“香菊”[④]、“哲籽”[⑤]三味草药，调以四至五两酥油喂之，药放入体腔横膈膜间，若流黄水，治疗之法为：不让食草，不让躺下，马感无力腹空，从腋部侧凹陷处向下量四指，以刺血针侧入将皮肉戳穿，将引取黄水之铜管或鸟翎，插入洞孔四指深处，引流黄水。取水之法为：不能顿时取净，隔日又有积留，需取三天。

6. 公马生殖器之脉和生殖器二者发肿，后趾受损，腹部旁突，踝骨患“扎木”病，于左右踝骨有肉与无肉之间灸之。从肚脐朝上量四指，于胸腔隙处，将皮肉扎透，插入引水之红铜管，黄水顿时排出。于上、下躯体隙间灸之。脾脏中风，用热羊粪或热马粪，取二者之一，约一驮……加水于后，倒入皮袋中熏胛骨以下、髋骨以上之处。熏法为：将前肢置入熏物，若前肢不能承受，可前后移动，直至能承受处。

7. 左右肩头、左右髋眼、胫骨和大腿……髋骨左右皱纹凹

---

① 恰尔巴：藏语 phyar pa 的音译，马腰部一穴位名。

② 细尼：藏语 zhi gnyis 的音译，马腰部一穴位名。

③ 扎木：藏语 vdrams 的音译，一种病名。

④ 香菊：藏语 shang rgyud 的音译，一草药名。

⑤ 哲籽：藏语 dre rtsis 的音译，一草药名。

陷处与左右肾背面凹陷处诸穴位灸之。灸法为：于患处盖小块湿毡，将一硬石烧热置于其上，直至石头冷却。或将……一把热的荞麦粉团后置于背部。用手压左右肾。

8. 马骟后，能经受烙，后来化脓，可划口，让血外流。肛门外部两侧皆肿，可灸之。肛门翻出（突出），可于左右两侧用刺血针刺入三指。此法无效，形成痼疾。以手按之，睾丸歪向一侧，可洗净伤口之脓，将血挤出。融化十两酥油，将核桃大小“芘芨”[①] 药和入化过之酥油，二者加温后从马之肛门倒入一满水勺之量即愈。

9. 若胸骨和锁骨以上脊梁发肿，可以从肛门往肿部近处用热铁烙之。此法无效（或无此条件），可多灸之。或将“芘芨”药与酥油相调，往肿处涂之，盖上衣服，下面烧火，吹烟熏之。若仍不愈，可将三根柏枝和上一满碗人尿烧熏之，立即奏效。

10. 马膘过肥，骑后无走，纠治之方为：将鞍取下，牵入水中，水没全身……然后牵出。最好骑上在水中走，若不会，可用水洗之。

11. 治马乏无走之方：耳内侧有一硬脉可放血……，将“水沫”（冷水中撒入少量糌粑之饮料）从口灌入腹中，同时亦灌冷水入肛门，第二天傍晚喂饱后能走。

12. 误食“苔毒”[②] 和一把香毒草、醉马草三者救治之方：眼肿，从口……为去毒，可将白芥子和“桃阿”[③] 药压碎，和以酒糟或酒或水敷……内。连敷七剂，然后，往口中倒盐。倒后……扬鞭。将白芥子和“拔梅纳”[④] 烧焦，或将马鸡翎、或将任何毒草与一把香毒草叶烧之，以此烟熏耳部，将火燎之酒或水……灌入。然后在左右眼脉灸之。此法无效，可取靛树末一方寸匕之量，以酒或水调后灌入。如此法也无效，可取靛树末三方寸

---

① 芘芨：藏语 ber zid 的音译，一种药名。

② 苔毒：藏语 mdav dug 的音译，一毒草名。

③ 桃阿：tho nga 的音译，一种药名。

④ 拔梅纳：bo dmyed na 的音译，一草药名。

匕之量，加马尿调一满勺灌入。

13. 骑马打猎或……奔跑间连人带马摔倒于鞍下治疗之方：若不能站立，偏倚而卧，将头向下压，往胸部用脚压三下，一人紧握马嘴，一人对耳吹气。气出后，能站立时，戴上笼头，拍打使其咳嗽，牵之慢遛，过一昼夜不死……，于左右短肋灸后以水洗之。夏季慢骑遛行再拴。秋季喂六、七天青草后，于尾根灸之即愈。

14. 马长余齿拔取之方：马有余齿及齿长短不一，……［不能很好食草］掉膘，不宜备鞍行走，食草料时有得得之声，嗅后弃食……。有余齿治疗之方为：余齿长在面颊前，像治疗人那样，用圆形老虎钳夹住，如拔橛子般拔掉；余齿若长在面颊里边，用手在外边触之，感有凸出之物，可将面颊该部划口，用铁钳拔掉余齿。此法不行，可用圆形老虎钳夹住，如拔橛子般拔之。虽无余齿，但有齿较其余为长，可用锉锉齐。

15. 治马背脊受伤之方：下躯歪侧行走，医治背脊受伤之方为：于歪斜处，用宽约四指、厚约一指之木板，置于突起胯骨附近，于第三、四根短肋以上之关节处扎针，于［木板］上、中、下处针对穴位部分各钻一洞，［脊梁受伤部盖以湿毡子］，于三洞中，插入三根木筷直接插入穴位上。灸法为：直接灸在脊背肉上。脊背肉何处有病，于马尾上部向下量四指，在有尾毛和无毛之间，割尾侧之脉，此法无效，于脊背肉上涂以酥油灸三灸。

16. 使马快走①大跑②之方：马到两岁，将阴囊割开，取出睾丸……马阴茎不再伸长，骑上后就能远走长跑。……即有走有跑。首次走、跑时，开始勿走过急，中间夹以小步走调教，为训练跑步，跑得毛鬃几乎倒伏，从日落直至“京科”③ 之间骑之。如此训练，走、跑驰能驱。马骟后，三十七天之内不要骑，三十七天后再骑。体温正常，可大跑五箭地之远。

① “走”：指马行时平稳的细碎步。

② “跑”：指马行时平稳的跑步。

③ 京科：藏语 mjing khor 的音译，指夜间某一段时间。

17. 治马腰受伤之方：腰部受伤不能站立，如狗蹲坐。医治之方为：挖如马身长之沟，在腹部托一形如牛轭之木，松松捆住，将腹上托，……如此由沟底往上抬，从胯边至肩胛骨间以两块宽一拳、厚三指之木板夹住脊椎部。木板上、中、下各钻一孔。将露于木孔之马皮划口，将木筷直接插入该处。于后肢左右“奇扎”① 处与尾根灸之。在沟中站六、七天，然后往前牵出。马在沟中时，马槽中实以山水喂饮。如无上托之木，可于与马身等长处挖一缺口沟，前、后肢进入沟中，马腹触地。近肛门处挖一缺口，排泄粪便即可。

18. 抓住烈马颈项之方：颈项一侧有一隆起部位，按之，颈项凸部向上，以绳系脖，牵到跟前朝隆起部以足踏之，隆起部陷入。用宽一拃、厚如竹、约一指之木板，夹于耳根与颈侧部位，再于木板上、中、下处，各钻一小孔，颈置二木板间，从木孔中拉出马皮（划口），于该处，直接插入木筷，马即变得温驯。

19. 肥马骑行时折腿治疗之方：气喘、腰部弯曲、下躯出汗、前肢折叠，以好水饮五、六口，食净草药十来口，然后，喂食饮足水即可。

20. 马食“茶毒”② 疗方：发肿，睡时四肢伸直，置有“茶毒”之水中两次，喂十两酥油能愈。

21. 马尾中风治疗之方：马尾以酪浆或酪素洗之，尾部系一枚贝壳，涂以去中风恶运之血即可。

22. 治马狐臭之方：腋下和马臀部左右有汗，肺部能嗅到狐臭，躺下后打滚起立。治疗狐臭之方为：用青稞、起子和“觉扎尔”③ ……稳住马，朝上下抛撒，然后用烟熏，将毡子与山羊角烧后发出“嚓”声，熏……尾……。

2. P. T. 1065 号《驯马经》残卷，原卷藏文 102 行。（见 P. 1065

---

① 奇扎：藏语 phyi dgra 的音译，马臀部一穴位名。

② 茶毒：藏语 tsha dug 的音译，一种毒草名。

③ 觉扎尔：藏语 vjod vbrar 的音译，一种药名。

背面）

马之调教法为：马阴茎发抖并向下垂悬，咯痰……调教四十天以上，每天步度①在七次以下、六次以上，马立即……。调教……次不能承受，如体弱，只调教二十九天以下、二十天以上，（每天）步度在五次四次……较前减少度量行之。从开始调教“野牛步”② 之次日，毛尖倒伏，便粪五、六次以上之多，谓之“无力”。治疗之方：较常马早备鞍，日夜……放松，如常马一般调教，快速行、慢缓行，为时均要短。从开始调教“野牛步”之次日，毛尖不倒，肠无搅感，有也不显，便粪少，谓“肌肉紧张”。治疗之法为：未备鞍前，快慢步先后交替三次，才度量调教“野牛步”。备鞍行时，跑第一个“苏尔通”③ 以后，末一个“苏尔通”之前，“肌肉紧张”不停，时重时轻，黄昏与清晨仍骑之跑步，跑八次以下和六次以上，若马背磨破，与鞍粘上，可快慢交替奔跑。

如此交替奔驰，肌肉仍紧张非常，不服调练。从跑第一个“苏尔通”，至次日放马时，进行大调练，日落后起风时，有大河让马游之，无大河，将马鬃和身上脂垢，淋水洗之。马尾绕扎成圆形，将马拴于丘顶或通风处，让马冷得发抖直至初更，然后，次日与一般马同时……此谓“冷泡”。若能调练，不宜“冷泡”，易致疾病，忌之。有时，日落后夜间饮水，并给冰凌。跑最末“苏尔通”之前到次日放马时，日落后饮冰水。

从调练到拴马之间，不想食草，不思饮水，此谓“厌食”。

---

① 步度：马在行走时的速度。步度配合是指在锻炼马匹时，慢步和快步的比例，通常是用速度的时间和总时间相比来表示：

$$\frac{\text{快步时间}}{\text{慢步时间}+\text{快步时间}}=\text{步度。}$$

例如让马走 10 分钟慢步，5 分钟快步，步度为 1/3（$\frac{5}{10+5}=\frac{5}{15}=\frac{1}{3}$步度）。甘肃农业大学畜牧系主编的《养马学》（第 166—167 页），列有锻炼马匹常用步度表，对理解古代驯马方式、方法足资参考。

② 野牛步：调教马匹驯法之一。

③ 苏尔通：藏语 sur thung 的音译，调教马匹驯法之一。

治疗之法为：日夜之调教比一般松，并置于暖、暗之处。白天喂草料时间长，饮水两次。放马食草时，用长绊索放牧，取下嚼子让马食草。马进草时，勿连续饮水，“暖”和“放松”为上策，依照马肚大小反复观察而给［多少］。

调练马时，若倒胃不愿食草料，下午大跑出汗后饮以冰水即愿进食。此法无效，从首次跑“苏尔通”至次日放马，进行大调教。下午太阳落山时，不给草，只饮一点水，又备鞍骑上快步两次，小跑两次，大跑一次，共骑进五次，腹内粪便排泄物全无，即愿进食。

日夜调教仍然肌肉紧张，依照上法调教即可。如此行之，如仍不愿进食，从跑最后“苏尔通”之次日备鞍骑之，以慢步、快步交替越过三、四个山沟，向下骑行半“步度”，勒紧嚼子而跑，后，此马即愿进食。如此骑行调教，若仍不愿进食，则与“山鹿疾奔，不愿进食”同，如脖上之筋僵固不服，对大跑有害，此谓“犏牛肚”，不愿食料。

马大跑时，压紧后腰力不胜任。治疗之方：无论膘情好坏皆要缓急间行，走后压紧。有时，跑一箭地之远，在跑“拉窘”[①]与“苏尔通”时，若不与马群奔驰而匹马单跑，亦不双行时，不要压紧，马身长为佳。跑时胜任，压紧不扬鞭也平稳奔驰。从五更起至次日，渐能大跑。步度末，能跑两箭之远不喘气。若压紧而跑，平稳，马身长为佳。跑马时，马尾结不打紧。喂料时，给温水十一口为佳。不饮山谷水。

自首次跑“苏尔通”之次日，马睫毛粘连，额毛竖起，双耳松弛、腹泻、马步不稳，此谓“不能驯服”。治疗之法为：清洗马睫毛，洗涤鬃尾及全身。有时，大声喊叫和摇箭旗，令马极端恐惧而惊。调练马场勿让常马看见，日夜［调练］直到跌倒方才拴住。

“能调练”和“吃得消”意思等同。次日，放牧时因恐惧而

---

① 拉窘：藏语 lag rkyong 的音译，调教马匹驯法之一。

惊，从末个“苏尔通”至次日放牧时，用绳索牵入受惊马群。第二天，抓马喂食时，以“奈萨”① 和以不暖之井水、河水洗马身，然后，喂以冰水掺拌其喜食之料。上、下午，各给两把饲料抛地喂之，病能消除，有效。

调教练马从首次跑“苏尔通”起，若膘肥，马肚极度弯曲下垂，谓“食过硬”。马过于肥壮不宜行走者，不好调教。行走过急，肚量更大，腹部不胜任。此病治疗之方为：日夜调教要松，延长每次喂食时间，将马置于暖、暗处，饮水两次。喂食时，给水三次，与调练时进草料相同。

走马第二天要提早练走。走马次数：上午小跑、快步和大跑八次。下午从太阳落山，小跑、快步［交替］六次。上午［小跑、大跑］六次，下午小跑、快步［交替］相间四次。喂料时让其细嚼慢咽，即能长膘。喂料过多，不能承受。日夜给草、水，食也能进，膘也能长。一般，步度以后，看身体受影响轻重、膘情优劣，则观其脊椎突出高低与系马肚带弯曲程度及臀部中缝陷入情况即可。

马胸部和阴茎颤摆、肉颤、肩肉颤、肉肿，四肢发僵几乎不能触地，便知步度后受损。治疗受损之方为：每步度一次，气喘平息，汗干后，以鲜草饱喂一顿。每一步度为：快步两次、小跑三次，大跑一次，共调练六次。次日晨调练时，膘好。调练难度大者，调练八次以下、六次以上，调练后，不气喘。步度末，用力压马，跑一箭地之远。调教之速度，自跑末个“苏尔通”之前，及次日清晨刚放牧时，早、晚如此调练两次。一般来说，从跑最后“苏尔通”，至五更以内，教练不停。五更以后，膘肥者［调练］要松，如不放慢调教，则不服，以至不会大跑。训练不要过猛。驽马跑时，调练最甚者为：小跑、快步各二，大跑一次。驽马如略有损，跑大“跨步”之前，照前一个步度调练。勿连续激烈调练，但不要间断，则膘会渐肥；若不能驯服，依照

① 奈萨：藏语 nas sa 的音译，一种药名。

调练法行之。(很难调教)力大、步子大者，以小跑、快步交替及能控制之大跑，调练十次以上。下午，小跑、快步交替调练六次。行走中等和膘情中等者，则小跑、快步交替六次，大跑仅一次，共调教七次。驽马、步子小者为：小跑、快步交替四次。驽马体弱，不能与常马一样承受大跑。此后，若进行走步调练，由于体弱不能胜任大跑。

若不能进行走步调练，又不愿进食，步子虽大，接近跑“跨步”之日，仍不能大跑。治疗之方为：上午跑走次数少，让其长劲，嚼子放松，调练时，给半升爱食之料。下午不走步，从五更至次日清晨，进行大调练；下午太阳阴影有一枪长时，以喜食之食一升磨后给之，次日放牧。

跑小“跨步”以下者：上午备鞍而行，下午不备鞍行。白天调教后若愿进食，则不戴嚼子，笼头与一般同。夜间调教放松，不戴口嚼，披上垫子。调练大、小“跨步”前，给以半升喜食之料。

跑大小“跨步”之饲料喂后进行大调教之次晨，以二两白砂糖、两个鸡蛋、醇酒两勺调后灌之；此日傍晚喂食后，再喂两捧马喜食之去皮小米，拌以凉水。第二天早晨跑马前，喂一捧半马喜食之去皮小米再跑。

行走，调教，使马结实之方：照前喂马喜食之料，膘不过分，食欲不减，跑得飞快。

驽马，不肯聚槽而食，可将其分别另喂，于傍晚入群。早晨走马和调教时牵出。膘瘦或走得慢，调教要松，使其愿食之方为：上、下午走马后，前肢不痛，有时可跑一箭半地左右，压紧可经常跑。

详察马匹饲养：有不宜高处放牧者。有宜于高地饮水跑得快者。有水草皆以高处为宜者。有以水草皆于山脚为宜者。有低处放牧为宜者，低处饮水为宜者。有膘情、进食二者皆于低处为宜者。跑第一个“苏尔通”后，和五更前试之，调练小跨步以下并跑马。

依照马之种类：骏马佳种，肠胃好者，虽略肥，仍宜于较高地段牧放吃草饮水。中等马以下，按照膘情，进食度量放牧，肚带、缰绳视膘情而定，进食较松为宜。自最后跑“苏尔通”之次晨，初骑不驯服者，野性减后，马之呼吸均匀。快步后，慢步遛之，依往昔一贯标准减少步行。大小飞快步也逐减，嚼松，不备鞍行。有时于高地放牧，喂以两捧喜食之料则常有走。弱膘马胃口小，调教与前同，行走照弱膘行。马身虽长，但仍按照膘情优劣与胃口大小，进行行走调练，与上同。马身长者，上午饮水十七口。

不宜做饲料之草为：茅草、蒜草、各种带籽之长草、“孜岗察”“高金”① 草、“江俄”② 草、“日赛习木”③ 草、“喀汗”④ 草、“苜蓿”⑤ 草。不宜饮之水为：渠水、池水、井水、盐湖水等，勿用脏水，含矿物质较多之“重水”。

饲喂时拴牧绳二庹半长短为宜。次日放牧于草薄而平整处。黑夜宜暖，黎明宜暖。放曙前若不抓马，食欲减退。次日饮水，宜在日落有山影时；放牧时，不戴笼头，于圈中喂以饲料。

跑最后“苏尔通”以后，五更以前之间，马粪干燥或稀软，不能跑马，只能结伴而驰。[粪] 干慢行，不紧缰绳，粪稀则快行。

拌马料之水，视马粪大小和饲料多少而适量加之。首次第一行程小跑时，膘好之马，料要精，饲养照常规。此后，五更以前，给马喂食时，先测好伴食之水应减多少，行走调教前应减少硬饲料。有时，于 [调教] 后减少硬饲料。飞快步、冷泡，于跑最后“苏尔通”前，视膘情好坏进行快、慢、松、紧调教，依实情而行。五更后，膘虽好，过于走快步也会磨伤。因此照一

---

① 孜岗察高金：藏语 rtsi skyang tshar go can 的音译，不宜做饲料之草名。
② 江俄：藏语 rkyang rngog 的音译，不宜做饲料之草名。
③ 日赛习木：藏语 ri ser shol mo 的音译，不宜做饲料之草名。
④ 喀汗：藏语 kha gan 的音译，不宜做饲料之草名。
⑤ 苜蓿：藏语 vbug sug 的音译，不宜做饲料之草名。

般合适之快步行之。此后勿过于走快步。膘好，走马照前，同时减速。有时行走后，最后减速。膘好，走马之法与前相同。跑第一个“苏尔通”时，膘好为宜，若非如此，不宜走飞快步，宜大快步。大快步也宜从第一个“苏尔通”走起，一个大跑和六个小跑，快步交替进行，再进行一个慢速大跑。

饲养马匹之前，首先要看日子多少而决定做法。备鞍之后，未飞快步之前，应快、慢、紧、松交替行之。膘肥，先慢速调教，照前所述行之，走马也如此。膘不丰满，飞快步之前，毛鬃蓬松，肉凹陷，不愿走。开始抓紧调教时，步伐要稳。调教放松后，长肥膘，照前飞快走。膘情不佳也依前行。

通常饲养之方：马跑得快，膘情饲料不够标准，终将不善大跑。马虽走不快，膘情饲养符合标准，大跑不会落后。擅长调教，不管饲养多少天，首先要常骑行，夏秋常掉膘。即使对常（马），也应和缓驯之，加紧调教，骑行过速之次数应少。常云：如认为膘情良好，开始即飞快步，马则不愿跑，脉也弱，体乏，对大跑极有害。

减膘之法：不断进食之马，纠正之法如前。减膘之法为：跑马后，进行大调教并给冰水，纠正之法如前。不论步度多少。跑末个“苏尔通”以上，快慢交替。饲料用手调之。对其他马与前等同，虽与前同，不宜持续行走。持续行走者，五更后，上、下午，膘佳者嚼子放松。膘差者，不备鞍，后快行，少牵引，多骑行大跑，上午小跑四次，下午小跑两次。跑大小跨步以下，无论膘情优差，骑行、备鞍行，不备鞍与前同。勿持续步行，上述内容，务必守密。

无论饲养多久，突然进行“苏尔通”者，壮马行七个步度，中等马行六个步度，下等马行五个步度，驽马行四个步度。一般壮马，行一、二个“苏尔通”度步。和缓驯之，不能因膘佳撒开［跑］，过于骑行要累垮。膘佳之马，起跑与收辔时应慢行，但［中间］务必多跑。若谓膘佳，在跑大跨步以内，过猛，对膘、脉有损，因此，不能过猛。膘中等者之快、慢为：快速前先稳步行，长劲后再快行。膘优差二者之调教，与食料软硬紧密相关。驽马从“苏尔通”调练起，接近跑大跨步之日，快步同前，待长劲后，照驽马步法而行。饲料软硬、食否照前饲养对待。日、夜进食。[马] 照头一种步度行之（行七步度）。

调教马跑大跨步后，若步行……

附记：

本文所译 P. T. 1062、1065 号文书的藏文录文及注释，参见《敦煌吐蕃文书论文集》（四川民族出版社，1988 年）第 300—335 页。

（原载《西藏研究》1986 年第 4 期，与陈践合撰。此次结集，有局部修订。）

吐蕃文书杂件译文汇录

一、P. T. 1087　善善不得逃逸甘结

……以上，向千户、小千户、百户、十户长……，……去地方长官会上，上峰来令谓：猴年夏四月底前，此期间不能让善善逃逸，并令其来会上。保人们将善善带至部落长官千户、小千户、百户、十户驾前。后，将善善交与十二名保人，其姓名为：僧人张法聪、张桃穷、阴华休、王华子、阴珍道、日乌部落之弩绮卓、张登来、马天成、张坚奴、王新奴、葛子西祥、缪三三等。上述保人盖印，善善右手按指印。

女尼张氏善善指印

（文末有圆形印章 12 枚，指印一个。）

二、P. T. 1113　陇州军镇会议告牒

龙年春，……王和论冲木热从陇州会议向安抚论发出之盖印告牒。谓：

要于沙州建一通颊纥骨萨东岱,龙年秋收之前,食用青稞五百蕃斗,种子青稞二百蕃斗,从沙州粮中……登记,按照告牒调拨。

另，龙年春，从霞代三村之会议，上峰给沙州军粮粮库长官发出之盖印告牒：

已商定要在沙州建一纥骨萨东岱，调拨粮数与册上不符。大尚论集会决议，从陇州会议，发出盖印告牒，命遵照大尚论批准数补足，依告牒中所写蕃斗数交与当鲁错。统计粮食时，呈上此告牒……。努布・腊息于论野热和论绮玛驾前述，王悉诺息记录。

三、P. T. 1185　军需调拨文书

……论悉达古（悉多于，噶尔之子）位高长官谓：上峰来函，弭药纳部落卓局之死……，实为派筹军需供给。

由于补充边守人数之军需物资未计入筹算，底子薄，要尽其所能征集。现有军需，要节约派用而不搁置。对下属长官要严词陈述：军用马厩，实数不清。以后打发来者，照尚论内大臣尚赞婆之令结算，分成三组下发。马厩不足数，不能将旧有马厩抽出来顶数。其不足数，我等计算落实后，凡堡塞内，立即尽善调拨，将良马重新调足。于此期间，我认为不必惊慌。退浑追兵长官本为囊依担任，甥退浑王下令："派追兵长官贡达僧拉来代替囊依，以后派来。"此次，先派岛帮东拉为副长官，军需物资由他供给。尚论子侄或能效劳王差者很多，与谁替换，要向甥退浑王衙门或内长官尚绮立心儿中一人启禀。

无论下何命令，也要依初令执行。军需物资，我们已直接上报。消耗掉的，要分别写清。真正短缺的，长官们也应逐步逐个解决。短缺之军需物资，春季三月十日内运往军帐。

下达长官们：其余阵亡者，秘密书写［姓名］严格保密报来，阵亡费收齐后发给。安抚论与……向对方使者寄出，请求

……。不能打仗阵亡者也……如实定后……。

四、P. T. 113　大论致沙州安抚论告牒

大尚论从陇州发出告牒，寄诸安抚大论：康计甘于沙州中途还俗时担任了小军帐头目，以所作功绩衡量应赐告身，因身为比丘，赐以沙州终身长老地位，盖印颁布。

（以下疑为另卷）内府长官论赞热驾下，正净与兴安等僧伽禀述：与神变天王等同驾下，贵体安泰否？修书问候，务请赐复。

五、P. T. 2204（3）　没收叛乱者粮食支出账

论玛热向收租长官论更卜藏与粮食观察长官、办事长官等禀告：

从上峰没收叛乱者粮食中，［调拨七十蕃斗支付以下诸人］：

女人口粮……晓奴、腊净、索贝登三人，得……。

刀登公自去年至今，得口粮二十四蕃斗十蕃升。

从卓托家，……小麦、青稞、粟米八十……蕃斗。……实有家人大小八口，鼠年十二月后至牛年秋七月前，若每人以七蕃升半计，共二十八蕃斗。

忠诚者……三人，牛年春季一月至秋季……前，另二名男人口粮……每月以四蕃升计，共给……十六蕃升。

忠诚之东鲁都古，每月以六蕃升计，共给二蕃斗二蕃升。

尚书之使者，突厥新王……主仆四人，自住地至沙州之粥金，共拨出二蕃斗五蕃升。

于刀登公驾前，……冬季七个月口粮，［每人］每月以十蕃升计，共八蕃斗……。欠登公本人一蕃斗已付。

贝拉赞、达赛公、沈法奴三人，每月以六蕃升计，付给八蕃

斗。

来扎达赞身为使者前往沙州，自己提供毛驴一头，脚力费折为正月初应供奉神祠之小旗、“腊扎”，“腊陇”各二……新口粮，男人……。

八名前藏女人，每人每月付四蕃升，共计二蕃斗……蕃升。……先付六名男人二蕃斗。秋季……妥善供奉。许腊金等四人，每人一蕃斗，共四蕃斗……，刀息拉迈一蕃斗。

共计，发给七十蕃斗。

分发后，冬季十二月值勤者为康孔，使者住宿和地方长官饭食、酥油为五蕃斗。尚书诏令：给茅格嘎十蕃斗。余粮给马夫张达子作为鼠年冬十二月至牛年春二月三十日三个月之口粮，每月以八蕃升计，共一蕃斗四蕃升。

驴夫卦索三个月之口粮，每月以五蕃升计共十五蕃升。……七蕃斗十九蕃升，如数支付，计入支出账中。

六、P. T. 1189　肃州长官向天德王禀帖

河西节度天德王驾下：

肃州长官司徒禀告：

天德王驾下，时届隆冬，寒风凛冽，操劳统驭北面众多官民，辛苦备尝，贵体安泰否？特修书问候。

天德王驾下，卑人于此常向达穹乃颜召呈述，向大王请求，而大王亦与达穹乃颜召之“守望”、东岱之诸长官商议，达穹乃颜召之“守望”悉数无余前往肃州。后，在大云寺，鞘达州都护等，以多闻子神起誓：“集中人马。上部沙河方面，从今迩后，不探马头，无追赶声。无论何时，不许偷渡，或去备鞍。沙州方面若有盗匪，子为［寇贼者］杀其父，弟为［寇贼者］杀其兄。”既然曾立如此坚定誓言，为何不处理沙河方面之盗寇？近来，又有两名沙河人来偷盗，抓获后，置于我处。九姓回鹘，

一个不留，全去肃州。两名盗犯求我相帮，小人对他人佯称"均为逃犯"，任别人怎么说也未交与。后，二贼从我等住地，卸走门板，将院中马匹悉数盗走逃逸，此事使我痛苦异常。如今，此二人仍折磨我，拆毁钥匙一样坚固之城堡，此乃长官［天］德王之城堡。［天］德王有权，让民众服诸般劳役。此二人现要杀我，我未交与回鹘有罪。以后，由沙河姚虹关之弟［将二贼］带上。现派我处张安扎腊至驾前送礼。东面外之甘州，现绝无不佳之情，详情张安扎腊清楚，可向他垂询。

七、P. T. 1211　肃州色嘎致索尊文书

真谛导师明灯、福田珍宝之库，为众人、神布施处最上大德索尊、觅辛玉辛、蒲兴白、詹尊众大德座下：

色嘎与宝明（仁钦沙）禀告：

愿座下身心常安，爵禄兴盛，特修书请安，务请赐复。往后天暖，托大德之恩泽，平安抵肃州。安都计萨之僧人与洒昂杂诸出行人，谁来就请他尽快将桃子捎来。伊州使者来，则交伊州人捎来。传闻来使火速要归，使人异常焦急。礼薄勿怪，佳果已交兴奴捎去。请将经书同时捎来。

交沙州大德索尊手中，

肃州色嘎书。

八、P. T. 1131　张安札芒古禀帖

平章政事论刺史驾前

张安札芒古禀告：

盛夏初临，气候酷热，台尊为社稷而奔忙，辛苦异常，特从远方修书问候，吾亦安然无恙。曾闻社稷不宁，后又转危为安，

刺史您安然无恙，我等于远方酬谢众神。

您馈赠之礼物恩情收悉，[我回敬之]礼单书于绸帕上，由肃州使者喀特蕃捎上，望笑纳！请从乌杜杜手中取之。此次献上……女衣绸料一块。定善为报答您之恩意。

九、P. T. 1212　云善致大德玉善等书

大德妙……慕、大德玉善、大德贝木尊者座下：

云善禀告：

尊者座下，时值酷暑，为众有情操劳，辛苦异常，大德贵体安否？从远方向大德问候。由于诸大德操劳之功德，吾亦安然无恙。

捎上薄礼大黄与艾绒，放置一处，已交安善子延，望笑纳！

交沙州……闻善座下，

肃州云善书。

十、P. T. 1129　库公布致僧录司赉禀帖

三界之救主导师，世间明灯，神、人之希望、河西道僧录司赉驾下：

黄库公布禀告：

导师盛德怙主大僧录驾下，时为孟夏之月，即将转为酷暑，众位神、人，忙于众有情事，辛劳异常，清净贵体平安无恙否？往昔曾修书问安。后，未谒见导师盛德怙主驾下已多年。今闻近况，僧录驾下位尊爵显，尊荣已成众生怙主。小人高兴异常，于远方叩拜。曾送礼数次。

吾原配故后，又娶一妻，她负有债务，加之子女之累，手头也紧，[近来]馈礼未赠，望勿见怪，请勿谴责，小人特向僧录

请安。

小人因贱体不适，邻近敌方，由于“活时需身饰”，请将较好之［护符］项链及纸张一本赐我，僧录能否开恩？此恩泽，未死当必图报。

肃州库公布请求于
沙州赵僧［录］司赉驾前

十一、P. T. 1003　伊州李僧政贝登致沙州李僧政文书

沙州李僧政驾下：

伊州李僧政贝登敬告：

值兹秋季水果成熟之季，大人为服侍太保与操持众生之事，辛苦异常。遥知贵体平安无恙，兹恭敬修书请安，并盼赐复。

小人薄礼为：佐料一蕃升。已告列贝，望笑纳！尚需铁皮多少，请来函，备好捎去。小人有上等写经纸四五刀，可捎上。若再捎绮蓝布和铜器，恐带不了。一匹马与铁皮已交范法师捎去。今后，小人所放之债款，勿再交沙州唐人谢寒西、腊玉谭二人捎带。另，交沙州高延富与龙陈聂二人，捎上令人喜爱之绮蓝布五疋、生丝绸四十尺缺一尺。请捎下可口之瓜果，若未交付行人带来，可托来此任何沙州人带下。

附记：

本文所译各文书的藏文录文及注释，参见《敦煌吐蕃文书论文集》（四川民族出版社，1988 年）第 373—375、378—400、403—407 页。

（原载《敦煌吐蕃文书论文集》，四川民族出版社，1988 年，与陈践合撰。此次结集，有局部修订。）

敦煌藏文写本手卷研究近况综述

一

文化名城维也纳，是奥地利首都。奥国地处中欧，东接匈牙利，西邻德意志。这两个邻邦，是欧洲藏学比较发达、人才辈出，且有悠久藏学研究历史传统的国家。① 由于地理上的和历史上的原因，对维也纳的学术研究颇有影响，因而，在古老的维也

① 匈牙利最著名的藏学家乔玛（Alexander Csoma de Körös，1784—1842）是第一个终身从事藏学研究的西方专家。长期生活在拉达克藏区的寺庙之中，锐意钻研语言、历史和宗教，写出了第一部《藏文—英文字典》、《藏文文法》和《甘珠尔—丹珠尔分析目录》。后病死在前往拉萨的路途之中，终年58岁，埋骨于高原雪山之旁。匈牙利人以他为民族骄傲，设有纪念奖金。他作为西方第一个藏学家，受到人们的纪念。欧洲藏学家组织的“纪念乔玛国际藏学会议”，就是表示了对匈牙利藏学界的尊敬。匈牙利藏学界的乌瑞、罗纳塔斯、噶拉（Kara）、李盖提、德尔叶克（J. Terjék）、艾克塞蒂，人才济济，前后相望，新的一代正在精神旺盛地成长。

德国的早期藏学家弗朗克（A. H. Francke）和叶斯开（H. A. Jäschke）、劳费尔（B. Laufer）等，在语言、历史、考古和宗教等科学研究上卓有成绩。继起者，有萨加斯托尔（Sagaster）、霍夫曼（H. Hoffmann）、舒迪德（Dieter Schuh）、于伯赫（H. Uebach）、梅赛莎（R. O. Meisezahl）、陶贝（M. Taube），各有所长，蜚声藏学界。而且，在波恩大学中亚研究所出版《藏文历史文献》专刊。舒迪德对于西藏历法的研究，到达相当高的水平。此外，在慕尼黑、汉堡、柏林、哥廷根、科伦、杜宾根等地十几处高等学校和研究机构，均设有与藏学有关的专业。

纳大学（已有600年历史）人文科学学院中，藏学—佛学系成为最活跃的系科之一。[①] 最近一年中，余承乏客座讲席于此，适逢该学系主任恩·斯坦克奈尔教授（Enrst Steinkellner）邀请法国的石泰安教授（R. A. Stein）和匈牙利的乌瑞教授（G. Uray）前来讲学。饶有兴味的是，二位教授的讲题都是有关敦煌藏文写本手卷的研究心得。石泰安：《敦煌（藏文—汉文）文书中关于宗教问题的新发现》（Neue Funde in den Tun-huang Manuskripten, Religiouse Texte und Probleme, 1982年10月28日演讲）；乌瑞：《公元8—10世纪间吐蕃人与景教、摩尼教的联系》（运用P. T. 351、1182、1676等卷号的藏文文书及其他书信、文献，Tibet's Connections with Nestorianism and Manicheism in the 8—10th Centuries, 1983年5月17日演讲）。

在听讲之余，得与二位教授讨论辨析，获益良多。他们二位的讲题，都集中在敦煌写卷的研讨之上，决非偶然，这也反映了国际藏学—敦煌学界的研究趋势。此事对我国的藏学研究颇关重要，应有所了解。乃费旬日之功，锐意搜寻，连同往日积累之资料，汇成短文，向国内同仁介绍国外有关敦煌藏文写本手卷的研究情况，希望能做到知彼知己。

最近几年，在国际藏学—敦煌学界有一件受人称道的盛事，那便是法国国立科学中心和法兰西学院西藏学研究中心联合影印出版了两卷《敦煌藏文写本选集》（Choix de Documents Tibétains Conservés à la Bibliothèque Nationale：Complé藏文文献选，并以印度事务部和大英博物馆所藏文献补充者》，由麦克唐纳与今枝由郎合编）。第1卷出版于1978年，共58个编号，304页（1—304）。第2卷出版于1980年，共111个编号，335页（305—640）。据他们宣布，今后还将继续编选出版，一共计划出5大卷。此书一出，大为轰动，日本藏学界反映最快，山口

① 在该系出版一种藏学研究丛刊，已出7种。1981年9月主持召开国际藏学会议，常设藏学专题讲座，聘请国际知名藏学家前来演讲，学风淳朴而谨严。《第三届国际藏学会议论文集》即由该系编辑出版。

瑞凤、池田温、森安孝夫诸家，纷纷发表书评，倍加推崇，认为其价值远远超出以往零星公布的任何资料。[①] 从国内外关于敦煌藏文写本手卷研究进展来看，这两册选本的出版确实起了推动作用，[②] 这是值得一提的。

下面分为语言、文学、历史、宗教、医药等部门条缕引述。在这里，须首先介绍几种已出版的藏文手卷目录：

1. 法国人拉露（M. Lalou，1890—1967）以其毕生之精力从事藏文研究。生前编辑出版了收藏在巴黎图书馆的全部（或大半?）敦煌藏文写本手卷目录，共3册，全名是《巴黎国家图书馆藏伯希和搜集的敦煌藏文写本目录》（Inventaire des Manuscrits

---

① 石泰安教授在该集第1卷的出版序言中说："长期以来，只有那些能接触到巴黎和伦敦所藏写本的学者们，才能得以对此进行长期和详细的研究，所以，大部分文献都是由巴考、托玛斯和拉露等人翻译和发表的。但不少译文都未附原文写本的影印件，因此，除了专程去亲自查阅之外，无法考察其解读是否正确。"他还不无遗憾地指出："因为现代（藏文）字母的形式和某些书写习惯都与古典文字有所差异，这一领域中的某些开拓者们往往为此而误入歧途"，"如果希望这项研究工作能取得迅速进展，为了避免由于年代久远或反复使用而使写本遭到可能的损坏，当务之急就是出版和发表这批资料"。他还有预见性地指出："决定影印公布其中最有价值的文献，定会受到普遍的欢迎，大家对此会感到高兴、满意和感激。"的确如此，拿现在情况与四十几年前我国老一辈藏学泰斗于道泉教授在伦敦旅居时，为了阅读藏文原卷而受到的阻挠和刁难的遭遇相比，真不可同日而语了。请参见《中国史研究》1980年第3期拙文《关于敦煌古藏文历史文书》中所描述的法、英两国所藏藏文写本手卷的数字、目录和基本内容介绍。山口瑞凤在书评中说，此书的出版"给目前的西藏研究带来难以估量的价值"，称赞"这是光辉灿烂的精美印刷品"。载《东洋学报》第61卷1—2号，1979年。

② 我们国内的重要文章也很多，如黄文焕：《河西吐蕃经卷目录跋》（《世界宗教研究》1980年第2期），《跋敦煌365窟藏文题记》（《文物》1980年第7期），《桑嘎古都寺的古藏文手抄本佛经试析》（《西藏研究》1982年第2期）。陈庆英：《〈斯坦因劫经录〉、〈伯希和劫经录〉所收汉文写卷中夹存的藏文写卷情况调查》（《敦煌学辑刊》1981年第2期）。阿沛·晋美：《论赤松德赞时期汉地佛教在吐蕃的传播和影响》（《藏族研究论文集》第1集，中央民族学院藏族研究所，1982年）。罗秉芬、安世兴：《浅谈历史上藏文正字法的修订》（《民族语文》1981年第2期）。车谦：《从gcig谈起——关于古藏语声母中清塞音、塞擦音送气和不送气问题》（《民族语文》1981年第2期）。王青山：《谈谈古藏文词汇的拼写法》（《民族语文》1981年第4期）。周季文：《藏译汉音的〈般若波罗蜜多心经〉校注》（《语言研究》1982年第1期）。

Tibétains de Touen-huang, Conservés à la Bibliothèque Nationale, Fonds Pelliot Tibétain, I [No. 1—849], 1939, IINo. [850—1282], 1950, III [No. 1283—2216], 1961)。这是敦煌藏文手卷目录中已经出版的最全面的一种，从中可知巴黎所藏藏文卷子在2200件以上。事实上，据笔者在巴黎查访得知编外还有若干种，比如若干汉文卷子的背面或夹缝、字行中间的藏文未计在内，还有一些拉露女士未编进去的残卷等。

2. 比利时人威利·布散（Louis de la Vallée Poussin, 1869—1937）于第一次世界大战期间旅居英伦，为斯坦因劫运至英国的藏文写本手卷编制目录。书虽成，在他去世时并未见到，直到1962年才在英国出版，并附有日本榎一雄所作的汉文解题。全名《印度事务部图书馆藏敦煌藏文写本目录，附榎一雄补汉文目录》(Catalogue of the Tibetan Manuscripts from Tun-huang in the India Office Library, with an Appendix on the Chinese Manuscripts by Kazuo Enoki, 1962)。这个目录共765个编号，并未把收藏在大英博物馆图书馆的那一部分藏文写卷包括进去。日本东洋文库在得到英国所藏敦煌藏文写本手卷的显微胶卷以后，又进行了新的工作，形成一种新的目录，即：

3. 山口瑞凤主持，利用威利·布散的目录，对照胶卷逐一写出解题目录，分册出版。自1977年起出版第1分册，截至1982年已出5个分册。这一工作尚未做完，仍在继续进行。此即《スタイン蒐集チベット语文献解题目录》，东洋文库，1—5分册。①

二

语言

公元7—9世纪，在藏语的历史分期上，我们把它定为中古

① 截至1988年，12分册已全部出齐。

时期，或称吐蕃时期。这一时期，已经创立了文字，并得到推广和使用，进行大规模的翻译和写作。在实践中，藏文得到不断的完善和改进，还进行过一次大规模的自上而下的文字改革。改革之前与改革之后的文献，在敦煌写本手卷中时有出现，因而，语言学家们非常注意从敦煌藏文写卷中去发掘古代藏语材料。1967年美国藏学家米勒（R. A. Miller）在《中国文化研究》上发表了《简论在敦煌发现的藏译汉文文书》。在他之前，1960年匈牙利藏学家聪果尔（Csongor）在《匈牙利东方学报》上发表了《在敦煌发现的用藏文字母译写的汉文文书》。他们都是从汉藏对音入手从事藏语或汉语研究的专论。其他还有：

1. 英国人托玛斯和翟理斯二人合作的一篇论文，题名《藏汉词汇》（F. W. Thomos and L. Giles, A Tibetan-Chinese Word and Phrase Book），发表在1948年的《伦敦大学东方及非洲学院学报》之上。这是用收藏在伦敦大英博物馆图书馆的两个敦煌藏文写本手卷（编号为S. 2736和S. 1000）进行研究的论文。这两个卷子是吐蕃人用以学习汉语的“教本”，共收录214条汉语语词或短语，用藏文注明汉字的读音，并译出藏语相等的意义。原件书写在《金刚经》和《妙法莲华经》的汉文卷子纸背，对于研究汉语史、藏语史都有价值。二位先生用功甚勤，但由于受到汉语和藏语知识所限，他们二位都不是兼通汉、藏两种语文的人，成绩不够理想。事隔20年后，匈牙利学者李盖提对它进行纠谬补阙，发表一篇题为《藏文书写的敦煌汉藏词汇考释》（L. Ligeti, Notes Sur la Lexique Sino-Tibétain de Touen-houang en Ecriture Tibetaine）的文章，刊于布达佩斯出版的《匈牙利东方学报》1968年卷。文中纠正补阙共34条之多，从而使这份卷子的研究深入一步，并有了较好的释读文字作为依据。

2. 托玛斯《南语，汉藏边境上的一种语言》（Nam, An Ancient Language of the Sino-Tibetan Borderland），是1948年出版的专著。作者是以一份398行（394行以下略有缺损）的敦煌藏文写本长卷作基本资料，来证明在古代汉藏边境上存在过的

"南凉"小王国所用的语言，不过是用藏文字母来纪录的那种语言而已，属于羌语的一种。1952 年，闻宥先生即在《通报》上发表书评。1963 年，谢飞（Shafer）发表了《南语考察的若干线索》，文中认为所谓"南语"的材料，可能并非其他语言，而是藏文译写的汉文经卷的一种。他举出西门华德（Simon Walter）1957 年发表的《藏文转写的汉文〈奉请十方佛〉对音研究》中所引用的巴黎藏文写卷《奉请十方佛》（Nos. 103），以及伦敦藏文写卷、托玛斯在 1929 年公布的《大乘中宗见解》等，所表现的藏文音译与此卷相像。这一问题至今并未得到最后解决。（《大乘中宗见解》有两个卷号，即 Ch. 9，II. 17 和 Ch. 80，XI。）

3. 拉露于 1953 年发表《古藏文的博与苯（bod/bon）考释》（Tibetan Ancient bod/bon），刊于《亚洲学报》1953 年第 2 期。就在这篇文章中，她主要说明辅音韵尾 - n 和 - d 的转换，暗示了 bod（吐蕃）与苯教信仰的关系。此文已由冯蒸译出。

4. 罗纳塔斯（Rona - Tas）于 1955 年发表《藏文敦煌纪年史封赐名单中的几个社会术语》（Social Terms in the List of Grants of the Tibetan Tun-huang Chronicle），刊于《匈牙利东方学报》第 3 期。在这篇文章中，他讨论了 pu nu 与 pha spun，brans，dku rgyal 等三个词的含义及历史哲学。

5. 乌瑞于 1962 年和 1964 年发表两篇有关敦煌藏文语词研究的论文。《古藏文中的 dra ma drangs 解》（Old Tibetan dra-ma drangs），刊于《匈牙利东方学报》1962 年。按 dra ma drangs 就是吐蕃历史文书中习见的词，我们把它译为"率劲旅"、"攻打"。《古藏语的词"苯"（bon）研究》（The Old Tibetan Verb Bon），也是发表于《匈牙利东方学报》1964 年，补充拉露的同名论文。在 1971 年《拉露纪念文集》中，乌瑞的文章《古典藏文 rgod 与 g·yung 考》，是利用吐蕃历史文书，来讨论这两个词的社会学含义，从而支持石泰安的观点，反对菲里奥扎特的观点。

6. 李方桂 1961 年发表的《敦煌的一本汉藏词汇集》（Li

Fang-Kui, A Sino-Tibetan Glossary from Tun-huang)，刊于《通报》杂志。这是敦煌藏文卷子中很重要的汉藏对照词汇手册 P. T. 1261、1257 卷号，是《瑜伽师地论 · 菩萨地》的语词摘编，可能就是当时吐蕃翻译家为了统一译语而留下的工作纪录。我们从《登迦目录》中已确知，从汉文翻译佛经的藏文本有 21 部之多，有一批精通汉、藏两种语文的译师。还可以与当时另一部梵、藏对照佛教词语手册《翻译名义大集》参照比较。

7. 乌瑞于 1966 年发表了另一篇论文：《古藏语中与“羌”一词对应的称谓，vgeng 研究》 （The Alleged Old Tibetan Equivalent of the Ethnic Name Chiang)，刊于《匈牙利东方学报》。

8. 瑞查逊（H. Richardson）在 1965 年发表的《一件敦煌藏文残卷》(A Fragment from Tun-huang)，刊于锡金出版的《西藏学公报》。

9. 1967 年，瑞查逊另一篇论文《早期藏文记载中的名位》(Names and Titles in Early Tibetan Records)，刊于锡金的《西藏学公报》。

10. 1968—1969 年之间，瑞查逊发表了《藏文古词的“治”chis 和 tshis》 （Tibetan Chis and Tshis)，刊于《泰东》杂志（现已停刊)。这是针对 P. T. 986 号卷子即《尚书》的藏文译本残卷中所提到的“治”一词的研究。作者当时还不能对《尚书》的藏译文作更多的探讨，因而法籍日本人藏学家今枝由郎起而补正。后来，我们又在今枝氏的基础上向前推进一步。下面我们将在“文学”部分中专门谈到它。

11. 匈牙利藏学家德尔叶克（J. Terjék）在 1969—1970 年间发表的论文《敦煌藏文本〈贤愚因缘经〉残卷的语言初探》(Fragments of the Tibetan Sutra of the Wise and Fool from Tun-huang)，刊于《匈牙利东方学报》。

12. 美国爱荷华大学的汉藏比较语言学家柯蔚南（Coblin South）在 1974 年发表了一篇重要论文，题为《一个早期的藏语词“马”研究》（An Early Tibetan Word for“Horse”），刊于1974年出版的《美国东方学会会刊》。

13. 山口瑞凤在1976年发表的论文《关于敦煌藏语的lde bu和lte bu解释上的混同》，刊于《东京大学文学部文化交流研究设施研究纪要》第1号。此文已由北京第二外国语学院的金连缘先生译出，刊于《国外藏学研究选译》。

14. 罗纳塔斯1976年在国际藏学会上的论文《论藏文历史文书中的一个税收词语》（On a Term of Taxation in Old Tibetan）。

15. 日本学者高田时雄在1979年巴黎举行的国际敦煌学讨论会上，发表了一篇《论藏语声调的诞生》的论文。利用了大量的敦煌文献，其中包括P. T. 1046《千字文》、P. T. 1258《天地八阳神咒经》、P. T. 1228《南天竺国菩提达摩禅师观门》、P. T. 1253《道安法师念佛赞》、P. T. 448《般若波罗蜜多心经》、P. T. 1239《法华经普门品》、I. O. 129《金刚经》、I. O. 93《大乘中宗见解》等。

此外，还有美国的魏里（T. V. Wylie）在1977年发表的《藏语中喇嘛一词的来源》（Etymology of Tibetan：bla ma），刊于《中亚杂志》。还有，李方桂、张琨的许多重要论文中使用敦煌藏文写本手卷的材料，都值得阅读。

文学

在敦煌藏文写本手卷中，出现了一批文学作品，其中有吐蕃的民间文学和从汉文、梵文翻译的文学。

1. 托玛斯曾把6个敦煌藏文写卷合成一个集子，名为《东北藏古代民间文学》（Ancient Folk-literature from North-eastern Tibet），1957年在柏林出版。这一本书所用的藏文写卷，都是藏于伦敦大英博物馆图书馆的，它们分别为：

A. 美好时代的结束与马和牦牛的悲剧，父亲根登聂巴的葬礼与金保牙寨新娘的故事。

B. 金保牙寨新娘的故事。

C. 美好时代的没落。

D. 没落的年代，“几”王国及其宗教。

E. 苏毗母亲的教谕。

F. 巫师—“摩”（占卜）。

此书已翻译成汉文。[①] 另，谢后芳先生利用其中部分材料写了《古代藏族卜辞》，发表在《西藏研究》1982年第3期。

2. 麦克唐纳夫人（A. Macdonald）在1967、1972年编译了两卷《西藏民间文学研究资料》（Materiaux pour l'Étude de la Litérature Populaire Tibetaine），巴黎出版。这是以《说不完的故事》抄本为基础，由此上推到古代的来源的研究成果。

3. 奥地利的女藏学家奥尔夏克（B. C. Olschak）和藏人土登旺杰合作，在1973年出版了《古代西藏的神秘艺术》（Mystic Art of Ancient Tibet），在伦敦出版。

4. 奥尔夏克另一本古代藏族文学选集，名为《古代西藏文学中的珍珠，文学简编》（Perlen Alttibetisher Literatur-Eine Kleine Anthologie，Bûle and Stuttgart，Birk-häuser Verlag），出版于1967年，亦选有敦煌文学。

5. 印度古代长篇史诗之一《罗摩衍那》（Rāmāyāna）是举世闻名的巨著，全诗7大章，据季羡林先生在《罗摩衍那初探》一书中介绍，到19世纪才不断地被翻译成英、法、德、俄、意、日等国文字。我国汉文佛经中曾有片段的译述，而敦煌藏文写卷中却出现了8—9世纪之间最早的译文。在国外先后有5篇论文介绍：

A. 托玛斯1929年发表的《新疆发现的藏文〈罗摩衍那〉故事》（A Rāmāyaṇa Story in Tibetan from Chinese Turkestan，Indian Studies in Honor of Charles Rockwell Langman）。

B. 拉露在1936年发表在《亚洲学报》上的《藏文中的罗摩历史》（L'Histoire de Rāmā en Tibetain）。

---

① 李有义、王青山译：《东北藏古代民间文学》，四川民族出版社，1986年。

C. 巴尔比（J. K. Balbir）1963 年发表的《敦煌藏文本〈罗摩衍那〉故事》（L'Histoire de Rāmāyaṇa en Tibetain Dάprès des Texts de Touen-houang），在巴黎刊出。

D. 德庸（J. W. De Jong）1971 年发表的《藏文中的〈罗摩衍那〉故事残卷》（Un Fragment de l'Histoire de Rāmā en Tibétain），载于《拉露纪念文集》。

E. 德庸的另一篇文章发表于 1972 年，刊于《通报》，名为《古藏文写本〈罗摩衍那〉故事》（An Old Tibetan Version of the Rāmāyaṇa）。

以上 5 篇文章征引和诠释的藏文写本，编号是 I. O. 737A，I. O. 737B，I. O. 737C，I. O. 737D 和 P. T. 983。

F. 陈践先生和笔者把以上 5 个卷子加以拼合、析理，译成汉文；并把藏文原文摹写为现代文字，汉藏文分别发表在《西藏研究》1983 年第 1 期和《知识火花》（藏文）1982 年第 11 期。可以说这是第一次藏汉文全文发表的本子，提供全面的资料和我们的观点。

6. 《项托孔子相问书》是极有趣的民间文学作品，汉族地区早有关于孔子师项托的故事，表明孔子不耻下问，以能者为师的精神。这一故事流传到藏区是自然的事，但想不到在敦煌藏文卷子中竟发现了 3 个卷号，它们是 P. T. 992、P. T. 1284 和 I. O. 729。

A. 苏远鸣（Michel Soymié）在 1954 年《亚洲学报》上发表《孔夫子和项托的问答》（Léntrevue de Confucius et de Hiangt）一文。他的文章引起人们用比较文学的眼光来观察敦煌写卷，开拓了以后的几件写卷的比较研究。

B. 冯蒸在此基础上写出《孔子与项托问答书的研究》，发表在《青海民族学院学报》1981 年第 3 期。但限于印刷条件，将 3 个卷号对勘表删去，甚为可惜。

7. 这里应当介绍《尚书》的藏文译本残卷了。上面提到瑞查逊在 1968—1969 年间发表的讨论“治”的文章，他接触到这个卷子，而且知道是从汉文古典文献《尚书》中译出的，但事实上更多的工作是由今枝由郎去做的。

A. 今枝由郎（Yoshiro Imaeda）于1979年在伦敦牛津大学召开的国际藏学讨论会上发表的文章，名为《关于“治”一词的翻译问题》。会后，由阿里斯·马克与昂山苏姬二人编在《藏学论文集》中，1979年牛津出版。笔者收到今枝先生寄来的抽印本后，立即译成汉文，发表在《民族译丛》1982年第1期加以介绍。

B. 此后，我们写了《敦煌藏文写卷P.T.986号〈尚书〉译文证补》，发表在中央民族学院藏族研究所编《藏族研究论文集》第1集，1982年。

C. 黄布凡先生写出《〈尚书〉四篇古藏文译文的初步研究》，发表在《语言研究》1981年第1期。

关于这个卷子的工作，还可以深入做下去。比如藏人何以单单选《泰誓》两篇、《牧誓》一篇、《武成》一篇，均属于《周书》的范围，而不选其他？这与罗振玉根据日本神田香岩本所印日本写本《古文尚书》残卷内容完全一致。是否可以推测当时吐蕃以“周”自命，俨然有“以周伐殷”的姿态，为他们进驻河湟，继而据秦陇、入长安的行动寻找历史根据，而颇有点“影射史学”的味道？

还应该指出，拉露女士早就说过：“P.T.986号和P.T.1291号是两个令人注目的译自汉文的古代文学作品。”而在《敦煌藏文写本选集》第2卷的附册中，他们又说明：“受汉人影响的文学作品是P.T.986、1291。”

8. 今枝由郎根据敦煌藏文写卷P.T.1291号写出的论文题为《战国策》，1980年发表在布达佩斯出版的《藏学研究论文集》中。

笔者与陈践合写的《敦煌藏文写卷P.T.1291号〈战国策〉藏文译文证补》，发表在《青海民族学院学报》1983年第3期。我们在今枝由郎工作的基础上弄清了几个问题。特别是我们发现这个残卷主要是译了《魏策》有关的几篇，反映当时吐蕃人的思想与兴趣，似乎是拿秦魏的关系来模拟吐蕃与唐朝的政局。

编录在敦煌汉文写卷中的藏文注汉音的《千字文》残卷和《开蒙要训》残卷也应列在这里。可以参见罗常培《唐五代西北方音》，1931 年。由于他们被编在汉文卷号之中，这里就不再单列。

9. 藏人学者丹增桑姆于 1975 年在《西藏评论》上发表了一篇有关敦煌壁画资料的文章，名为《敦煌壁画中所见吐蕃王室的服装》（Tibetan Royal Costumes in Dunhuang Wall Paintings）。

历史

1. A. 敦煌藏文写卷中的历史资料，一直引人注意。1940 年正是第二次世界大战如火如荼的年代，在巴黎大学任藏文教授的巴考与杜散（曾任驻华使馆的文化参赞，将《五部遗教·王后遗教》译成法文的藏学家）和牛津大学的梵文、藏文教授托玛斯合作出版了《敦煌本吐蕃历史文书》（J. Bacot，F. W. Thomas et Ch. Toussaint: Documents de Touen-houang Relatifs à l'Historie du Tibet）。第二次世界大战期间，尽管战云密布、动荡不安，而此书仍然受到藏学界极大的重视，被推崇为："此书一出，即成为藏族古代史上划时代的里程碑。"

此书根据巴黎的藏文写卷 P. T. 1288、1286 和 1287 号以及伦敦的藏文写卷 I. O. 750 号，再加上其他几件零星材料补足而成。他们三人在注释翻译之际，得到藏人学者噶钦顿珠的帮助，历时 15 载，坚持不辍，可谓惨淡经营，难能可贵。

当时，于道泉教授在法、英等国游学、任教和旅居。曾为巴考教授入门弟子。他回国时（1949 年）有志于进一步完成藏族史的研究，携此书于箧中，后举以授笔者，嘱以钻研此书之方法与门径。中间几经沧桑，20 年中未尝稍忘。既得东噶·洛桑赤列先生之助，又有陈践同仁的合作，由于她学过安多方言，解决或设计了某些词语的翻译与解释。于是我们将全书译注，在

1980年以《敦煌本吐蕃历史文书》标题在北京民族出版社出版。遗憾的是，当时我们还未能见到写卷原件，只是根据巴考等人转写的藏文进行工作。书出版后，得到石泰安教授送来的影印本《敦煌藏文写本选集》，于是又据影印原件将藏文校正一通，完成一份校正本，将在此书[①]再版时重印。

在本文写作中，笔者得到去巴黎阅读原卷的机会。1983年6月在巴黎图书馆，得到了东方抄本部部主任科恩女士的协助，由藏人学者噶尔美陪同，借阅了P. T. 1286、1287、1288、1247、1238、1290诸卷号，发现我们仍有许多工作可做。可以确认，P. T. 1287号是吐蕃历史文书的骨干和主体，纸背一面是汉文写本的《妙法莲华经化城喻品第七》，书法秀丽，犹存唐风。藏文即为“赞普传记”诸篇。P. T. 1288号“大事纪年”亦有巴考等在他们的书中遗漏部分，需要补出。P. T. 1286及1290号则为“小邦邦伯及家臣表”，大致悉备。

B. 麦克唐纳夫人1971年发表在《拉露纪念文集》中的一篇长达200正页的论文，题为《关于P. T. 1286、1287、1238、1047和1290号藏文卷子的解释》。文中重新讨论了这份历史文书的若干问题，她提出P. T. 1047号卷子的史料才是最原始的材料，并有许多新的考证。此文已由耿昇先生译为汉文，即将出版。[②]

C. 张琨先生在1959—1960年间在香港大学发表了《敦煌本吐蕃纪年之分析》（An Analysis of the Tun-huang Tibetan Annals），最为透辟而入微，做了许多综合、分析工作，成为一种工具书。

事实上，佐藤长的《西藏古代史》，山口瑞凤的《古代西藏史考异》、《吐蕃王室的祖先》、《吐蕃王国成立史》，藤枝晃的《吐蕃支配时期的敦煌》和《敦煌历日谱》，李方桂的《钵阐布

① 《敦煌本吐蕃历史文书》（增订本），民族出版社，1992年。
② 耿昇译：《敦煌吐蕃历史文书考释》，青海人民出版社，1991年。

考》、《马重英考》和《禄东赞考》等论著，都引用或转译了这份历史文书的材料。有关讨论这组卷子的内容以及章节、价值等，还请参阅以下文章：

D. 拙文：《关于敦煌古藏文历史文书》，《中国史研究》1980 年第 3 期。

E. 乌瑞：《藏文大事纪年中卫藏地区的四茹》（The Four Horns of Tibet According to the Royal Annals），1960 年刊于《匈牙利东方学报》。

F. 1968 年乌瑞又发表《关于古藏文纪年中的一个年代学问题的说明》（Notes on a Chronological Problem in the Old Tibetan Chronicle），刊于《匈牙利东方学报》。

2. 乌瑞在 1961 年发表了《对敦煌一件藏文军事文书的说明》（Notes on a Tibetan Military Document from Tun-huang），刊于《匈牙利东方学报》。这篇文章是对 Ch. 73，XV 残片 12 的研究。

日本藤枝晃在《吐蕃统治时期的敦煌》一文中，也曾加以分析研究。托玛斯在 1927 年曾发表过论文，后又收入他的《关于新疆的藏文文献集》第 2 卷。

3. 乌瑞在 1962 年发表了《仲巴和大岸本的官职以及 8 世纪初中部西藏的区域划分研究》（The Offices of the Brun pas and Great Mnans and the Territorial Division of Central Tibet in the Early 8th Century），刊于《匈牙利东方学报》。

4. P. T. 960 号卷子是藏文的《于阗教法史》，与藏文大藏经《丹珠尔》部所收的《于阗国授记》可以相互印证。实际上是藏人对于于阗地区历史的最早描写，受到中亚学、突厥学者的重视。有过几篇重要文章介绍：

A. 1921 年，日本人寺本婉雅出版《于阗悬记和于阗教史》，其中于阗教史部分即是引用此卷。

B. 1935 年，托玛斯又将这两种藏文资料译成英文，加以注释，合在一起出版，名为《关于新疆的藏文文献集》（Tibetan

Literary Texts and Documents concerning Chinese Turkestan）第1卷。

C. 埃默瑞克（R. E. Emmerick）有感于托氏译本不足，乃重新翻译加注，题名《关于于阗的藏文文献》（Tibetan Texts concerning Khotan），1967年出版，为牛津的东方丛书第19种。

D. 笔者研究了上述译本以后，发觉他们都漏录了原卷第20行和第99行之间补写的极为细小的文字。而且，关于于阗的汉文资料也可以加以补充。因而，由笔者和陈践把它译为汉文，并录了藏文原文加以注释，发表在兰州大学出版的《西北史地》1982年第3期，题名《〈于阗教法史〉——敦煌古藏文写卷P. T. 960号译解》。

5. 艾克塞蒂于1964年在《匈牙利东方学报》上，发表了一篇关于敦煌藏文写卷中涉及北庭回鹘人关系的文章，题名为《790—791年在北庭的回鹘和吐蕃人》（H. Ecsedy，Uighurs and Tibetans in Peiting，790—791A. D.）。

6. 森安孝夫于1973年发表《关于回鹘与吐蕃的北庭争夺战及其后的西域情势》一文，也是利用了敦煌藏文写本手卷的资料及研究成果，载于《东洋学报》。

7. 乌瑞于1976年发表的论文是：《可汗之言：关于甘州回鹘的藏文史料》，载于《匈牙利东方学报》。

8. 乌瑞于1981年在《亚洲学报》上发表了一篇极为重要、引人注目的新论：《吐蕃统治结束之后甘州和于阗官府中使用藏语的情况》。这是作者在1979年巴黎国际敦煌学讨论会上的论文。在这篇论文中，作者一口气引用了18个藏文卷子，其编号是：(1) P. T. 984号背面第2篇；(2) P. T. 1081号；(3) P. T. 1082号；(4) P. T. 1106号；(5) P. T. 1120号；(6) P. T. 1124号；(7) P. T. 1188号；(8) P. T. 1188号号背面第12篇；(9) P. T. 1188号背面第14篇；(10) P. T. 1188号背面第15篇；(11) P. T. 1189号；(12) P. T. 1256号；(13) P. T. 1284号第2篇；(14) P. T. 1284号第3篇；(15) P. T. 2111号；(16) P. T. 44号第2页正面,25页背面,23

页背面,24 页正面,即虎年残卷;(17)钢和泰卷子背面的藏文号;(18)I. O. 731V,14 号。

9. 乌瑞在 1979 年第二届国际藏学会上宣读的论文是《释 Khrom:7—9 世纪吐蕃帝国的行政单位》(Khrom: Administrative Units of the Tibetan Empire in the 7—9th Centuries),会后刊于《藏学研究论文集》第 2 集。

10. P. T. 1283 号藏文卷子,是藏文纪录的北方若干民族和部落的原始资料,先后有巴考(1956)、克洛松(G. Clauson, 1957)、聪果尔(B. Csongor, 1960)、韩伯诗(L. Hambis, 1958)、李盖提(1971)、森安孝夫(1977)等 6 篇文章进行讨论、介绍。其中以森安孝夫发表最晚,用力最深,成绩最大,他的文章题为《藏文史料中所见的北方民族 dru gu 与 hor》,载于东京外国语大学学报《言语文化研究》,1977 年。充分利用藏文史料来补足并解决中亚史上的若干问题,成为一新的趋势,值得注意。

笔者又重新译读了藏文,发现有几处理解稍有不同,我们的译解题为《P. T. 1283 号〈北方若干国君之王统叙记〉文书》,载于《敦煌学辑刊》1981 年第 2 期。据笔者在巴黎检阅原卷得知,此卷正面为汉文佛经《菩萨见实三昧经净饭王诸佛品第二》,背面才是藏文,藏文的第一部分系《仪礼问答写卷》,第二部分方是本卷。

11. 乌瑞在 1976 年的第一届国际藏学会上,发表的论文题目是《斯坦因敦煌卷子 Vo1. 69, fol. 89 号吐谷浑王国史中的年代学问题》,载于《西藏学研究论文集》(The Annals of the A-Ža Principality: The Problems of Chronology and Genre of the Stein Docoment Tun-huang Vo1. 69, fo1. 89, Proceeding of the Csoma Dekörös Memorial Symposium),1978 年布达佩斯。

宗教

有关宗教内容(包括宗教经卷、宗教理论、仪轨和宗教史)的藏文写卷,可以分为两大类,即佛教的和非佛教的。非佛教的内容，除了上面已提到的乌瑞教授所指出的有关景教和摩尼教的，还有更多的是苯教的。佛教的内容中关于禅宗的最多。

关于苯教：

1. 拉露于1952年发表的《西藏王室的葬礼中的苯教仪式》（Rituel Bon-po des Funérailles Royales, Fonds Pelliot Tibetain)，刊于《亚洲学报》。

2. 拉露于1958年发表的《封地、毒物和医巫》（Fiefs, Poisons et Guérisseurs)，刊载于《亚洲学报》1958年。

3. 日本的光岛督1967年发表的《8世纪的西藏佛教苯教的抗争》(Yamazaki Hiroshi Commemoration)。

4. 石泰安1970年发表的《关于西藏苯教葬礼的一件古文书》（Un Document Ancien Relatifauxntes Funéraires des Bon-po Tibetains)，载于《亚洲学报》。

5. 石泰安1971年的另一篇重要文章《敦煌藏文写卷中关于苯教仪轨的记述》（Du Récit au Rituel Dens les Manuscripts Tibétains de Touen-huang)，载于《拉露纪念文集》。

6. 苏联的库兹涅佐夫在1974年发表的《苯教的起源》，也是利用敦煌藏文写卷资料的作品。

此外，旅居法国的藏人苯教学者噶尔美·桑木旦(S. Karmey）博士，是研究苯教史和苯教教义的专家，他最近在几次国际藏学会议上发表的论文，也都是以敦煌文献来论述苯教历史和仪轨的。因为尚在印刷之中，这里难以录目。

关于佛教：

由于佛教在西藏的传播，在佛苯两教之争中获得的胜利，佛教在思想、政治上取得了统治地位。千年来，几乎成为无所不在的、垄断性的统治思想的工具。连苯教也转换了方式，变成佛教的一个支派而保存下来。于是，佛教的历史家、作家在撰写历史时，常常美化佛教，无限地夸大、拔高，把佛教说成是与西藏历史同在的、亘古不变的神圣的东西，把历史上的真相掩盖得扑朔迷离。而敦煌藏文写卷所产生的年代，恰恰正是西藏的历史上思想活跃的时刻，卷子中自然反映出历史的真实，吉光片羽，弥足珍贵。尤其以禅宗思想传入西藏后引起的轩然大波，最为生动。在这方面的著述很多，兹举其要者：

1. 法国的戴密微（P. Demiéville）1952 年发表了极为重要的专著《拉萨的宗教会议》（又译作《吐蕃僧诤记》，Le Concile de Lhasa，Paris）。这是长达 400 页的巨著，主要根据敦煌的汉文卷子 P. 4646 号《顿悟大乘正理决》的内容，翻译考证，广征博览。把内地禅宗和尚摩诃衍入藏传法，对藏土佛教所产生的影响，以及印度佛徒莲花戒与之思想交锋的历史背景、史实一一条分缕析，把这场佛教思想在吐蕃王庭引起的大辩论的来龙去脉说得清楚，引起普遍的注意。此书已由耿昇先生译为汉文，还在排印中，不久即可出版。① 吴其昱曾译其导言部分，刊于 1974 年的《敦煌学》第 1 集。对于戴密微的结论，有许多学者不能接受，尽管历史、过程和具体的事件所见略同。学者们纷纷撰文辩难，其中最突出的是：

2. 上山大峻：《敦煌出土藏文禅资料的研究：伯希和藏文写卷 116 号及其问题要点》，1974 年，载于《龙谷大学佛教文化研究所纪要》。又有《敦煌出土西藏文的摩诃衍禅师遗文》，发表于《印度学佛教学研究》第 19 卷第 2 号。

3. 今枝由郎：《关于西藏宗教会议的敦煌藏文文书》（Documents Tibetains de Touen-houang concernant le Concile du Tibet），1975 年，载于《亚洲学报》。

4. 小畠宏允：《关于西藏的禅宗与藏译伪经》，1975 年，载于《印度学佛教学研究》。

5. 小畠宏允又写出《西藏传 Bodhidharmatrātā 禅师考》，1975 年，亦载于《印度学佛教学研究》。

6. 木村隆德：《莲华戒作金刚经广注的敦煌出土藏文写本》，1975 年，载于《印度学佛教学研究》。

---

① 耿昇译：《吐蕃僧诤记》，甘肃人民出版社，1984 年。

7. 木村隆德：《敦煌出土伯希和藏文写卷 26 号研究》（1），载《印度学佛教学研究》，1975 年。

木村隆德又有《敦煌藏语禅文献目录初稿》，1981 年，刊于《东京大学文学部文化交流研究设施研究纪要》第 4 号，把 P. T. 116 号禅宗有关的藏文写卷论著，做了一次最详尽的解题介绍。

8. 柳田圣山的文章《初期禅宗史》，对于禅宗入藏的历史及所谓拉萨宗教之争的问题也有所涉及。此书出版于 1966 年，属于京都禅文化学院丛书之一。

9. 霍斯顿（G. W. Houston）写了《Cig-car，Cig-char，Ston 等藏文术语解说》（Cig-car，Cig-char，Ston：Note on a Tibetan Term），1976 年，载于《中亚学报》。这是专门讨论禅宗传入西藏后，关于“顿悟”一词几种翻译的术语文章。

10. 石泰安也写出《顿悟：汉藏术语说明》，1971 年，载《宗教史研究》（III umination Subite on Saisie Simultanée Note Sur la Terminologie Chinoise et Tibétaine，Revue d’Histoire des Religions）。

由于不断的辩析文章出现，戴密微又新著文辩解：

11. 戴密微：《从敦煌写本看汉族佛教传入吐蕃的历史》，副标题是“日文近作简析”，1978 年，载于巴黎出版的《敦煌学论文集》。这是戴氏接受日本学者某些观点，修正自己原来的立论后写出的文章已由耿昇先生译出，载于《国外藏学研究选译》，甘肃民族出版社，1983 年）。

12. 张广达：《唐代禅宗的传入吐蕃及有关的敦煌文书》一文，载于《学林漫录》第 3 集，中华书局，1981 年。对这一问题有十分详尽的综合、分析，可以看出这一问题的全貌。

13. 吴其昱：1971 年在《拉露纪念文集》中发表《台北中央图书馆藏敦煌藏文写卷考察》一文，介绍收藏在台北中央图书馆的编号为 7521、7550、7549、7547（潘重规又补充了 7548）等几个藏文写卷的内容和情况，都是《大乘无量寿宗要经》的藏译本。由耿昇先生译出，载《国外藏学研究选译》。

14. 今枝由郎：《敦煌藏文写本中六字真言简析》，载于1979年出版的《敦煌学论文集》。由杨佩纯先生译出，载于《国外藏学研究选译》。文中对伯希和的一个论断“六字真言嗡吗呢叭咪吽这一咒语的出现时间，不会早于公元1000年左右”提出挑战，利用藏文写卷P. T. 37（1）号和S. T. 420号、421（1）号等编号出现的六字真言，直截了当地推翻了伯希和的论断。同时探讨了六字真言的形成、流布过程。

15. 米勒（A. Miller）1965年发表了《关于P. T. 610号藏文〈维摩诘经〉残片》（A Propose of the Funds P. T. 610 Fragment of the Tibetan Vimalakirtinirdesasūtra），载于《中亚学报》1965年。

16. 上山大峻：《敦煌出土藏译〈般若心经〉》，1965年，载《印度学佛教学研究》。

17. 毕绍夫（F. A. Bischoff）1956年的《〈圣大力大乘经〉的藏文（敦煌）与汉文》（Ārya mahabala-namamahāyānasūtra Tibetain [Mss de Touen houang] et Chinois Buddhica serie 1. Tome X.）一书，作为佛学丛书之一种，巴黎出版。

18. 拉露的文章《敦煌藏文写卷〈十万颂大般若经〉》（Manuscrits Tibétains de la Satasāhasrikā Práhnà-paramita Cachés a Touen-houang），1964年发表于《亚洲学报》。

19. 藤枝晃：《吐蕃支配时期的敦煌》，1961年；《敦煌千佛洞的中兴》，1964年。竺沙雅章：《敦煌的僧官制度》，1961年；《敦煌出土的“社”文书研究》，1964年。他们之中都有关于敦煌藏文写卷的介绍与引用。

医学和天文

敦煌藏文卷子中包蕴着属于自然科学史的资料。关于医药学方面的已有了文章，兹介绍其研究情况：

1. 芳村修基：1957年撰文介绍《龙谷大学西域资料中的西藏医学文献残片》，刊于《印度学佛教学研究》1957年。此文的重要意义在于，从西域发现的卷子与敦煌卷子时间一致，俱可确认为唐代文献，因而可以证明《居希》（即《四部医典》）确实为唐代的藏文文献。

2. 王尧、陈践译解了 P. T. 1057 号《藏医杂疗方》和 P. T. 1044、P. T. 127 两个卷子《藏医灸方》。这三个卷号是可贵的吐蕃时期藏人医药经验的积累，是古代藏医家对疾病进行深入观察、分析和治疗的总结。长时期口授心传，及至有了藏文以后才录成文字，它可以从一个侧面证明《居希》所代表的医药原理的历史传统。此文发表在《中华医史杂志》1982 年第 4 期及 1983 年第 2 期。

3. 洪武娌根据《敦煌本藏医学残卷》的资料，写成《敦煌石窟〈藏医杂疗方〉的医史价值》一文，刊于《中华医史杂志》1982 年第 4 期。此文作者为中医研究院医史研究所研究人员，在其导师蔡景峰指导下写成的，是一篇成功而又有说服力的作品。

4. 1972 年，布隆多夫人（A. M. Blondeau）发表了一本专著，题名《西藏马体结构和医马术研究（据敦煌资料）》（Materiaux Pour l'Étude de l'Hippologie et de l'hippiatric Tibetaines, a Partirdes Manuscripts de Tun-huang）。全书 427 页，洋洋洒洒，是第一部研究西藏古代兽医术的专著，其中在第 174—327 页中，引用了 6 个敦煌藏医学卷子，并译成法文，加以注释。附有卷子原件摄影照片。

5. 山口瑞凤 1973 年发表了《西藏的历学》。

6. 藤枝晃 1973 年发表的《敦煌历日谱》。以上两篇文章都利用了敦煌文献，来推算唐代吐蕃的历法。

7. 德国波恩大学中亚研究所的舒迪德教授（Dieter Schuh），在 1972 年发表的扛鼎力作《西藏年历史研究》（Untersuchungen zur Geschicht der Tibetischen Kalenderechung），是一部十分重要的科技史的著作。全书近 400 页，把西藏古历和公元的年月日换算，一直推到 1972 年为止，做成一个完整的历法表。石泰安教授在书评中曾赞叹，这本书的“年月日推算从1027年到1972年945年之间误差不到两分钟”，可见其精确绵密的高度。书中利用敦煌写本资料很多。

以上是个人所接触到的敦煌藏文写本手卷的研究情况，由于见闻不广，难免挂漏。陈践和笔者合作编选的《敦煌本藏文文献》，其中绝大部分都是第一次研究关于法律、礼俗和社会经济的文书，藏文本已经出版，汉文本在本文草成时尚在印刷中，[①]故未在这里提及。

1983年6月3日脱稿于维也纳大学

1983年12月改定于北京

（原载朱东润等主编：《中华文史论丛》第30辑，上海古籍出版社，1984年。）

① 《敦煌本藏文文献》，民族出版社，1983年；《敦煌吐蕃文献选》，四川民族出版社，1983年。

图书在版编目(CIP)数据

王尧藏学文集.4,敦煌吐蕃文书译释/王尧编著.—北京:
中国藏学出版社,2011.4
(现代中国藏学文库)
ISBN 978-7-80253-345-5
Ⅰ.①王… Ⅱ.①王… Ⅲ.①藏学-文集②敦煌学-文书-研究
Ⅳ.①K281.4-53②K870.64

中国版本图书馆 CIP 数据核字(2011)第 040248 号

王尧藏学文集 4
——敦煌吐蕃文书译释

王尧 编著

出版发行 中国藏学出版社
印　　刷 北京牛山世兴印刷厂
开　　本 787×1092 毫米 1/16
印　　张 25.75
字　　数 346 千
印　　数 2000 册
印　　次 2012 年 6 月第 1 版第 1 次印刷
书　　号 ISBN 978-7-80253-345-5/K·271
定　　价 50.00 元